學術突圍

當代中國人文學術
如何突破「五四知識型」的圍城

顏崑陽 著

【目次】

顏崑陽《學術突圍》序

龔鵬程

收到崑陽大作《學術突圍》時很疑惑。他論學勇悍，人稱顏大刀。如今因何被困，需要突圍？突圍有凶吉，其將為救宛城之荀灌，抑將為走麥城之關大刀耶？

展卷一看，嘿，哪是突圍？分明是雷霆重砲在攻城呢，別人該棄甲曳兵而走才是！書名有點起錯了。

他攻的城，被稱為「五四知識型」。

他的重砲，主要轟擊兩方面：一是議題偏謬，例如文學獨立說；文學自覺說；中國文學抒情傳統說；純粹審美及「為人生而藝術」與「為藝術而藝術」二分、純文學與雜文學二分、實用性文類與藝術性文類二分諸說；把「比興」僅看成是詩歌創作的形象思維，或是明喻、隱喻兩種修辭技法的論點；各種挪借西方文學史觀的「中國文學史」著作等等。

除了這些個別議題之外，他還總體批判學界久被「五四知識型」迷蔽了。其蔽有五：

（一）遺棄傳統而追求西化的意識形態，導致新知識人文化主體失位。

（二）不懂古人的辯證邏輯思維，體用相即不離。習用西學的形式邏輯思維，將研究對象片面化、靜態化、單一化、抽象概念化，故難以理解古代經典深層的涵義。

（三）盲信自然科學或社會科學之實證主義，不明人文研究之詮釋方法；將很多「意義詮釋」的問題誤置為「經驗實證」問題。

（四）將研究對象從實存的總體情境切分出來，靜態而孤立地進行抽象概念的認知，故詮釋古代經典幾乎都沒有「動態歷史語境」的觀念。

（五）偏執反傳統意識形態，尚未理解之前，就預設價值立場，做出暴力性的批判。

這兩方面，前者入室操戈，直攻病灶；後者一篙子打翻一條船，要把五四新文化諸公所建設的知識型（Épistème，也就是某一歷史時期人們共持的思想框架），以及其徒子徒孫通通打倒，建立當代中國人文學術新典範。

如此暴烈攻城，方今學界罕見矣！大氣磅礡，痛快淋漓，如挾天兵而驅魍魎，震霹靂而下蕪城。好多地方，我看得恍惚起來，還以為是我寫的呢，這麼霸道！

其說之所以往往如我口中所欲言，是因為我們都屬於典範轉移的一代。

典範（paradigm，大陸譯為範式）是湯瑪斯．孔恩《科學革命的結構》中闡述的概念。指科學家群體共同接受的一組假說、理論、準則和方法，並形成為共同信念。除非出現了大量「例外」，造成舊典範技術崩潰，受到質疑，沒有人會想到還有新的方法、新的信念。可是，若有少數人孤明先發，如伽利略、牛頓、達爾文、愛因斯坦等，那就有可能形成典範轉移的革命。

這個理論，出現於美國一九七〇年，我們要到八十年代才曉得，但理論之外的具體生命情境卻早已對此深有感受了。

崑陽比我大幾歲，故常自稱他應該算我師叔，而其實是同一學術世代的人，多有共同的經歷與感受。

那時，斜陽衰柳，渡海來台的師長已漸老去。但傳來台灣並鞏固了的五四知識型或現代化運動，卻仍在繼續。我們的學長就是承繼著這套典範的第一代，其中有些也教過我和崑陽。

而我們這一代卻與上一代頗為不同。我們對五四知識型或現代化運動都不完全認同，對師長所授，既珍惜，亦有謹慎的懷疑。正狂熱地學著中國文史哲，五四知識型的反傳統思路和解釋方案，便不為我等所喜，更常看出它的漏洞。現代化呢？五四知識型的西方知識，我們也以為甚是孤陋陳舊，不能饜我懷抱。因此，我們要開始自謀生路了。

一九七九年崑陽主編《古典四書》，用現代語言賞析古詩詞的春夏秋冬、青紅皂白、喜怒哀樂等。命我也寫一冊。他在總序中，就像現在這本《學術突圍》般，大肆批評講傳統的學者沒能力用現代語言和觀念解析傳統，用西學詮釋傳統詩詞者，又隔閡多誤，故我們要用新主張開疆拓土。

後來有許多年，我們都是在這個旗號底下打拚。他揮舞大刀，我等匍匐前進。把舊典範捅出不少破洞，讓人發現它解釋不了的「例外」還真不少。

只不過，舊典範的持護者使用者是人，不是理論，衝擊典範實際上就是罵人。故我等雖沾沾自喜，以為有功於學術、博得了掌聲，而其實得罪諸方，令人切齒。

雖所謂學術，不過是為自己的生活方式辯護，而我們乃竟常以這種批判舊典範的學術作為我們的生活方式，樂在其中。這麼多年，戰場並未老了鬥士，漂泊也還沒丟了羅盤，你看，現在顏崑陽罵起人來，不還是青春年少嗎？

我老於世故，當然不能如他這般肆口。但想起這四十年間我們奮鬥的歷程，卻不免有些傷懷。看來崑陽書取名為「突圍」還是對的。我們都被五四這幫人害了，身陷圍城，久不得出，遂以突圍為志業，想來頗為不值。而事實上，我們早已脫卸牢籠，圍城只關得住別人，我們卻還要為這些人突圍，更不值得，因為他們或覺得我們多事、胡鬧、擾人酣睡，或竟恥笑乃致憎恨我們。

我們自然可以說這是俠士精神、是學術建設、是道義擔當，但大聲疾呼多年，為什麼學界還不醒呢？

有時，我也會慶幸現在大家還沒從五四知識型的迷霧中走出來。因為如果都走出來，我跟崑陽的價值就不明顯或大打折扣了。同理，只習得五四知識型話語的人當然也不願大家走出來，那飯碗豈不要打破了？

何況，典範會轉移，如果是一種規律，《孟子．離婁下》曰：「君子之澤，五世而斬；小人之澤，五世而斬」，更是一種規律。一時之英烈，雖說潮起潮落，影響卻不會馬上消失。一世三十年，五四迄今不過百年，其遺風估計也還要幾十年才能散去，非我一二人之力所能盡挽或盡摧。君不見現在還不斷有人在紀念其事、覆述其說、追思其人、刊印其書、誇讚其功績，而繼承其權位嗎？這就是史學上常講的「勢」。時勢如此，未來典範崩塌時，若還有人能想起或繼續我們曾有的呼聲，也就不錯了。

也就是說，睡足了才會醒，現在還沒睡飽（現代化之癌的苦頭還沒吃夠），故叫不醒。

從崑陽強調的「動態歷史語境」觀念來看，學術絕不是孤立的，它與整體政治經濟社會結成一團。而我們現在整體社會就仍在現代化情境中，錢的邏輯、欲的需求、權的操作且更甚於五四時期，怎能要求學術獨立出來，產生自覺，掙脫五四知識型？即使只是學術界，理工醫管商技各領域亦早已「與世界接軌」，許多地方許多人連中文都不用或不會用了，只以英文為知識語言和工作語言。這樣的環境，我們這樣的漏網之魚，已甚僥倖，你還妄想做吞舟之魚，一舉掙破此一時代迷網嗎？

而且，現在的夢境裡並不只有五四知識型，它參雜閃現了許多新加入的後現代內容。那裡的人生是虛無的，價值是飄忽的，知識、學術，只是搞笑、搞怪、賣萌的材料。人格碎片化、時尚化、幼童化。文學自覺、文學獨立、為人生而藝術、為藝術而藝術、實用、藝術、隱喻明喻，哈哈，已沒有這些語詞或信念啦！五四只是符號，模糊的符號，夾雜在胡適的緋聞、林徽因的軼事、魯迅兄弟交惡之疑團等等之間。當時的主張，自由、民主、科學等等，則成為語言之化石，隨時可扔出來打人，此外並無其他實際作用。

這種太虛幻境恐怕才是眼前的現實。教授、研究生，課堂仍講著胡適劉大杰那一套，論文仍然寫著魏晉文學自覺、詩歌抒情傳統、純文學為藝術而藝術，但生活裡誰信吶？現在還有多少人在寫詩、仍然相信文學？政府是早就不信了的，學術界也沒多少人真把文學當回事。

至於「中國」，已在泛政治之激流中化為口號、標籤和箭垛，認同分裂，義涵不清，絕少人願像我們這樣仍對中華文化一往情深。資本主義社會的欲望火車，又轟隆轟隆，壓斷了脊梁、填塞了耳目、鼓舞了群眾。學術僅是它的遮羞布和啦啦隊，從事者，不為無益，何遣有涯，誰真想解決這百年來的思想迷局呢？

大聲疾呼多年，為什麼學界還不醒，原因大抵如此。故崑陽苦心孤詣輯成此書，效果可能仍然不彰。他期待現代人文學者應該自覺、朗現而形塑出與時俱化、隨地共變的「歷史性主體」；契入古代以至近現代學術史的語境中，從根本處反思、批判前行研究成果所建構的知識型；並從當代存在經驗的語境開啟「問題視域」，並帶著這一「問題視域」契入原典文本及其歷史語境，最後主客融合，產生創造性詮釋等等，恐怕也很難實現。

孔恩說得很清楚，建立新典範，不是群策群力的事，也不靠積累，只能仰賴天才。如伽利略、牛頓、達爾文、愛因斯坦等，少數人孤明先發，換個思路，才形成典範轉移的革命。期待學界群氓自覺並展開如此艱巨的探索，問道於氓，人壽幾何？

所以，如何「現代」、如何「當代」？如何內造建構中國古典文學理論？如何自覺實踐「文化主體復位」？如何建立實際批評、文學史、文學理論彼此支援、相互為用的完形體系，還得崑陽自己來。我也很期待讀到他的《完形中國文學史》！

既如此，出版這樣一本《學術突圍》到底還有什麼用呢？當年臨濟宗祖師義玄在黃檗禪師處栽松樹，黃檗也曾這樣問。義玄答曰：「一為山門添景致，二為後人立標榜。」

「添景致」不用說，如今學林淡薄，有此一書，甚是增色。「立標榜」則需稍作解釋。

人文世界，與科學的平均化、標準化、數量化不同者，在於有標竿、有榜樣。人倫有周孔、歌詩有李杜、書法王羲之、義氣關雲長、治世唯堯舜、學道則老莊。這些標竿，樹立了價值、指點了方向。人文世界得靠這些才能撐起來，才能使我們的生活具體化。讓我們知道：雖都是圓顱方趾，但有些人就是跟我們不一樣。我們每天渾渾噩噩，混日子等死，其實與豬狗沒啥差別，糜費著糧食，還常要添亂。他們則以生命打開了一種新的價值空間，讓人明白人生還可以有尊嚴、有意義，如他們那樣不苟活。所謂「天不生仲尼，萬古如長夜」，所指即此。暗夜明燈，示人以方。

權勢人物也常宣稱他們可以示人以方，帶領人民走上金光大道。人們豔想金光，為其所眩，便不免嫌那些燈火黯淡了，進而恥笑周孔迂、老莊虛、李杜窮而堯舜誕。可是千載以還，浪淘盡多少權勢人物、一世豪傑，能留下的終究還是這些典範、標竿。

故從這個意義說，我們跟科學史還不一樣。孔恩說的典範，其實仍只是一種技術，一種科學社群的習慣、假設與操作方法。和人文世界裡說的典範，層次相差甚遠。

人文典範，是「先生之風，山高水長」的。這風這水，又如東坡所說，是「江上之清風與山間之明月，耳得之而為聲、目遇之而成色，取之無禁，用之不竭，是造物者之無盡藏也，而吾與子之所共適。」人人所得共親共用，使其心胸境界直與天地造化上下同流。

崑陽做的，即屬於這等事。要生命化地教人如何突破時代的洞穴效應，真正自覺地思考，推倒一世豪傑，上與古人溝通其呼吸，下切應於這個時代，開創一種華人文化主體的學術觀。如他這般的存在，則存在就可以是這個時代的一種標竿。

此時，五四諸公所開創的知識型，不過是一時煊赫，挾西潮、歆富強、媚世俗的意識形態，與歷史上曾經有過的各種權和勢同樣是要被浪淘盡的。它不是真正的典範，因此也不是他的敵人。他之所以拿它來說事，攻之批之，談典範轉移，其實只不過如詩之「興」也。用以起興，好引發下文，導以向上一路。古話說「調適而上遂之」，此之謂也。猶如歐陽修寫文章，「嗚呼」以後，才倍見精神。

調適而上遂之道，亦非全恃天才，仍有具體之方法。故曰聖賢可致，道不遠人。這個方法，就是顏崑陽所開展的詮釋學。

崑陽非現代意義的學者，能為芬芳悱惻之詩、沉博絕麗之文，思想史啟途於解莊，詮釋方法則由於李商隱。李詩「一篇錦瑟解人難」，各家詮釋，眾說紛紜，而其所以盤根錯節，許多正是詮釋方法不當造成的。崑陽對此嘗大力疏理反省之，進而結合漢儒董仲舒鄭玄之解經，一步步建立起他的詮釋方法，有當代意識，又不埋沒古人、冤殺古人。與西方的詮釋學，其實頗有可以對觀之處。

這套方法，本書多有示例。讀者乍看此書，會覺得炮聲震耳，處處看到他在拆牆突圍；而其實他通過詮釋在一步一步建出新城，整理出一條合理的中國文學脈絡來。破是虛，立是實。常人輒言要先破而後立，實則若無所立，根本什麼也破不了。已有所見，才能看出現行誤說之誤並說明其所以誤。善讀其書者，於此當能得其屠龍手段。

己亥小雪，旅次燕京，寫於雪中的稻香湖上。湖中龍蟄，未敢起也。

龔鵬程：龔鵬程基金會主席

踏遍青山人不老——《學術突圍》序

胡曉明

一

我現在看學人，比較注意他有否有學術思想。有學術的學者不少，但有學術思想的學人並不太多；而試圖去突破二十世紀主流範式，有如此自覺的學術思想的學人，就更少了。顏崑陽教授是我所認識的台灣學界最有思想的古典學學人。他長期浸淫於華夏原典，於先秦經史、老莊玄佛、唐宋詩學、六朝文論，皆有著述，成名甚早，碩果纍纍。本可歲月靜好，安享晚年，然就像莊子說的任公子，駕著一條台海的大船，秉長竿而一往，絕不止泊懈怠，他以其自覺的革新思想與顛覆創意，總有重要的突破與鋒銳的反思。近幾年來，我與教授東海論詩，淡江講學，滬上研討，幾番切磋交流，時有心期相印；常勞遠贈宏文，亦間有隔海酬唱相知之樂。新著《學術突圍》一書撰成，索序於我。來函說：「台灣此間學風，亦復如是，故步自封，囿於舊調者甚多，正須你我攜手開拓新路。」期望甚高；然小弟自知魯鈍老衰，好為大言，而成績平平，並不足以成為最合適的作序人。又轉念及近十年來，我一往秉承先師王元化先生反思五四之學思餘緒，於文論與文學史研究中，倡「後五四」之論述，撰文析義，論壇鼓呼，今有此機會，促使我試將有關「突圍」的學術思考寫出一二，未嘗不是好事。更精密細緻的思索研討，仍有待於他日。

二

從文化精神上說，繼承五四，又超越五四的大方向，我們都認同的。做知識人，就是要做菁英，就是要有淑世的理想與抱道的追求。然而此一幅五四真精神，久已迷失。崑陽教授贈我的一篇文章，題目是《台灣當代「期待性知識分子」在高度資本化社會中的陷落與超越》，所批評正是這種現象：

> 一個選擇學術為業的高學歷者，空持博士、教授之名，非但不能從生命存在的理想性價值，自我期待在知識真理本身能時有創發，而只安於所謂學術的因循複製，以換取生活之需；或倒置「知識經濟」之本末，僅以知識生產為博取資源、經濟效益的工具。這種行為雖無關乎道德，卻也是我所定義下的「陷落」。[1]

他在這篇文章中所論的「期待性知識分子」，認為「應該接受孔子『士志於道』的規創性界說；只是在以科技為文明，專業分工日細而階層流動頻繁的現代化社會，『道』的實質內容不宜只界定在儒家政教道德的窄域中。現代社會，各所從業者以『理想性價值』自我期待並實踐之的基本精神所謂『理想性價值』，因著個人自我定位的角色，在有限的社會條件與合理的規範基礎上，以各所業本身之應然性目的去期待。」質言之，即以有限的人生中，實踐讀書人最充實的價值。而依孟子，所謂「充實」，即盡性、贊化，即以個人參贊、助成時代歷史社會人生的健康發展。而台灣以及現代世界的一個潮流，或追名逐利，或同流合汙，或順俗而安，或自欺自瞞，正是這樣的「期待性知識分子」的整體「陷落」。這篇文章原發表於二〇〇六年，台灣東華大學與江蘇社聯在南京共同舉辦的兩岸中華文化發展論壇。正如先師元化先生生前常常批評人文精神的失落，首先是讀書人人文精神的失落，他也期待真正的知識人，「乃是為思想而生，而不是靠思想與觀念謀生」。這一點，其實也正是五四前輩的精神氣象。從這個意義上說，崑陽教授骨子裡是五四的血脈。我與他所說的「後五四」，其實都是要從五四那裡再重新出發的。

「期待性知識分子」的「陷落」也包含了批判與反思精神的失落。一種思想的放假與精神的懈怠氣息，在整個人文學界彌漫。很大程度上，批判也包含了知識人對自身知識套路的反思與批判。崑陽長期以來關注的是文論與文學史研究中，由於習慣於二十世紀的某些固定的思想觀念與思維模子，而導致西學流行的專斷、意識形態的遮蓋、傳統真相的迷失、書寫方式的簡化、套路生產的氾濫。崑陽教授的學思歷程中，一直有這個針對五四新文化弊端的問題意識。他認為，近百年來，中國古典人文學術的發展軌跡是：從「反傳統」到「遠傳統」；從「文化主體失位」到「經典詮釋失能」；從「中體西用」到「中西本末倒置」。書名《學術突圍》，（以下簡稱《突圍》）意為二十一世紀的中國人文

1 台北：《文訊月刊》二五三期，二〇〇六年十一月。

學必須突破「五四」時期的「學術圍城」，才能開展真正現代化、當代化的新知，而形成新一代學人真正的「典範遷移」。

《突圍》在宏觀與微觀兩個層面，以破顯立、本末兼治，勝義紛披。宏觀的方面，譬如，作者指出前一個歷史時期的「五四知識型」存在「文化主體失位、缺少『動態歷史語境』、預設立場」等五大迷蔽；並指出破除迷蔽的辦法在於：「後五四」時期的人文學者，必須能自覺、朗現而形塑一個「現代化」甚而「當代化」的「歷史性主體」，並對「五四知識型」全面而深切的反思、批判，重新定義研究對象的本體論、知識本質論與方法論並付諸實踐，進而開啟既築基於傳統又開展於當代、既交會於群體又創變於個人的「問題視域」。

作者所針對的批評對象，不光是五四以還，以「抒情傳統」、「藝術美感」等學術進路為代表籠罩整個中國文化史的一些當代論述，當然也包括了中國文學史書寫過程中，深受西方理論影響而未有反思的一代學人。簡單地說，這是要求治中國文論與文學者，先有一個自覺的主體。這個與我們近十年來一直在說的「文化自覺」，是完全一致的。學術不僅是「術」，而且是「道」。先立乎大，中國之人文學術，必先確立學術理想的民族文化根基。

由此，《突圍》提出與「五四知識型」相對的概念是所謂「華人文化主體性」，以此定義學術文化的形式與價值系統，認為其主體性身心俱存，應包攝四個基本要素（真美善合一的理想價值觀；動變而恆存的宇宙觀；經、權交用的實踐精神；二元對立統一的辯證思維）。而面對現代華人文化主體性是否保持這一問題，作者生動地將這一主體性的存在描述為一縷曠野中的微光，既失望、又保有一絲希望。

「華人文化主體性」的失落與「五四知識型」的迷蔽，既表現在文學理論觀念中，亦內在於文學史研究中。後者如文學史中漢賦、六朝詩、明詩文的「模擬」、「擬古」、「復古」，被垢病被批判；套用西方模式以「藝術」與「實用」、「純文學」與「雜文學」、「言志」與「抒情」等二分法，整理中國文學史，以及魯迅等人有關魏晉「文學自覺」與「文學獨立」之說，也很大程度上影響了後來的中國文學史書寫。

涉及面較為廣大的是陳世驤、高友工有關「中國文學的抒情傳統」的觀念。崑陽教授用了很大的力氣來展開批判，是台灣學界有關「抒情傳統」論述最有力的反對者。〈從反思中國文學「抒情傳統」之建構以論「詩美典」的多面向變遷與叢聚狀結構〉一文，其中在批判其過於單一的線性文學史觀後，從詩歌歷史積澱提出八組對立性變素，以及具體的創作現象抒發、議論、描敘三種基本型態，破而兼立。與之桴鼓相應的，是龔鵬程〈不存在的傳統：論陳世驤的抒情傳統〉（《美育學刊》二〇一三年第三期），《成體系的戲論：論高友工的抒情傳統》也批評了陳世驤、高友工抒情傳統理論的缺陷，除了因果倒置、片面簡化、以西律中之外，形式上採用結構主義二元對立的對比分析，內容上採取當代新儒家的心性論取向，都是問題。

文學理論方面，如當代人文學者對〈詩大序〉的幾種偏見與謬見：有的是「執用以為體」，以「反傳統」、「純文學」等文化意識形態單向批判儒家經典。有的是以西方系統性理論、片面、切割地批評〈詩大序〉的情況。《突圍》認為「詩本體」之內容質性為「心物交用、群己不二、情志融合」，形式特徵為「聲應宮商、辭依比興」，二者相即不離，不可「執用以為體」，而必須「循用以明體」，這才是儒系詩學最完整的「體用觀」。

又如所謂「美感經驗」，往往受西方文學本質論思潮的影響，割裂作者與讀者，美與真，文本與社會、內容與形式。《突圍》反對將藝術與人生截然為二的觀點，以「即人生而藝術」的觀點，指出「藝術性」與「實用性」是相即不離而共成詩體。中國古代文學、藝術之「美感經驗」的體會或「情意」的感通，是「作者」與「讀者」兩個主體間彼此會「心」而致。

文學理論與觀念具有方法論意味的，是有關漢代經學兩類知識型的區分與引申。《突圍》認為董仲舒與鄭玄二人的學術正可稱漢代經學最具代表性的二種「詮釋典範」（可稱「說經體」與「注經體」）。而「通經致用」乃漢代經學共持的基本觀念，其中亦隱含體用相即不二之理。作者認為論述、論證，二種人文學說基本的知識型態，分別以實踐和學術為主要目標；但思想性和學術性本來是表裡、顯隱之關係，不可偏廢；但乾嘉之後以至現當代，缺乏直切生命存在經驗、只埋首文獻史料的「專業學術」，或缺乏學術涵養而游談無根的「空言」卻越來越多。這些都是遠傳統、文化主體失位，和未能覺察並深入研究中國古代經典所隱含豐富的「詮釋典範」所致。由此可論，人文學界浮現的危機之一，在於當代人文之學是學而無習，只有知識性的專業學術而沒有實踐性的生命存在感知、體悟。

總之，作者從對五四以來審美基準問題的省思出發，提出呼籲：不應一味「順著講」，而應勇於「逆著講」、「移開講」。二〇一七年我邀請崑陽來滬，在華東師範大學作〈內造建構——中國古典文學理論研究之詮釋視域迴向與典範重構〉的專題演講，就如何在文學理論領域建構「自體完形結構系統」提出了三點意見：一是「文化主體復位」的自覺；二是重構研究對象的本體論；三是重構人文知識的本質論與方法論。用他的話來說，這也是「華人文化主體性」轉向「內造建構」、現代人文學術

「典範遷移」的一縷微光所在。

三

崑陽教授的「突圍」論，借力打力，自成一個系統。從學術史脈絡來說，他絕不是孤立的，是王國維、陳寅恪、錢穆等學術大師，「一生為故國招魂」，對於中國人文學術復甦的深切期望。我最近重新解讀陳寅恪《吾國學術之現狀及清華之職責》，發現陳寅恪先生在一九三一年所主張的所謂「學術獨立」，有兩個相互聯繫的涵義，一是民族文化的自信與自覺，即所謂「國史之正統」、「古人學說之真相」與「人文主義教育」[2]；二是獨立於一切權勢之外的學術自由。其實從根本上說，就是文化自覺。他認為這樣的學術獨立，是吾國學人的最高學術倫理。

今天我們看人文學，應接上王國維、陳寅恪、錢穆等人對於華夏文化主體的敬意與溫情，應有更深層次的文化自覺與前瞻性的文化視野。

首先，「後五四時代」的來臨是一個歷史必然。五四有重大缺失。正如晚年殷海光所說，五四過

2 〈吾國學術之現狀及清華之職責〉：「本國史學文學思想藝術史等，疑若可以幾於獨立者，察其實際，亦復不然。近年中國古代及近現代史料發見雖多，而具有統系與不涉傅會之整理，猶待今後之努力。」「其言論愈有條理統系，則去古人學說之真相愈遠」；「吾民族所承受文化之內容，為一種人文主義之教育，雖有賢者，勢不能不以創造文學為旨歸」。（《陳寅恪集》，北京：生活．讀書．新知三聯書店，二〇〇七）

去已經一百年，百年之後，我們不能不進步。「五四的兒子不能完全像五四的父親。這種人，認為五四的父親淺薄，無法認真討論問題……。」先師王元化教授的晚年反思，指出五四思想存在著功利主義、激進主義、意圖倫理與單一進化論四項局限。無論是文化意識，還是從人文學上，深刻反思五四的局限性，繼承五四，而又超越五四，都是時代的重要課題。

復次，「後五四」是一個已然學術史與思想史事實。這裡有三個層面的史實。第一是從知識界所取得的成果來看，「突圍」已是既定事實。無論是中國史學從「疑古」到「釋古」，從「階段論」到「古典學」，從「資本主義萌芽」到「大分流」或「江南奇蹟」；中國哲學從「打倒孔家店」到「儒學復興」，從「哲學」到「思想」，從兩軍對壘到多元世界，從本體論到詮釋學；還是中國文學從「文學」到「文章」、「文體」，從浪漫主義現實主義二分，到唐宋、文質、情志、駢散、陽剛陰柔等多元叢生與本土二元並置轉化，從「虛構」到「非虛構」，從作者、文本，到讀者、社會等等，大的方向與細節的用心，早已走出五四的粗暴、簡單與狹隘。

第二是從觀念與價值來看，與五四看不起中國文化不一樣，國人已經漸漸復甦了對於傳統的信心。從個人修行到家風家學、治國理政，從中醫、國樂、書法、水墨、崑曲、漢服、古琴、古董，到節俗、物候、鄉土、教化、禮俗、詩詞、歌賦，從經典到民間技藝，傳統已經回歸國人生活，整個社會文化思想的土壤已經發生了決定性的改變，雖然，距離中國文化精神核心的「心的文化」[3]，還有很遠的路要走，畢竟已經與五四時代大大不同了。

第三，更應深刻認識到，「後五四」正是暗合了二十世紀以來世界發生的知識體系重建的重要趨向。整個二十一世紀，全球一體化思維、現代性批判、生態主義、人工智慧、基因工程、生物科技、互聯網資訊技術等新一波所謂顛覆式科學技術革命，已經挑戰了自十九世紀以來的知識體系，我們如果仍然按照五四時代的學科分類與壁壘森嚴，完全不適應新時代氣象萬千的變化。中國古典學因其本來即不同於十九世紀的知識體系，恰恰可能趕上新的時代機遇；因而，中國古典學研究返本以開新的重大意義，不僅是古典學本身，而且更有社會思想、當代文藝、教育哲學、文化創意等方面的影響與變革意義，其隱含的思想生機，可能正蘊涵在知識體系重建的後五四命題中。

再次，後五四不僅是事實，更是一項時代新使命，深刻意識何謂中國，即重建文化認同的重大意義機遇與挑戰。

今古接續是一切傳統之所以成為有生命的傳統的重要保證。有幸的是，經五四時代百年之後，我們正迎來一個修復、連接、通貫、重新激活傳統，融古今為一體的後五四新時代。其實不僅是文學，「何謂中國」這個問題上，也是如此。當代中國面臨深刻的認同問題，如果在理論與思想上解決不好，則會發展為認同危機。也就是過去的參照漸漸失效，中國無法表述自己是誰，來自何方，向何處去，而漸漸產生一種身分的焦慮。為了真實理解自己，確定未來方向，我們需要更複雜的思考，超越五四啟蒙的單一思路。

我還是要再回到我所關注的中國文論。後五四中國文論開始走上了一條「回家之路」，即掘井及泉，靈根自植，再認古典中國的人文傳統。具體到文論，有三個方向的「突圍」努力，簡論如下：

3 參見余英時：《新春談「心」》，《一個甲子的風雨人情：筆會六十年珍藏版》，二〇〇六年，上海：文匯出版社。

（一）「中國文論」的知識體系的突圍

1.有關中國文學理論與批評的古今貫通

目前的中國文論體系，要麼，只是一種古典文化的內部體系，以古釋古，只完成了中國文論的一半，缺少激活古典的開放性的知識體系。要麼，只是一種現代文學批評的有限實踐經驗與觀念的半截子文論；要麼，更只是一種西方話語的飄浮符碼，一直沒有在中國文化與歷史生命的脈絡裡生根。前些年在文論研究界所鼓吹的所謂「古代文論的現代轉換」，其實骨子裡也只是將過去的以現代為中心，轉成一種現代性的附屬話語，並沒有做到真正意義上的文化自覺。而一些用「意境」、「文質」、「文道」、「虛實」、「體用」、「通變」等古代文論概念為框架的所謂文論體系，一廂情願地以為打通了古今，融貫了傳統現代，其實，也只是自我欣賞，實質依然還是兩張皮，古代是古代，當代是當代，互不相干。因為，並沒有產生真正的問題意識，並未真正將古典的真精神、真價值，以及古典如何在現代社會的對症下藥，真實地表達出來。

2.有關中國文學研究與傳承的理論（不是就理論而理論）

一是中國文學**研究**的理論。即中國詩學、賦學、詞學、戲曲學、小說學、古文學，都不僅是理論本身，而更包含極為豐富的學術內部話語系統。譬如我所熟悉的詩學，絕非詩話、詩論、詩法、詩體等，也絕非現代所謂文藝學，還應包含詩歌史、詩歌義理學、詩禪學、詩道學、詩歌考據學、詩歌文獻學、詩歌地理學、詩與小說、與賦、與詞等互文、詩史、詩用、詩教化、詩風俗、詩生活等，如果將這些話語統一有機地納入詩學，形成一種崑陽教授所謂「內造」的體系，將大大突破十九世紀狹窄的詩學文藝學範疇。《突圍》這部書在講中國詩學傳統的「詩用」時，有這方面的重要啟示。

二是有關中國文學**傳承**的理論。我們今天已經漸漸清楚認識到，中國古典文學不只是一個「研究」的對象，還是一個「傳承」的對象，是在我們身邊依然存有的一個活生生的傳統，它完全不同於希臘羅馬為代表的西方古典學。以詩為例，當代古典詩的寫作，借助於互聯網自由蓬勃生態，已經成為與新詩可以並行不悖的一大宗文學活動，其參與度、表現力、傳播力，都顯示了極其強大的生機。因而，關於如何寫像樣的古典詩、寫入味的古典詩，需要掌握的詩法詩家詩風格詩淵源，太多太重要；因而，完全可以將其原汁原味地、本色當行地傳承下來，不必加以任何現代化的改變。惟此之故，關於「傳承」一系的理論，正是一項後五四中國文論的新課題。如能將此考慮進去，當然已經大大突破五四新文化所設定的文論知識體系。

三是有關中國文學的理論。

其一是有關中國「文學」的觀念。舉一個例子來看，其實在中國古代，「文學」的真實內容，並非由「文學」這個概念來承擔，而更多更好的內容，乃是由「文章」這個概念來承擔的。在中國古代的話語體系中，文章常常跟一些非常重要的大詞相聯繫。譬如：經術文章、綱紀文章、禮樂文章、氣節文章、文章志節、道德文章、大塊文章、節義文章、青史文章……，等等。這業已表明，「文章」才是一個有關文學活動的核心價值。而文學不僅是文學本身，更與天地宇宙、國族命運、文化精神、經典著作、士人操守等，緊密地聯繫在一起的。因而，我們關於中國「文學」的理論觀念，其實是由五四新文學從西方引進的，這個不符合中國自身的傳統，幾乎是相當於用外來的鞋子套在國人的腳上，儘管有些人已經習慣了這隻外來的鞋子，但還是不少人漸漸感覺這個鞋子不一定是合腳的。如果仍然用這個外來的鞋子來作為唯一標準，一定會束縛中國文章這隻「天足」的活動！

再舉一個例子，正如崑陽教授這本書中反覆講到的「社會實用」，不同於西方文學對虛構性的強調，在中國文學中，非虛構文學占據尤為重要的地位。近年來無論是詩人生平與作品關係研究，還是詩與歷史事件、詩與日常經驗研究的大量新事實，都已充分證明這一點。日本漢學家吉川幸次郎在《中國詩史》中提出：「中國的文學史，其形態與其他地域文明裡的未必相同。被相沿認為文學之中心的，並不是如同其他文明所往往早就從事的那種虛構之作……無論詩或散文都不需積極的虛構。」長期以來，正是在這一詩歌文學傳統基礎上，建立了特有的中國文學理論與觀念，「詩言志」「興觀群怨」「賦比興」「修辭立其誠」「詩史」「經典」等，都是非虛構的文學理論與觀念。在以詩文為主流的中國古代文學中，文學寫作乃是寫親身聞見、親身經歷的現實世界情景及由此而來的真情實感，不同於現代以來以「積極虛構」為主流的文學觀念。非虛構與虛構同時存在，延伸文學邊界，擴展文學功能，使得文學不僅是少數人秀異的語文遊戲與奇妙幻想，而且跟普通人日常生活息息相關，處處有文學，人人有文學，可謂一草一木總關「情」。

其二是有關中國文學中所包含的中國智慧與詩性。我這裡有兩個例子。一個是蕭馳教授去年的新著《詩與它的山河》，這本書有裡外兩層涵義。外面一層涵義是研究中國山水詩，從謝靈運講起，江淹、王孟、李杜、一直到蘇軾，實地考察，古今辨異，美真相較，儼然一部山水詩史。內層其實更是有關中國古典文學景觀學的一部大書，他書中所寫的山水，都是實景山水，有圖可考，有地理可尋，有古今對照。這就將中國文學中所包含的智慧，化而為現代人可以分享、可以感受、可以臥遊、可以致思的自然與人文遺產。同時以科學家的數據、人文學者的憂思來向現代中國提出尖銳的問題，難道我們就這樣眼睜睜地看著，內涵豐富而傳承久遠的風景美學遺產，將要毀於一代無文化、無敬意的現代敗家子之手嗎？從中國文學進入，而能從中國文學出來，這部山水詩著作，正是我眼中活化傳統的後五四佳作。

另一個例子是台灣逢甲大學廖美玉教授一直以來持續關注有關物候的論題，對唐代及之前的物候詩學做了閎闊而精細的總結與梳理。在她近年發表的〈四時流行——建構唐代物候詩學的一個思考面向〉一文中，梳理了從先秦的物候書寫到唐代關於物候詩學的討論，並重點分析了物候詩中《詩經》與唐詩的相互詮釋，總結出唐代物候詩即時即事、多元繽紛、捕捉當下而成永恆的詩學特點，並將「四時流行」這一成語總括為物候詩學的重要特徵。她的其他研究如〈江山有待——建構物候詩學的思考路徑之一〉一文以敏銳的問題意識總結「江山」與「山水」相關詞群，從政治農業思想文學等角度，討論江山與四時形構成的極其繁複的天、人論述；〈感春之意：從「詩人在場」談唐代物候詩學的建構〉一文從詩歌文本爬梳物候詩學，則從「詩人在場」的物我關係角度切入；她的研究出入古典文學內外，充分激活了詩歌中的詩性智慧，不僅對於文學研究，而且對於新一代物候學的建構，亦具有一分貢獻。

由此可見，當我們談理論的時候，我們不僅在關注「中國文學理論」，而且更要像前輩程千帆先生所說的，更要關注「中國文學的理論」，關注那些隱含在作品與文本中的重要思想與智慧。

（二）「中國文論」的文體型態的突破

這個問題只能簡單提一下。其實這是古代與當代最大的不同。我們看〈詩大序〉、《莊子》、《史記·屈原賈生列傳》、《文心雕龍》、《詩品》、《昭明文選》、《林泉高致》、《世說新語·言語》、《世說新語·賞譽》、《世說新語·品藻》、《二十四詩品》、《四時幽賞錄》、《人間詞話》等，都既是美的文本，也是理論作品，為什麼，我們當今的文學理論，要麼就是教材，要麼就是論文，文體十分有限狹窄，完全缺乏古人的靈氣、創意與自由開放性思風，可以肯定的是，當代新八股論文體，是不可能寫出真正有影響、有活力的文論家的。

文體型態的突圍，有先天的困難。我們的大環境並不鼓勵「突圍」，只鼓勵那樣按部就班聽話的匠人。我們的教育分科如此壁壘森嚴，我們的碩士博士知識結構那樣的淺平或狹窄，我們對年輕人的考核那樣短視而功利，我們的評獎那樣標準單一，而又囿於自我圈子的遊戲，又從何而具有古人那樣開闊而自由的神思？

「中國文論」的文體型態的突圍，也不是沒有成功的先例。可以開列一個長長的單子：如王國維《宋元戲曲史》、《紅樓夢評論》，魯迅《魏晉風度及文章與藥及酒的關係》，朱光潛《詩論》、《談美書簡》，聞一多《唐詩雜論》、陳寅恪《柳如是別傳》、宗白華《美學散步》，王元化《文心雕龍創作論》、李澤厚《美的歷程》等，在語言上有突破，在文體上都有新創，文繁不具論。

（三）「中國文論」的思維模式與價值體系的突圍

中國文論是否具有強大解釋力和生命力，還要看它能否有效闡釋當今文藝實踐。而能否闡釋解讀當今文藝實踐，關鍵是我們能否提供足夠多元、深刻、豐富而具有生命力文論話語；而歷來具有生命力的文論話語，其實是在一些具有悠久長遠核心價值的思想觀念中，衍化嬗變而出的，譬如仁愛、尊嚴、忠義，文以載道、淪肌浹髓、淡德崇尚，既是悠久的民族精神傳統，也是文論產生的根源性價值，這裡隱含著無數思想突圍的契機。

以學界近年來一個重要的理論成果「關連思維」（correlative thinking）——中國文論最核心的思維特色之一為例[4]。「關連思維」，即中國文論中所說的「感」。馬一浮認為，詩興，感而已。葉嘉瑩一直說「興發感動」。西方很多漢學家如李約瑟、史華慈、郝大維、安樂哲等，對此都有討論，稱之為「協調思維」（coordinative thinking）或者「關連思維」，認為這種思維是中國文化的核心之一。「感」可以分成多個部分：人與自然的溝通，人與物的溝通、感應、感觸，人心理情緒的感動，倫理政治的感化等。張載把這個觀念概括為「感之道」。天地萬物同源共生，相互感通、相互依存、相互關連、相互協調，這就是所謂的「天地萬物之情」，即包括人在內的萬物在宇宙生生不息的有機過程中相依相通、共存共榮的情狀。這樣一種關連模式涉及宇宙自然、社會政治倫理、心理、美學等眾多

4 參賈晉華《感物溯源：中國古代關連思維的形成和衍化》，載《後五四時代中國思想學術之路》，上海：華東師範大學出版社，二〇一七。

領域，對中國傳統產生深遠影響，所以錢穆說：「『感應』二字，實可謂會通兩千年來文化之精義而包括無遺。」

如果我們將這一思想精義寫入中國文論，那一定會帶來對於文學發生、詩性源頭、美感經驗的新的理解。首先，改變二元式的文學本質觀。不是客觀決定主體，也不是主觀大於客體。而是一個體用不二的「感」。其次，改變語言中心論、符號中心論、作家中心論與形式優勢論。因為這個觀念立足於「感」，其實正是立足於情本體，立足於人心、人情、人性，所有的其他分歧與衝突，障礙與誤解，都可以在此化解。一個優秀的作品，無論古今，好就好在它們讓人有一種生命與生命相貫通、精神與精神相融合的美感體驗，因為它們「感」知社會現實，「感」動人性。這不就印證了中國文論所強調的「感」，印證了詩與藝術的靈性在於生命與生命的感通、人性深處的照面嗎？再次，改變就文學論文學。這個思想將政治與文藝、宇宙與社會、人心與自然相溝通相融貫，具有大文論的視野，可以安放更多更豐富的社會內容，可以關連打開更大的思維空間與靈性世界。

「中國文論」的思維模式與價值體系對於「五四」範式的突圍，是挑戰與應戰。看歷史要看大勢，從大的方面來說，當今時代是中華民族偉大復興時代，中國文論的文化自覺和整個國家的文化戰略是相通的，這是發展的重大機遇所在。與此同時，中國文論也面臨諸多問題和挑戰。譬如，個體意識與群體意識如何協調？如何重新認識文學與國家的關係？文學創作如何在中華崛起的時代，充分涵育代代相傳的民族精神和人文素養？而「國身通一」的士人理念、「家國興衰」的志士情懷，正是千年中國文論主流，即嚴羽所謂盛唐詩為「第一義」以及王國維所謂「屈子文學之精神」。說到底，「文以載道」的「道」既是客觀歷史大趨勢，也是這個大趨勢內化為士人身心的擔當（即王夫之所謂

「踐身心之則」)。中國文論也有「功夫在詩外」的一整套論述，即一個相反相成的悖論：有時候，只有從文學外部、文學周邊來看文學，才是真正「文學性」。從文藝創作主體來說是自覺的文化意識，從大眾來說則是百姓日用而不覺，中國文史智慧、人文關懷與道德傳統仍然在今天文學活動中起作用。正如起點中文網創始人吳文輝所說，當代最有活力、最有影響力的網路小說，無論怎樣新變，還是跳不出中華傳統倫理和傳統價值觀。因而，我們應清醒認識到，中國文論核心價值仍然與當代審美經驗和文化實踐發生直接關連，並對當代文學創作發揮重要影響。

我十分贊成崑陽教授所說的「文化」就是「人文化成」，「其意義包含了人之生命存在乃是切實立足於『現世』，而朝向『真美善』之理想性價值遷化的歷程與成果。」，因而我理想中的中國古典人文學，不僅僅是中西貫通、古為今用，而且不要唯今是從，要看到「今」（現代性）的弊端，勇於「活古化今」。不僅是要轉化傳統，而且用傳統來轉化今俗，以雅化俗。孔門一系的「文學」，其實是「全人宗旨」：孔門四科，「文學」，即文教。即培養德行、言語、政事的菁英。孔門從事禮樂教化，以文化人，維護文明的延續，使人性呈現其內在的優秀，形成一個民族國家深厚可靠的道德與政治的基礎。修身、做人、做事，整個的人、身心靈神的全人，是華夏古典的核心。正如陳寅恪深刻指出：「吾民族所承受之文化，乃一種人文主義之教育，雖有賢者，勢不能不以文學創作為旨歸。」在這裡，人的文學發展，與人的全面發展具有內在的邏輯一致；人的全面發展與民族國家的全面發展，有著終極與內在的共生性。

由此，我設想了一個中國文論的新體系框架，即「一心開三門」，「一心」即華夏文化心靈；「三門」，即心靈修行門、人文社會門、自然風物門。「三門」的大致內容如下：

其一，心靈修行門，內含性情教育類（中國文論中有關文學與人的性情養育的論述，與今天的關係）、閱讀類（中國文論中有關閱讀學的意義、方法與境界的論述）、治療類（中國文論中有關人的心理康復、情緒調養等論述，與現代心理學的聯繫與區別）、品味類（中國文論有關人的美學趣味及其熏習的論述，與資訊社會的關係）。

其二，人文社會門：內含文化創意類（中國文論中有關人的文化世界多元通變的論述，與現代創意的聯繫與區分）、公共批評類（中國文論中有關思想批判、社會抗議的思想傳統及其在現代社會的價值）、禮儀類（中國文論中有關禮的型態、意義與今天對於社會生活的價值）、知識人精神傳統類（中國文論中有關道與勢的理論）等等。

其三、自然風物門。內含生態保育類（中國文論與美學中有關生態的思想與現代生態學的聯繫）、風景美學類（中國文論中有關山水美的論述及其當代價值）、物質美感類（中國文論中有關物的美及其型態、意味和當代價值）、地域風物類（中國文論中有關地域風物的表達）

總之，從傳統、五四、後五四的三分類型著眼，發展出一套有現代意識、時代意識，又包容了古典意識（即華夏文化意識）的新體系。

四

崑陽教授說：在「後五四」時期，我們認為中國文化、學術的「現代化」，更必須回歸傳統而重新正確、深入地理解傳統；學者們應能自覺地朗現民族文化主體性，而在承繼傳統的基礎上，創變出具有民族性以及時代存在經驗與詮釋視域的文化、學術產品。所有「歷史性主體」都是既「傳統」而又「當代」，更具體地說，那就是每個人的生命都存在於「文化傳統」與當代「社會關係」的情境中。一切歷史都是當代史。人文學者尤其是具有自覺理論意識、學術思想意識的學人，應該具有存在感受。學思互進、主客相循，「根柢無易其固，裁斷必求乎己。」

兩年前，我在上海主持「古今中西之爭與中國文論之路國際討論會」，感賦三絕，其一云：

文論已過百年身，
古樹新花又一春。
莫負萬千楊柳意，
滿山都是踏青人。

崑陽兄即席賦詩酬答：

端從觀化認前身，
花老誰云不復春。
今古水流明月在，
開新繼往付賢人。

兩年過後，他交出了「開新繼往」的一份厚重答卷，我也收穫了又一幅「古樹新花」的春意。在這篇序的結尾，我遙祝崑陽兄更行更遠更生，踏遍青山人不老！

二〇一九年十二月十二日於麗娃河畔

胡曉明：華東師範大學文學院教授、圖書館館長、中國古代文學理論學會會長

自序

當代中國人文學術如何突破「五四知識型」的圍城

在這本書中，對於一些個別的議題，例如「五四」以降，被淺識的學者們曲解到不成形、貶責到一文不值的〈詩大序〉問題；被矇眼的文學史作者們誣衊為抄襲的漢代「擬騷」問題；被腦袋僵固的學者們將「實用性」與「藝術性」一刀兩斷的文體、文類問題等。這些「五四知識型」所迷蔽而不識其真理的問題，我都已逐一滌塵刮垢，揭明要義，就不必在序文中又叨叨絮絮。

這十篇文章，有些是期刊論文，有些是專題演講，完成的時間並不相近，議題也非一類；然而，卻都是在我所抱持同一學術理念與論述目的主導下，一以貫之的產品。起名「學術突圍」，意思是二十一世紀的中國人文學術必須突破「五四」時期所建構而已僵固之「舊知識型」的「圍城」，才能開展真正現代化、當代化的「新知識型」，而形成「典範遷移」。

我所抱持的同一學術理念與論述目的是什麼？近二十幾年來，身處「後五四時期」，我持續致力於現當代中國人文學術的「解構」與「重構」工程；精銳地反思、批判「五四」時期所建構的「知識型」，揭明其迷蔽，而提出除迷解蔽之方；從人文學術研究對象的本體論、知識本質論與方法論的根基處，揭明「五四知識型」的偏誤而「解構」之，從而指認詮釋視域應該如何轉向，並「重構」可資應用的「典範」（paradigm）。破而能立，才是完善的學術「改造」工程。研究成果一部分已出版三書：《詮釋的多向視域》、《反思批判與轉向》、《詩比興系論》。除了上列三書以及即將面世的這本論文集，未來還有《中國詩用學——社會文化行為詩學》、《中國古代文體學》、《中國古代文學史觀》、《中國古代士階層文化意識形態與文學批評的深層結構》等專著，尚待完成體系，貢獻學界；則當代中國人文學術如何突破「五四知識型」的「圍城」？應該能夠建置可行的策略與途徑，以供後起者繼續推進。改變一代已成窠臼的知識型，而導致「典範遷移」，乃是學界群體共造的事業，絕非一人獨力可以竟功。我只是走在前鋒，豎起旗幟，擂鼓吹角而已。

什麼是「知識型」（Épistème）？「五四知識型」有什麼特徵？積澱哪些迷蔽？這些基本而關鍵的概念，在本書幾篇文章中，都已說明得很詳實，當然也就不用再生贅疣。然則，什麼才是這篇序文中，我想要三復斯言的要旨？

治學以「務本」為首要，以「明其大體」為原則；因此序文中，我想三復斯言者，唯「務本」之道與「明其大體」之方而已。人文之學，「本」之不立，「大體」之不明，則一切枝微末節之說，都支離碎雜，無所依歸；然則，當代中國人文之學，其「本」與「大體」何在？

莊子曾說「有真人而後有真知」，故而學術的「務本」之道，先從學者善養自我的「感知主體」開始。在中國古典人文學的傳統中，這一「感知主體」之「知」的能力，非僅是西方科學傳統的認識論，那種在主客對立框架中，官能感覺作用與理性分析、綜合作用所構成的「認知」能力；而是相即於個體生命「自在」與群體生命「共在」的文化社會情境，經由學、行、思的「實踐」歷程，接物履事，切性盡心，終而涵養構成的「感悟」能力。感，必直切對象，穿透文字符號，契入存在情境，設身處地，以感作者之所感。悟，則即所感而具體解悟作者之思，以及此一存在經驗所隱含之理。這一階段，所有中西的系統性理論，都不必急著介入；在直接「感悟」而有所創見之後，才以這一「創見」為主題，依藉直切的原典文本，分析性詮釋而論證之。這一階段，才視論證之需要，選擇「相應」的基礎理論，調適而用之；中西理論皆可，卻必須深明其「大體」、精通其「要義」而善取之，不可生吞活剝、支離破碎，而隨意硬套。

「五四知識型」之迷蔽多端，其中大病厥在：因躁急於西化，不少學者尚未直對原典，深讀感悟而有所創見之前，即理論先行、框架先立、立場先定，而以此「外設」之觀點，硬套在一知半解的原典文本上，有不合其理論者，或棄而不取，或曲而解之；並以此一理論預設絕對、唯一之價值判準，妄為評斷。又有不少學者，以「反傳統」為固著不化之成見，學術論述淪為政治或文化意識形態之投射，完全缺乏涉入歷史語境的同情理解，不能、不願虛心體察古之文士所感知的「時代問題」何在？他們以知識分子之良心、智慧，各從自己之所見所思，提出何種「解答問題」之原則、實踐之方策？而盲目以現代人意識形態之偏見為立場，預設絕對、唯一之價值判準，未直切原典文本，深入理解、詮釋之前，即大肆批判；因而恣意以暴力性的話語譴責古人。上述二端乃是「五四知識型」最嚴重的迷蔽，陳陳相因，已如壘石砌磚而為城，圍困近現代中國古代人文學術之研究，經典沉深，而真義不明；文化豐美，而廢成荒漠。著作雖繁，卻只在文字表面繞口舌，抽象概念玩弄術語，或做文獻的整理、堆砌，實乃「文字手工業」之產品而已。至於能穿透文字，深契文化存在情境，貼切感知而揭顯創造性詮釋者，百不得其一。中國人文學術之衰微，實非論文產量之以千萬計所能遮掩。近百年來，學者們一踏入中國古典人文學術研究領域，假如缺乏反思、批判能力，就已陷入「五四知識型」的「圍城」中，則將如何「突圍」？

涵養「感知主體」的「務本」之道，已如上述。那麼，所謂「明其大體」又是何義？文化是人為的精神創造物，實質內容畢竟不同於無國界的科學知識，必然有其不同民族、不同社會、不同歷史時期之相對差異，而且始終處在主客、內外因素交相作用的變化歷程中，多元分流甚至對立衝突，難定一尊；即使政治權力介入，也不過某一歷史時期暫時維持之局面。文化既然是人為的精神創造，都是在歷史文化經驗基礎上，因精神與物質之所需而創造的產物，根本沒有先驗、絕對、唯一、普遍的「本質」。這種不切存在實境的先驗「形上本質」，都是理論家推想、獨斷，純粹思辨以足其根源、理想之說的產物，如果僅從「認知」而言，無可驗明，不過「空言」而已。在人文世界中，任何精神創造物的「本質」，始終都處在不同歷史時期，被不同思想家或學者「重新定義」，而付諸「實踐」；也只有付諸「實踐」而表現為可感可知之實存事物，所謂「本質」才得以實現而明示於世，並證成其非抽象之「空言」；故「本質意義」與「發生意義」相即不離，二者非可截然斷開，內外不相涉及；一旦斷開，「本質意義」即成掛空之虛說，學者言語之播弄。

我們就以學者最為自詡之中國人文學的至寶，西學之不能及者，即所謂「道德哲學」而言，假如套借西方「哲學」的學科性定義，並以其第一哲學即形上學、第二哲學即認識論，作為實質內容的基準，去詮釋原始儒家孔孟之「心性論」；而完全斷開道德實踐的歷史情境條件，離「用」而說「體」，僅視「良心善性」為「知識論」之一範疇，將它當作與主體實踐無關的認知客體，而純粹思辨、分析、言說，以建構抽象化、系統化的所謂「道德哲學」。這樣的理論對詮釋孔孟的道德思想而言，是否為「明其大體」之見？很值得商榷。

孔孟之所言，乃以自我「實踐」的「體悟」，揭明人之內在本具道德根源之「心性」，能由「自覺」而發用，則道德可以實現為一言一行之事宜；「良心善性」也就不是徒作空言的理論。假如道德真有內在於心性的先驗「本質」及「根源」，則誠心真意的「實踐」是唯一的驗明之道。道德「本質」與「根源」，必須即事實而明其理，故道德之論不能離「史」而抽象空談，孔子之所以作《春秋》即是此意。因此，孟子所說惻隱之心、羞惡之心、辭讓之心、是非之心四端，不是抽象概念的道德理論、道德哲學，而是內在於心性的「道德感」，只有主體在實存的情境中，當下發用於言行，才能體證其為實有。「體」不能離「用」而僅作為知識論的範疇，建構抽象概念的所謂「道德本體論」、「道德形上學」。從未經由實踐以體證自我內在的道德感，而將「道德」作為西方系統性的「理論哲學」，囂囂著述幾十萬言，《中國道德哲學》、《中國哲學史》等書，層層疊疊而出，這也是「五四知識型」受西學架空民族文化基壤的產物。

復次，有些學者以西方「哲學」的定義及實質內容為基準，詮釋甚而批判漢、唐的「文化思想」（我不稱它為哲學），就會得出一個斷言：漢、唐沒有像樣的哲學家、沒有合格的哲學。牟宗三、勞思光兩位先生即持此說。漢唐沒有合乎西方「哲學」定義的哲學家及其哲學，難道就沒有自身的文化思想家及其思想嗎？這是值得我們重新思考的重大問題。

試觀勞先生在《中國哲學史》中，預設並堅持「中心—邊緣」、「主流—次流」、「正統—歧出（或別宗）」的詮釋框架與價值基準；而以「衛道」的意識形態，「判教」的價值立場，激烈批判：

「心性論中心之哲學」被「宇宙論中心之哲學」所取代，此為儒學入漢代後最基本之變化，亦儒學衰微與中國文化精神衰亂之樞紐所在。關於自覺心之本性，董氏根本不解。而心性之善惡問題本身亦由自覺根源問題變為材質問題，孔孟心性論之精義全亡失矣。

在歷史的流變發展過程中，孔孟「心性論」是不能動搖、背離的中心、主流、正統，孔孟之外與之後的思想家只能被「規定」必須順著孔孟「心性論」去說道德，否則就是背離；背離就是歧途、衰亂、甚至邪妄。漢代儒學整體被判為文化精神衰亂；而與孟子並時，於「心性」卻另有所見的荀子呢？漢代最具代表性的思想家董仲舒呢？勞先生完全無視於歷史文化的本身乃始終處在變遷的過程中，多元分流，是非相對，難定一尊，這是沒有人能「規定」的事實。而勞先生也不明各思想家所感知之歷史情境的差異，解決「問題」之方的不同，竟以孔孟「心性論」的傳統作為「中國哲學史」一元化的傳統，「規定」歷代思想家不用去理會自己所面對的「時代問題」，只須關在書房裡，順著孔孟「心性論」的路數高談道德，做個合格的哲學家。這種衛道、判教的文化意識形態，讓他無法理解、也無法容忍荀子、董仲舒的道德思想，竟以非學術性的情緒話語直詆他們為：「就荀子之學未能順孟子之路以擴大重德哲學而言，是為儒學之歧途」、「荀卿學無所歸，董氏之學則歸於邪妄也」、「董氏論『性』，為漢儒惡劣思想之代表」。奇哉斯言！假如歷代思想家都依照勞先生「應然」的「規定」，只能順著孔孟「心性論」說話，那麼整部《中國哲學史》將何其單調、貧乏，這樣的著作也可以不寫了。歷史文化的精彩正在於如同九流十家之眾聲喧譁，而不是用任何權力意志或意識形態以統一思想。

何以像勞先生這種大學者，會有這樣的論述？勞先生批判董仲舒根本不解孔孟的心性論；我們也只能持平地說，勞先生根本不解董仲舒的道德思想，再合理推擴地說，勞先生根本不懂漢代的文化、社會與政治實況，當然就不懂董仲舒所面對的「時代處境」，以及亟待解決的「問題」。董仲舒畢竟不是我們現代躲進學院象牙塔裡的所謂「學者」，只是憑著專業哲學知識與成堆的史料，研究那些與時代處境無關、不切實際「問題」的「純粹理論」。中國如果有所謂「哲學」，也不是西方式的「理論哲學」而是中國式的「實踐哲學」。不管稱為「哲學」或稱為「思想」，一旦要義在於「實踐」，就必然要落實在時代的文化、社會與政治處境，或者個人生命存在的經驗，貼切於現實世界的因素、條件，因其所感知的「問題」而提出解決之道。因此，中國文化思想，尤以先秦兩漢為典型，其論述特徵「大體」都是直接針對第一序現實世界經驗所發生的「問題」，「即事感物而言理」、「因時適變而說道」，故謂之通識的「思想家」，而不是專業的「學者」。

先秦兩漢的思想家，他們的論述雖或顯或隱有著形上學之「本體論」的預設，於宇宙論或謂之「道」，或謂之「太極」，於道德思想或謂之「良心善性」；然而，這些「本體論」的觀念，或是作為本原之設準，或是出於實踐體證之心得，卻都只是簡言以立「體」，而不作為論述重點，也就是形上學的「本體論」不是一個「顯題」而由此開展一套系統性的理論。大要立體之後，接著就落實於文化、社會及政治情境，或個人生命存在的經驗基礎上，即「用」以明「體」，而不尚抽象概念的理論空談；只是經由實踐或隨機提點而「體」自在其中；中國先秦漢代人文之學的「大體」，就是「即用以明體」，而不做後世文、史、哲分科的專業論說；這種「知識型」連被認為形上學色彩濃厚的《老子》、《莊子》、《易傳》也不例外。先秦漢代這一歷史時期，「形上學」絕不是中國人文學最優先的論題。降及宋明理學的「知識型」轉變，才漸與西方「哲學」的性質接近。至於清代的「知識型」則又一轉變，有回歸先秦漢代以經、史之學為主的趨向。徐復觀先生所見最為貼切，他不稱呼「漢代」的人文之學為「哲學」，而改以非學科性定義的「思想」。他在《兩漢思想史》卷一〈三版改名自序〉說：

> 中國思想，雖有時帶有形上學的意味，但歸根到底，它是安住於現實世界，對現實世界負責；而不是安住於觀念世界，在觀念世界中觀想。所以我開始寫兩漢思想時，先想把握漢代政治社會結構的大綱維，將形成兩漢思想的大背景弄清楚。而兩漢政治社會結構的特色，需要安放在歷史的發展中始易著明。

同時，他又在《兩漢思想史》卷二〈自序〉說：

> 兩漢思想，對先秦思想而言，實係學術上的鉅大演變。不僅千餘年來，政治社會的局格，皆由兩漢所奠定。所以嚴格地說，不了解兩漢，便不能徹底了解近代。

若以漢代思想作為研究對象而言，徐復觀先生這個通觀性的看法，相較於勞先生，才是「明其大體」的慧見；「大體」既明，則細部內容的詮釋，以及相應的評價，也才能貼切。

「明其大體」之法，不能一入手就將總體做局部、片面的切割而當作研究對象；就如同將一個人之身心俱全的有機生命總體，切頭砍手、挖心截腸去做分析性研究。而必須對整個文化傳統以及一代之文化現象作「總體情境」的通觀，洞察各局部、層面之質素有機性混融的情境或交相作用的結構關係，以「明其大體」。這不是分析思維所能奏功，而是由學術主體生命存在經驗融合深廣通讀文史哲經典之體悟，所逐漸涵養而成「智的直觀」能力，就以此能力所洞見對象的「大體」。這是第一序得之於心、會之於意的直觀綜合識見，古代的大思想家都有這種能力，也是中國傳統人文學的活法。至於分析、推論，再做綜合或歸納判斷，以建構系統性理論，這已是第二序形式、程序井然的科學方法，西方學術之所長在此。然則，前面我所說養成「感知主體」的「務本」之道，與依對象而「明其大體」的原則，主客合一而非截然為二。在這種中國傳統人文學直觀綜合的活法基礎上，再濟以西方擅長分析綜合的科學方法，則現代中國人文學術才能既保有傳統之精華，又能邁向現代化的境地。假如這兩頭俱空，既缺乏中國傳統人文學「明其大體」的感知而通觀能力，又沒有西方分析、綜合、歸納的科學方法訓練，那就是現代中國人文學術衰微的徵兆。

不管研究哪一民族或同一民族的哪一時代的人文之學，「歷史語境」必然是不能割除的基礎。而歷史語境是「動態」而非「靜態」，隨著文化、社會及政治的變遷而改易；甚且歷史語境不僅是一個民族或一個時代人文之學的外在「背景」，根本經由人文學家主體心靈所感知到的文化傳統與當代存在經驗，而滲透到他所創造的文本中，融化為構成文本內容的質素。因此人文學之研究，學者選擇詮釋、評價的立場與觀點，最適當的原則，就是能與研究對象的知識型態相應，此之謂「明其大體」。研究對象非一，各有不同民族以及歷史時期之知識型態的差異，非可一概論之。

若以中國民族的人文之學為研究對象，則與西方人文之學對觀，「主體性」與「實踐性」就是他不同於西方人文之學的普遍性「大體」，此為大多數中國人文學者所共識；因此借取西學以為詮釋觀點或框架，必須精識其相應性及適當性。而一旦進入中國人文學的內部，則儒、道、墨、法、釋等諸家，或是同一家之先秦、漢代、魏晉……各歷史時期，都有其不同的歷史語境，而各成相對差別的知識型，也就是個殊性「大體」；因而也就有多元相對的詮釋觀點與評價基準。

這種道理並不深奧，然而當學者被政治、文化意識形態或專業狹窄的視域遮蔽心眼，即使不深奧的道理也未能通透，這是學者的眼界器識問題。我們就以先秦孔孟與董仲舒的道德思想作為對照系，說明「大體」各殊，則「意義」有別的詮釋原則。

從兩者思想的「歷史語境」而言，孔孟處在周天子「政教權力」陵夷，而諸侯追逐霸權、相互攻伐而道德教化廢除的時代；在這種「歷史語境」之中，他們對道德「問題」所提出的論述，雖亦涉及諸侯為政以德之道，孔子卻有「道不行，乘桴浮於海」之嘆，孟子更被譏為「迂闊」；兼善天下的「外王」之道既難實現，則退而「獨善其身」的道德修養便成為個人的「內聖」之業。然而從上而下的「教化」已失，則個人道德修養就只能依靠「自覺」；因此，孔孟之言道德，其實都或顯或隱地設定「士」作為聽受對象；道德修養既是所有「士」的「自覺」之業，就必須從人的「心性」找到道德「實踐」的根源依據；因此，孔子提出「仁」為禮之本，尚未明確指認「仁」乃內在心性之所具；至於孟子則已深一層揭明「良心善性」為人所本具的「道德感」，就是人之為人而異於禽獸的普遍本質，從而期勉「士」階層「人人可以為堯舜」。孔孟對道德的言說，大體是自我「實踐」的體悟，而不是抽象概念「思辨」的理論，故「言」與「行」為一。雖然垂教之所需，必得言宣；但說的卻是反躬「實踐」而自覺於心的「道德感」，乃即「用」以明「體」，隨機啟發的表達式；而不是純屬客觀「道德哲學」的抽象概念表達式。現代學者跳過自我主體實踐的體悟，只從文字史料的析釋，而囂囂論說數十萬言的系統化「道德哲學」，所謂「心性論」、「本體論」，都是已淪失孔孟以主體實踐為存在經驗基礎的「歷史語境」，完全是西方抽象化、系統化的「道德哲學」理論，失其生命存在經驗的「實踐」之「用」而空談超驗之「體」，又何能明識孔孟道德思想之「大體」。

對照而言，董仲舒處在大一統帝國的時代情境中，「教化權」掌控在帝王之手；而歷史降及漢代，文化、社會與政治變遷，「士」不再是春秋戰國時代，「遊」於列國之間，沒有「定主」的自由身；在階層化更為明確的漢代，「士」已從「遊」於列國的自由身，回歸到「定位」在四民之首的階層。從社會身分的高下而言，與「民」為近而與「卿大夫」為遠；故同樣必須納入萬民的行列，接受以帝王政權所規約之「意識形態」的「教化」。董仲舒在《春秋繁露》就說「士不及化」；不及化，非但不能「化民」，恐怕連脫離帝王所掌控的「教化」而「自化」都不成；只有接受上位者所規約，符合「意識形態」的「教化」，而經由舉材用人的制度、管道，進入卿大夫的位階，才能成為輔佐「教化」的有司官員。在這種「歷史語境」中，董仲舒作為輔佐「教化」的有司官員，道德論述的主要對象便聚焦在帝王，重點也在「教化」萬民的「外王」之道，而非「士」的「內聖」道德修養。董仲舒所思考的「問題」是：帝王「教化」萬民，如果自己沒有道德人格，又如何能教化萬民？故必先「內聖」而後能「外王」；但是帝王威權至上，又有誰能「教化」他？「王者師」又要如何發揮功能？

因此，董仲舒的道德論述，並非不講「自覺心」，卻不針對「士」階層的道德人格修養立說；他處在「教化」權力分層結構的時代情境中，乃轉而針對掌控「教化權」的帝王立說，提示帝王想要實踐「教化萬民」的「外王」功業，首先就必須做到道德「自覺」，養成如同堯舜文武這些古代聖王的人格。

從上述「歷史語境」對照而通觀來看，孔孟與董仲舒所處時代情境不同、所「用」也有異，故而各有其「大體」，不能相互取代；勞思光先生卻對這種「歷史語境」的差別全無「大體」的洞察。歷史經驗既在的現實因素條件就是如此，無可更易，如何能以掛空的「理想」去「規定」董仲舒必須與孟子講同樣的道德哲學？即使被勞先生所遵奉的孔孟，也沒有執泥到如此知「經」而不知「權」的情狀。研究中國文化思想，斷不能沒有文、史的理解基礎，必須先有文史哲總體通觀而「明其大體」的識見，才能繼而分析並綜合，作出貼切的論斷；假如在未明大體之前，就將「哲學」從文、史割離出來，純作抽象概念的分析詮釋，深厚的文化思想意義，很可能就被分析得靈肉無存，甚至產生誤斷訛評。勞先生的哲學史方法，大致是英美分析哲學的路數，在沒有文史哲總體通觀而「明其大體」之先，一入手便是語言層的分析、推論，再加上預設孔孟「心性論」是不可背離之聖教的立場；價值判準已定，漢代文化思想就被斷為儒學的衰亂期，而董仲舒之學歸於邪妄，其論「性」為漢儒惡劣思想之代表。

因此，我要三復斯言者，不管選擇哪一家或哪一歷史時期的人文之學作為研究對象，總體通觀而「明其大體」都是優先的原則；大體不明則各局部或各層面的研究，其歷史位置便難有適當的安歸，而必生偏誤，緊跟著評價也必失其公允貼切。甚至不知歷史的多元流變，先已主觀地設置絕對、唯一的價值判準，未理解、詮釋，就先評價；或者詮釋與評價混淆不分。勞思光先生對漢代思想的惡評，可為範例。不同歷史時期的文化思想，既是各有其「大體」的差異；則研究漢代的文化思想自當先「明其大體」，而相應其大體以詮釋之、評價之。就以漢代文化思想的研究為例，不管以先秦孔孟心性論的大體，或宋明理學心性論的大體作為絕對、唯一的基準，去詮釋、評價漢代文化思想，這都是一元化、中心化之學術觀念的迷蔽；而這種迷蔽到現在仍是學界難治的大病。

勞先生是大學者，其總體成就讓人敬佩，同樣寫《中國哲學史》，在「哲學」的層次，當然比他所批判的胡適、馮友蘭高明得多。然而，其知識型態仍是籠罩在「五四」所生的迷蔽之中，沒有「歷史語境」是最明顯的特徵。這是學者很難脫離的歷史視域限制，可以同情理解；然而，我們對其迷蔽卻也不能視若無睹，單就這部《中國哲學史》而言，他對漢代思想的論斷，最大的問題就是「不明大體」，只有「哲學」而沒有「史」；所謂沒有「史」的「史」，不是指哲學本身內在源流之時間歷程的「史」，也不是「史料」考證的「史」，而是指「發生」此一哲學的「歷史情境」，包括傳統與當代的文化、社會及政治因素條件。因此他自己所提出的「本質意義」與「發生意義」之分，在他的論述語境中，截然為二，內外不相涉及；而中國文化思想築基於歷史經驗的「實踐」之「用」，在論述過程中，也不知不覺被他遺忘了；所謂道德之「體」也就離「用」而成為抽象概念的掛空之言，這是西方「理論哲學」的知識型態，非中國文化思想之「大體」。從西方看中國，不能從中國看中國，這是「五四知識型」一般常見的詮釋視域，有所見也相對有所遮蔽。

中國在封建解體之後，秦始皇統一六國，建立大一統的王朝，政治上建立郡縣制，文化上車同軌、書同文，統一度量衡，也算有其貢獻；但是，秦火卻是文化大浩劫，含有「思想」問題的經典幾乎毀盡。秦朝只維持十餘年而亡滅，漢朝繼秦之後，是第一個維持政局四百多年的大帝國，政治上承繼周秦二朝，建立郡國並行制；文化上重建經典，創立箋注學模式，並設置五經博士為「官學」，同時又不廢「私學」，以教化士民。賈誼、董仲舒等思想家為政教之「更化」問題，而提出種種解決之道；東漢章帝時，詔令諸儒於「白虎觀」考定五經異同，並重議禮樂的政教意義。而辭賦興起，開展繼承《三百篇》四言詩之後的文學新局，推進中國文學另一歷史階段的發展……。漢代不管政治格局或文化創造都開發出恢弘的氣象，豐美的成果，影響後代非常深遠。漢代文化自有其宏偉而特殊的「大體」，既非先秦，也非宋明，則當如何看待？

然而，在近現代的學術史中，漢代卻是最倒楣的一個時代。對漢代文化思想的研究，能像徐復觀先生那樣「明其大體」的學者不多。「五四」以降，延伸到一九四九年之後的人文學界，研究漢代文化現象者，包括文史哲，大多戴上幾副有色的西洋眼鏡：一是西方自然科學；二是西方歐陸古典主義哲學或英美分析哲學理論；三是西方實證史學；四是西方形式主義美學理論；五是西方馬克斯主義的社會學、文學及美學理論；六是西方純文學觀念；七是西方文學進化史觀。而且這幾種西洋眼鏡從沒有真正擦亮過，甚至龜裂破碎，很難用以看清事物；雜取這些理論的人，多的是一知半解，甚至誤讀謬識。然而卻在這些西洋眼鏡的迷視、亂視之下，對漢代文化現象的研究，盡多表層的淺識、偏見甚至訛解。於是漢代沒有像樣的哲學家，沒有合格的哲學；陰陽五行、天人感應是幼稚簡陋的宇宙論觀念；讖緯之學是不科學的迷信邪說；上古帝王的史跡都是秦漢人假造的「偽史」；兩漢以經學平治天下，最終目的是在防止農民造反、鞏固封建統治。《毛傳》詩經學都是穿鑿附會，釋詩沒有一首可通。司馬遷、王充、王符、仲長統等唯物主義思想，最值得稱道；「擬騷」只是「抄襲」，缺乏「獨創」的價值；文類的「藝術性」與「實用性」一刀兩斷，漢賦乃被貶為只是服務政治的實用工具而非藝術審美的純文學，根本是缺乏生命的貴族死文學，實為文學進化史觀所鄙棄……。回觀近現代的學術史，對漢代的研究，這一文化豐美的大時代，在專業學術受到西學的框限或政治意識形態的支配之下，從狹窄、偏誤與迷蔽的視域所看到的漢代文化現象，幾近一無是處，而成為枷鎖工廠、假貨市集，甚至魍魎鬼域、荒寂沙漠，這是確當的詮釋與評價嗎？「不明大體」之過也。我們必須脫下這些西洋有色眼鏡，以及政治意識形態，回歸原典，契入歷史語境，重新詮釋漢代文化，包括文史哲的總體情境，這應該是二十一世紀中國人文學術的正途。

近日，輔仁大學舉辦「第十六屆先秦兩漢學術研討會」，我應邀作主題演講，題為「先秦兩漢文化思想詮釋視域的迴向」，這也是我所關懷如何突破「五四知識型」圍城的系列問題之一。在反思、批判胡適、馮友蘭、勞思光、任繼愈的《中國哲學史》，以及侯外廬的《中國思想通史》、徐復觀的《兩漢思想史》之後，更進而對先秦兩漢所開展的知識型，提出通觀其「大體」的說明，並擬訂幾個「詮釋視域迴向」的原則，可以作為「如何突破『五四知識型』的圍城」這個大問題的回答。在這一篇序文中，我再略作修補，論述如下：

我認為先秦的文化思想實為「原始混融型」，都是各思想家置身當前的存在情境，直接針對第一序現實世界經驗所發生的問題，依「主體性」與「實踐性」的原則，「即事感物而言理」、「因時適變而說道」，而無後世所謂文、史、哲之別，或義理、考據、詞章之分；更不是我們現代專業分科、分工，而依靠史料做研究的各種學術領域。這就是先秦文化思想的「大體」，不能切開隱含的文、史質素，而「孤立」地只當作抽象概念的「理論哲學」去詮釋；故現代學者詮釋先秦經典所適合採取的態度與視域，不宜預設各種學科化的系統性理論框架去詮釋甚至評斷，尤其西方各學派的系統性理論，更非所宜；如必要使用，則須格外謹慎，不能隨便套借。研究先秦思想，此一「大體」既明，則學者自身就應該具有融通文史哲的理解力與思維方式，直對原典文本，穿透語言表象，契入經典發生的「歷史語境」而體悟之，才不至於流為抽象概念的純粹理論。

漢代的文化思想，我稱它為「衍變複合型」。兩漢直承先秦，而因應時代文化、社會及政治變遷，所產生不同於先秦時代的存在因素、條件；思想家為解決時代的「新問題」，一方面繼承傳統而「通經致用」，一方面直對當代問題而「衍變」其解決之道。經、史、子與文、史、哲，雖經由反思、分類而有所區別，卻未截然斷為不相關的專業領域，仍然維持「分別」而又「複合」，彼此互濟的型態；這就是漢代文化思想的「大體」。徐復觀先生在《兩漢思想史》卷二〈自序〉中，對漢代文化思想的型態說之甚當：「就學術思想而言，以經學、史學為中心，再加以文學作輔翼。」漢代文化思想的「大體」既明，則研究漢代人文之學，文、史、哲或經、史、子、集雖可以區分，而以其中之一種為焦點、為主軸，加以顯題化論述；然而，卻也必須置入文史哲或經史子集「複合」的關係所構成的總體情境中，去進行理解、詮釋其意義。學者自身仍然必須具有融通文史哲的理解力與思維方式，才能獲致創發性的體悟。

在這「明其大體」的基礎上，我擬訂幾個「詮釋視域迴向」的原則。演講現場，雖針對先秦兩漢文化思想研究而發；但是，其中所含有的研究對象本體論、知識本質論與方法論，卻可以適用到整個當代中國人文學術突破「五四知識型」的圍城之後，作為轉出新視域之研究的可行進路。

（一）從以西方「哲學」為定義所行的「外造建構」，迴向從中國先秦兩漢經典直接深讀、體悟，而經由「內造建構」民族文化「原生」的「詮釋典範」，以做出適切於中國文化思想特質的「自我定義」。什麼是「外造建構」？什麼是「內造建構」？在本書的文章中，已幾次作了界說，可以參讀。

（二）從西方系統性理論的套用，迴向直接理解、詮釋文本。西方理論僅作為對照系，經由比較、對觀而顯明自身民族文化思想的特質。如有必要引藉西方理論，則須審視理論與研究對象的「相應性」，並且先對此一理論的效用與局限進行批判，而做好「調適」。大致而言，西方所長的一般形式性、程序性的方法，因為不涉及區域性文化經驗內容差異以及學者主觀的立場、觀點，故而比較適合借用，例如分析、綜合、歸納、演繹等一般方法；或廣延性之形式結構的基本概念，例如社會關係、社會衝突、人際溝通模式、符徵、符指等；假如涉及區域性文化經驗內容差異以及學者主觀立場、觀點的理論，則不宜隨便套用，例如任繼愈《中國哲學發展史》、侯外廬《中國思想通史》等所套用馬克斯《資本論》取自歐洲中世紀社會結構的「封建主義」，以及「唯物主義」與「唯心主義」二分對立而夾帶優劣評價立場的理論框架。

（三）從片面或部分切割而孤立詮釋其意義、評定其價值的研究模式，迴向從「總體情境」通觀各層面、各部分彼此結構、交互作用的「關係」，以詮釋其意義、評定其價值的研究模式。「總體情境」是落實在歷史文化基礎上，作為研究對象「本體論」的設準，實際研究時可濟之以「顯—隱」的結構關係。顯者，研究對象被語言「表象化」的層面，例如漢賦這一文體，顯題化屬於「文學」之研究；但是在文化「總體情境」，一切事物都存在各種因素條件交相作用，彼此滲透的「關係」中，不可能「孤立」而生而在；而其「意義」也必須置入這一「關係」情境，才能獲致完足的詮釋。文學形式是「顯像」；但是進行詮釋時，卻必須穿透文字，涉入文化存在的「總體情境」，理解「隱藏」在深層，作為產生、存在此一「顯像」於外之文學產物的各種基礎性的文化社會因素條件。這時「歷史」與「思想」就必須被納入，作為詮釋的相關參照系，觀察、體會文、史、哲各因素條件如何相互作用、彼此滲透而構成「意義」，從而詮釋之。

（四）從抽身「歷史語境」之外，而體用分離、本質意義與發生意義內外切斷、抽象概念理論與具體經驗事實兩別的詮釋進路，迴向契入「歷史語境」，而從體用相即、本質意義不離發生意義、抽象概念理論與具體經驗事實辯證融合或依存的詮釋進路。使得抽象概念理論能切實於文化、政治、社會的經驗事實或現象，以顯其「實踐性」，而不淪為純屬抽象理論的「空言」。

（五）從沒有時間性、空間性的靜態化、抽象化研究模式，迴向將對象置入時空情境中，從「動態歷程」詮釋其「變化」意義的研究模式。任何文化存有物，都非靜止不變；而必然是在實存情境中，由於文化、社會與政治的變遷，各種因素、條件的消長，而在「動態歷程」中延續地存在著。「不變」並非靜止，靜止反而死亡；「不變」是由於「變」而無所終窮，不斷更新其「體」，再生其「用」，因而存在於動態的辯證歷程中。

（六）從「主流—次流」、「中心—邊緣」、「正統—歧出（別宗）」的固態框架，以及一元、絕對的評價基準，迴向各個流別交錯混合、彼此滲透的動態視域，以及多元、相對評價基準的研究進路。歷史情境中的諸多事物，必然是分流變化，多元並陳，更彼此影響、交相滲透。中國文化思想的「雜家化」，戰國時期已成不可阻擋的趨勢。孔孟以降，已無純儒；老莊以下，也無純道。以「純粹」為理想標準，兼以單一固態化的框架，去詮釋甚至評價多元流變的歷史文化經驗現象，實非深識「通變」之道的僵化之見。

人文學術不能百年不變；變則必須先總體深入地反思、批判前行的學術史；而所變也不能僅止於局部枝微末節的修改，而必須從研究對象的本體論、知識的本質論，相應的方法論，即此一根本處除舊更新。我所最憂慮者，後「五四」時期，二十世紀下半以降，中國人文學術不只繼續面對「五四」以來西學的強烈衝擊，而導致「文化主體」失位甚至淪失的問題。同時人文學界自身的學術人才培養，也在學科分化、專業分工而界限有如高牆阻隔的趨勢中，年輕世代學者的涵養隨之而狹窄淺薄，不但文、史、哲截然三分，即使同屬一個科系，也各取一隅，自限視域，孤立地鑽研小題細節，而不知人文世界之遼闊。本應具有總體閎深視域的人文學術遂成管窺蠡測的知識碎片！如何扭轉此一趨勢？我期待高瞻遠矚的學者，能走出方丈的研究室，相偕突破「五四知識型」的圍城，而回歸深遠的文化傳統，放眼繁複多變的當代世界，經由「內造建構」而共同促進當代中國人文學術的「典範遷移」。

中國人文學術如何「現代」？如何「當代」？

一、中國人文學術如何「現代」？如何「當代」？而學術「典範」（paradigm）又如何能形成遷移？

這一屆「文學與美學國際學術研討會」主題是：「文學研究的當代新視域」。三個子題是：（一）傳統文學轉換出當代新的詮釋視域；（二）當代社會文化（與文學）所開拓的新議題；（三）當代引介西方理論所開拓的新詮釋。這個主題以及三個子題，隱示著「當代」中國人文學術在繼受「五四」這一知識年代所開啟的「現代化」視域之後，又意圖轉進到另一知識年代，而開啟「當代化」的新視域。這會是當代人文學者對中國人文學術「典範遷移」的呼喚嗎？即此，我想追問的是：中國人文學術如何「現代」？如何「當代」？而「五四」時期所建構的學術「典範」（paradigm），到二十一世紀的當代，又如何能形成遷移？

典範（paradigm）這個概念，自從孔恩（T. Kuhn，一九二二—一九九六）《科學革命的結構》傳播到台灣[1]，就經常被應用於人文學術的論述。它指的是學術社群所共同承認一套經由完善的研究成果而建構的知識體系，以此作為「常態科學」研究的基礎，人文科學也可包括在內。

一種學術典範，包含下列幾個構成要素：第一是所研究之知識對象「本體」的界定，從而建構一種特定的「本體論」；第二是由此所生產之知識「本質」的界定，從而建構一種特定的知識「本質論」；第三是提出若干基本問題，從而解答這些問題，以建構必要的基礎知識，包括某些命題、理論或模型。第四是一套適當而可操作的方法，這套方法包括原理、原則及實際操作的技術。

「典範遷移」，從來都不是一種「知識型」（Épistème）[2]之枝枝葉葉的改變，當然就不只是某些陳陳相因之舊議題局部的修補；而是從「根本」處轉換創新的詮釋視域。

「人文知識」不是上帝創造的現成物，而是人類創造的文化產品，並無超越經驗事實而先驗存在之絕對、普遍、唯一的「本質」。任何一種人文知識的「本質論」，都是某地區、某民族、某歷史時期的某人文學家，在文化傳統與當代社會的實存情境中，所作「規創性」的定義。而任何定義也都非固著不變，即使同一區域、同一民族，不同歷史時期的不同學者，都可以針對某一種人文知識的「本質」作出重新的定義，提出一家之言的理論，而付諸實踐，由應然的定義經由實踐而創造實然的產

1 參見〔美〕孔恩（Thomas Kuhn，一九二二—一九九六）著，傅大為、程樹德、王道還譯，《科學革命的結構》（*The Structure of Scientific Revolutions*）（台北：允晨文化公司，一九八五）。

2 「知識型」（Épistème）是〔法〕哲學家傅柯（Michel Foucault，一九二六—一九八四）《詞與物》一書的核心概念。他考察了文藝復興、古典主義以及近現代幾個歷史時期所建構的知識，發現在同一個歷史時期之不同領域的科學話語之間，都存在著某種「關係」。那就是在同一歷史時期中，人們對何謂「真理」，不同科學領域的話語，其實都預設了某種共同的本質論及認識論，以作為基準及規範，從而建構某些群體共同信仰的真理，以判斷是非，衡定對錯。「知識型」指的就是這種不同科學之間，本質論與認識論的集合性關係，也就是西方某一歷史時期人們共持的思想框架與基本觀點。當歷史時期遷移了，前一歷史時期所以為「是」的知識就不一定理所當然的「是」，更可能變成「非」了；也就是歷史遷移到一個社會文化因素、條件很不相同的時期，人們對「真理」的判斷，其本質論的假定改變了，認識論的規範也改變了，知識的確切性就跟著改變了；因此，知識才有不斷發展的可能，而不同的歷史時期也就有不同的「知識型」。參見傅柯著，莫偉民譯，《詞與物——人文科學考古學》（*Les mots et les choses*）（上海：三聯書店，二〇〇一）。

品。

因此，「典範遷移」乃是一代「知識型」的革命，必須從研究對象的「本體論」及其知識「本質論」與相應的「方法論」，提出革命性的新定義，以重構一套殊異於前一個歷史時期的知識型。不過，前後不同知識型的遷移，並非截然為二，其間仍存在「因／變」的關係。

中國人文學術的現代化、當代化，以至「典範遷移」，如何可能？「務本」之道就是經由對「五四知識型」全面而深切地反思、批判，進而重新定義研究對象的本體論、知識本質論與方法論，並付諸實踐。

二、何謂中國人文學術的「現代化」與「當代化」？

中國社會文化發展的「現代化」（modernization）展開於晚清，至今已經歷了漫長過程。中國晚清以降，追求「現代化」的風潮，預設了改變對立面之古代傳統社會文化的革命性意圖，甚至一度強烈到非理性地高喊丟棄一切社會文化傳統。

西方一般所謂「現代化」，比較偏向指涉十八世紀以降，由工業革命以及資本主義所帶動科技與經濟生產方式的改良，顯現在表層的物質文明，主要是生活工具、醫療、運輸、資訊傳播等方面的進步。雖然，廣義的「現代化」涵蓋了十八世紀以來，總體社會發展的過程；但是，經常被片面突顯的還是「工業化」（industrialization）過程，「科技」的工具製造與「經濟」的價值生產是關懷的焦點。

中國晚清以降，新知識分子追求「現代化」，其側重面就是在於「物質文明」；跟隨西方社會工業化的趨勢，追求科技、經濟的現代化生產，以達到船堅砲利，富國強兵，這是短視之士主要的改革目標。

至於在「精神文明」方面，通常使用「現代性」（modernity）這一概念。晚近西方有關「現代性」的論述，乃是用來解釋自十八世紀文化思想的啟蒙運動、英國工業革命、法國大革命，直到二十世紀二次世界大戰之後，整個歐洲的文化價值觀、社會倫理、政治制度、經濟生產關係，長期演變的主要性徵及趨勢。其關注的焦點是這種性徵與趨勢的「理性化」過程，因此是比較深層之思想的變遷，尤其是科學精神、社會進步、民主、自由、人權、公平正義、尊重個別差異等觀念的秉持與實踐。

準此，則「現代化」與「現代性」的思潮及社會文化發展進程雖有密切關係；但是，二者的涵義原不等同，卻經常被混用。中國晚清以降，一些很有思想高度的新知識分子，例如嚴復、梁啟超、胡適等，他們所倡導、論述之文化、學術的「現代化」，科學、民主與自由是重點。因此，他們所說的「現代化」，其實也混合著「現代性」的概念。至於台灣學界，有關文化或文學研究，「現代性」一詞幾乎已是到處氾濫的口頭禪；但是，「現代性」的基本概念，很多論者自己也說不清楚。

我們在這裡雖然辨析了「現代化」與「現代性」涵義的差別；但是，順隨晚清以降，嚴復、梁啟超、胡適等新知識分子倡導、論述「現代化」的歷史語境，他們所說的「現代化」其實偏重在追求文化、學術能從傳統的窠臼掙脫出來，邁向西方式的精神文明；而不是特別指涉「科技」與「經濟」生產的進步方式。

因此，我們在這裡使用「現代化」一詞，沿著這樣的歷史語境，就讓它也混合著「現代性」的概念，偏指文化、學術能從傳統創變出來，而開拓現代的詮釋新視域。但是，「反傳統」卻不再是我們固著的「文化意識形態」；相反的，在「後五四」時期，我們認為中國文化、學術的「現代化」，更必須回歸傳統而重新正確、深入地理解傳統；學者們應能自覺地朗現民族文化主體性，而在承繼傳統的基礎上，創變出具有民族性以及時代存在經驗與詮釋視域的文化、學術產品。

相對於古典傳統文化，晚清以降，「現代化」有其漫長歷程，當然也有階段性的變遷。我們所面對當前的時代情境，已不同於晚清民初以及「五四」時期，梁啟超、胡適諸君子所面對的時代情境，這是「歷史時期」的差異性。同時，由於不同區域的人們對古代與現代文化接受的層面有別，社會關係結構與互動實踐方式有異，因此「現代化」也有其「區域空間」的差異性。那麼，台灣經驗的「當代」、大陸經驗的「當代」，以及其他域外漢學地區，例如日本、韓國等，他們的「當代」也都各有差異。

大體而言，中國現代人文學術相對於古典傳統，「現代化」是所有學者身處的「共同情境」；而「當代化」，則是不同「歷史時期」與「社會區域」的學者各自身處的「差異情境」。在共對「現代化」的潮流中，每個不同「歷史時期」與「社會區域」的人文學者，都必須反身回顧自身的「當代」存在情境，以自覺的當代「歷史性主體」追問中國人文學術「現代化」，甚至「當代化」如何可能？例如，台灣現代人文學術的「當代化」，必須滲透二十一世紀這一「歷史時期」與台灣這一「社會區域」特有的存在經驗，而展現其他不同「歷史時期」與「社會區域」之存在經驗的「差異性」，這樣才稱得上「當代化」。人文學術必須「與時俱化」，並且「隨地共變」，才能表現貼切於學者之存在情境的特殊創造性。

三、人文學者必須能自覺、朗現而形塑一個「現代化」甚而「當代化」的「歷史性主體」，才可能生產出「現代化」甚而「當代化」的人文學術，而形成「典範遷移」。

人文學者與他們的著作乃是「歷史性」（historicality）之存在。「歷史性」指的是使得存在者之所是所為的「事實」能成為「歷史」的那些基礎因素及條件。以人文學者之所是所為的「事實」而言，就是人文學研究以及由此所生產的著作，例如董仲舒詮釋《春秋》而生產了《春秋繁露》、朱熹詮釋《大學》、《中庸》、《論語》、《孟子》而生產了《四書集注》等。這種種「事實」之所以能成為「歷史」而構就了「中國學術史」，就因為人之生命存在的本質就是「歷史性」；董仲舒、朱熹等學者及其著作當然是「歷史性」的存在。

因此「歷史性主體」並非類如孟子所說的良心善性，那種先驗、絕對、普遍的「主體」；也不是心理學所說那種一般心理經驗的「主體」；而是一個人「在世存有」，身處實在的社會文化情境中，經由實踐經驗，自覺而朗現的個別主體。所有「歷史性主體」都是既「傳統」而又「當代」，更具體地說，那就是每個人的生命都存在於「文化傳統」與當代「社會關係」的情境中。這個情境是由人們所創造出來而作為人之生命存在，經緯交織的時空場域。每個時代的人文學者就活在他們所創造的「文化傳統」與「社會關係」的時空場域中，每天持續他們之所是所為，發生許多可成為歷史的「事實」。而人們也在這「事實性」的時空場域中，經由真真切切的存在經驗，自覺而朗現一個具體實在而彼此差異的「歷史性主體」。

這樣說來，一個人文學者最重要的必須能自覺而朗現兼具「文化傳統意識」與「學術社群意識」

的「歷史性主體」。「文化傳統意識」關連到一個學者所站立的「歷史時間位置」；「學術社群意識」則關連到一個學者所站立的「社群關係位置」。一個「當代」的人文學者能貞定自己的「歷史時間位置」與「社群關係位置」，也才能站在這個自覺的生命存在位置上，「限定」在這切實的學術研究情境中，開啟那種既築基於傳統又開展於當代、既交會於群體又創變於個人的「問題視域」；進而依循這種視域提出「新問題」，選擇適當的「新方法」以解答問題，而創發「新知識」。

因此，人文學術的研究者必須要有「生命存在感」，必須要有「歷史意識」。「歷史意識」不等同於「歷史知識」；「歷史知識」是將「過去」已發生而有文獻可稽的「事實」，當作與學者之主體存在經驗無涉的「客體」去研究，而生產出來的「知識」，這就是「史學」所致力追求的成果；而「歷史意識」則是學者反身意識到「自我」這一主體，就存在於「歷史」之中。這「歷史」不只是被研究的知識客體，根本就是由過去、現在、未來，三維時間綿延不絕的文化傳統所構成的存在情境；「自我」就存在這情境中，所是所為無非就是「繼往開來」之文化創造的志業。

莊子在〈大宗師〉中，所謂「有真人而後有真知」。中國人文學術的現代化、當代化，並沒有某些技術性、格套化的絕對客觀方法。真知出於真人，只有學者們能自覺而朗現一個真真切切「現代化」、「當代化」的「歷史性主體」，才可能生產出「現代化」，甚而「當代化」的人文學術，而形成「典範遷移」。

在「典範遷移」的過程中，學者們能自覺朗現一個問題意識敏銳而高瞻遠矚的「歷史性主體」，乃是最主要的決定性因素。而且必須多數這樣的「主體」在學術社群中形成「共識性」的自覺，才能匯集為潮流性的學術變遷趨勢。

因此，「典範遷移」不僅是一個人的學術事業，而是全體社群的學術事業；但必須從個人的自覺開始，我們作為當代人文學者的一分子，應該自問：我是否已覺知一個與時俱化、隨地共變的「歷史性主體」？這是作為一個具有存在感及歷史意識的學者，首先必須回答的基本問題，也是學術研究之能獲致創變而展現「現代化」，甚至「當代化」的基本主觀條件。

四、中國人文學術的「現代化」有何共同特徵？

所謂人文學術的「現代化」，指的就是一種不同於古典傳統學術的「新知識型」，它應該具備的共同特徵有三，前一項關乎「所論」的內容，後二項關乎「如何論」的方法及其表達形式：

（一）創造性詮釋

現代化的人文學術所論內容必須是學者們站在現代社會文化存在經驗與價值觀的基礎上，秉持自覺朗現的「歷史性主體」所開啟的「新問題視域」，並運用「新方法」加以解答，而獲致「創造性詮釋」的論點。一方面不能固著在傳統「問題—答案」的窠臼上，複製著類似甚至相同的論說；二方面卻也不能絕對主觀地以現代社會文化經驗及價值觀作為「單向視域」；不尊重古代典籍的客觀「歷史他在性」，未契入文本的歷史語境，細讀深悟而貼切理解其意義之前，就套用不相應的西方理論，甚至預設主觀「意識形態」為判準的價值立場，就以此「單向視域」投射暴力式的論述甚至褒貶。

縱觀「五四」激烈「反傳統」時期，甚至餘習顯然固存的二〇、三〇年代，不少學者尚未深切理解、詮釋典籍文本之前，就先以現代的「單向視域」以及所預設的主觀價值立場，強烈地批判古人，連孔孟老莊都不能倖免，這正是「五四知識型」所表現苛薄的惡習。

理解、詮釋典籍必須要有「雙向視域」；「視域」包含所看到的「問題」與解決問題的「答案」；「問題」與「答案」合在一起，就是「詮釋視域」。「雙向」當然就是古今交集，「問題」的生發既是出於學者現代的社會文化存在經驗與價值觀，相對也是出自古代典籍文本中，作者的社會文化存在經驗與價值觀，這二者必須找到交集，「問題」才能成立，也才是個有意義的「真問題」而不是無意義的「假問題」。相對的，這個可成立的「問題」，它的「答案」必須得自學者基於現代社會文化存在經驗與價值觀所做出的自我反身理解、詮釋；同時又必須得自古代典籍文本所蘊涵，作者基於他的當代社會存在經驗與價值觀所做出的自我反身理解、詮釋。古今相接，彼此互為主體，而兩者之間則是可共享的文化傳統。如此古今主客交集，共同為所生發的「問題」找到有效解決的「答案」，而獲致主客詮釋視域的融合[3]。

這樣的詮釋既出於學者自發性的「問題」與「答案」，又相對直尋典籍文本所蘊涵的「問題」與「答案」，必是既因承於「傳統」又創變於「現代」，並且不複製舊說而孤明獨見，故可謂之「創造性詮釋」。

（二）系統性

現代的學術論文不同於古代篇幅不長的文論、詩論以及條記式的詩話、賦話、詞話、曲話、語錄等。它的「外在形式」都採取章節體的結構，外表看來似乎就顯示了「系統性」；然而，嚴格來說，

「系統性」不能只看語言層的「外在形式」；而必須審視所論證的思想內容層，各個組成部分彼此之間是否能以某種邏輯關係連結、綜合為「系統性」的整體，這是次序化、結構化的「內在形式」，不容易一眼就看清楚。

我們研究古代人文學的各種典籍，必須了解古人往往「即事言理」，其言語皆直觀綜合之陳述，而不在表達形式上採取概念分析、系統綜合的論說，故多片語隻字，散在個殊的文本中或隱含在意象性的符碼外。從思想的內容而言，自有其整體的系統；只是從語言表述的形式觀之，卻隱而不顯，可謂之「隱性系統」，例如孔子、孟子、老子的思想內容，當然蘊涵著整體的系統，否則就不成「一家」思想；但是，他們的言說形式卻都為語錄體，表層看不出系統，故可稱為「隱性系統」。

我們現代學者在做古代人文學的研究，大部分都是對經典的詮釋，進行概念精確的文本分析與系統嚴整的綜合陳述；這等於是對古代既存的人文學做出「重新建構」，賦予「現代化」的理論意義，並使用可被學界接受的現代話語，將「隱性系統」的文本蘊義，揭明為一種「顯性系統」的知識；故中國人文學術的「現代化」，從「外在形式」到「內在形式」，都必須具備「顯性系統」，這是它主要的學術特徵。

3 「視域融合」（Horizontverschmelzung）是〔德〕哲學家加達默爾（H. G. Gadamer，一九〇〇—二〇〇二）詮釋學所提出的理論，指通過詮釋學經驗，詮釋者和文本獲致某種共同的視域，同時詮釋者於文本的他在性中理解了文本的意義。參見加達默爾著、洪漢鼎譯，《真理與方法》（*Wahrheit und Methode*）（台北：時報文化出版公司，一九九三），頁三九九—四〇一。

（三）科學性

所謂「科學性」不是指自然科學的「實證有效性」；而指所做的論說都必須以充分而可信的文獻為依據，並符合上述所謂的邏輯法則，而可以檢證其「系統內」的相對客觀「詮釋有效性」，不能流於只是個人絕對主觀，缺乏論證過程的意見陳述。缺乏相對客觀「論證」（expound and prove）的有效性，僅是淪為個人絕對主觀「立場」與「觀點」的獨斷式「論述」（discourse），而以己之所是悍然非人之所是，學術惡化為意識形態之爭，正是當代人文學術之缺乏「科學性」的病徵。

「論述型」的言說，乃以某種「社會實踐」為「優先性目的」，意在「改變」當前的世界，而朝向心目中「理想」的未來世界，因而偏取與某個特定「權力團體」一致性的「主觀」立場及觀點（這時就不一定真有理想而只有利益），即所謂「意識形態」，針對當前的政治、文化、社會、文學、藝術等「問題」，採取能有效推動「實踐」的言說策略，以進行論述；故理論乃是作為「實踐」之正當性依據與指導原則，往往與學院外的政治鬥爭、社會運動相結合，其所論實非學術產品。

「論證型」的言說則不然，乃以論說並證明某種「知識」為「優先性目的」，意在描述、詮釋過去或當前的世界，而建立某種具備「相對客觀有效性」的「知識」。因此，言說者會「自覺」地與某些「權力團體」保持距離，不偏取某種特定「意識形態」的主觀立場及觀點，儘量採取相對客觀、超然的態度，以「文獻」證據效力為優先，以及邏輯法則為依循，而支持、證成言說的有效性。

這二種言說各有其適用的場合及意義，實不應混淆；然而當代人文學界，將學院當作立法院或社會運動者不乏其人，以「論述」混淆「論證」之言說，學界變質為是非圈，尤其集體宰制的學術審查更是爭端時起。此與傳統經學今古文之是非、漢宋學之是非何異！背後其實是以權力欲望為目的與動力的學術霸權之爭，仍是傳統士人的舊習，其知識生產實乏相對客觀的「科學性」精神、態度與方法，距離學術的「現代化」也甚遠。

五、人文學術的「典範遷移」有何主客觀的因素？

造成人文學術「典範遷移」的因素，客觀而言，乃由於文化社會情境的變遷，新時代的存在經驗開啟新的「問題視域」；而新的「問題」已非舊典範所能解答，乃迫使它必須遷移了。主觀而言，則是問題意識敏銳的前瞻性學者，對前一典範開始提出反思、批判，以尋求轉向的可能。反思、批判而深入「根本」處，就是對前一歷史時期既成的「知識型」，從研究對象的本體論、新知識的本質論、方法論進行「破立兼施」的改造工程。

準此，中國人文學術如何「現代」？如何「當代」？而「典範」如何遷移？針對這個問題，我所提出第一個原則性的答案：現代人文學者應該自覺、朗現而形塑出與時俱化、隨地共變的「歷史性主體」，不能只是陷落在故紙堆中，抱殘守缺地因襲著諸多舊議題，這是「務本」之道。這個道理，前文已論之甚詳。

「問題視域」是研究的開端、創造的起點；然而，「新問題視域」並非憑空而生，它必然開展於學者之「歷史性主體」能敏銳地感知三種相對客觀的語境，並且進行交相詰詢：

（一）契入古代以至近現代的學術史語境中，對前行之知識年代所建構的知識型，從根本處進行反思、批判；同時也契入當代的「學術社群」，對相同或鄰近學術領域的前行研究成果進行理解及檢討。

（二）明確覺知到「我」就站在二十世晚期到二十一世紀初期，這個「當代」的語境中，從事學術研究。而我能觀察、理解、體驗到，這個「當代」的社會文化存在情境，涵蘊著什麼一般或特殊的因素及條件？這些因素、條件相應於「過去」的歷史文化有何所「承」又有何所「變」？它的「未來」相應於「現在」將可能有何所「承」又有何所「變」？甚至面對當代無法避開「全球化」的潮流，還必須觀察、理解、體驗到，眼前這個社會已滲透了什麼樣的異域文化？湧進了什麼樣的他方學術？而我又能做出什麼適當性的選擇及接受？前面所謂「歷史性主體」也包含著這種跨域文化交流所帶入的成分。

（三）契入原典的歷史語境，涵泳其中，深切地閱讀、理解，以會悟隱含於言外而還未被他人發現的深層意義。

綜合上述，人文學術「典範遷移」的主客觀因素，除了前文所擬訂第一個原則性的答案：現代人文學者應該自覺、朗現而形塑出與時俱化、隨地共變的「歷史性主體」之外；還要即此三種相對客觀的語境交互詰詢，以逼顯創發性的議題。這是我對中國人文學術如何「現代」？如何「當代」？「典範」如何遷移？所擬訂第二個原則性的答案：契入古代以至近現代學術史的語境中，從根本處反思、批判前行研究成果所建構的知識型。第三個原則性的答案：學者從當代存在經驗的語境開啟「問題視域」，並帶著這一「問題視域」契入原典文本及其歷史語境，理解作者是否也有一樣的「問題視域」？兩者交相詰詢，最終如果彼此能達成主客視域融合，同時也從原典文本及其歷史語境獲致相應的答案，「創造性詮釋」於焉實現。

上述三種相對客觀語境交相詰詢而產生創新的「問題視域」，以獲致「創造性詮釋」的成果，我們可以舉出陶淵明及其詩的研究為例。

當一個現代人文學者能遵循第一個原則：自覺、朗現而形塑出與時俱化、隨地共變的「歷史性主體」；接著遵循第二個原則性，即持此「歷史性主體」契入陶淵明及其詩研究的學術史語境中，對前行研究成果加以反思、檢討，便很容易就發現，陶淵明及其詩早已被「定型化」為二種刻版形象：一是其人為隱逸之士，其詩則平淡自然；二是其人為忠節之士，其詩則豪放或憤悶。

前者的型塑因素，主要是讀者們普遍接受了二種「期待」而將陶淵明的人格及其詩定型。一是陶淵明之生命存在價值觀的「自我期待」，即〈五柳先生傳〉自謂：「閒靜少言，不慕榮利。」又云：「酣觴賦詩，以樂其志。無懷氏之民歟！葛天氏之民歟！」這當然是陶淵明對生命存在意義的理想自畫像；其後，理想自畫像的實踐過程，不為五斗米折腰而辭去彭澤宰，並賦〈歸去來辭〉：「登東皋以舒嘯，臨清流而賦詩。聊乘化以歸盡，樂夫天命復奚疑？」更清吟〈歸園田居〉：「久在樊籠裡，復得返自然。」陶淵明以「隱逸」作為「自我期待」而更真切實踐，這幅自畫像沒有人能懷疑。二是古代士人群體的「共同期待」，例如梁代蕭統〈陶淵明集序〉描述陶淵明的人格云：「論懷抱則曠而且真。」[4]鍾嶸〈詩品〉對陶淵明及其詩的歷史定位云：「古今隱逸詩人之宗。」[5]宋代楊時《龜山先

4〔南朝梁〕蕭統，《梁昭明集》，收入〔明〕張溥輯，《漢魏六朝百三名家集》（台北：文津出版社，一九七九），冊四，頁三二八七。

5〔南朝梁〕鍾嶸著，曹旭箋注，《詩品箋注》（北京：人民文學出版社，二〇〇九），頁一五四。

生語錄》評論他的詩風云：「陶淵明詩所不可及者，沖澹深粹，出於自然」[6]。會合這二種「期待」，陶淵明在歷史上，就被片面地「定型化」為「隱士」，詩風也被特別突顯「平淡自然」這一面向，而形成陶學史的主流論述。

後者的型塑因素，主要是唐代以後，有些讀者發現陶淵明及其詩另一個與「隱逸」完全不類的面向，就是「忠節」之士的人格，以及豪放或憤悶的詩風。李延壽《南史．隱逸傳》認為陶淵明「自以曾祖晉室宰輔，恥復屈身後代」。曾祖是陶侃，在東晉明帝朝，官至侍中、太尉，封長沙郡公，拜大將軍。後代，指的是劉裕篡位，建國號為「宋」。史家以此就認為陶淵明頗持忠節，易代之後，即不肯出仕，並且所著文章，「義熙以前，明書晉室年號。自永初以來，唯云甲子而已」[7]。義熙是東晉安帝的年號，永初是宋武帝劉裕的年號。事實是否真的如此？可待商榷[8]；但是，這種說法的確為陶淵明在「隱逸」之外另塑「忠節」的形象；相應於這一形象，其詩也被突顯另類風格，宋代朱熹〈朱子語類〉就別具隻眼認為：「陶淵明詩，人皆說是平淡，據某看，他自豪放。」有何依據？朱熹就舉〈詠荊軻〉一詩，而評云：「平淡底人，如何說得這樣言語出來！」[9]另外，元代吳澄〈陶詩註序〉更以屈原比陶淵明，認為曾祖陶侃是晉室忠臣，劉裕篡晉，陶淵明無力興復，故而「志願莫伸，其憤悶之情往往發現於詩」[10]。陶淵明這一形象及詩風雖不足以取代前文所述的主流之說，卻也成為陶學史上另一種次流論述；而陶淵明的二種刻板形象，也就固著為定型之論。

近現代有關陶淵明及其詩的研究，這二種定型之論，仍然被延續，尤其「隱逸」其人、「平淡」其詩，更仍居主流之說；然則陶淵明及其詩的研究如何在傳統這種「定型化」的論述語境中，轉出現代化的「創造性詮釋」？

古今學者都存在他「有限性」的歷史時空位置，而以某種被形塑的「文化意識形態」觀看、理解、詮釋他所身處的「世界」；「世界」不是全幅無遮的「現成物」，而是依循存在者的觀看、理解、詮釋，所展現的「視域境」。生命的存在既是「有限性」，則一切觀看、理解、詮釋的「視域境」，當然就有其歷史性的「限制」。陶學史上，陶淵明及其詩二種定型化的刻板形象，就是古代「士人階層」以他們共持的「文化意識形態」，所觀看、理解、詮釋的陶淵明人格及其詩風。在「政教關懷」的存在情境中，進退出處、忠君守節一直都是古代「士人階層」二種主要的「文化意識形態」，進而用世則兼善天下，退而「隱逸」則獨善其身。再者，忠君守節乃是士人不移不屈的行為規範。這樣的「文化意識形態」就成為古代「士人階層」觀看、理解、詮釋陶淵明及其詩的「視域境」；而相對的他們也就被這樣的「視域境」所限制，甚至遮蔽，有所見而有所不見。

陶淵明及其詩作為「總體情境」的存在，其實是一個包含多個面向的圓球體，可因多個不同的

6　〔宋〕楊時，《楊龜山先生語錄》，收入《楊龜山先生全集》（台北：台灣學生書局，一九七四），冊二，卷十，頁四七二。

7　〔唐〕李延壽，《南史．隱逸傳》（台北：藝文印書館，景印清乾隆武英殿刊本），卷七十五，頁八五五。

8　今本所見《陶淵明集》的詩題，並未依李延壽所述之體例，卷三，〈庚子歲五月……〉、〈辛丑歲七月……〉、〈癸卯歲始春……〉等，九題十一首詩，以干支紀年，卻全作於晉安帝義熙年間，或許唐代李延壽所見異於今本。

9　〔宋〕朱熹述，黎靖德編，《朱子語類》（北京：中華書局，一九八八），冊八，卷一四〇，頁三三二五。

10　〔元〕吳澄，〈陶詩註序〉，參見《吳文正集》，收入《文津閣四庫全書》（北京：商務印書館，二〇〇五），集部，別集類，冊四〇〇，卷二十一，頁七五。

「詮釋視域」展開差別之「視域境」，而詮釋者各有其「所見」，當然也各有其「所不見」。上述二種陶淵明及其詩的刻板形象，乃是古代「士人意識」向這一圓球體所展開的「視域境」，是古代「士人階層」諸多詮釋者之「所見」，明顯是圓球體的某一「片面」或「局部」，就如「盲人摸象」，各知其所觸，卻又自以為識其總體。並且，我們還要明白，陶淵明及其詩作為「總體情境」存在的這個圓球體，實非靜止不動；而是始終都處在「動態變化歷程」中，有其先後不同時期的面貌；當然不可能只取一個片面、局部的「視域」，做出「靜態化」的觀看，以為如此就能獲致唯一確當而完整的理解、詮釋。

我們對某一事物的理解、詮釋總有許多「可能性」的視域；假如詮釋者能在前人「所見」之外，揭顯前人「所不見」而「留白」的其他「可能性」視域，就可開拓「創造性詮釋」。然則，我們既契入學術史語境中，對前行研究成果加以反思、檢討之後，就必須能夠揭顯前代詮釋者之「所不見」，還有哪些「可能性」的「視域境」？而非複製前人之「所見」。這正是人文學術之現代化、當代化的關鍵。人文學術如果只是毫不反思、檢討，而因襲前代「定型化」的「視域境」，卻不知與時俱化、隨地共變地開拓「新視域境」，則「創造性詮釋」就宣告閉塞，而典籍文本的「意義」也無從「再生」、無從現代化、當代化。

在詮釋的處境中，不但被詮釋的對象是一存在於「總體情境」及「動態變化歷程」中的圓球體；就是詮釋者本身也同樣是一存在於「總體情境」及「動態變化歷程」中的圓球體，可以反身讓這一圓球體與時俱化、隨地共變地感知、生發「新問題視域」，並敏銳察覺這樣的「問題」是否前代詮釋者之視域所未及的「留白」？同時，這樣的「問題」是否可持向詮釋對象的圓球體，叩問它「可能性」

回應的答案？這就必須遵循前述第三個原則：學者從現當代存在經驗的語境開啟「問題視域」，並帶著這一「問題視域」契入原典文本及其歷史語境，理解作者是否也有這樣的「問題視域」？兩者交相詰詢，最終如果兩者能達成主客視域融合，同時也從原典文本及其歷史語境獲致相應的答案，「創造性詮釋」於焉實現。

那麼，陶淵明及其詩的研究，在反思、檢討前行二種「定型化」的刻板形象之後，學者從當代存在經驗的語境能開啟什麼「問題視域」？簡約地說，就是現當代的社會還存在古代那種「志於道」的「士人階層」嗎？高學歷而散在百行各業的知識人，包括學者自己，就等同古代的「士人」嗎？我們都還持有古代那種「士人意識」嗎？還懷抱著「隱逸」、「忠節」，這一類「文化意識形態」嗎？現當代學者們只要能感知到，晚清民初以降，中國追求現代化，社會急遽而大幅地變遷，尤其「後五四」已逾半世紀的台灣高度資本主義化的社會，上述那些「問題」的「答案」當然都是「否定」。然則，假如我們仍然只是從「隱逸」與「忠節」的古代「士人意識」去觀看、理解、詮釋陶淵明及其詩，就只不過是陳腔舊調的「複製品」，只是陶學史既定的成說。所研究的只是「陶學史」，而不是陶淵明及其詩原典本身的意義；如何能以現當代的「歷史性主體」，開拓現代化，甚至當代化的「創造性詮釋」？

那麼上述那些「問題」得到「否定」的「答案」之後，我們的「問題視域」還能轉出什麼可受「肯定」的「新問題」？首先，反身從學者的現當代存在經驗自問：我們既沒有古代士人生命存在那種以「政教關懷」為核心價值的「士人意識」，那麼會有什麼現當代知識人生命存在相對普遍之基本價值的其他意識？其必曰：「常人意識」，其實古今每個人普同的、基本的身分就是「常人」。就以現代人來說，不管總統、行政院長等多麼有權力的身分；學者、教授等多麼有知識的身分；跨國公司的董事長、總經理等多麼有財富的身分；高僧、神父、牧師等多麼有清望的身分……這些差別性的身分都是某些人特殊擁有的「理想性存在」；但是都會改變，甚至消失。總統、行政院長、董事長、總經理等外在名位都會解除、退休，而回歸「常人」。

人，只有一種身分不會改變，那就是作為「生物人」（或稱自然人）的「事實性存在」。每個作為「生物人」存在的「常人」，都有一具「物理性」的身體，無法逃脫生老病死的自然歷程，因此詩歌中許多喜生、苦病、傷老、嘆逝之作，都是「常人意識」的表現，無關乎「士人意識」所繫的「政教」意義；同時，作為「生物人」存在的「常人」，也都有不可消除的情感、欲望，為食衣住行而勞動、為情色愛欲而費心，這是生命存在的「事實性」，不能否認。因而日常生活中，「常人」都會不斷糾纏著喜怒哀樂、好惡愛恨的各種情緒；不斷生出溫飽富貴榮耀的各種欲望，並為此而有各種得失憂喜、榮辱悲歡的感思，詩歌中許多抒發這一類感思的作品，都是「常人意識」的表現。這就是「常人」生命存在的實情，古代上從皇帝下到乞丐，現代上從總統下到街友，脫掉特殊身分的外衣，都是普同的「常人」，無一人可以例外。一個人意識到自己是「事實性存在」的「常人」，我們就稱它為「常人意識」。

中國古代儒家思想，所給予「士人階層」的教養，都是追求生命存在所關乎「政教」的「理想性」價值，而形塑了「士人意識」。文學往往也成為生命存在之理想性價值的藍圖，創作如此，閱讀、詮釋也是如此，大體都是「士人意識」的投影。這確實是中國古代文學的主流論述；然而，中國文化思想及文學中，真的沒有「常人意識」的表現嗎？陶淵明及其詩，真的只有「士人意識」的投影而沒有「常人意識」的表現嗎？當然非也，而且在六朝詩人群中，陶淵明的「常人意識」最為鮮明，構成他的詩歌主要基調之一。只不過古代的文化產品，「士人意識」既為主流，便形成「大覆蓋」的論述，「常人意識」悉被遮蔽；如果遮蔽不住，就以二種態度對付：一是貶責，例如陶淵明的〈閒情賦〉描寫男女豔情，即被指為「白璧微瑕」、「可以不作，後世循之，直是輕薄淫褻，最誤子弟」、「有傷大雅」等[11]。一是以「比興寄託」的詮釋策略轉化其義，男女豔情乃寄託君臣之義，言在此而意在彼，例如〈閒情賦〉亦有作此詮釋者[12]；又例如溫庭筠的男女豔情詞，清代張惠言即以「比興」的詮釋策略轉化其義，認為可上比風騷，言外寄託「士不遇」之悲情[13]。其實，「男女豔情」本是

11 〔南朝梁〕蕭統〈陶淵明集序〉：「白璧微瑕，惟在〈閒情〉一賦。」〔清〕方東樹《續昭昧詹言》卷八：「如淵明〈閒情賦〉，可以不作。後世循之，直是輕薄淫褻，最誤子弟。」〔清〕王闓運《湘綺樓日記》：「〈閒情賦〉十願，有傷大雅，不止『微瑕』。」參見龔斌，《陶淵明集校箋》，其中〈閒情賦〉之〈集說〉（台北：里仁書局，二〇〇七），卷五，頁四五一。

12 〈閒情賦〉之旨意，大致有三說，一「比興說」持此說者或謂以美人比故主，或謂比同調之人。二是「諷諫說」，論者以為此賦諷諫之意即在「發乎情，止乎禮義」。三是「愛情說」，現代論者多持此說。參見龔斌，《陶淵明集校箋》，其中〈閒情賦〉之〈集說〉，卷五，頁四五一—四五二。前二說乃「士人意識」之投影，後一說則是「常人意識」之表現。

13 〔清〕張惠言，《詞選》（台北：復興書局，一九七一）。其〈敘〉云：「詞者……其緣情造端，興於微言，以相感動，極命風謠里巷男女哀樂，以道賢人君子幽約怨悱不能自言之情，低徊要眇以喻其致。蓋詩之比興，變風之義，騷人之歌，則近之矣。」卷一，頁六。此書選溫庭筠詞十八首，多男女豔情之作。張惠言卻以「比興」作

「常人意識」的表現，在「士人意識」論述的覆蓋之下，若非見不得天日，就是被粉飾變形。

學者若能與時俱化、隨地共變，以現當代社會文化語境及切身的存在經驗，自覺朗現有別於古代士人階層的「歷史性主體」，並持此主體感知現當代知識人普同的「常人意識」，即可持此意識超越陶學史已固化的二種舊調成說，而契入陶淵明其人及其詩的文本及歷史語境，直接叩問這個圓球體的詮釋對象，其中是否蘊蓄著表現「常人意識」的文本意義？當我們深讀〈乞食〉、〈移居〉、〈和劉柴桑〉、〈酬劉柴桑〉、〈悲從弟仲德〉、〈還舊居〉、〈己酉歲九月九日〉、〈庚戌歲九月中於西田穫早稻〉、〈丙辰歲八月中於下潠田舍穫〉、〈責子〉、〈有會而作〉、〈臘日〉、〈輓歌詩〉，以及〈歸園田居〉五首大部分內容等作品，都可回答這一問題；這些作品都是以「常人意識」表現「常人」在現實世界的生活經驗，抒發了陶淵明日常生活的歡樂與悲苦，即使「飲酒」也在調劑「寡歡」的心情[14]；實非一般學者所片面認定，陶詩多是以「士人意識」表現一個「隱士」高逸、曠達的精神境界。而所謂陶淵明及其詩以「真」為特質，必須從「常人意識」的表現，才能做出最貼切的印證。

我們提出「常人意識」的「視域境」，最主要的意義並不在否定「士人意識」的「視域境」，取而代之，以作為詮釋陶淵明及其詩唯一確當的答案。而是以現當代學者所普遍經驗的「常人意識」，為詮釋對象的這一圓球體揭顯更為多元，並具有「現代化」意義的「新視域境」。至於古代「士人意識」所投影的「隱逸」、「忠節」成說，就將它典藏在「陶學史」，視為骨董型的舊詮釋典範，賦予應有的學術史地位與價值。

人文學術的現代化、當代化，必以現當代的「歷史性主體」，經由前行學術史的反思、檢討而後超越之；並回歸原典文本，從「總體情境」及「動態變化歷程」的圓球體對象，揭顯前人「所不見」

的「視域境」，而以現當代「歷史性主體」所覺知的生命存在意識，擺脫定型固著的成說，重讀原典文本，才可能開拓現代化、當代化的「創造性詮釋」。

六、「五四知識型」有哪些迷蔽？如何除迷解蔽？

前面說過，「典範遷移」必然產生於「當代」創新的「問題視域」，與對前一知識年代所建構的知識型，從根本處進行反思、批判。「五四」時期所建構知識型，我們站在二十一世紀的當代，經由反思、批判，可揭明這一「知識型」所表現的特徵，約有五大迷蔽：

解，以為旨意如屈騷，寄託「士不遇」之怨，例如〈菩薩蠻〉（小山重疊金明滅），評云：「此感士不遇也，篇法彷彿〈長門賦〉……『照花』四句，〈離騷〉初服之意。」卷一，頁六。又〈更漏子〉（柳絲長），評云：「此三首亦〈菩薩蠻〉之意。」卷一，頁一三。原是「常人意識」所表現的男女豔情，卻被張惠言以「比興寄託」的詮釋策略轉化為君臣之義，明顯是「士人意識」的投影。

14　陶淵明〈飲酒詩二十首〉，題下〈序〉云：「余閒居寡歡，兼比夜已長，偶有名酒，無夕不飲。顧影獨盡，忽焉復醉。既醉之後，輒題數句自娛。」參見龔斌，《陶淵明集校箋》，卷三，頁二四二。序中明白交代飲酒意在調劑平居「寡歡」的心情。陶詩中寫到「飲酒」者頗多，一般學者或以為表現曠達之思；其實陶淵明雖然「性嗜酒」，飲酒卻不僅是滿足生理嗜欲，而意在藉酩酊大醉以消散現實生活中所遭遇種種心靈的苦悶，參見顏崑陽，〈從「飲酒」論陶淵明的生命境界〉，收入顏崑陽，《六朝文學觀念叢論》（台北：正中書局，一九九三），頁二八六—三二五。

（一）現代化就必須遺棄傳統而追求西化的「文化意識形態」，導致新知識分子的「文化主體失位」；所謂「文化主體失位」就是新知識分子已喪失中華民族文化主體性所應站立的本位，不能自主地選擇民族文化的發展方向、詮釋它的意義、評定它的價值；而盲目移植西方文化，套用西方理論，用以詮釋甚至批判中國古典人文學。因此，只是一味地消費西方理論，而不能回到中國文化的內部，經由現代詮釋，以「內造建構」而生產自家的理論，重建實踐中國人文學術「現代化」的「詮釋典範」。

（二）一般學者多不明中國古代士人們常以辯證邏輯思維，將研究對象之事物置入「動態變化歷程」的「總體情境」中，感知其二元因素對立或多元因素並立卻又統合為一，體用相即不離的存在現象；相對的，學者們往往習於西學的形式邏輯思維，將研究對象之事物片面化、靜態化、單一因素化、抽象概念化地認知它局部的性質。這樣的思維方式難以理解古代經、史、子、集各種經典深層的涵義。陳世驤、高友工等所提出，而不少學者順承的「中國文學抒情傳統」之說可為代表[15]。

（三）盲信自然科學或社會科學之「實證主義」的知識「本質論」及其「方法論」，而不明人文研究之「詮釋學」的知識「本質論」及其「方法論」；將很多「意義詮釋」的問題誤置為「經驗實證」的問題，顧頡剛、錢玄同等《古史辨》的學者群，對先秦典籍某些「人」、「事」、「物」的懷疑、考辨可為代表[16]。

（四）一般學者既習於將研究對象從實存的總體情境切分出來，靜態而孤立地進行抽象概念的認知；因此詮釋古代經典幾乎都沒有「動態歷史語境」的觀念，以致未能對經典之所以創造出這樣的文本，做出心契「動態歷史語境」的同情理解。魯迅首倡而嗣響眾多的「文學自覺說」與「文學獨立說」可為代表[17]。

15　「中國文學抒情傳統」之說，一九七〇年間，由旅美學者陳世驤所提出，其後接續論述者眾多，發表論文數十篇。陳世驤雖旅居美國，從事比較文學研究；但他早期在北京讀書學習，與朱光潛（一八九七—一九八六）等新知識分子頗有交往，深受「五四」新思想的洗禮。「抒情傳統」無疑是此一知識型的產物。詳參顏崑陽，〈從反思中國文學「抒情傳統」之建構以論「詩美典」的多面向變遷與叢聚狀結構〉，原刊台灣《東華漢學》第九期，二〇〇九年八月，頁一—四七；收入顏崑陽，《反思批判與轉向——中國古典文學研究之路》（台北：允晨文化公司，二〇一六），頁一〇九—一六四。

16　《古史辨》的學者群大致模糊籠統地以「實證」的立場、觀點，認為周代以前的古史都是「虛構」的「偽史」，例如錢玄同〈答顧頡剛先生書〉認為堯舜二人乃「無是公」、「烏有先生」，是周人想像洪水以前的情形而造出來的「假人」，起初是民間傳說，後來被學者利用來「託古改制」。參見《古史辨》（台北：明倫出版社，一九七〇年，據樸社初版重印），冊一，頁六七。顧頡剛〈討論古史答劉胡二先生〉也從先秦典籍主觀的解讀，斷言西周時期「禹」原是南方民族神話中的「山川之神」，後來又成為「社神」，而非實有其「人」，及至戰國時期才發展成受帝舜的禪讓而為夏朝的開國帝王。至於周的祖先后稷也非實有其「人」，乃是周民族所奉的耕稼之「神」，未必真是創始耕稼的古王、未必真是周民族的始祖。參見《古史辨》，冊一，頁一一四、一三四、一四二。

17　「文學自覺說」，一九二〇年代，首先由日本學者鈴木虎雄提出，而魯迅嗣響，影響所及，後繼學者又提出「文學獨立說」，形成開放性論題，所發表論文已二百多篇。這一論題的基本觀念是指認魏晉為「文學自覺與獨立」的時代，文人已懂得「為藝術而藝術」，不再「為人生而藝術」，因此文學從政治道德獨立出來，不再作為服務政治道德的工具。詳參顏崑陽，〈「文學自覺說」與「文學獨立說」批判芻議〉，原刊《慶祝黃錦鋐教授九秩嵩壽論文集》（台北：洪葉文化公司，二〇一一），收入顏崑陽，《反思批判與轉向——中國古典文學研究之路》，頁二一三—二四六。

（五）偏執反傳統或不理解傳統的「文化意識形態」，直接投射到研究對象，逢古必反，反必輕貶；因而造成尚未獲致深切理解、確當詮釋之前，就預設價值立場而做出暴力性的批判。不少學者對先秦儒家的詩論或漢人箋釋詩騷提出負面評斷，例如《古史辨》的學者群，顧頡剛、錢玄同、鄭振鐸等對〈詩序〉強烈的斥責[18]；又例如羅根澤以及王運熙與顧易生合著的《中國文學批評史》，動輒以功用、封建、詩歌為政治服務這類頗帶貶意的措詞，評論先秦兩漢儒士的詩論及對屈騷的箋釋[19]。另外也有不少學者對漢代「擬騷」之作直斥為抄襲，例如胡雲翼、鄭振鐸、劉大杰等《中國文學史》著作[20]。這些都可作為「文化意識形態」直接投射到研究對象的代表。

那麼，針對「五四知識型」的迷蔽，我們如何除迷解蔽？除了一些眾所論述的個別議題，例如上文所舉抒情傳統、文學自覺、文學獨立等，必須逐一進行批判、駁議之外，更「務本」的解蔽之方有三，都關乎學術主體、研究對象的本體論及方法論的改造、重建。這是根本原則，而非枝微末節的技術操作。

（一）自覺地實踐「文化主體復位」

這是針對「文化主體失位」所做的改造、重建。這一失位的文化主體，就是前文所述及，現當代的人文學者們自覺而朗現的「歷史性主體」。這一「歷史性主體」既能承繼文化傳統，因而具有「民

18《古史辨》的學者群對《詩序》強烈攻擊，幾乎全盤否定其意義。鄭振鐸〈讀毛詩序〉指出〈毛詩序〉「最大的壞處，就在於他的附會詩意，穿鑿不通」、「是後漢的人雜採經傳，以附會詩文」、「釋詩是沒有一首可通的，他

的美刺又是自相矛盾的」。參見《古史辨》，冊三，頁三八八、四〇〇、四〇一。顧頡剛〈《詩經》在春秋戰國間的地位〉，批判「孟子說詩」所造成的弊害是「亂斷詩本事」、「把《詩經》的本來面目蒙蔽得密不通風。」又在〈〈毛詩序〉之背景與旨趣〉中，強烈指責《詩序》之以詩證史，顯見「漢人最無歷史常識，最敢以己意改變歷史」。參見《古史辨》，冊三，頁三六五、四〇二、四〇三。在這些學者群的觀念中，歷史就是過去已發生而可用史料實證的事實，完全不識歷史的意義「詮釋」。他們對先秦兩漢「詩經學」的研究，完全缺乏歷史語境的觀念，在未深入理解漢儒為什麼如此解釋《詩經》之前，就預設了西方實證史學影響之下，主觀而絕對的評價立場，肆意攻擊古人，措辭嚴厲，卻又以敢於批判而自得。這正是「五四」時期新知識分子「反傳統」之意識形態所形成的刻薄習氣。

19 羅根澤批評孔子的詩觀「全以功用的觀點立論」、「孔子以功用的觀點而重視詩，不是以文學的觀點重視詩」；又批評孟子的詩觀「目的是在尚友，不是對文學的欣賞與批評，所以仍是功用為出發點」；又批評荀子的詩觀「簡直是『詩以載道』」。以上參見羅根澤，《中國文學批評史》（台北：鳴宇出版社，一九七九），頁四一、四二、四五、四六。顧易生與王運熙批評〈詩大序〉「強調詩的教化作用，反映了當代封建統治階級對古代文化遺產的要求」；批評〈詩大序〉和鄭玄關於《詩經》六義的解釋「反映了封建階級利用詩歌為政治服務，鞏固封建秩序的要求」。參見王運熙、顧易生，《中國文學批評史》（台北：五南圖書公司，一九九一），冊上，頁三八、四一。這些批評都預設當時興起的「純文學」觀念，作為評價基準，而對先秦、漢代諸多詩觀著以貶意。

20 胡雲翼批評枚乘、揚雄、班固、張衡等「皆以模擬見稱」、「兩千多年來文人方面的文學多偏重模擬，實漢代首倡模擬文風為之厲階」。參見胡雲翼，《中國文學史》（台北：三民書局，一九八二），頁二八。鄭振鐸批評漢賦的作者們「對於屈、宋是亦步亦趨的；故無病的呻吟便成了騷壇的常態」、「兩漢人士模擬之風本盛，而以東京為尤甚，而辭賦作家則尤為甚之甚者」參見鄭振鐸，《插圖本中國文學史》（台北：藍星出版社，一九六九），頁九三、九七。劉大杰也批評東方朔等「擬騷」之作「無論形式內容，只是楚辭的模擬」、「辭賦到了這種模擬的時代，自然是更沒有生氣、沒有意義」。參見劉大杰，《中國文學發展史》（台北：華正書局，一九八七），頁一二九、一四九。

族性」，可區別於其他民族文化主體；又能與時俱化，隨地共變，因而具有「現代化」、「當代化」以及「在地化」的存在經驗，可區別於其他歷史時期及社會區域的文化主體。故而這一「歷史性主體」既非形上學抽象理論的先驗主體，也非心理學理論的一般心理經驗主體，乃是一個人文學者當下在世，經由社會文化實踐而自覺、朗現的存在主體。

「五四」歷史時期，眾多新知識分子所「失位」的就是這一主體，其中最為關鍵的是由「反傳統」與盲目「西化」所造成「文化民族性」的失位；相對的，死守傳統而抗拒現代化的舊知識分子，雖未曾「文化民族性」失位，卻明顯造成「文化時代性與區域性」失位。

那麼，我們所必須自覺實踐而「復位」的文化主體，也就是這一「歷史性主體」。這是人文學術是否能不失民族本位而現代化、當代化的「務本」之道。

（二）重構研究對象之「總體情境」與「動態變化歷程」的本體論

這一本體論，乃針對「五四知識型」的迷蔽之一，即前一知識年代的學者們，由於受到西學「緊箍咒式」的支配，不管研究什麼，大多不自覺地預設一種西方式思維的本體論，將研究對象之事物片面化、靜態化、單一因素化、抽象概念化地認知它局部的性質。這個狀況，前文已以陶淵明及其詩的研究作為實例，略加闡述。在這裡，我們再舉二個範例進一層說明。這二個範例就是「中國文學抒情傳統」與「文學自覺」、「文學獨立」的論述。

這兩種論述發生在同一歷史時期，都是「五四知識型」的產物，所發表的論文非常多，儘管說得很複雜，共持的基本觀念卻都是為「中國文學」這一研究對象預設了一種「本體論」：構成文學的因素只有一個，那就是「情」；而且是從政教之用「獨立」出來的「情」。我們可將它看作是「唯情觀」的文學「本體論」。依循這一說法，「情」可脫離事、物、理、志等其他文學構成因素而孤立地存在；「文學」當然也可脫離政治、道德、經濟等各種社會文化經驗而孤立地存在。並且，「情」與「文學」也都可以脫離變化不居的時空情境及歷程，而成為不變的固態物。這種將文學片面化、靜態化、單一因素化、抽象概念化的「本體論」，用以詮釋中國古代典籍中的文學觀及其創作、批評的實踐，完全沒有「動態歷史語境」的觀念，所見都是文本語言形式抽象概念的表層義；而無法契入古代作者的社會文化存在處境，貼切地理解其所遇所見所感所思，以揭明文本隱含的深層義。針對這種偏謬之見，我早已在幾篇論文中嚴加批判，而另出「總體情境」及「動態變化歷程」的文學本體論，反覆申說[21]。在此，可以綜括其要義如下：

世界萬有，任何一種事物，以及構成此一事物的因素、質料，都並時性地存在於「結構」與「互動」非常複雜的「關係」網絡中，也貫時性地存在於先後變化的「時序」歷程中。換言之，任何事物及其構成因素、質料，都存在「總體情境」與「動態變化歷程」中，各以其本具的「功能」，彼此交

21　參見顏崑陽，〈《文心雕龍》作為一種「知識型」對當代之文學研究所開啟知識本質論及方法論的意義〉，收入顏崑陽，《反思批判與轉向》，頁四四—五三。又顏崑陽，〈「文學自覺說」與「文學獨立說」之批判芻論〉，收入顏崑陽，《反思批判與轉向》，頁二三七—二四〇。又顏崑陽，〈內造建構——中國古典文學理論研究之詮釋視域迴向與典範重構〉，收入胡曉明主編，《後五四時代中國思想學術之路》（上海：華東師範大學出版社，二〇一八），冊上，頁一二八—一三〇等。

涉而產生「有機性」作用，從而實現它的意義、價值；故而任何個別事物或其構成因素、質料都無法單獨抽離出來而能實現其存在、理解其意義、評定其價值。因此，「文學」既不可能從我們生命存在世界的「總體情境」與「動態變化歷程」單獨抽離出來，而理解其意義，評定其價值；尤有進者，構成文學的各種因素、質料也都不是孤立而生、獨在而存。它們始終處在混融、交涉的狀態中，發揮構成文學作品的作用。

在「總體情境」與「動態變化歷程」中的文學活動，情、意乃感物、緣事而發生；相對而言，事、物亦因情、意而存在。故文學活動中，有即事、物以生情、意者，有以情、意而觀事、物者；有即事、物以言理者，有因理而制情、意者。準此，在文化、社會與文學的存在情境中，沒有無「事」之「物」之「理」、也沒有無「物」之「事」之「理」或無「理」之「事」之「物」，當然更沒有無「物」無「事」無「理」之「情」之「意」、也沒有無「情」無「意」之「物」之「事」之「理」。因此各種文學作品都不是由單一因素、質料所構成，故沒有任何一種因素、質料是唯一的「共相」，相對也沒有任何一種因素、質料在作品中「缺席」，而只是相互「主／從」與「顯／隱」的差別；很多作品往往是二種以上的因素、質料並現而交織成體。即使純粹的「抒情體」也是以「情」為「主」為「顯」，而以物、事、意、理為「從」為「隱」；「敘事體」則以「事」為「主」為「顯」，而以物、情、意、理為「從」為「隱」，其他文體可依此類推[22]。

陳世驤、魯迅等僅從孤立的「情」規定文學的本質、指認中國文學的歷史傳統，其片面化、單一化、靜態化的偏謬，明顯可識。因此，中國人文學術研究，要達到真實的現代化，其「務本」之道，就在於重構研究對象之「總體情境」與「動態歷程」的本體論。

（三）重構人文知識的本質論與方法論

這是我近幾年非常關注的議題，尤其有關方法論的「內造建構」進路，已在多篇論文中反覆申說[23]；在這裡，可再簡約地闡明其要義。

知識是人類基於生命存在經驗而感思其意義、價值的精神創造，並藉某種特定符號形式，象徵性地表達為文本產物。因此，隱含於象徵符號的深層，相對主觀的「意義」，而非絕對客觀的「事實」，才是人文知識的本質；「理解、詮釋」則是它原則性的方法。文本意義的詮釋，不能靠科學實證方法解決，《古史辨》諸學者所走那種「史料主義」的路數，現在已少有人通行。他們所謂客觀「實證」往往流於主觀臆測，其實是「偽科學」。

現代一般學者雖不至於迷信這種以「主觀臆測」為「客觀實證」的研究進路；但是，中文學界對於方法學一向荒忽，因此論學往往流於個人主觀立場、觀點的宏觀、籠統意見的表述，甚至意識形態

22 以上參見顏崑陽，〈從混融、交涉、衍變到別用、分流、布體——「抒情文學史」的反思與「完境文學史」的構想〉，收入顏崑陽，《反思批判與轉向》，頁二一三—二二五。

23 參見顏崑陽，〈從反思中國文學「抒情傳統」之建構以論「詩美典」的多面向變遷與叢聚狀結構〉，收入顏崑陽，《反思批判與轉向》，頁一三二—一三六；〈從應感、喻志、緣情、玄思、遊觀到興會〉，收入顏崑陽，《詩比興系論》（台北：聯經出版公司，二〇一七），頁三三二；〈當代「中國古典詩研究」的反思及其轉向〉，收入顏崑陽，《反思批判與轉向》，頁八九—九〇；〈內造建構——中國古典文學理論研究之詮釋視域迴向與典範重構〉，收入胡曉明主編，《後五四時代中國思想學術之路》，冊上，頁一一三—一一五等。

的直接投射，缺乏適當的方法學，以保證詮釋、評價的相對客觀有效性。因此，中國人文學假如要做到真正的現代化，則如何重構傳統詮釋學的典範，並適當地應用到現代的人文學術研究，這也是重要的「務本」之道。

中國古代的人文之學，從來就是「詮釋學」的學問。古代士人的文化存在情境中，一言一行莫非「詮釋」，閱讀、解說經典，當然也是「詮釋」，卻日用而不自知，並沒有後設地將「詮釋學」當作專門的學科去研究。近些年來，由於西方詮釋學思潮的影響，中國學界開始省察到民族自身的人文學問，其中所涵蘊豐富的「詮釋學」意義，因而開始後設地重構它的理論體系以及發展史。

這當然是浩大而複雜的學術工程，無法在這裡細論，只針對上述「五四知識型」的迷蔽之一：盲目移植西方文化，套用西方理論，用以詮釋甚至批判中國古典人文學。我們就此迷蔽，在方法論上，提出「內造建構」這一原則性的進路。什麼是「內造建構」？「內造建構」是相對於「外造建構」而言；「外造建構」指的是挪借西方理論，外鑠一種非中國古代典籍所內具的詮釋框架或觀點，理論先行、框架先立；而對原典文本反而不能細讀深悟，只靠某種外鑠卻未必相應於原典文本意義的西方理論，虛構某一種系統化的知識。

相對而言，「內造建構」則是直契中國博大精深的傳統文化典籍中，提舉文本內在所涵具人文之學的本體性、結構性、功能性、規律性，以及人文學知識之本質論、方法論的相對普遍性意義。這些都是典籍文本的語言形式沒有直接展現的「隱性系統」，可經由當代學者的理解、詮釋而揭明出來，並轉換為「現代化」的學術話語，而加以重構為「顯性系統」的「詮釋典範」，以作為應用在個案研究的「基礎性理論」。只有「內造建構」自身民族文化的詮釋典範，由消費西方理論走到生產自家理論，才有資格、能力站在國際化的文化交流平台上，與西方的人文知識進行平等的「對話」。這種由前一世代之「外造建構」的「舊知識型」，轉向而回歸到民族文化自身，以進行「內造建構」的「新知識型」，我稱它為「中國古典人文學之詮釋視域的迴向與典範重構」。中國人文學術的現代化，這是方法論上，非常關鍵的「務本」之道。

七、中國人文學術的「典範」遷移與重構，乃是二十一世紀之當代學者無可規避的任務。

乾嘉已去，五四不再，中國近現代的人文學術，面對「典範」的僵固，如何經由理性的反思、批判，確切完成「典範」遷移與重構？這是二十一世紀的當代學者，無可規避的學術改造任務。那麼，如何完成這一項任務？絕非只是建置一些可實際操作的技術而已；其「務本」之道，更必須是學者們能自覺而建立現當代的「歷史性主體」，以及從根本處反思、批判前一知識年代所建構的學術典範，而為當代學術之可能的創變，重構合乎時宜的研究對象本體論與方法論；而就在這一基礎上，設計切合現代人文研究而可以活用的方法學。

附記：

本文為二〇一七年淡江大學中文系主辦「第十五屆文學與美學國際學術研討會」之大會主題演講。

原刊淡江大學中文系主編，會議論文集《文學研究的當代新視域》（二〇一七年一月）。

二〇一九年七月修訂增補。

「抒情傳統」反思之後

當代中國人文學「新傳統觀」與「新構成觀」的藍圖

一、讓我們先思考幾個問題

今天，這一場演講，我最主要的關懷是：學術史反思的必要與典範遷移的期待；然而，大多數的學者都有這樣的覺醒嗎？

在這研習營中，就讓我們一起來思考一些很關鍵性的學術問題，進行反思、批判；同時想一想，典範遷移如何可能？一次學術性的研習，其實只是藉由一個主講者的引導，激發出強烈的內在動力以及敏銳的問題意識。我一直認為學術研究要有創發性，則內在動力及問題意識就很重要。這次研習營能不能由此開展創新的學術視域，關鍵也就在這裡。因此一次學術研習的成功，滿載而歸的並不是從主講者那兒獲得「已知」的結論性知識；而是因為這次研習，意識到許多從不曾想過的「新問題」，並且激發一個研究主體對學術的信仰與理想，而產生強烈的內在動力，促使我們興趣盎然地去探究「未知」的新知識，將來就可以收割自己創發的學術成果。

那麼，我們面對近現代的學術處境，有哪些關鍵性的學術問題，必須進行反思、批判？而典範遷移有何值得期待的願景？

（一）我所關懷的第一個重要問題

我在中文學術沉浸四十多年，長期對這個學術社群有著深微的觀察、體認，同時也就會關懷，甚至焦慮到一些重要的問題。

近幾年來，我所關懷的第一個重要問題是：很多學者缺乏學術的「傳統意識」與「社群意識」。缺乏學術的「傳統意識」，就不會去關注，晚清到現在，已超過百年的近現代學術史，到底有多少走在我們前面的學者？他們究竟為我們建立了什麼學術成果？在他們的學術成果基礎上，可以經由反思、批判，找出哪些偏誤或是空白的「問題」，等待我們去解答？而缺乏「社群意識」，我們也就不會去關注，同一時代的中文學界，除了我個人之外，還有哪些學者也在從事同一領域或鄰近相關領域的研究？他們到底做出什麼樣的研究成果？他們的研究成果哪些值得引為基礎，而相對的又有哪些偏誤或是空白的「問題」，等待我們去解答？

學術的「傳統意識」及「社群意識」非常重要。我所了解，從古至今，任何一個「真正」存在著的學者，注意我用了「真正」這個詞，「真正」存在著的學者，他的存在時間必定是過去、現在、未來三個維度都具有，就用「繼往開來」這句老話可以貼切地形容。一個真正存在著的學者，都會自覺到「我」就存在於「當下」這個「現在」的時間維度；但是，「現在」不是憑空冒出來，它也不是一個抽象概念的時間，而是一種可以「切實感知」的存在情境。這一「存在情境」當然是由繼承「過去」的傳統文化，同時又創變「現代」的新文化所構成。不過，這樣的「存在情境」，並非有如博物館中諸多骨董那樣的「既成物」，它只向能「切實感知」的存在者朗現。而這個存在者也就挺立於「現在」，這一「事實性」的存在情境中，既繼承傳統而又以他的「理想性」價值觀，創造「未來」的文化情境；這是文化的「繼往開來」，而學術的「繼往開來」也同樣如此構成。

我們就以經學大家戴震（一七二三—一七七七）作為典範來看，胡適推崇他是清代最優秀的學者，最懂得學術方法[1]。他作為一個傑出的學者，生命存在的三個時間維度都具有。戴震的「現在」是清代前期，跨在雍正、乾隆兩朝之間。這一時代的社會文化情境，他必須非常深切地感知，沒有時代「存在感」的學者只是會生產「複製品」的學匠。雖然戴震的學術是經典的詮釋；但是，經典之為經典，並非純為客體性的知識，而是關切到自身以及所有人們生命存在意義價值的真理。因此，戴震作為傑出的經學家，詮釋經典「問題」的開端，乃是他切身所感知到「當代」生命存在之「事實性」的基本問題；這「事實性」的基本問題就是如何合理地對待「人欲」；然後才由此推展到「未來」的「理想性」以及「創造性」的價值問題。人文學術就是在解答這樣的問題，因此他的「當代性」必然成為他學術的開端。

然而，我們必須理解，戴震所處那個時代，他意識到的文化或學術問題並非當代才突然生出來，而是學術傳統積漸所致。他深切感知到宋明儒，尤其「心學」，那種「去盡人欲」而「只存天理」的思想，根本不切人情，昧於生命存在的「事實性」，而以理殺人[2]，甚至是自欺之論。從這個著眼點，就結合到他自己所感知當代人的生命存在問題；另外，宋明儒所做先秦原始儒家經典的詮釋，很多都是疏略於文字訓詁，而架空虛說，不免遠離經典之義。他經由對「過去」宋明之學的反思、批判，指認種種迷蔽，同時參酌漢學注重文字訓詁的勝義，而提出「解蔽」之方，建立一套回歸經典文本，經由文字訓詁、名物考釋、體會聖人心意，終而通於「道」的方法學[3]。就這樣，戴震轉出創新而體系嚴整的經典詮釋學，繼江永之後，成為皖派的高峰，經學的集大成者[4]。他的具體成果，最重要就是《孟子字義疏證》[5]，開展出「未來」的經學演變[6]。

這就是戴震學術「傳統意識」的表現。此外，他當然也必須要有「社群意識」；他結識惠棟，當然了解吳派的漢學路數，他們究竟如何詮釋經典。文字訓詁是漢學所長，他吸納了；但是，他更明白訓詁只是發明義理的手段，不是最終目的。宋明儒所長則在義理，卻又廢置訓詁，空疏其學；必須兩者兼得，才是嚴整的經典詮釋。因此，經由「傳統意識」與「社群意識」的覺知，反思批判，取長而避短，融通漢學與宋明之學，而創發自己獨特的學術體系。

這幾年，我經常在演講或講學的場合，提示一個學者必須建立具有「傳統意識」與「社群意識」的學術主體，在歷史性的時空經緯座標上，站定自己的「存在位置」，而以「繼往開來」作為自己的

1 胡適對戴震非常推崇，尤其盛讚戴震最懂學術方法，參見胡適，〈戴東原的哲學〉，原刊北京大學《國泰季刊》第二卷第一期，一九二五年十二月。其後單行出版《戴東原的哲學》（上海：商務印書館，一九二七）。

2 〔清〕戴震主張：「人與物同有欲，欲也者，性之事也。」因此強烈批判「後儒」對於「理」的認知錯誤，云：「其所謂『理』者，同於酷吏之所謂『法』。酷吏以法殺人，後儒以理殺人。」參見戴震，〈與某書〉，收入《戴震集》（上海：上海古籍出版社，一九八〇），卷九。

3 詳參周光慶，《中國古典解釋學導論》（北京：中華書局，二〇〇二），頁四三七—四五二。

4 〔清〕凌廷堪〈汪容甫墓志銘〉記述汪中推崇戴震為清代前期學術之「集其成」者。參見吳雁南、秦學頎、李禹階主編，《中國經學史》（福州：福建人民出版社，二〇〇一），頁五三一。

5 戴震，《孟子字義疏證》（北京：中華書局，一九八二）。

6 戴震之後繼者分為兩派，一派以段玉裁、王念孫、王引之為代表，專主考據之學，方法更為嚴密，成就甚高；一派以汪中、凌廷堪、焦循、阮元為代表，考據與義理兼治。參見吳雁南、秦學頎、李禹階主編，《中國經學史》，頁五三七。

學術志業，既能繼承，又能創變。否則所謂「學術研究」，其實只是「文字工廠」生產線上零件組裝的產品。

（二）我所關懷的第二個重要問題

我所關懷的第二個重要問題是：典範消散，如何重構或創建？從晚清以降，整個中國學術在追求現代化的過程中，開始面對西學的衝擊，現代化到底何去何從？這些典範人物，梁啟超、王國維、章太炎、劉師培、胡適、魯迅、陳寅恪、任中敏等，他們到底為我們打開了什麼樣的方向？可是他們的學術有哪些地方不免迷蔽、偏謬？每個學者都會有歷史視域的限制，在他們那個時代，有他們能看到的問題與觀點，也有他們看不到的問題與觀點。「後五四」已經超過半世紀，文化社會已變遷到不是梁啟超等學者所能夢想。我們在這個學術處境中，接續「五四」之後，究竟能朝哪個方向去努力？究竟有哪些學術典範[7]可以遵循？這些典範至今還適用嗎？現在是不是已到了典範遷移的時候？

學術的發展，不能百年不變地局限在同一種固定視域之下，而複製著同一類的論題。必須反思、轉向與開拓，才能形成「典範」的遷移，而學術也才能發展出不同歷史時期的新「知識型」。[8]

一種知識「典範」必須包含研究對象之存有本體，以及知識本質的基本假定、所採取的基本立場與觀點、由若干基本主題所建立而成的基礎理論，包括某些命題、理論或模型；以及解答這些基本主題的方法學，包括原理、原則及實際操作技術[9]。這幾個基本層面都有了新變的定義，並且獲得學術社群普遍的共識，「新典範」也就跟著產生了，而一個「新知識型」的歷史時期也就來臨了。

那麼，台灣中文學界究竟又依據什麼「典範」在做研究？這個問題，恐怕會讓在座學者們陷入茫然，真的一時之間也想不清楚。相較於大陸學界，我們連完整地建構近現代學術史這一步都還沒跨出去。近幾年來，大陸學界從一九九八年開始，已經在進行現代的學術史反思，並出版了幾本這一類的著作。從反思當中，他們不斷想去找尋整個面對二十世紀、二十一世紀之後，學術到底有什麼樣新的方向[10]？那麼大陸的人文學術真的轉型了嗎？有待詳切的考察，不過在學術史的反思方面，總算跨出

---

7 「典範」（paradigm）概念為孔恩所提出，以詮釋藝術史、科學史的結構及其變遷。參見本書頁五五注1。

8 知識型是（法）哲學家傅柯《詞與物》一書的核心概念。用以指某個歷史時期，或比較狹隘的知識年代，所流行的系統性認識方式與價值判準。即一個「知識型」描述了整個時代裡知識形式的規律性。參見本書頁五五注2。

9 參見孔恩著，傅大為、程樹德、王道還譯，《科學革命的結構》。

10 大陸那邊，一九九八年以來就產生了所謂「學術史熱」，有關反思、討論近現代這一段學術史的著作，已經好幾本，例如王瑤主編《中國文學研究現代化進程》（北京大學出版社，一九九八），陳平原接續做了二編（北京大學出版社，二〇〇二）。又例如王斯德、童世駿主編《現代化進程中的中國人文學科》（上海：人民出版社，二〇〇五），分為哲學、文學、史學三卷。很多重要學者，例如梁啟超、王國維、劉師培、魯迅、吳梅、黃侃、陳寅恪、胡適、郭沫若、郭紹虞、夏承燾、顧頡剛等；或重要的議題，例如「文學中的個性主義思潮」、「文學語言的革新與文學的發展」、「西方文學研究方法與本土實驗」、「方法論的近代衍化」、「近現代化過程中價值觀的轉換」、「中國史學現代化的行程與流派」、「歷史哲學的現代性變遷」等，都被討論到了。他們這樣對近現代學術史做出全面的反思，是想從傳統去找尋未來可能的發展方向。另外，陳平原自己獨立寫了一本《中國現代學術之建立》（北京大學出版社，一九九八）。他將胡適及章太炎當作兩個新、舊典範，以「問題」為導向，看胡、章二人當時的論爭，所涉及的主要學術問題在哪裡，而將它拉出來再作一番反思，並關連到當代，以找出繼胡、章之後，未來學術的發展，應該朝哪些方向。因此，反思傳統，就是為了替未來的學術找出開展的方向；能繼承傳統，才能另開新局。

第一步。

反觀台灣中文學界，在這方面其實還是非常地荒涼，對早期的梁啟超、王國維、胡適等人的學術成果，大約都是片段論見的引藉，並未整體掌握其典範性，而有所傳承、推演。至於近期的學者，大致「新儒學」對唐君毅、牟宗三所建立的「典範」，比較有清楚的傳承。不過，大多數的後學者對於前輩學術的傳承，幾乎都是擇取片片段段結論性的觀點為多，很少整體掌握其典範性而用之，尤其研究對象的本體論、知識本質論與方法學，能講論清楚的學者實在不多。這或許是因為人文學術總是出於主觀的立場、個人的見解，而對客觀性的學術規範，一向就不太重視吧！很多論文其實只是籠統、印象的讀書心得意見而已。這是台灣人文學術走向現代化過程中，一個至今仍然被忽略的問題。

「典範遷移」絕非枝枝節節的修改，最重要的著力處，就是挖樹根、掘牆腳，從研究對象的本體論、知識本質論以及相應的方法論，徹底地反思、批判；前一典範在這幾個根本處呈現模糊甚至空白，則必須重構之；呈現偏差甚至誤謬，則必須駁正之；呈現不適用以解決新時代、新問題，建立新知識，則另闢蹊徑而創建之。這種「務本」的學術改造工程，至今還缺乏遠識者共同戮力，以促進當代中國古典人文學術的轉型。因此，嚴格說來，當前台灣中文學界正面臨「典範」消散而尚待重構或創建的情境，沒有根本性的學術思想，沒有可依循的學術規範，而各自支離其學，正如《莊子．天下》所說「天下多得一察焉以自好」，每個學者都孤獨地關在研究室內、電腦前、故紙堆中，悶著頭依著自己的讀書心得，每年零零散散地生產幾篇論文，應付關係到個人飯碗的評鑑；至於能夠做到研究對象本體論、知識本質論與方法論的基本假定明確，而體大思精的專書著作，實在少見。大師已矣，巨著難再，梁啟超、王國維、章太炎、唐君毅、牟宗三、方東美、徐復觀等學者之後，我們這一代甚至更多的下一代，中國人文學術的大師、巨著還能再現嗎？當代是中國古典人文學術看似大量生產、熱鬧滾滾，卻是品質平庸、零碎荒蕪的時代[11]。典範的重構與創建，應該是最根本的問題。

（三）我所關懷的第三個重要問題

我所關懷的第三個重要問題是：人文學術窄化成專業性的管窺蠡測，則「博通」之學如何產生？人文學術的「博通」，必然以經典深廣的閱讀、涵泳為基礎；然而，當代中文學界的論著，可以明顯地看到經典閱讀的基礎薄弱。我長期在中文學界，深切感知到年輕世代的學者們，最大的問題就是原典閱讀的基礎，竟然那麼薄弱，很多第一級經典，例如《周易》、《詩經》、《左傳》、《公羊傳》、《禮記》、《老子》、《莊子》、《荀子》、《呂氏春秋》、《楚辭》、《春秋繁露》、《淮南子》、《論衡》、《史記》、《漢書》、《文選》、《文心雕龍》、《陶淵明集》、《李白集》、《杜工部集》等，別說精讀，有些人連瀏覽略讀都不曾有過。

為什麼會造成這種現象？主要原因是學術人才的養成太早專業化、過度專業化而成果速成化。學術專業分工，二十世紀中後期以降愈趨極端；物極必反，故近些年來，「科際整合」又成為新趨勢。

11 典範的消散與建構，近些年一直是我非常關懷的問題。這場演講的前四年，即二〇〇六年四月，政大中文系主辦「百年論學」，我受邀作一場始業演講，即以〈從社群疏離到社群凝聚，從典範消散到典範建構〉為題，闡述得更為精詳，講稿經過修訂，收入顏崑陽，《反思批判與轉向——中國古典文學研究之路》（台北：允晨文化公司，二〇一六）。

「科際整合」對於理工學界而言，畢竟只是不同領域的合作；而人文之學講求的是同一主體之學養與視域的「博通」，那不僅是能融會各種領域的知識，更是一種觀看存在世界而理解、詮釋其意義的基本態度及視域。台灣近二、三十年，中文學術人才養成教育，太早專業化及過度專業化的趨勢越來越嚴重，因此研究主題及視域多「支離」其學，往往管窺蠡測，很少見到局部與總體的詮釋循環而宏觀與微觀兼具的論著。並且，每個年青學者為求學有所用，盡早憑其所學謀得職業，故汲汲於成果速成化，做的大多是「漢堡式」而不是「一品鍋式」的學術產品。

所謂「太早專業化」、「過度專業化」，就是在碩士班的時候，就把自己囚禁在一個狹小的學術領域，例如詩、詞、曲、古典小說等，只選擇其中一個小領域去做研究；甚至更縮小到一家之詩、一家之詞、一家之曲、一家之小說等，好像只有這一管之所見、一蠡之所測才是學術，而再也沒有別的學術了；只有與這個專業領域有關的書籍才去閱讀，此外沒有別的書籍可讀。做經學研究，就以為子、史、文集不必讀；做子學研究，就以為經、史、文集不必讀；做文學研究，就以為經、史、子不必讀。

這樣過度專業化的學術型態非常不理想，因此現代人文學者逐漸喪失「博通」的學術格局，缺乏宏觀洞察而深識的能力，各守一隅，各持一說，而彼此之間無法對話、論辯、溝通；然而，人文學術以「博通」為尚，沒有任何一種小領域的學術能夠孤立研究，因為所有小領域的學術，其文本意義的創造、演變，以及理解、詮釋，必然密切關連到總體的文化大傳統與鄰近次領域的知識。這種過度專業本位的閱讀與研究態度，如何厚養基礎性的學問，開展宏大的學術視域？基礎性的學養薄弱，學術視域狹窄，絕對成不了第一流的大學者。

（四）我所關懷的第四個重要問題

我所關懷的第四個重要問題是：方法學的荒忽。書，只有靠自己去讀；老師能教給學生的就是研究方法。論著的「內容」有沒有創見？上面所說的「經典閱讀」就已決定了，所有創見都來自對相關文本循環往復地閱讀、涵泳、體悟；但是，有了內容的創見，如何在形式與程序上能運用「方法」，以獲致相對有效性的詮釋、論證，這就需要方法學作為保證。上面說過戴震，他能夠成為清代最傑出的學者，就因為他詮釋經典，先已建立一套適當有效的方法學。

中文研究所的教學，雖然都有「治學方法」這門課，市面上也有幾本名為《治學方法》的書，文獻堆砌很厚，可是這門課、這些教材，效果並不理想，為什麼？

第一個原因是所採用的那套教材，不但是乾嘉餘緒，非常陳舊，而且已被格套化為死法；方法必須因應研究對象的本體、知識的本質、所提出的問題，以及所可能獲得的答案，而設定適當、可行、有效的詮釋、論證原則及其操作步驟。它必須隨機活用，不是格套死物。第二個原因是教這門課的老師，自己真能精通、活用這些方法嗎？很多教學不過是照本宣科而已。

基本上這是清代學術習用的治學方法，不是說它完全不能用，有些還是可以保留，再做轉化應用。可是我們這時代，社會文化情境已完全不同於清代，甚至與「五四」時期也有很大的差異。知識的創造性生產，必然會受到時代的社會文化因素條件所制約，很多新的學術問題不斷出現，相應地需要新方法去解答；然而，擔任「治學方法」的教學者，能有敏銳的時代感，能有新思維，發現新問題，而提出新方法，去解答這些新問題嗎？或者將那些舊時代可保留的方法，加以轉化應用嗎？雖然說方法沒有絕對新舊，只有適當與不適當、有效與無效之別。新與舊是相對於所要解答之問題的新舊而定，同時也相對於能適當而有效地改變「舊知識型」而轉出「新知識型」而定，古典的方法學也可以轉化應用於現代學術的研究，而成為新方法；例如戴震所建立那套經典詮釋學的方法，現代學者倘若懂得轉化應用，會獲致很好的效果；問題是教學者或研究者懂得去轉化應用嗎？

「理論」不完全等同「方法」，卻是方法的一個環節。五四以降，追求現代化，而現代化的主軸就是西化。晚清以來，中國人文學者的文化主體性幾已淪喪，盲目套借西方理論以詮釋、批判，甚至貶責中國古典文學及文化，這樣的論述頗為常見。幾年前，我在某次龍學會議上，還見識到一個旅美的學者，自詡是新知識分子，宣讀的論文完全沒有歷史語境的觀念，一味套用西方理論的觀點，將劉勰原道、徵聖、宗經的文學觀貶為保守、腐朽之物。低廉的消費西方理論，而沒能力從中國文化本身內在豐富的理論礦藏，提煉、生產自家民族的文學及文化理論，以作為詮釋典範，應用到個別議題的研究，這是當代中國古典人文學的大病。

近些年來，我對中國古典人文學術的研究，提出一條回歸中國民族文化內部，而重構詮釋典範的途徑；相對於套借西方理論以詮釋、批判中國古典人文學術的「外造建構」，我就稱它為「內造建構」。「內造建構」是什麼？我在幾篇論文中，已反覆申述過[12]，在這裡我再簡要地說明它的大旨：「內造建構」是相對於「外造建構」而言，「外造建構」指的是挪借西方理論，外鑠一種非中國古代經典所內具的詮釋框架或觀點，理論先行、框架先立，而對原典文本反而不能細讀深悟，卻靠這種外鑠而未必相應於原典文本意義的理論或框架，虛構某一種系統化的知識。相對而言，「內造建構」則是直接契入中國博大精深的傳統文化經典中，提舉文本內在所涵具人文之學的本體性、結構性、功能性、規律性，以及人文學知識之本質論、方法論的「普遍性」意義；這些都是經典的語言形式沒有直接展現的「隱性系統」，可以經由學者的理解、詮釋而揭明出來，並轉換為「現代化」的學術話語，而加以重構為「顯性系統」的「詮釋典範」，以作為應用在個案研究的「基礎性理論」。

中國傳統文化經典中，果真有這麼豐富，可供「內造建構」的理論礦藏嗎？不用懷疑，前面所談到戴震（一七二三—一七七七）的《孟子字義疏證》就蘊涵一套包括語言詮釋、歷史詮釋、心理詮釋，而體系嚴整的經典詮釋學[13]，比西方狄爾泰（Wilhelm Dilthey，一八三三—一九一一）所開拓的現代詮釋學還早將近一百年[14]。然而近些年來，學界喧喧然推揚西方詮釋學，卻對戴震所建構的中國詮釋學缺乏關注的熱度，未能進行顯性系統的重構，並推揚、應用到古代經典的詮釋。

這次演講，我就構想從《周易》與《文心雕龍》來談如何「內造建構」？而能建構出具有什麼中國民族文化特質的理論？這種理論具有什麼可資應用在古典人文學研究的意義？我們對這些古老的經

12 例如顏崑陽，〈從反思中國文學「抒情傳統」之建構以論「詩美典」的多面向變遷與叢聚狀結構〉，收入顏崑陽，《反思批判與轉向——中國古典文學研究之路》。又〈從應感、喻志、緣情、玄思、遊觀到興會〉，收入顏崑陽，《詩比興系論》（台北：聯經出版公司，二〇一七）。又〈內造建構——詮釋視域的迴向與典範重構〉，原刊胡曉明主編，《後五四時代中國思想學術之路——王元化教授逝世十周年紀念文集》（上海：華東師範大學出版社，二〇一八），上冊。收入本書，頁四六七—五〇一。

13 參見周光慶，《中國古典解釋學導論》，頁四三七—四五二。

14 參見洪漢鼎，《詮釋學史》（台北：桂冠圖書公司，二〇〇二），頁九五—一一三。

典，內容局部論題的研究已經累積很多成果，但我所關懷的問題不僅是經典局部內容「說了什麼」？更重要是它總體內容「為什麼這樣說」？又「如何說」？這就涉及整部經典所做研究對象本體論、知識本質論與方法學的問題，必須如此從文本內涵的深度與理論的高度，才能揭顯這兩部經典的典範性；而這樣的典範真的過時、固化了嗎？真正的經典不會過時，也不會固化；固化的是閱讀經典者的心靈。讀者心靈固化，看什麼都是臭石頭。經典可以不斷被具有創造性詮釋的讀者，融合當代的文化存在感，活化而再生它的意義。前面談到的戴震，他是《孟子》的創造性詮釋讀者，讀活了《孟子》，讓這部經典的意義能夠再生。

那麼《周易》與《文心雕龍》可以活讀嗎？這兩部經典對當代的中國古典人文學研究，能給我們什麼樣的啟發？

今天，我在這研習營中，想要引導大家共同關懷一些學術問題，就不應該把問題局限在我個人的專業學術領域內，例如中國古典文學理論、美學、詩學、文體學，以及莊子、李商隱詩、蘇辛詞等。我在這裡所要貢獻給各位，讓大家共同思考的問題，都是人文學術的「通識」問題，從近現代學術史的反思、批判，以打開人文學術研究對象的本體論、知識本質論與方法學的新視域；也就是一個人文學者如何面對我們的傳統、面對我們的當代，以及如何開展中國人文學術未來創造性的詮釋視域。中國人文學術已經走過二十世紀，而正走在二十一世紀的途中，究竟可以開拓哪些新的研究方向及視域？可以發現哪些新的問題？又有哪些新的研究方法，以解答這些新問題？從這些問題的思考所獲得的啟發，我們才能超越專業的狹窄立場與觀點，開展宏大的學術格局，說不定在座的學者們，將來會有大師及巨著出現。

二、二十世紀已成過去，我們對「抒情傳統」的論述應有所反思，並尋求詮釋視域的轉向。

那麼，就在前面所說的觀念基礎上，我特別提出一個反思、批判的對象，就是由陳世驤首倡，而高友工等學者一路順著講，所建構出來的「抒情傳統」。主辦單位，國科會的人文學研究中心與我聯絡，就派了一個題目給我，讓我來談「抒情傳統」；我想，「抒情傳統」這個論題，從陳世驤以降四十幾年，學者們的論文至少寫了幾十篇，去年柯慶明、蕭馳教授主編《中國抒情傳統的再發現》論文集，精選最具代表性的十九篇論文[15]。他們的研究成果就擺在那裡，我那一篇反思、批判而提出詮釋視域轉向的論文[16]，被放在最後；或許主編有意將這篇論文看作對這個論題所做最後的反思及總結。因此，有關「抒情傳統」的內容，論述成果已經非常豐富，其實不必我在這個地方重複，各位只要去讀那些論文就夠了，我現在想講的是：「抒情傳統」反思之後，對中國古典文學傳統的研究還有什麼新的可能？所以我就改成這個題目：〈「抒情傳統」反思之後——當代中國人文學「新傳統觀」與

15 柯慶明、蕭馳主編，《中國抒情傳統的再發現》（台北：台灣大學出版中心，二〇〇九），選入陳世驤、高友工、柯慶明、張淑香、顏崑陽、呂正惠、蔡英俊、蕭馳、龔鵬程、鄭毓瑜等學者的論文十九篇。

16 顏崑陽，〈從反思中國文學「抒情傳統」之建構以論「詩美典」的多面向變遷與叢聚狀結構〉，《東華漢學》第九期，二〇〇九年八月；收入顏崑陽，《反思批判與轉向——中國古典文學研究之路》。

「新構成觀」的藍圖〉。

任何一種能成體系的學術，都必須要先建立它的基本假定，也就是必須設立研究對象的本體論，以及這種知識的本質論。因應這樣的基本假定，在方法學上就會設立一套適當的研究進路、步驟與操作原則；否則，所謂學術研究就只是不知其所以然的散論漫談。我今天提出所謂「新傳統觀」與「新構成觀」，就是針對前面所作的反思、批判，看到某些學術視域的迷蔽，而構想從根本處建立新的基本假定。它只是原理、原則的提法，所以才說是「藍圖」。事物的「新」與「舊」都是相對的，我稱它們為「新傳統觀」與「新構成觀」，並不是前無古人的創新，反而是古典所既有；卻相對於我所反思、批判的現代人文學術，為了解除它的迷蔽，而由過度乞靈於西學的「外造建構」，回歸、立本於中國民族文化傳統的「內造建構」。從古代經典豐富的文化礦藏，揭顯某些可以重構為「典範」的質素，將它置入當代文化情境中，重新賦予它創造性詮釋的新意義，並回饋地應用到當代我們對中國人文學術的研究。從取之於古典而言，是「舊」；從創造性的重構並用之於當代中國人文學術研究，而相對前一「知識型」的偏謬，進行變革來看，則是「新」，就稱為「新古典」也無不可。

陳世驤在一九七〇年代提出中國文學「抒情傳統」的論述，嗣響者甚多，已形成綿亙將近四十年的論述譜系。二十世紀已成過去，我們對這一類的論述應該有所反思，並尋求詮釋視域轉向的可能；為此我已發表過二篇批判性的論文[17]，這二篇論文的要旨如下：

（一）「抒情傳統」原初的論述目的與正面性價值

陳世驤提出「抒情傳統」論述的目的，是為了突顯中國文學的特質及價值；乃以《詩經》為範型，持與希臘史詩、戲劇作出平行比較研究。這樣的論述，相對於他所身處那個時代的社會文化情境，其啟發知識分子片面地理解中國文學殊異西方的特質，因而有助於建立自己民族文化及文學的自尊心，當然具有很高程度的正面性意義；相對的也有它負面性的影響。

（二）負面影響之一，「覆蓋性大論述」對多元文化之詮釋視域所造成的遮蔽。

這一論述譜系相對於其正面性意義，第一個負面影響就在：「『覆蓋性大論述』對多元文化之詮釋視域所造成的遮蔽」。當我們脫離中西比較文學的框架，回到中國文學的本身；如果仍然被絕對普遍化的「抒情」本質占據所有的詮釋視域，而不能從經驗現象層次去正視中國文學在不同歷史時期、不同區域環境、不同社會階層與群體、不同文學體類所呈顯的相對「差異性」；仍舊將一切中國文學都涵攝在絕對普遍性的「抒情」本質去詮釋，則中國文學在經驗現象層次所呈顯的多元性，將被這種一元的「覆蓋性大論述」遮蔽無遺。

17 顏崑陽，〈從反思中國文學「抒情傳統」之建構以論「詩美典」的多面向變遷與叢聚狀結構〉，《東華漢學》第九期。〈從混融、交涉、衍變到別用、分流、布體——「抒情文學史」的反思與「完境文學史」的構想〉，《清華中文學報》第三期，二〇〇九年十二月。這二篇論文皆收入顏崑陽，《反思批判與轉向——中國古典文學研究之路》。

（三）負面影響之二，單一線性文學史觀與孤樹狀文學結構圖式，造成有些人對中國文學認識的失真與匱乏焦慮感。

這個論述譜系第二個負面的影響則在：「單一線性文學史觀與孤樹狀文學結構圖式，造成有些人對中國文學認識的失真與匱乏焦慮感」。陳世驤的論述除了設立中西比較文學的詮釋框架之外，還隱含著一個中國傳統的「源流」文學史觀。而且這個「源流」文學史觀的基本概念即「萬流歸宗」，也就是所有文學體類都可從超越性的「抒情精神」被解釋為「同出一源」。這「一源」始於《詩經》而定型於《詩經》、《楚辭》的結合。他更將這觀點擴大到戲劇、小說體類，並弱化不同體類在形製上的差異性，而強化它們在「抒情精神」上的普遍性。他只重其源之同而略其流之殊，其實是傳統「源流觀」的變形。

在這基本觀點下，這一論述譜系所肯認的文學經驗材料，都可統攝在「情」的範疇之內；「情」因而具有超越性的文學「本質」意義。這個提法所呈現的是文學內在要素的普遍性，而不是差異性。這很容易讓人誤認中國文學僅有一種「抒情文學」；於是從中國文學總體結構觀之，就只見一棵「抒情」的巨樹，上下通於天地，孤零零地站立在中國文學的世界中，四周光禿禿的，頂多只剩一些微不足道的小灌木或小草；以致不少學者誤認中國缺乏「史詩」、「敘事詩」、「議論詩」，這些西方式的文類而感到焦慮。

當我們回到陳世驤提出「抒情傳統」的歷史語境來看。這一論題明顯出自「五四」歷史時期的前階段，多數新知識分子所共持之「文化意識形態」的投射，而建構出來一種特定的「知識型」。亦即在他們所處之特定社會文化情境制約下的知識產物，固然有它相對性的價值意義；然而，其詮釋視域的遮蔽卻也已彰彰顯露。如今，時過而境遷，面對當代頗異乎昔日的社會文化情境，中國古代文學的詮釋及歷史的建構，應該已受到各種跨越文學領域的知識所撞擊，而開啟更為多元的視域了。

在反思「抒情傳統」之後，我提出詮釋轉向的進路：中國「詩美典」多面向變遷與叢聚狀結構。「抒情傳統」論述關涉到「中國文學史」的詮釋、建構。不但晚清以降，「中國文學史」這一類著作，「抒情傳統」已成為主流性話語，甚且最近有些學者還倡議「抒情文學史」的建構。因此，我在反思此一提法之後，相對提出「完境文學史」的理論性構想[18]。

三、《周易》、《文心雕龍》之「知識型」，有何中國人文學「典範性」的現代意義？

前面，我就已經提到，《周易》與《文心雕龍》可以活讀嗎？這兩部經典對當代的中國古典人文學研究，能給我們什麼樣的啟發？這次演講，我就構想從《周易》與《文心雕龍》來談如何「內造建構」？這個議題，我可以提供下列幾個原理、原則性的想法。

18 二〇〇九年四月二十四、二十五日，一場定名為「抒情的文學史」的國際學術研討會，分場在台灣大學、政治大學中文系舉行。我應邀發表論文，題為〈從混融、交涉、衍變到別用、分流、布體——「抒情文學史」的反思與「完境文學史」的構想〉，其後刊登在《清華中文學報》第三期，二〇〇九年十二月，並收入我的論文集《反思批判與轉向——中國古典文學研究之路》。

（二）在當代學術處境中，《周易》有其中國人文學「典範性」的現代意義。

當始終以「動態歷程性結構」，實現其存在而「總體混融」的「世界」，被我們細碎地切分、局部孤立而靜態地觀視，或由單一絕對性本質的假定、或由必然性因果規律的假定，以獲取抽象概念的認知；而我們卻無法以一種和這「世界」相應的思維方式，重構它始終以動態歷程性結構實現其存在的總體。在這當代的學術處境中，《周易》作為一種中國最古老的「知識型」，就格外有其中國人文學「典範性」的現代意義。

「五四」以降至今，這一歷史時期所建構文學論述之主流性的知識型態，雖可以一九四九年為界，分為前後二期，但是其思維模式卻有其共同特徵：一是文學的「審美」與「實用」對立。「為藝術而藝術」與「為人生而藝術」不能相容。二是文學形構自身之內在的「藝術性」，與生產文學之外在的「社會性」；二者內外不相容，必須切分而論之。

這種知識型態所預設的文學本質論與認識論是：「文學」是一種固態不變的存有物，其中隱含著單一、普遍而恆常的元素，作為超越性的「本質」。文學的「真理」就在認識這個單一、普遍而恆常的「本質」；而我們的確可以經由思辨認識它，並依藉抽象概念語言界定它、陳述它。

在這種基本假定之下，正如《莊子．天下》所云：「天下多得一察焉以自好」、「道術將為天下裂」。幾十年來，「單一元素中心論」始終是中國文學批評的基本模式；於是各種自認唯一確當的文學批評理論，爭論不息。其實這是形式邏輯的思維，不是辯證邏輯的思維，相對於總體而變遷的文學及其歷史，每種理論都是「一察焉以自好」之說。

「世界」始終以「動態歷程性結構」，實現其「總體混融的存在」。而我們卻將它細碎切分、局部孤立而固態地觀視、思辨，以獲取抽象概念的認知；我們對待「文學」亦復如是，這就是當代文學批評的知識型態。

相對於當代這種文學批評的知識型態，《周易》以至《文心雕龍》所開顯中國人文學最古老的「詮釋典範」，就格外有其「雖故彌新」的現代意義了。

（二）「世界」始終是以動態歷程性結構，實現其存在而總體混融的情境。

《周易》作為一種「知識型」，它所呈現的「典範性」特徵，是由世界實體存在的「原混融」，到思辨、名言的「思混融」，到實踐體悟的「復混融」。而這是一種往復而無所終窮的「動態歷程性結構」。「原混融」是前思辨、前名言的世界狀態，乃必須被預設其存在的「實體世界」；「思混融」是後思辨、後名言的世界狀態，乃以辯證性思維、陳述及象徵符號表現的「觀念世界」；「復混融」則超越思辨、名言而實踐體悟，直觀朗照而復現的「情境世界」。

在這三種層次，「世界」始終以「動態歷程性結構」，在其自身或觀視者心靈中，實現各層面諸要素，或對立、或同應、或並存，而彼此交涉、衍變又統合為混融的「總體情境」。而其混融的「總體情境」就始終存在於交涉、衍變的「辯證」歷程；這一歷程雖有時間階段性的往復，但是在交涉、衍變的歷程中，似為「復現」的事物卻非舊昔而已呈新變。因此，「世界」不是一個靜止的實體，可被抽離實存現場，僅作抽象概念、名言的掌握、認知。

《文心雕龍》深受《周易》影響，承繼其「世界觀」以作為文學理論的基礎，這已是「龍學」的共見。《周易》以至《文心雕龍》所開顯「世界觀」的「思維模式」，其特徵是：由世界實體存在的「原混融」，到思辨、名言的「思混融」，到實踐體悟的「復混融」。而這是一種往復而無所終窮的「動態歷程性結構」。

劉勰認為：「世界」如此，「文學」亦然。總體、多元因素、辯證、動態歷程性結構，是這一思維模式的關鍵性基本概念。依循上述的「世界觀」，《文心雕龍》所開顯的文學「詮釋典範」，乃是秉持著「有機總體的文學本質觀」，以詮釋總體文學之「多元因素、條件」如何於實在的社會文化情境中，交涉、衍變而混融，始終維持其「動態歷程性結構」，而實現「通而能變，變而能通」的各類文體。

從這一「有機總體的文學本質觀」來看，沒有任何一種文學元素可以從「總體」的「動態歷程性結構」中，單獨抽離出來而能實現其存在並理解其意義。個別事物的意義，必須在彼此交涉之「有機性」作用的總體存在關係情境中，才能實現而獲致意義的理解。因此文學「本質」並非在理論上，以單一、固定不變的元素所做的「規定」，例如「抒情傳統」之論，即以單一、固定不變的元素——情，「規定」為文學的本質，這是一種偏謬之說。在歷史實存的情境中，文學作為一種精神創造的存有物，其「本質」始終都處在「通變」的「待創」狀態中。這應該是研究《文心雕龍》最首出、最基本的前提性觀念；它也是《文心雕龍》作為一種文學「詮釋典範」，最為主要的特徵[19]。

從這種本質觀來看，文學的內在與外在，或藝術性與實用性，不能切分為二。形式邏輯上，這二者是「矛盾對立」的抽象概念；但是在文學創作過程及其實現之後的存在狀態中，內在與外在、藝術性與實用性，乃是二種對立而又彼此交涉的實存元素，它們終被辯證思維的「文心」所統合，因此也才能實現多元因素混融的文體。相對於現代各種僵化的「單一元素中心論」，這種「詮釋典範」更具未來性的文學批評理論新義。

四、「傳統」的意義必須重新理解

晚清以降，中國在追求「現代化」的歷程中，「傳統」（tradition）及「傳統主義」（traditionalism）通常是個貶義詞，被視為「現代」的對立面，用來指涉一切妨礙革新的觀念、習慣與規範，它如死屍被封閉在故紙堆、某些人的腦袋及社會文化的符號形式中。這樣的「傳統」觀念，在「後五四」的當代，已頗受一些學者的反思及批判。

我們必須重新理解「傳統」的意義。前面，我已針對「抒情傳統」的反思及批判，並從《周易》這一知識型的典範性觀之，社會文化的「世界」是始終以動態歷程性結構，實現其存在而總體混融的

19 我從《周易》以至《文心雕龍》所揭顯這種「混融」的世界觀，在這次演講的前一年，即應用到〈從混融、交涉、衍變到別用、分流、布體——「抒情文學史」的反思與「完境文學史」的構想〉，《清華中文學報》，第三期，二〇〇九年十二月。收入顏崑陽，《反思批判與轉向——中國古典文學研究之路》。演講的後一年，則應用到〈《文心雕龍》作為一種「知識型」對當代之文學研究所開啟知識本質論及方法論的意義〉，二〇一一年發表於武漢大學文學院主辦「百年龍學國際學術研討會」，其後刊載於武漢大學文學院《長江學術》二〇一二年第一期。

「情境」。這「情境」就是生命存在的情境，從主體「在場」的實存而言，過去、現在、未來的三維時間不可切分，所有「現在」的存在情境都包含著「過去」的成素，也預存著「未來」的成素。因此，「傳統」不是固態物，不是可用概念、名言說明的知識客體，因而不是與「現代」對立而被封閉在故紙堆、某些人的腦袋及社會文化符號形式中的觀念、習慣與規範。它一直就是動態歷程性結構而總體混融之「存在情境」本身的部分成素。在社會文化發展的歷程中，因不同時期的社會文化條件，被當代的存在者所感知、選擇、實踐，而取得新變的質料及形式並表現為實在的經驗現象。因此，對於現代人而言，「傳統」根本就隱含在我們現代所處的社會文化「存在情境」中，是我們生命之為歷史性（historicality）存在的基礎；它不在現代的對立面，雖可以被選擇而實踐之，卻不僅是一堆關閉在倉庫中，與我們的存在了不相涉，而可以清點其數量，並完全割棄的客體性事物。並且，非但不能割棄，甚且也不能像「抒情傳統」的論述那樣，將「傳統」片面化、單一元素化。這種「傳統」偏謬的觀念，影響所及，不但遮蔽我們對中國古代文化及文學的總體認識，甚且對文學史上被貼附「復古」標籤的作家作品，也會導致偏謬的評價。

我提出「新傳統觀」，肯定繼承「傳統」的必要，並不意謂著「傳統」無可質疑，不能批判。在這裡，我要提出一個想法：用「反思」傳統來替代「反對」傳統或「反抗」傳統。「反抗」或「反對」都是站在自我的絕對立場，以非理性、偏謬的意識形態，試圖將「傳統」一刀割棄。這樣的態度在「五四」那個時代，為了文化與文學的變革，實在有它的必要性，我們可以同情理解，因為一切改革都必須以最激烈的手段，矯枉過正，汰除所有被認為阻礙改革的絆腳石。而「反思」則是出於理性的反省、沉思，並不是把「傳統」只當作文獻史料所堆積起來的客體，而是主體「在場」所感知的存在情境。「反思」必須涉入此一存在情境，深入理解、詮釋；理解、詮釋之後，才能確當地認識「傳統」而隨後批判；批判之後，才能選擇何者應承、何者應變；選擇之後，才能付諸實踐；實踐之後，才能有所開展。這樣才是反思傳統應有的態度。未確當地理解、詮釋之前，就帶著偏謬之見而以自認為「先進」的文化意識形態，粗暴地批判古人、割棄傳統，正是「五四」新知識分子非理、涼薄的惡習。

因此，在「後五四」已超過半世紀的今日，我們在「抒情傳統」反思之後，實有必要重新理解什麼是「傳統」，而建立一個切當的「新傳統觀」。接著，我將仔細地闡述這個「新傳統觀」。

（一）對「復古」的輕貶，是由於對「傳統」的誤解

前面，我就已經說過，這世界中，沒有絕對「新」也沒有絕對「舊」的事物，「新」與「舊」都是相對而言。從這個觀點來看，請各位要注意到，在近現代出現的《中國古代文學史》著作中，只要被貼上「復古主義」的標籤，就會被貶得一文不值，這其實是一種偏謬的評價。為什麼會這樣？原因是晚清以來，新知識分子面對現代化，求新求變，「反傳統」成為一種僵固的「文化意識形態」，遂古必反。然而一個民族文化或文學的「創新」，真的完全必須排除被認為「故舊」的傳統嗎？

在中國文學史上，被貼上「復古主義」標籤的文學家，陳子昂、李白、白居易、元稹、元結等，所謂唐代的復古主義者；李夢陽、何景明、王世貞、李攀龍等，所謂明代的復古主義者，這些第一流的文學家都是那麼無知嗎？「復古」一詞不斷被濫用，然而什麼是「復古」？恐怕沒幾個亂貼「復古」標籤的學者，真正懂得它的意義，原因就在於他們將一個民族文化傳衍而連續不斷的三維時間一一切

斷；於是過去、現在、未來變成彼此界義分明而了不相涉的抽象概念時間，而非「抽刀斷水水更流」的文化實存情境。如此一來，過去與現在、古與今、舊與新便一刀兩斷，而「傳統」也就被判定為「古代」已成「過去」的「舊物」，乃是被收藏在博物館中，沒有生命的骨董。他們看到的只是外表形式化的固態物；而不是隱含其中，能「創造」這種文化產品的文化主體精神與價值觀，以及「理想文體」的本質；就如「五四」時期的激進分子所看到的「傳統」，只是可以被丟到茅坑的經典紙本，而不是隱含其中，可以因應現代社會經驗而被創造性詮釋，並善加應用的文化主體精神與價值觀。死亡、僵固的不是經典的意義，而是讀者無知、低能的心智。這就是淺識者所認定的「無機性傳統」，只是與「現在」之存在經驗及意義無關的木乃伊。

然而，「傳統」的真義是這樣嗎？「復古」就是要退化回到已「過去」的時間，退化回到已失去生命的故紙堆、骸骨旁，毫無「創造性」地複製，甚至剽竊古人的文化產品嗎？中國歷代，被貼上「復古」標籤的文士們，陳子昂、白居易、李夢陽、李攀龍等，哪一個明白說出自己的寫作行為，最終目的就是在於退化回到詩騷時代，或退化回到漢魏、盛唐，毫無創造性地複製、剽竊古人的文化產品？這些淺識的學者們，真的懂得陳子昂等文士所要「復」的那個「古」，究竟是什麼「古」嗎？古之為古，這個概念所指涉是何其複雜的歷史文化經驗，未經分析而簡化、片面、籠統言之，都不免偏謬的認知。那些亂貼「復古」標籤的學者們，所認知的那個「古」難道只是表層「可變」而卻已固態化的形式嗎？而不是深層恆常不變而還活生生的文化主體精神與價值觀，以及理想文體的本質嗎？深層恆常不變而還活生生的文化主體精神與價值觀，以及理想文體的本質，才是「有機性傳統」，也才是陳子昂、白居易、李夢陽、李攀龍之輩所要繼承的「傳統」、所要復的「古」；他們一方面吸納、繼承這一「有機性傳統」，作為創作的根本資源；另一方面相對地以自己的性情、才識、感思以及當代社會文化經驗，進行獨具面目的創新。「復古」與「創新」的辯證融合，在陳子昂、白居易、李夢陽、李攀龍等，這些具有「領航力」的文士觀念中，根本就是「傳統」與「當代」的因變關係；更且進一層意圖改革前一時期已淪失傳統的文風，而開展「未來」能夠反本歸源的創作方向。在文化實存情境中，過去、現在、未來的時間三維，就如不能一刀截斷的長江大河，「傳統」是文化不斷流衍、變化，有機性活體的存在情境，每個文士都置身其中；「傳統」絕不是那些被收藏而未經理解、詮釋並付諸實踐的固態文獻。

古代文士的論述，都是「在場」的論述；所謂「在場」是指身處文學創作還連續不斷的文化實存情境中，因此對他們而言，「復古」不是抽象概念的純理論；而是在「古」已被文士們遺忘，「傳統」已被文士們丟失的時代，有識之士所產生的「文化焦慮」，以及變革文風的實踐意圖；已被遺忘的「古」，已被丟失的「傳統」，必須找回來。因此，這不是我們現當代已「離場」的學者，為學術研究所建構抽象概念的理論；更不應該是作為裝飾自己的文化意識形態所做的假借。面對歷史，我們雖已「離場」，卻應該具有「歷史想像」的能力，以及「同情理解」的態度，先不預設抽象概念的理論框架，並收斂文化意識形態的假借，設身處地地涉入「在場」的歷史語境中，體會那些文士們提出如此論述的動機與目的，究竟要對治什麼樣當代文學的「問題」？

我們就以明代被貼上「復古主義」標籤的格調派詩人為例，他們所要對治當代文學的「問題」是什麼？這就是他們的「問題視域」。在他們的「問題視域」中，所看到的是從宋代以來，經過元代到明代初期，由詩騷、漢魏古體、盛唐近體所建立詩歌「傳統」的根本精神，以及理想文體的本質全都丟失了，這是他們的「文化焦慮」。因此必須找回詩歌傳統的根本精神，以及理想文體的本質。至於在這詩歌傳統根本精神與理想文體本質的基礎上，如何創造出獨具面目的詩歌？那就必須回到他們自己的性情、才識、感思與當代社會文化經驗。每一具有創造性的詩歌，都必須從個人的性情、才識、感思與當代社會文化經驗得取創作的題材及主題內容；但是，傳統的根本精神不能遺忘。所謂「復古」就是這樣而已，絕非刻意複製、剽竊古人的作品。誤解「傳統」之義，而詮釋古代文學歷史，卻完全沒有古代歷史語境的體察，正是「五四」新知識分子研究古代文化及文學，最嚴重的迷蔽。

（二）「傳統」乃因依多元要素，彼此交涉、衍變而形成的「共同演化」。

「傳統」是我們所身處的總體存在情境，它由多元因素的混融、交涉、衍變而形成，因此沒有任何一個因素可以被「唯一化」；不管唯心、唯物、唯情、唯理、唯美、唯善等，只要一「唯」，它就單一化、絕對化，成為決定一切的唯一因素。從實存情境的體會，任何因素在總體實存情境中，都有它的特質與相應的功能，都在「交互作用」的關係中，顯現其「體」的存在。因此，沒有任何一個因素是唯一的、絕對的。從文學的構成與存在而言，唯情、唯理、唯事、唯物之說，都是偏謬；「抒情傳統」可作如是觀。

社會文化「傳統」從來都不是單一因素的「線性演化」，而是總體情境中，各層面之對立、同應、並存的諸要素，彼此交涉、衍變而再統合的「共同演化」。而其演化所實現的新事物，在取得特定形式而實現時，由於處在中心之主因素轉換了，以及各因素的交織形態也產生變異，因而具現為各類體貌殊異的事物。

從文學而言，作品的實現必須取得特定的形式與質料。「形式」最主要的是各文類的「體製」及其對應的「體式」[20]。而「質料」則是文學家歷史存在與社會存在所對應的世界以及因之而起的心理經驗，分而言之，無非物、事、理、情、意。「物」包括了「自然物」，但是自然物只有「當域」地關連到人的社會文化生活而被文學心靈所感知，才能成為文學質料。而這幾種質料都不是孤立而生、獨在而存，它們始終處於混融、交涉的狀態。情、意乃感物、緣事而發生；相對而言，事、物亦因情、意而存在。故文學活動中，有即事、即物以生情、生意者，有以情、以意而觀事、觀物者；有即事、即物以言理者，有因理而制情、制意者。

因此，在文化、社會與文學的存在情境中，沒有無「事」之「物」之「理」，也沒有無「物」之「事」之「理」，或無「理」之「事」之「物」，當然更沒有無「物」無「事」無「理」之「情」之「意」，也沒有無「情」無「意」之「物」之「事」之「理」。諸質料當其靜而如水，乃混融而在；當其動而如波，乃交涉、衍變而具現。

在「社會文化存在情境」中所感知的質料，僅為「經驗素材」，它們自己不會與「形式」結合。而必須「文學心靈」的創造動力與目的對它們做出選擇，並想像地轉化為「題材」而賦予「形式」，諸多質料才能由「社會文化存在情境」進入「文學存在情境」。而就在這題材的選擇、轉化而賦予

20 「體製」指一種文類在語言形構上模式化的共同特徵，例如古體、律體、四言體、五言體等；「體式」指一種文類理想的美感形象，例如詩之「典雅」、詞之「婉約」。參見顏崑陽，〈論「文體」與「文類」的涵義及其關係〉《清華中文學報》第一期，二〇〇七年九月，頁一—一六，又頁二八—三七。

「形式」的過程中，諸多質料便產生「衍變」，其中總有一、二個質料被選擇而突顯其「優位性」，並經由具體「形式」而「顯現」；然而，未被選擇為「優位」而「顯現」的其他「質料」，並非就完全被排除而不存在。它們只是「隱含」在文本深層，而等待在閱讀、理解、詮釋時，被揭明出來。

因此各種文本都不是由單一質料所構成，故沒有任何一種質料是唯一的「共相」，相對也沒有任何一種質料在文本中「缺席」，而只是相互「主／從」與「顯／隱」的差別；很多文本往往是二種以上的質料並現而交織成體；即使純粹的「抒情體」也是以「情」為「主」為「顯」，而以物、事、意、理為「從」為「隱」，「敘事體」則以「事」為「主」為「顯」，而以物、情、意、理為「從」為「隱」。其他依此類推，所謂「抒情」、「敘事」、「說理」等不同體類，就是從這樣動態性的結構被抽離出來而靜態化，並依顯示於外的主要題材，或情或事或理，所做的分類。這樣分類所產生的迷蔽，就是遮掩了創作的動態歷程中，參與作用而隱藏在語言形式深層的其他必要因素。因此，淺識者只見其皮相，就將文學的構成加以靜態化、片面化、單一因素化，並以此建構某一種「傳統」，覆蓋多元分流而不斷變遷的文學歷史總體情境。從這個觀點來看，所謂「抒情傳統」、「言志傳統」、「載道傳統」等論述，都只是特別突顯某一中心性的主要因素而做出抽象概念化的認知，並且將它唯一化、絕對化，這是理論建構的一種權宜說法，實際上不能切合文學「傳統」動態性歷程的總體情境[21]。在中國文學實存的歷史經驗中，真有一個連綿不斷，所謂「抒情傳統」嗎？龔鵬程教授已堅決宣告，陳世驤所提的那個「抒情傳統」根本是一個「不存在的傳統」[22]。然而至今，卻還有些學者繼續「順著講」，不斷複製同樣的論題，要改變已經形塑得牢固如石的成見，真是難矣哉！

五、文體的「構成」必經「經緯交涉」的動態性歷程

「抒情傳統」的論述綿延四十幾年，發表了幾十篇論文，能談的問題也已談得差不多了，到現在應該畫下美麗的句點。往後，對中國古代文學的詮釋，我們必須開拓創新的視域、進路，建構創新的詮釋典範；否則，繼續「順著講」或「接著講」，這類論文恐怕不免多是複製品。因此在對「抒情傳統」反思之後，我們應該來想一想，能提出什麼新視域、新進路。詮釋典範的轉變，不是枝微末節的修改而已，必須從根本處著力，即使不宜「逆著講」，也應該另闢蹊徑，就是「移開講」，另向提出不同的基本假定。

前面，我們已將「新傳統觀」講明白了；接著我要針對包括「抒情傳統」在內，前一歷史時期所建構的「五四知識型」，相對於那種靜態形構、單一因素的文學本質觀，提出另一種「新構成觀」，以開顯動態歷程、多元因素交融的文學本質觀。而文學一旦落實在已表現的創作成果，所謂「本質」就不會由某一先驗、絕對、單一的因素所決定。實存於文學歷史情境中的文學，也不會是只能用抽象概念去把握的總體文學，而是由眾多具有類似性的作品集合而成的文類，而各文類都有其由內外在特

21 上述這些創發性的觀點，我在〈從混融、交涉、衍變到別用、分流、布體——「抒情文學史」的反思與「完境文學史」的構想〉一文中，也曾詳切論述，《清華中文學報》第三期，收入顏崑陽，《反思批判與轉向——中國古典文學研究之路》。

22 參見龔鵬程，〈不存在的傳統——論陳世驤的「抒情傳統」〉，《政大中文學報》第十期，二〇〇八年十二月。

徵所展現的「體製」，及其相應的標準「體式」，精確的稱呼為「類體」，籠統的稱呼為「文體」[23]。在文學歷史情境中，能被感知而認識的最大單位，就是詩、騷、賦、詞、章、表、奏、議……等「類體」。「文體」如何構成？是一個很基本的問題，也是文學研究必須適當建立的基本假定。

當代的中國文學研究，有一段時期，頗受西方形式主義、結構主義的影響；對古典文學的研究，不少學者也都採取形式結構的觀點，去分析已固態化的語言形式。這個視域、進路，不能說完全沒有效用，卻很難進入中國古典文學歷史文化情境的深層；也就是說從表層「形式結構」去看類體繁複的文學作品，其實只站在歷史文化情境之外，沒有歷史時間性，也沒有社會文化空間性，各類體的文學怎麼創生？怎麼形成？怎麼流變？怎麼在不同時代而有不同文士對同一類體作出重新定義，就依照新的定義去創作實踐，而開展一個新時代的文風？這種種問題、種種文學歷史經驗現象，那些僵持「形構批評」的學者，完全看不到；因為他們已經把文學作品之創生、形成、流變的整個動態性歷史過程加以靜態化，而將文體固態化。詩只是一個固體物，律詩就是一個更小的固體物，就是一套形式格律；詞也是一個語言形式長短不齊的固體物，就稱為「長短句」；然而，詩是什麼？詞是什麼？這是關於兩個類體的本質問題，歷代曾有不同的文士給予不同的回答而重新定義，並且依照自己所提出的新定義，付諸實踐，以開創新的文學局面，同時也開創一段新的歷史時期，因此文學才有「史」。

有些學者們採取「形式結構」的觀點去批評中國古典文學，也可以解決某些問題；但是，相對的也有很多問題無法處理。因此，前人已有所見，已處理過的問題，我們就不必再去複製；前人迷蔽而不見，還未處理而留白的問題，我們正好處理。將文學靜態化、片面化、單一因素化的形構批評，可以讓它成為過去，把它安放在學術史上應有的位置。往後，我們應該改變詮釋視域，另從一種「新構成觀」，重新理解、詮釋多因素交融、多類體流變而「動態性構成」的中國古代文學。我們的基本觀點就是：我們不能把文化傳統的總體情境中，任何研究對象靜態化，甚至固體化、單一因素化、過度片面化去看待。研究當然有「焦點」對象，但是那個焦點對象不是「孤立」存在之物；被明顯看到的「焦點」對象，都必然被某些隱含的共生並存的因素支撐著，那些因素是什麼？不能視而不見，甚至排除它。在文學創作與批評活動中，「情」可以作為被突顯的「焦點」；但是「情不孤生、情不孤在」，必緣事因物而生而在，並且不同之事之物必然會決定實際經驗之「情」的不同特質與內容，男女之情與家國之情不可能完全等同。這些隱含的支撐因素，對「抒情」作品的構成，必須考慮進去；也就是必須把研究對象放進多元因素之關係網絡的「總體情境」，以及創生、形成的動態歷程，去進行意義的理解、詮釋。接著，我就簡要地闡述所謂「新構成觀」究竟是什麼意思？

（一）世界諸事物都必須置入存在「總體情境」的關係網絡，才有它的意義。

相對於「抒情傳統」從單一、絕對、不變的「抒情」本質，將文學視為一種固態性的結構體。我們另從「總體情境」與「動態性歷程」的詮釋視域，提出一種「新構成觀」。

世界諸事物都必須置入存在情境的「關係」網絡中，才有它的意義；而文學的意義則是實在經驗層、主體心理層與語言形式層，交織著目的、動力、質料、形式各種要素，而在「動態性歷程」的

23 參見同注20，顏崑陽，〈論「文體」與「文類」的涵義及其關係〉，頁二二一—二二六，又頁二二八—二三七，又頁四三，又頁五六—五九。

「關係」網絡中，所「構成」的社會文化產物；最終表現為各類不同的文體，豈僅「抒情」而已？

「構成」可有二層意義：一是「結構」；一是「生成」。「結構」指的是：一個事物，其組成之各要素或各部分間，彼此依特定之關係連結為靜態性存在的整體。故「結構」的概念，必包含「要素」（或部分）與「關係」二個條件。「要素」指的是組成事物的必要素材，故涉及「質料因」。「關係」指的是事物之間依某種秩序而連結在一起的狀態，則「關係」必具現為某種「形式」，故涉及「形式因」。「生成」指的是：事物由始得形式而創生、流變，終至完成的動態性存在歷程。這個動態性歷程又可分為二個層次：第一個層次是，某一個別事物創生、流變、完成的歷程；第二個層次是，某一類事物總體之創生、流變、完成的階段性歷程，而其「形式」也就呈現著動變的狀態。事物的創生、流變、完成，除了質料與形式之外，必然要有其目的以及動力，故又涉及「目的因」、「動力因」[24]。因此「構成」是靜態結構與動態生成的辯證性統合。

（二）文體的「構成」必經「經緯交涉」的動態性歷程

「經緯交涉的動態性歷程」，「經」指的是貫時性的「文學歷史」，「緯」指的是並時性的「文學社群」；而「經緯歷程」，一方面用以表述「文體規範」乃是在「文學歷史」的動態過程中，經由「文學社群」對「成規」建立共識、遵守以及對「典範」進行揀選、同遵而逐漸構成；也就是「文體規範」乃是文學歷史與文學社群之「經緯交涉的動態性歷程關係」中的產物，它不是純抽象概念的理論。另一方面，「經緯交涉的動態性歷程」也用以表述文學家在進行創作活動時，其主體的「存在位置」乃處於文學歷史與文學社群所共成「經緯交涉的歷程性關係情境」中。

從「文學創作活動」與「文體規範」的關係來看，二者又是相互交涉而形成一個既有靜態性「結構」又具動態性「歷程」的總體情境，故一方面創作主體站在「社會存在」的位置，實踐著彼此之間橫向的互動關係，而遵守具有「交通效用」[25]的社群語言常規——「文體規範」中的「體製」，此一交涉關係為空間性的「緯」。另一方面，創作主體也站在「歷史存在」的位置，實踐著彼此縱貫之文學傳統的因變關係，而對具有「示範效用」的前代作品——「文體規範」中的「體式」，進行模習或創變，這一交涉關係為時間性的「經」。如此，創作主體就處於文學之「歷史」與「社會」的存在位置上，接受著文學「歷史」與「社會」所構成的「文體規範」，而相互作用以形成「經緯交涉的歷程性關係」的總體文學情境。

從「結構」而言，不管文學創作主體或文體規範都處在一個空間緯度的「社會存在位置」與時間經度的「歷史存在位置」上，形成彼此溝通、古今傳承之「經緯交涉」而具有特定秩序的「結構性關

24〔古希臘〕亞里斯多德（Aristotle）的形上學提出「四因」之說，即質料因（或譯為物因）、形式因（或譯為式因）、動力因（或譯為動因）、目的因（或譯為極因）。參見〔古希臘〕亞里斯多德著，仰哲出版社譯，《形而上學》（新竹：仰哲出版社，一九八二），卷（A）一，第三章，頁五—八，九八三a二四—九八四b二三。此「四因」之說，為亞里斯多德所創，用以詮釋宇宙萬物創生、演變的根源性因素。此說雖非專為文化的創造、演變而提出的理論；但是在學術史上，已成為廣被應用的「詮釋模型」，用以詮釋文化的創生、演變的根源性因素。

25「交通」為一古典詞彙，指「彼此交往溝通」之意，《管子．八觀》：「外內交通。」《史記．灌夫傳》：「諸所交通，無非豪傑大俠。」

係」；從「歷程」而言，這種「結構性關係」並非一成不變的固態物，它在「文學歷史」的時序與「文學社群」的交往中，始終處在「因變」的「動態性歷程」；但是，雖變動卻又保持其結構性關係的「常模」。

（三）「存活」於文學社群及傳統中的「在場性」文體，是一種在歷史進程中不斷流變的文學形式現象。

任何一種還「存活」於文學社群及傳統中的「在場性」文體，其「構成」都屬「進行式」。它絕非一種已固態化的存有物，而是一種在歷史進程中不斷流變的文學形式現象。因此，沒有人可以為它界說一個絕對不變的定義。尤其是一種新興的文體，從發生之後，便開始了「進行式」構成的流變歷程。而前面說到「構成」意為「結構」與「生成」，並非僅指文體本身內部各因素靜態性的連結關係，更指文體由於受到外部社會文化性因素所引導，甚至滲透、內化而決定、改變其功能、形構與樣態的流動性現象[26]。

六、最後，我想說的幾句話。

（一）學術只有對前行的論述不斷反思，有所承繼也有所創變，才能向前開展。所有的學者都是歷史性的存在，也都是社會性的存在，從而沒有前不見古人，後不見來者，而四顧無一物的學術研究。「傳統」與「社群」是學術研究所無法拋擲的基礎；而「傳統」與「社群」不斷在更變中，乃是一個被選擇、被調節、被詮釋、被創發的文化、社會有機體。我們都是這有機體的一分子，因此「效果歷史意識」必須是學術研究的主體要素[27]，學者也才能自覺地面對傳統與社群，主動作出選擇、調節、詮釋與創變。因此，一個具有效果歷史意識的學者都應覺知其所在的歷史時期，覺知其特殊的詮釋學處境，覺知其前人所未見的問題視域，覺知其適時生產的知識型態。就在這樣的覺知下，我們對前一個歷史時期的「抒情傳統」論述以及諸多「中國文學史」書寫，進行反思、批判；從而提出「詩美典」的多面向變遷與叢聚狀結構」與「完境文學史」的詮釋構想。我們是以反思、批判來向前行學者致敬。這個態度很重要，反思、批判其實是一種向前行學者致敬的最好方式。假如這些前行學者不值得致敬，最鄙視的態度就是將他們遺忘，根本無視於他們的存在。

---

26 以上這些觀點，可詳參顏崑陽，〈文學創作在文體規範下的經緯結構歷程關係〉，淡江大學主辦第十一屆「文學與美學國際學術研討會」，二〇〇九年五月；其後刊登在中山大學《文與哲》第二三期，二〇一三年六月；又〈宋代「詩詞辨體」之論述衝突所顯示詞體構成的社會文化性流變現象〉，中國宋代文學學會主辦、四川大學文學院承辦「第六屆宋代文學國際學術會議」，二〇〇九年十月；其後刊登在中正大學《中文學術年刊》第十五期，二〇一〇年六月，收入顏崑陽，《詮釋的多向視域——中國古典美學與文學批評系論》（台北：台灣學生書局，二〇一六）。

27 「效果歷史」（Wirkungsgeschichte）指的是：一切歷史現象或流傳下來的作品都不能當作只是純為歷史研究的客體，而應當注意到它在人們歷史性的存在以及意義的理解過程中所產生的影響效果。參見〔德〕加達默爾（Gadamer，一九〇〇—一九九二）著，洪漢鼎譯，《真理與方法》（台北：時報文化出版公司），頁三九四—四〇一。

（二）佛家有句話：「說世界，非世界」，被言語說出來的世界就不是原本真實存在的世界；因為一落言詮，實存世界就抽象為概念，抽象概念當然不等同原本的實存世界；然而，接近世界的真實情境如何可能？這個問題，我的回答是：《周易》的知識型是可以運用而比較有效的一種詮釋典範。明白地說，藉著《周易》知識型的啟發，我認為「總體情境」與「動態性歷程」，是在「抒情傳統」反思之後，可以轉向、開拓的詮釋視域，相對比較能接近地詮釋中國古代文學歷史的實存情境。

附記：

本文為二〇一〇年四月，中正大學主辦「隱喻、抒情與敘事——中文學門跨域整合研習營」之專題演講。

二〇一九年八月修訂增補。

華人文化曠野的微光

華人文化主體性如何重建與美感經驗如何省思？*

* 國立政治大學受教育部高教深耕計畫補助而成立「華人文化主體性研究中心」，其中A3研究組「華人文學之美學感受性研究」的研究方向，聚焦在兩項主題：美感經驗內蘊的重新理解與建構、以美感經驗展開在地化與國際化的學術史考察。二〇一八年八月四日舉辦「華人文學感受性研究議題發想」工作坊，邀請輔仁大學中國文學系講座教授顏崑陽先生作專題演講，就「華人文化主體性」與「美感經驗」兩大研究主題進行省思和展望。是次演講針對流行於二十世紀中國古典文學研究的「知識型」展開反思與批判，尋求學術轉型、典範遷移之可能性與切當性的取向，這不僅關乎華人文化主體性的研究，更對目前中文學界的詮釋體系提供了前瞻式的學術圖景，故本刊特別將此次的演講稿以特稿方式刊載，以饗讀者。

一、面對二十一世紀的中國古代文學與美學研究，假如肯認「華人文化主體性」是必要的前提性基礎；那麼，我們就必須針對流行於前一歷史時期的「知識型」進行反思、批判，尋求學術轉型、典範遷移之可能性與切當性的取向。

今天這場演講，我不打算選一個狹窄次領域的專業題目，而決定從宏觀的視域提出一些看法；首先我將針對「華人文化主體性」這個摸不著邊界的範疇，提出一些讓大家一起來思考的「問題」；我提出「問題」，卻未必給出確定的答案，因為那可能是一個有如煙霧中縱觀天地之寥廓，只能各陳所見，而沒有確定答案的「問題」。

接著，我將依主辦單位拋給我的題目——美感經驗之省思，提出一些問題。從「華人文化主體性研究中心」申請成立的計畫書，大略得知：主辦單位的學者群所關懷、認知，有關中國文學特質或一般文學、美學的論述，幾個代表性的學者，諸如陳世驤（一九一二—一九七一）首發而高友工（一九二九—二〇一六）繼踵的「中國文學抒情傳統」論述[1]；而高友工更認為自己的說法接契當代新儒家徐復觀（一九〇四—一九八二）、牟宗三（一九〇九—一九九五）等人的學說；但是，高友工「中國文學抒情傳統」論述所涉及的中國古代美學，果真能接契徐復觀、牟宗三的學說嗎？這一「中國抒情傳統」的論述譜系，能整全而有效地詮釋中國古代文學與美學的特質嗎？

至於王夢鷗教授（一九〇七—二〇〇二）的《文學概論》（後改名《中國文學的理論與實踐》）[2]，將文學定義為「語言藝術」，心理層的「意」之「思維」與語言層的「象」之表現，乃是內外合一的文學創作活動。「意」之思維的過程即是語言形式化的過程，故形式與內容不二；而語言形式更具有文學創作之終極性的實現效能。他認為：不雜任何實用的「純粹性美感」才是文學唯一的本質，也才是文學極致的價值。那麼，這個一元化的文學、美學觀，果真能「整全」而有效地詮釋「中國文學的理論與實踐」，以揭顯中國古代文學與美學「多元而相對」的特質嗎？

計畫書中，明確地指認，語言美學、抒情傳統論述與當代新儒家學說在台相遇激盪，逐漸形成不同於中國大陸文學批評的論述內容與理論範式。從描述性的事實層面而言，這個說法沒有錯；問題卻在於從詮釋性的效用層面而言，這樣的理論範式，用以詮釋中國古代文學與美學的特質，能有多大的相對客觀有效性？

另外，晚清以降，對於文體的分類，普遍流行一個詮釋框架，就是文體的「實用性」與「藝術性」截然二分：「實用性」的文體沒有「藝術性」，例如章、表、奏、議等，屬於「雜文學」，不是「美文」；「藝術性」的文體沒有「實用性」，例如詩、詞、小說，屬於「純文學」，是「美文」[3]。那

1 參見本書頁七七注15。

2 這本書的原名是王夢鷗，《文學概論》（台北：藝文印書館，一九七六）。其後易名為王夢鷗，《中國文學的理論與實踐》（台北：時報文化出版公司，一九九五年；台北：里仁書局，二〇〇九）。

3 「純粹審美」以及「為人生而藝術」與「為藝術而藝術」二分之說，大體是受到「五四」新知識分子反儒家傳統的意識形態與朱光潛引進西方美學的影響，所形成流行一時的觀念，參見顏崑陽，〈當代「中國古典詩學研究」的反思及其轉向〉，收入《反思批判與轉向——中國古典文學研究之路》，頁六七—一〇七。又參見顏崑陽「中國詩用學」系列論文，〈論詩歌文化中的「託喻」觀念〉，收入成功大學中文系主編，《魏晉南北朝文學與思想學術研討會論文集》第三輯（台北：文津出版社，一九九六），頁二一一—二五三，又收入顏崑陽，《詩比興系論》

更是戴著西洋眼鏡所看到的中國古代文學與美學。沿用這個詮釋框架的學者，同時也會認為六朝是「文學自覺」與「文學獨立」的時代，故而《昭明文選》是以「事出於沉思，義歸乎翰藻」的標準所編成[4]，正是「文學自覺」與「文學獨立」觀念主導之下的產品。《昭明文選》選入很多表、上書、書等文體的作品；這些文體被僵持此一詮釋框架的學者們分判為「實用性文體」，那麼這些作品當然也就沒有「藝術性」了！

我們可以邀請這類學者們品評諸葛亮（一八一—二三四）〈出師表〉、李密（五八二—六一九）〈陳情表〉、李斯（約西元前二八〇—二〇八）〈上秦始皇書〉、李陵（西元前？—七四）〈答蘇武書〉、孔稚珪（四四七—五〇一）〈北山移文〉等，這些千古名篇真的只有「實用性」而沒有「藝術性」嗎？都不算是「美文」嗎？那麼他們所謂「藝術性」，所謂「美文」，如何定義？所謂「美」就只有他們所認定的那一種不雜實用性的「純粹美感」嗎？假如我們的文學觀念不那麼褊狹，就能通觀中國古代文學歷史中，多元分流的文章體類，應該相對會有多元的審美基準；詩詞的美與章表的美，實有它們自身不同的文體型態、特質與功能，是不是相應的也有它們不同的審美基準呢？那麼，那些不同的審美基準是什麼？不實用的鶯燕與實用的雞鴨，怎可能以「鶯燕」建立單一的審美基準，而評判「雞鴨」美不美呢？這是多麼常識性的問題，然而這些學者們思維的惰性，卻對這樣的問題從不作思辨，晚清以降，近百年沿用同一詮釋框架而不變。有關這個僵化、偏謬的詮釋框架，我早已發表論文，提出批判[5]。二十一世紀，有識的學者們應該確切地調整中國古代文體學、文類學的詮釋視域。

面對二十一世紀的中國古代文學與美學研究，假如肯認「華人文化主體性」是必要的前提基礎；則上述我所提出的那些質疑，應該是我們可以一起來「省思」的問題。

（台北：聯經出版公司，二〇一七），頁一六三—二〇八。又參見〈論唐代「集體意識詩用」的社會文化行為現象〉，《東華人文學報》第一期（一九九九年七月），頁四三—六八。又參見〈論先秦「詩社會文化行為」所展現的「詮釋範型」意義〉，《東華人文學報》第八期（二〇〇六年一月），頁五五—八七。又參見〈從〈詩大序〉論儒系詩學的「體用觀」〉，原刊政治大學中文系主編，《第四屆漢代文學與思想學術研討會論文集》（台北：新文豐出版公司，二〇〇三），頁二八七—三二四，又收入本書頁一七九—二二一。又參見〈用詩，是一種社會文化行為模式〉，《淡江中文學報》第十八期（二〇〇八年六月），頁二七九—三〇二，收入《反思批判與轉向——中國古典文學研究之路》，頁二四七—二七一。至於「實用性文體」與「藝術性文體」截然二分的詮釋框架，大體始於晚清龍伯純《文字發凡》，其後沿用這一框架者甚多，例如梁啟超（一八七三—一九二九）《中學以上作文教學法》、湯若常（生卒年不詳）《修詞學教科書》、蔡元培（一八六八—一九四〇）〈國文之將來〉、〈論國文的趨勢及國文與外國語及科學的關係〉、高語罕（一八八七—一九四八）《國文作法》、施畸（一八八九—一九七三）《中國文體論》等；而延伸所及又有「純文學」與「雜文學」的二分之說，郭紹虞（一八九三—一九八四）《中國文學批評史》以降，此說頗多襲用者，參見顏崑陽，〈論「文類體裁」的「藝術性向」與「社會性向」及其「雙向成體」的關係〉，《清華學報》新三十五卷第二期（二〇〇五年十二月），收入本書頁四一九—四六五。晚清以降，龍伯純、梁啟超、蔡元培等將文體分為「實用」與「美術」二大類，這和日本一般的「文學概論」，例如武島又次郎（一八七二—一九六七）《作文修辭法》、加藤咄堂（一八七〇—一九四九）《實用修辭學》，將詩歌、小說、戲劇視為「純文學」，而與其他普通散文的「雜文學」相對立，其框架相同，則清末以來的文體分類，顯然頗受日本影響。參見蔣伯潛（一八九二—一九五六），《文體論纂要》（台北：正中書局，一九七九），頁五一、五六。而日本學者這類概念又是明治維新時，從西方輸入。

4　〔南朝梁〕蕭統，〈文選序〉，收於〔南朝梁〕蕭統編，〔唐〕李善注，《文選》（台北：華正書局，一九八二），頁一。

5　詳參顏崑陽，〈論「文類體裁」的「藝術性向」與「社會性向」及其「雙向成體」的關係〉，《清華學報》新三五卷第二期，頁二九五—三三〇。

既是「省思」，當然就不是毫無反省、思辨，只是一味「順著講」；而應該是針對上述延續「五四知識型」[6]，流行於前一知識年代的詮釋典範，進行反省、思辨；反省、思辨當然就有所批判；批判之後，就有可能是「逆著講」或「移開講」，大聲發出詮釋視域轉向而尋求知識轉型的呼喚，以邁向「典範遷移」的途程[7]。學術只有在舊典範不斷複製那些缺乏創意的常識，而已呈僵固甚至喪失詮釋效用的關鍵時刻，社群能一起覺醒，進行更化，才有「意義再生」的可能。這是此一研究中心在計畫書中，所揭示「總體營運」的圖景；「文學之美學感受性的研究」是總計畫的一組，當然也必須要有「典範遷移」的覺察。面對二十一世紀的中國古代文學與美學研究，我們必須肯認「華人文化主體性」是必要的前提基礎；然則，我的演講將針對前一年代的「知識型」提出反思、批判，尋求學術轉型、典範遷移的可能性與切當性的取向，這應該符合此一研究中心設立之初的構想，同時也是我們應該建立共識的前瞻性學術圖景！

二、什麼是「文化」？百種以上的「文化」定義，我們能選擇哪一種？或者自己能提出什麼定義？以作為討論「華人文化主體性」的基本概念。

我意會到，「華人」一詞已標示了「解疆域」的用心，而由「國家」概念轉換為「民族」概念。「文化」的確不是任何政權所領轄的「疆域」能範限它的流布與共享。然而，在所謂「華人文化主體性」的語境中，我們還是必須進一步問明：「什麼是『文化』？」有關「文化」的定義，古今中西學者之所說，多達百種以上。那麼，我們能選擇哪一種定義？或者自己能提出什麼定義？以作為討論

「華人文化主體性」的基本概念。

這就讓我想到，八〇年代，余英時教授某次演講，主題談論「從價值系統看中國文化的現代意義」，他也遇到「什麼是『文化』」這同樣的問題。余教授引用美國文化人類學家克羅伯（A. L. Kroeber，一八七六—一九六〇）與克拉孔（Clyde Kluckhohn，一九〇五—一九六〇），在檢討一百六十幾種有關「文化」的定義之後，所獲致的結論是將「文化」看作成套的行為系統，而其核心則由一套傳統觀念，尤其是價值系統所構成[8]。余教授接受了他們的結論，就在這文化定義的基礎上，進而指出檢討某一具體的文化傳統（例如中國文化）應該注意它的「個性」；這個「個性」有其生命，會

---

6 「知識型」參見本書頁五五注2。有關「五四知識型」所表現的五個迷蔽，詳見顏崑陽，〈中國人文學術如何「現代」？如何「當代」？〉，收於淡江大學中國文學系主編，《文學研究的當代新視域——第十五屆「文學與美學」國際學術研討會論文集》（新北：淡江大學中國文學系，二〇一七），頁七—八，修訂增補後，收入本書頁五三—八五。又顏崑陽，〈內造建構：中國古典文學理論研究之詮釋視域的迴向與典範重構〉，收於胡曉明主編，《後五四時代中國思想學術之路——王元化教授逝世十周年紀念文集》上冊（上海：華東師範大學出版社，二〇一八），頁一一五—一四四，又收入本書頁四六七—五〇一。

7 參見頁五五注1。「典範遷移」指的就是原有的一種「典範」，沿用、發展一段時期之後，從上述本體論到方法論都產生革命性的改變，而形成一種新型的「典範」。

8 參見余英時，《從價值系統看中國文化的現代意義》（台北：時報文化出版公司，一九八四），頁一一。案余英時教授所引用的著作是：A. L. Kroeber and Clyde Kluckhohn, *Culture: A Critical Review of Concepts and Definitions* (Cambridge, MA: Harvard University Printing Office, 1952)。

表現在這一文化涵育下的絕大多數個人的思想與行為中，也表現在他們的集體生活方式中。所謂「個性」是就某一具體文化與世界其他個別文化相對照而言[9]。這樣的文化定義，在我的演講語境中，也可以接受。

同時，我曾蒐集頗多中國古代典籍中，有關文、化、文化的語例，分析詮釋而綜合出中國傳統士人階層對「文化」的一般觀念是：「文化」一詞的本義當指「以采畫飾物而改變原有的形象」[10]，此即人為加工而使物更形美好的改造行為。這就是「文化」在詞義上的基本概念。中國古代「文化」定型於「周代」，而形成相對主流性、普遍性的大傳統。「周文化」就是「禮樂文化」。因此，在「周文化」的歷史語境中，「文化」一詞已由上述對於實物的改造轉而用在對人之品格以及行為的改造，謂之「人文化成」[11]；「文化」就是「人文化成」。「人文」的具體產品，就是以「禮樂」為本，而因應士人階層日常生活之需求與人倫秩序之建構所創造的器物、制度、儀式、倫序、典籍等表層化的產品。這是一套系統性而含有象徵意義的「文化形式」，乃「文化」的表層；而其深層則是無形的「道」，也就是一套「真美善合一」的「價值系統」。其後，孔孟思想更將它內化為人所本具的「心性」，以貞定不假外求的生命存在價值根源。王者或聖人就是以上述諸多「形式化」的文化產品，垂教萬民而啟發其「心性」，使其性情真誠、行為遷善、品格美化，此謂之「化成」；故「文化」就是「人文化成」，其意義包含了人之生命存在乃是切實立足於「現世」，而朝向「真美善」之理想性價值遷化的歷程與成果。這一「文化」的基本觀念，漸成相對主流性、普遍性的大傳統。通觀這樣的文化觀念及其經由實踐而構成的型態，隱含著幾個要素：一是諸物共在的現世人間；二是群己不二的倫常秩序；三是身心俱存的主體性。

在這裡，我要特別說明什麼是「主體」？什麼是「主體性」？什麼是「文化主體性」？這個演講的語境中，所謂「主體」不是指西方知識論中，那個與「認知客體」相對的「認知主體」，而是特指人之生命存在中，那個經由自覺而朗現，能體認我之為我而自主地決定人生方向並創造存在價值的精神生命本身。這一「精神生命」從存在價值創造之「用」而言，雖比「形體」具有優先性，卻不能離「形體」而獨存，故從生命之實際「在世存有」來說，「主體」具有「身心俱存」的整體性。所謂「主體性」指的就是這一「主體」明顯的特質；而「文化主體性」則指這一主體在某一民族文化存在

9　余英時，《從價值系統看中國文化的現代意義》，頁一八——一九。

10　「文化」是「文」與「化」的複合詞。析而言之，文，《說文》：「文，錯畫也，象交文。」段玉裁注：「錯，當作逪。逪畫者，交逪之畫也。《考工記》曰：『青與赤謂之文。』」參見〔漢〕許慎撰，〔清〕段玉裁注，《說文解字注》（台北：藝文印書館，一九六六），頁四二九；則「文」一詞的本義，線條色彩交錯。《廣雅．釋詁》：「文，飾也。」參見〔魏〕張揖撰，〔清〕王念孫疏證，《廣雅疏證》（定州王氏謙德堂刊本，一八七九），卷二上，頁一七；則「文」一詞又有修飾之義，修飾當出於「人為」。化，本作匕，《說文》：「匕，變也。」段玉裁注：「凡變匕，當作匕；教化，當作化。……今變匕字盡作化，化行而匕廢矣。」參見〔漢〕許慎撰，〔清〕段玉裁注，《說文解字注》，頁三八八；則「化」一詞的本義，即是「改變」。兩字複合成詞，從本義推演之，其基本概念就是「以采畫飾物而改變原有的形象」。

11　《易．賁卦．彖》：「觀乎天文以察時變，觀乎人文以化成天下。」王弼注：「觀天之文，則時變可知也；觀人之文，則化成可為也。」孔穎達疏：「觀乎人文以化成天下者，言聖人觀察人文，則詩書禮樂之謂，當法此教而化成天下也。」〔魏〕王弼注，〔唐〕孔穎達疏，《周易注疏》（台北：藝文印書館，一九七三），頁六二。

情境中，逐漸習成、形塑的性質。從這一民族的群體來說，是一「大我主體」的普遍性「本質」，如果拿來與別的民族文化主體性相較，則對顯其差異性的「特質」。在中國古代，這身心俱存的主體性，乃限定在士大夫以上的知識階層，其實質內涵包攝著四個要素：（一）真美善合一的理想價值觀；（二）動變而恆存的宇宙觀；（三）經、權交用的實踐精神；（四）二元對立統一的辯證思維。當然，從知識層次的抽象概念而言，可分析為這幾個要素；但是，從每一「個體」當世的生命存在而言，諸多要素其實混融為一置身其中而直切感知的總體文化情境。這一文化情境並非固化靜止，而是常在變動中，卻又保持大體恆定的狀態。

我經由中國古代文獻詮釋所定義的「華人文化」，其抽象框架性的一般概念與余英時教授所接受克羅伯、克拉孔的定義，大體相似；只是我在抽象的框架中，裝填了「華人文化」之歷史經驗所構成的實質內涵；這實質內涵乃是在華人文化的整體性層次，突顯它幾個普遍性要素，這同時也是它相對於西方文化的特質。這種整體性文化的特質，只能以抽象概念去把握，乃知識層之理論上的權說，而不是生命存在層的個人實踐體驗。不過，作為討論一個整體宏觀的文化議題，所必須預設的基礎性概念，也就只能在這層次作出定義；至於更為「特殊」的文化涵義，則必須在各不同歷史時期或分殊部類的具體經驗情境中，才能特別給定。在「華人文化主體性研究」的總計畫之下，分門的「華人文學之美學感受性研究」，以我觀之，必須以上述所定義「華人文化主體性」的概念作為基本假定，才不致流於沒有邊際的漫談。而「美感經驗的省思」，所指的「美感經驗」也必須以這一「華人文化主體性」作為基準，才能進行貼切的「省思」，否則就會流於西方文藝心理學所說的那種人類共具的感覺經驗，不含任何特殊的文化性、社會性意義。

三、「文化主體性」不是人性論上，抽象概念的先驗主體；而是在世存有的人們，置身於現實世界的存在情境中，經由自覺以及實踐經驗，而逐漸習成的「歷史性主體」。

講到這裡，我又有一些疑問，必須提出來，大家一起想清楚。什麼疑問？這個中心成立的宗旨是要以「華人文化主體性」作為研究對象。那麼，這一作為研究對象的「華人文化主體性」指的是「五四」之前，已凝定在過去的歷史經驗中而進入靜態化文獻，那個「古代」的「華人文化主體性」？或是「五四」之後，至今還在變化之中，尚未凝定而進入靜態化文獻，這個「現代」的「華人文化主體性」？這兩個「華人文化主體性」，究竟是徹底斷裂而全無連接？或是明斷暗連，器物、制度、儀式等表層文化，已殊異傳統，而被西方同化了；但深層的觀念系統、思維方式，仍然連接傳統？或是部分斷裂而部分連接，尤其表層的器物、制度、儀式，顯示著現代化的西式文化與傳統性的中式文化並列雜陳；而深層的價值觀，也是中西交錯？這種問題，學界已討論甚多，不必在這裡贅言。表層文化的西化現象，非常明顯而無須爭論。真正與我們今天所要探討的主題密切相關的是，那些構成「華人文化主體性」，也就是上面從古代文獻定義「華人文化」時，所列舉的幾個深層要素，現代的華人還保持著嗎？或者已隨著「五四」文化改革運動，追求現代化的過程，一方面反傳統，一方面向現代化的西方學習，而已幾近異質化，甚至斷滅了？

牟宗三先生三十多年前，曾經作了幾場演講，對「中國文化的斷續問題」，提出很精切的看法。關於中國文化的傳統與現代，究竟是延續或斷滅？他說了一個判斷基準：「若一民族仍然存在，但它的文化卻不能盡其作為原則並自己決定方向的責任，則此民族的文化就不能算延續下去。……若要延續下去，這文化必須能決定自己的原則和方向。」[12] 一個民族對他的文化，能決定自己的原則和方向，當然就有顯明自覺而堅定的「民族文化主體性」。從這個判斷基準，我們可以自己去回答：華人的傳統文化真的延續到現代文化了嗎？「華人文化主體性」切實而明朗地存在著嗎？

「文化主體性」不是人性論上，抽象概念的先驗主體。而是在世存有的士人們，置身於現實世界的存在情境中，經由自覺以及實踐經驗，而逐漸習成的「歷史性主體」。所謂「歷史性主體」是指在特定文化傳統與社會情境中，從當世存在經驗及其意義的感思而「自覺」持有之身心一體的生命本身。那麼這個「現代」的「華人文化主體性」，其實至今還在變化之中，經驗材料尚未凝定而進入形式化的靜態文獻裡；除非有計畫地進行大規模的實際經驗調查，否則很難作為可掌控的研究對象，那麼要拿什麼具有信度與效度的經驗材料去研究呢？

再進一層，我們得問明：能保持傳統文化主體性的現代華人，是全體呢？還是某些階層或部分群體？合情合理地推想，在現當代的各個群體中，人文學界的學者們在所有華人中，應該是最能保持傳統文化主體性；是嗎？我沒有那麼樂觀。因為從個體生命的存在而言，「文化主體性」既不是知識層理論上的抽象概念，也不是擺在眼前隨人取用的現成物；而是一個人貼切於當世存在感而經由自覺、實踐，才能朗現的那個不可複製、不能取代的「自我」。缺乏存在感，對現當代的生活處境與人文學術處境，沒有敏銳、深切的感知與思辨，未能自覺、實踐而建立一個自我定位在文化、學術傳統與當世學術社群關係網絡交集的「歷史性主體」；而只是關在象牙塔中、文獻堆裡、電腦前、語言文字層上，生產著足量接受評鑑的論文；至於作為一個知識分子、一個人文學者，個人生命存在的意義及價值，已完全遺忘了。這正是「不少」當代人文學者最深層的病痛，卻多渾然不覺。這樣的人文學者即使著作百萬言，也談不上保持傳統「文化主體性」。

在我接受邀請，答允這一場專題演講之後，接著細讀「華人文化主體性研究中心」的計畫書，想先了解這個剛誕生的學術社群，在計畫書中所構設的學術圖景；我很快就被拖入一片彷彿若有光，卻又黯淡、荒涼、混亂的曠野。那「微光」發自我曾經優游其間而至今仍然沉浸其境的古老「華人文化」景象中，那樣遙遠而熹微、黯淡，卻畢竟還未熄滅。那「微光」也發自我當前身處其中而時常陷入焦慮、沮喪的現代「華人文化」景象中，彷彿兆示著未來一線的希望。

這時候，不管那個遙遠的、古老的「華人文化」景象，或切近的、現代的「華人文化」景象，在我的感知、想像中，都恍若一片黯淡、荒涼、混亂的曠野；能從哪些方面、哪些區域、哪些層位，找到可以指認那是具有華人民族特質的「文化」？余英時教授在三十多年前的那場演講，仍然很樂觀地認為「中國的價值系統是禁得起現代化以至『現代以後』（post-modern）的挑戰而不致失去它的存在根據的」[13]。事過三十多年，「現代以後」也就是西方叫了很多年的「後現代」早已來臨；雖非正式研究，僅由近幾年對這個社會的觀察、感知、體會，余教授還能這樣樂觀嗎？坦白說，我頗為悲觀，大家都可以明白看到，表層文化只剩一些骸骨碎片，而深層的核心價值系統，從理想價值觀、宇宙觀、實踐精神、思維方式來看，究竟還剩多少游魂散魄？人文學者的傳統文化魂魄固然已如曠野中隨風飄盪的游絲，至於理工商管農礦漁牧的學者或從業員，甚至一般低學歷的百姓，他們的傳統文化魂

12　牟宗三，《中國文化的省察——牟宗三講演錄》（台北：聯經出版公司，一九八三），頁一。

13　余英時，《從價值系統看中國文化的現代意義》，頁一三三。

魄恐怕只似風前塵埃了。我是不是太悲觀了些！還好，我總算看到那彷彿的微光，還沒有斷絕的希望。這個研究中心的成立，能讓這微光引燃為照亮曠野的火炬嗎？

四、「文化主體性」必須經由孔子所謂「學而時習之」的動態性實踐歷程，才能逐漸形塑、養成。學，是概念性的認知；而習，是實踐性的常行。

那麼，所謂「華人文化主體性」也只能以「古代」已凝定在過去的歷史經驗中而進入靜態化的文獻作為研究「對象」；但是，這樣的研究，不免又讓人產生一個疑問：研究所獲致的那些知識層的理論，以抽象概念去掌握的古代「華人文化主體性」，對我們當代必須付諸實踐而自覺地建立的「華人文化主體性」，包括學者自己在內，究竟有何作用？這問題同樣不是由我一個人能給出答案，而需要大家一起來思考。不過，我必須率直地提醒，一個人必須心中先有一太極，才能感知而明見宇宙之太極。一個缺乏「華人文化主體性」的當代人文學者，如何能感知而明見古代典籍中的「華人文化主體性」？因此，即使我們以「古代」的「華人文化主體性」作為研究對象；也必須先自我朗現一個活生生的現代「華人文化主體性」，才能感知而明見古代典籍中的「華人文化主體性」。

然而，「文化主體性」不是先驗、超越決定的形上本體，而必須經由孔子（西元前五五一—四七九）所謂「學而時習之」的動態性實踐歷程，才能逐漸形塑、養成。那麼，何謂「學而時習之」？學，是概念性的認知，所獲得的是相對於主體，只是現成而客觀他在的「知識」，此中並無切身的「主體」存在；若有所謂「主體」，也只是被作為認知的「對象」，在理論層次所把握的「概念性主體」而已。以我們研究孔孟之學而言，當孔孟之學始終只是作為被研究、被認知的「對象」，而不能落實於日常生活以實踐之；則非但孟子所謂「良心善性」的「道德主體」僅是心性理論上，被作為認知對象去掌握的「概念性主體」；就是孔孟在歷史文化情境中，經由「實踐」所朗現的「文化主體性」，當它僅是作為學術研究的認知對象，而非學者於日常生活中，與之感契而「尚友」的精神人格典型，同樣也只是在理論層次所認知的「概念性主體」而已。然則對於深研孔孟心性論或其行誼的學者而言，如果缺乏感契歷史文化情境中的孔孟精神人格，與乎貼切於當世存在情境之實踐體證的所謂「良心善性」，就只是理論層次所認知的「概念性主體」，不可能由此朗現一個「古今相接」、「主客視域融合」的「文化主體性」。

學，是概念性的認知；而習，則是實踐性的常行。何晏《論語集解》「習」解釋為「誦習」[14]；朱熹《論語集註》也解釋為「重習」、「學之不已」[15]。這些解釋都是將「習」視為知識性之學業的反覆誦讀熟習，而沒有「實踐」之義，不是孔子真正的意思。「習」必須「行」，乃相對於「學」所獲致的概念性知識，而能貼切於日常生活以「實踐」之；如此則能讓所「學」之外在的「客體性知識」，落實於當世的社會文化存在情境、日常生活，經由「實踐」而體證其為真，因而內化為「主體性智慧」，此謂之「心得」，這時才會有「不亦說乎」的喜悅感[16]。孔子還有另一層沒在言語表面說出

14　參見〔魏〕何晏集解，〔宋〕邢昺疏，《論語注疏》（台北：藝文印書館，一九七三），頁五。

15　參見〔宋〕朱熹，《四書集注．論語集注》（台北：學海書局，一九七九），頁一。

16　「學而時習之，不亦說乎」句，參見〔魏〕何晏集解，〔宋〕邢昺疏，《論語注疏》，頁五。

的意思，我們卻可以合理而辯證地體認到，當一個學者由於「學而時習之」而養成豐厚靈敏的「主體性智慧」，反過來對於新近所致力之「學」，必然會產生更為精深的「體悟」效能。準此，我們可以說孔子思想的真諦，「學」與「習」乃是雙向不斷循環而通於「道」的動態性實踐歷程。一個人文學者歷史性的「文化主體」，就是經由這樣「學而時習之」的動態性實踐歷程，而逐漸產生自覺、體悟以養成。那麼上面所提到，研究古代的「華人文化主體性」所獲得理論上的知識，對我們「自覺」地建立當代的「華人文化主體性」能有什麼作用？這個問題，我自己就作了這樣簡要的回答：關鍵就在於不僅是知識理論的「學」，還必須結合落實於當世存在情境、日常生活的「習行」。

這就讓我聯想到清代的思想家顏元（一六三五—一七〇四），他號「習齋」，就是取意於「學而時習之」。他把「習」理解為「習行」[17]。習齋之學以「復古」及「力行」為主。雖然他的思想不夠精深，「復古」實有拘泥而不達時變之弊害，並且因「力行」而有排斥專業講學及著述之偏頗，故其學評價不高[18]。不過，我想到習齋，倒不是要宣揚他的思想內涵，而是要表顯他對中國人文學問，重視「力行」的精神態度。他當清初之世，宋明理學之至於末流，僅於言語層面、文字層面，專事講學、著述而已，缺乏日常實踐。習齋就針對這種現象，表達反思、批判的精神態度。他為矯時弊而提倡「習行」，也就是「學」必須切近當世社會而「實踐」之。就原始儒道之學而言，這種主體精神態度很正確，我稱他為「習齋精神」。

習齋「復古」之學的內容，我所不取，因為我一向認為人文學者必須出入傳統與當代，雖治古典之學，其問題視域與解決問題的方法，卻必須能「通達時變」，貼切於當代的生命存在情境以及學術潮流而創化之。復古而泥古，反而大礙於「行」，「實踐」之效用即無可能，而「行」之真義終必落空，這也只是文字之學、言語之學而已。因此，我所取於「習齋」者，只是「習行」的精神態度。至乎「習行」於什麼「場域」？「習行」什麼「內容」？「如何」的「習行」？這是學者因應於當世存在經驗之所感所思而「與時俱化」的學術智慧。

學而無習，只有知識性的專業學術而沒有實踐性的生命存在感知、體悟，這是我們當代人文之學的圖像；學界囂囂千萬言的形上學，所謂「主體性」，其實不但是離絕當世的文化存在情境，甚且離絕古代各歷史時期的文化存在情境，僅是從古代文獻，從理論層次，作為專業學術研究的知識客體，乃先驗、普遍、抽象的概念而已；而非學者契入古代文化存在情境，設身處地的同情理解，以揭明典籍文本所深涵具有民族特質的「華人文化主體性」，可與「西方文化主體性」區別以顯其差異性。而古代典籍所深涵的「文化主體性」並非靜態不變、普遍如一，而是在不同歷史時期的總體存在情境中，經由當世之士人階層的社會文化實踐行為的動態歷程，通而能變，變而能通地表現出來，因此它應當涵具可與「西方文化主體性」分別的特質。這樣的「華人文化主體性」，又將如何研究，以獲致有效的詮釋？這也是我們必須弄清楚的研究方法問題。

17　參見〔清〕顏元，〈存學編．總論諸儒講學〉，收於顏元，《習齋四存編》（上海：上海古籍出版社，二〇〇〇），卷一，頁七八。

18　勞思光，《中國哲學史》第三卷下冊（香港：友聯出版社，一九八〇），頁八二四—八三二。

五、人文學界所浮現的危機，其癥狀有五：（一）缺乏生命存在感；（二）過早、過度專業化；（三）中西之學本末倒置；（四）缺乏古代歷史語境的體會以及遺失傳統中國式的辯證思維；（五）失去反思、批判而追求學術轉向、獨創的膽識及能力。

近些年來，我所觀察、感知、體悟的人文學界，有一些逐漸在浮現的危機，讓我很感焦慮！什麼危機？其癥狀有五：

（一）缺乏生命存在感

人文學問的根源是生命存在經驗、意義與價值；然而當代的人文學者很多缺乏生命存在感，因此只在文獻的語言文字層做研究、寫論文。既對自己當代的生命存在缺乏感受，未能自覺、建立一個「歷史性主體」；更無法穿越文本表層的語言文字形式，契入言外深層的歷史語境，也就是無法經由文本情境的體會，與古代士人的生命存在經驗彼此「會遇」於共感之「問題—答案」的「詮釋視域」中，而貼切地理解其意義。缺乏生命存在感的人，對人文學問的研究，很難產生孤明獨發而具有時代感的創造性詮釋。

（二）過早、過度專業化

很多學者的養成，從碩士班開始，便畫地自限，圈養在一個狹窄的專業領域，不肯跨域探身看看別人在做什麼研究，未能廣讀不同領域的書；但是，人文學術根本築基在深廣而混融的「總體實存情境」；其中，文、史、哲的「問題視域」彼此交織，相互詮釋，才能獲致「通透」的學問。因此沒有任何領域可以從這總體情境被切割出來，「孤立」的研究。知識學科或領域的分化，是人類二十世紀以降專業分工所導致的後果，它的弊病已顯而易見；然而，當代人文學者的養成，卻依舊走向過早、過度專業化的窄路，如何養成博通深識的傑出學者？

（三）中西之學本末倒置

研究對象的原典是「本」，藉外的理論為「末」。人文學問必須以原典的廣讀、深讀為本，長期涵泳而體悟他人所未發的創見；論證必要時，才適當引藉西方理論。當代不少人文學者，尤其年輕一代，往往本末倒置，不肯專心、耐心廣讀、深讀原典；所見還在皮毛時，就急著套藉不夠精通的西方理論，失當的濫用，往往只是裝點門面的話頭而已。

（四）缺乏古代歷史語境的體會以及遺失傳統中國式的辯證思維，不自覺地受西方形式邏輯思維所支配[19]。

中國古代歷史語境中，士人階層的思維方式，除了「名家」之外，都是將具體事物置入宇宙或世

19 東方民族或中國人的思維方式，中西方思維方式的差異，這類議題已有不少學者研究過，成果甚豐，例如（日）中村元著，陳俊輝審譯，《東方民族的思維方法》（台北：結構群出版社，一九八九）；徐復觀將其中《中國人之思維方法》特別單獨譯成專書：中村元著，徐復觀譯，《中國人之思維方法》（台北：台灣學生書局，一九九九

間的「總體實存情境」，直觀它在「動態變化歷程」中，如何產生二元對立或多元並存的代謝、超越或統合的辯證性發展，而相應的也以辯證式語言陳述之。古代很多經典，都是這種辯證思維的產品，缺乏這種歷史語境體會與思維方式的人文學者，很難讀通古代經典。「五四」以降，在反傳統、追求現代化而學習西方的歷程中，人文學者幾乎缺乏古代歷史語境的體會，並且遺失這種傳統的辯證思維方式；其實精通形式邏輯的現代人文學者也不多，但是身處西學流行的時代氛圍，無形中受到這種思維方式的「軀殼」所支配，論述的邏輯雖不嚴密，思維習慣卻總是將事物從總體情境、動態變化歷程的辯證關係中抽離出來，進行單一因素化、片面化、靜態化的研究，因此很多學者讀不懂「一陰一陽之謂道」、「剛柔相推，變在其中矣」、「一闔一闢謂之變，往來不窮謂之通」[20]；「執其兩端，用其中於民」[21]；「天下皆知美之為美，斯惡矣」、「曲則全，枉則直」[22]；「大道不稱，大辯不言，大仁不仁，大廉不嗛，大勇不忮」、「孰能相與於無相與，相為於無相為」等[23]，這類看似犯了形式邏輯之「矛盾律」的語句。這也就難怪，「為人生而藝術」與「為藝術而藝術」截然為二[24]，文章的「藝術性」與「實用性」不能相容，「抒情」可以孤立為文學單一因素的本質，而與其他志、理、事、物諸

一）；又劉長林，《中國系統思維》（北京：中國社會科學出版社，一九九〇）；又〔美〕理查．尼茲彼（Richard E. Nisbett）著，劉世南譯，《思維的疆域》（台北：聯經出版公司，二〇〇七），這本書的主題在探討東方人與西方人的思考方式為何不同？論述得很切實，不致流於過度抽象玄虛的理論。

20 《周易．繫辭》語，參見〔魏〕王弼注，〔唐〕孔穎達疏，《周易注疏》，頁一四八、一五六、一六五。

21 《禮記．中庸》語，參見〔漢〕鄭玄注，〔唐〕孔穎達疏，《禮記注疏》（台北：藝文印書館，一九七三），頁八

八〇。

22 《老子》語，參見〔魏〕王弼注，《老子注》（台北：藝文印書館，一九七一），第二章，頁七；第二二章，頁四四。

23 《莊子》之〈齊物論〉、〈大宗師〉語，參見〔戰國〕莊周著，王叔岷校詮，《莊子校詮》上冊（台北：中央研究院歷史語言研究所，一九八八），頁七三、二五〇。

24 「為人生而藝術」與「為藝術而藝術」截然二分，流行於二〇、三〇年代，其原因一則大體是伴隨魯迅（一八八一—一九三六）承繼鈴木虎雄（一八七八—一九六三）所提出「魏晉是文學自覺的時代」之說而產生。一九一九到一九二〇年間，日本漢學家鈴木虎雄（一八七八—一九六三）在《藝文》雜誌發表〈魏晉南北朝時代的文學論〉，首先提出「魏的時代是中國文學的自覺時代」之說。鈴木虎雄此文，收一九二四年所出版《中國詩論史》。台灣有洪順隆譯本（台北：臺灣商務印書館，一九七二）；大陸有許總譯本（南寧：廣西人民出版社，一九八九）。其後，一九二七年，魯迅在廣州夏期學術演講，題為〈魏晉風度及文章與藥及酒之關係〉，直承鈴木虎雄之說，云：「曹丕的一個時代可說是『文學的自覺時代』，或如近代所說是『為藝術而藝術』的一派」。魯迅演講紀錄稿原發表於《國民日報》副刊〈現代青年〉，改定稿一九二七年十一月發表於《北新》半月刊第二卷第二號。收入《魯迅全集》（北京：人民文學出版社，一九八一），卷三。詳參顏崑陽，〈「文學自覺說」與「文學獨立說」批判芻議〉，收於慶祝黃錦鋐教授九秩嵩壽論文集編輯委員會編，《慶祝黃錦鋐教授九秩嵩壽論文集》（台北：洪葉文化，二〇一一），頁九一七—九四六；後收於顏崑陽，《反思批判與轉向——中國古典文學研究之路》，頁二二三—二四六。二則同一時期，「五四」新知識分子由於反儒家傳統的意識形態以及受到朱光潛引進西方唯心主義美學的影響，「純粹審美」、「純文學」以及「為人生而藝術」與「為藝術而藝術」二分之說，乃形成流行一時的觀念，詳參顏崑陽，〈當代「中國古典詩學研究」的反思及其轉向〉，《東海大學文學院學報》第五三期（二〇一二年六月），頁一—三二；後收於顏崑陽，《反思批判與轉向——中國古典文學研究之路》，頁六七—一〇七。

因素了無關係。這些近現代以來流行的論述，幾乎都是人文學者缺乏古代歷史語境而遺失傳統中國式的辯證思維，所導致的視域遮蔽。

（五）失去反思、批判而追求學術轉向、獨創的膽識及能力

近幾年來，由統治階層所建立嚴密的學術審查、評鑑制度，形成天下學者皆入我彀中的集體宰制網絡，加上量化、標籤化的評鑑標準[25]。很多還在他人審查、評鑑權力宰制下的人文學者，幾乎失去反思、批判而追求學術轉向、獨創的膽識及能力。人文學術研究、論述的安全機制，就是盡量「順著講」，而不敢輕易「逆著講」或「移開講」。那麼顛覆、轉型的創造，如何可能？

在這樣人文學術的危機氛圍中，這個中心成立的宗旨所描述的圖景：一是建立新漢學研究典範；二是變革傳統教學內涵，培育新一代國際化人文學人才；三是重塑文化價值，再造社會行動意義系統。壯哉！這幅圖景，正是我前面所說，在有如黯淡、荒涼、混亂曠野中的「華人文化」景象中，我所看到彷彿的「微光」；然而，這幾項理想的圖景究竟怎麼實現？主其事者首先必須明白地覺察到我上面所說的幾點危機，一一加以解除。最根本的工作是從人才培養的各個相關環節進行「實踐性」的改革，尤其是人文科系對教學課程與文化情境薰陶的設置，必須強化對傳統歷史文化實踐性情境的感思而不只是理論性的抽象概念認知，以及對當代社會文化經驗現象的觀察、詮釋與反思、批判，而不只是屏隔在象牙塔的古代文獻堆中，悶頭做研究。重塑文化價值，再造社會行動意義系統，必須先從人文學者開始，然後才能推擴到「重建」具有華人文化特質的普遍性「主體」；這是社會實踐的行動，而不僅在知識理論層次，舉辦研討會，發表論文、座談而已。

五、美感經驗的省思，必須以「華人文化主體性」作為前提性基礎。三〇到八〇年代的「五四知識型」，台灣「美感經驗」論述，可以高友工、王夢鷗為代表，完全缺乏民族的文化性與區域的社會性。如今，「後五四」已數十年，面對二十一世紀的華人文化主體性或古代文學、美學的研究，是否應該另尋詮釋視域的轉向，終致典範遷移？

依循這一路講下來的脈絡，主辦單位拋給我的題目：「美感經驗的省思」。就必須在這樣的大前提上，才能貼切地談論。然而「美感經驗」這也是一個摸不著邊界的範疇。「美感」總是有個「審美主體」，這「審美主體」是誰？第一個可能應該是指計畫書中所特別突顯的徐復觀、牟宗三、陳世驤、高友工、王夢鷗等學者；但是，這個可能性無法成為事實，因為他們都是學者，在諸多著作中，並沒有表述自己的「美感經驗」，而是在研究、論述古人的「美感經驗」。

因此，第二個可能就是這些學者所研究、論述中國古代文化、文學中，士人階層所表現的「美感經驗」。依照他們的研究論述，這一「美感經驗」的「主體」，應該不是一個人，例如孔、孟、老、莊、李、杜、蘇、黃等「個殊主體」，而是雖然曾經實存於古典華人文化情境中的「士人群」，卻只能以抽象概念把握的「普遍主體」。個人「美感經驗」的自身，更適當的名稱是「美感體驗」；「體

25　詳參顏崑陽，〈再哀大學以及一些期待與建議——當前高教學術評鑑的病癥與解咒的可能〉，《台灣社會研究》第五六期（二〇〇四年十二月），頁二三七—二五五；後收於顏崑陽，《反思批判與轉向——中國古典文學研究之路》，頁三八七—四〇九。

驗」就像佛家所說「如人飲水，冷暖自知」，流動不定，人人各殊，而語言所不能傳達，他人所不可能「分享」，那麼要如何作為「省思」的「對象」？粗淺的回答：「美感經驗」當然存在已取得特定符號形式而固化下來的文本，詩、騷、賦、銘、詞、曲、駢文、散文等作品。這就麻煩了，古來這些作品何止千萬，要如何「省思」繁多文本所凝定的「美感經驗」？當然，合理的推想，不是個別文本所表現個殊主體的「美感經驗」，而是經由諸多個別文本所歸約，繫屬在以抽象概念把握的「普遍主體」，所顯示某些共同特徵而被類型化的「美感經驗」。這又是進入「想當然」的理論層次，說的是沒有具體經驗內容而被類型化、概念化的「美感經驗」。這種類型化的美感經驗，學者通常會使用很多「範疇」性的詞彙，例如悲壯、崇高、優雅、柔媚等去描述。必須如此，「美感經驗」才能作為以「理性」進行「省思」的「對象」。

幾十年來，當「美學」從西方引進，逐漸成為流行於人文學界的顯學。傳衍到現在，已產生兩個弊端，一是美學、審美、美感經驗等術語的濫用。文學實際批評、文學理論與文學史的討論，並非都與美學、審美、美感經驗有關；但是，中文學界，這一類的論述卻到處氾濫著這幾個名詞，於是古代散文美學、小說美學、詩美學等書名，經常可見；而論述者對什麼是美學？什麼是審美？什麼是美感經驗？以及所討論的那些文學議題與美學、審美真的有關嗎？其實不甚了了。二是有關美學、審美、美感經驗的論述，幾乎都偏在知識層次，只以抽象概念介述某些「美學理論」；理論是第二序的知識，在現實生活中直接產生的審美感受，才是第一序的經驗。這種第一序的「美感經驗」，在美學的論述中，卻少人去談。少人去談，是因為「難談」，概念性的理論是語言傳達之所易，而感受性的經驗是語言傳達之所難，其「真趣」往往超出語言的傳達效能之外。道家、禪宗以及中國古典詩文的創作、鑑賞活動，都曾遭遇這個難題。

那麼，我們如果要去「省思」前述徐復觀、牟宗三、陳世驤、高友工、王夢鷗等學者所論述中國古代文化、文學中，諸多文本所表現的「美感經驗」，其實是一個不易有效論證的「難題」；如果要強為之說，徐復觀、牟宗三的論述，相對其他幾個學者，總的來說，是比較道地的中國古代美學，這裡暫且不論。首先基於不濫用「美學」一詞，我們必須排除陳世驤「中國文學抒情傳統」的論述，他的論述不是一個「美學」的問題，而是在中西文學「平行比較」框架下，所要突顯的「中國文學特質」的問題；納入中國文學內部來說，就是「中國文學本質」的問題，其實與中國文學的「審美」、「美感經驗」甚少關係。高友工接續陳世驤的論述，從比較文學的框架轉入中國古代文學的內部，以陳世驤所提出的「抒情傳統」作為研究中國古代文學的基本觀點及框架，進行細部的詮釋，其中的確涉及中國古代文學的「美學」問題，主要是將中國古代體類繁多而歷時多變的文學、藝術，約化為「抒情美典」、「描敘美典」二種類型或傳統；這二者相對而言，「抒情美典」才是他最為關注而詳做論述的焦點、主軸，連小說的「描敘美典」還是被納到「抒情境界」來詮釋[26]。

高友工曾專篇討論〈中國文化史中的抒情傳統〉，從先秦到宋代，廣涉哲學思想、詩經、屈騷、五言古詩、唐代律詩、草書、繪畫等，諸多文學、藝術體類都納入「抒情傳統」中，就在「抒情」的

26 高友工，〈中國敘述傳統中的抒情境界——《紅樓夢》與《儒林外史》讀法〉，收於高友工著，柯慶明主編，《中國美典與文學研究論集》（台北：台灣大學出版中心，二〇〇四），附錄三，頁三五三—三七〇。

基本觀點下，詮釋它們的美典特質[27]。從他所選擇討論的體類來看，除了上述詩、騷、書、畫之外，再另加其他專篇討論到的詞、戲曲、小說[28]，中國文學被砍掉不只一半，與詩分割半壁江山的散文系統，不管載不載道的古文，或書寫生活情趣的明清小品，甚至與詩同屬韻文的賦，都因為「實用性」而排除不論。這樣體類的選擇，其實已隱藏著五四以降，文章體類「藝術性」與「實用性」二分的框架，並且重前者而輕後者。在高友工不自覺的文化意識形態中，談「抒情傳統」、「美感經驗」，那些實用性的文類根本不在他的視域中。那麼，這一文化意識形態所投射的「美感經驗」，其感性直覺、內在純粹的特質，可不言而喻。他的「不見」也正是我們往後研究之所「須見」。中國文學之審美感受性，在他們的論述中所被排除的另一半，今後我們的研究必須撿回來。

同時，他又以專篇討論〈文學研究的美學問題〉，分成上、下篇，上篇討論〈美感經驗的定義與結構〉[29]，下篇討論〈經驗材料的意義與解釋〉[30]。這正是我今天演講主題所要「省思」的重點。

早在幾年前，我對「抒情傳統」論述譜系的批判，高友工就是主要對象[31]。不過，那時是將他包裹在整個「抒情傳統」的論述譜系去談，難免籠統些。今天，我就要特別針對他所論述的「美感經驗」，置入「華人文化主體性」這個前提性的觀點來進行批判。

高友工講演或撰寫中國文學與美學的那些產品，學術基礎是什麼？他在〈文學研究的美學問題〉這篇文章的末尾，有一段按語，自述撰寫這篇文章及另一篇〈文學研究的理論基礎〉時，談中國文化是師承徐復觀先生的看法，主要是參考《中國藝術之精神》。講西洋文學批評大體遵循傅瑞（Northrop Frye，一九一二—一九九一）、耶考布森（Roman Jakobson，台灣學界多譯為「雅克布慎」，一八九六—一九八二）的理論。至於西洋分析哲學則使用摩爾（G. E. Moore，一八七三—一九五八）、維根斯坦（Wittgenstein，一八八九—一九五一）、奧斯汀（Austin，一九一一—一九六〇）諸家。同時，又參考了姚一葦（一九二二—一九九七）《藝術的奧秘》、柯慶明（一九四六—二〇一九）的〈文學美綜論〉[32]。

徐復觀中國古代文化思想及文學、藝術的學養深厚，自不待言；但是，受康德（Immanuel Kant，一七二四—一八〇四）美學、胡賽爾（Edmund Husserl，一八五九—一九三八）現象學的影響也頗為

---

27 同上注，頁一〇四—一六四。

28 附錄一〈律詩的美學〉，談的是「小令在詩傳統中的地位」；附錄二〈詞體之美典（演講節要）〉，談的是戲曲；附錄三〈中國敘述傳統中的抒情境界——《紅樓夢》與《儒林外史》讀法〉，談的是小說《紅樓夢》與《儒林外史》。參見同上注，頁二〇九—二八三、二八五—三五二、三五三—三七〇。

29 同上注，頁二一—四三。

30 同上注，四四—一〇三。

31 參見顏崑陽，〈從反思中國文學「抒情傳統」之建構以論「詩美典」的多面向變遷與叢聚狀結構〉，收於顏崑陽，《反思批判與轉向——中國古典文學研究之路》，頁一〇九—一六四。又顏崑陽，〈從混融、交涉、衍變到別用、分流、布體——「抒情文學史」的反思與「完境文學史」的構想〉，《清華中文學報》第三期（二〇〇九年十二月），頁一一三—一五四；後收於顏崑陽，《反思批判與轉向——中國古典文學研究之路》，頁一八五—二二二。又顏崑陽，〈中國文學抒情傳統再反思座談會發言稿〉，收於顏崑陽，《反思批判與轉向——中國古典文學研究之路》，頁一六五—一八三。

32 高友工著，柯慶明主編，《中國美典與文學研究論集》，頁一〇二—一〇三。

明顯。姚一葦的學術基底是亞里斯多德的《詩學》，再下及康德、叔本華（Arthur Schopenhauer，一七八八—一八六〇）、克羅齊（Benedetto Croce，一八六六—一九五二），以及受這些西方理論影響的王國維（一八七七—一九二七）、朱光潛。柯慶明的學術建立在中國古代文學的基礎上，不過引藉西學的成分也不少，尤其耶考布森的理論。看來高友工想融貫古今中西學問而自成體系的意圖相當明顯，然而成功了嗎？他在上引那段自述中，曾說自己講演或撰寫那些文章，乃「大膽提出我的讀書雜感」[33]。以這一句話核對他的諸多論述，部分是謙詞，部分也是實情。

他的論述的確頗為混雜，代表中國思想的徐復觀、牟宗三，影子很淡薄，最主要的理論基礎，還是西學。他混搭了結構語言學、形式主義的美學、文學理論及其實際批評與分析哲學，以作為知識本質論及方法學的基礎。而這些理論原本排斥「感覺經驗主體」；但他在建構「美感經驗」的理論時，卻引入「感覺經驗主體」，顯然由理性主義美學跨入經驗主義美學，因此心理學成為他主要的進路。然而，他也明知「美感經驗」完全屬於個人自我所獨有，無法分享，不能分析，那要如何作為他所謂「經驗之知」的對象去研究呢？結構主義與形式主義的詮釋框架便介入進來，因此他很主觀地做了一個基本假定：「美感經驗」正是假設這經驗導源於一個外在的、共同的藝術（或自然）媒介。因此，假如這個「經驗」體現了一種「知」，至少可以從我們對這外在的共同「媒介」的認識和對這「經驗」的想像來了解這「經驗之知」的性質、形態[34]。

高友工在〈文學研究的美學問題〉上、下篇中，不斷申述的基本觀念，就是認為這種本屬個人自我獨有的「美感經驗」，一切外緣因素都可以收攝、內化到心理層次的想像、記憶、反思、意識，而構成「內省性」的美感經驗。「經驗」本身雖然不可分析；但是對於研究者而言，「經驗」卻可以是一種現象，諸多個別「經驗」應當有其「共相性」的特質。每一「初始經驗」都有內外、表裡、主客等空間性的「內在結構」，以及「再經驗」的記憶、內省、解釋等意識內在的時間性「心理過程」。這些個殊經驗所共有的結構與過程，研究者可以經由自己合理的「想像」，以及外在的、共同的藝術（或自然）媒介形式進行分析，而獲得認知。

他這套「美學理論」本身就很駁雜，意圖要融貫古今中西各種美學理論或觀點，就知識論及方法學而言，他的「理論系統」是不是具備「一致性」與「完整性」？很多他經常提到的「矛盾」（contradictory）因素，他是否做好辯證法的處理，不至於違反「矛盾律」（contradiction），而破壞自己理論系統的一致性？這就有待方法學或邏輯學專業的學者做細部的檢查。我今天不談這個問題，只指出一點：他的理論語境中，所指涉的心物、主客、內外等二元對立因素；在中國古代文化思想的語境裡，這些二元對立因素，都會被論述者置入總體而動態變化的實存情境，以辯證思維去認知，因而都不是「矛盾對立」。準此，高友工在建構「美感經驗」理論的過程中，經常使用「矛盾」一詞，並不適當。假如以他所想達到那種綜合各對立因素而為一的論述目的，應該改用更廣延的「對立」（opposition）一詞。雖然他也曾使用「對立」一詞；但是「對立」有好些不同的狀況，何只「矛盾對立」（contradictory opposition）！高友工僅是常識性籠統地使用「對立」一詞，未經分析以認明自己所謂的「對立」是指哪一種狀況。與形式邏輯上的「矛盾對立」不同，辯證邏輯上所謂的「對立」，

33　同上注，頁一〇三。

34　同上注，頁二二一。

一般可分為相反的對立（contrary opposition），例如快樂與悲傷；缺乏的對立（privative opposition），例如健康與疾病；相對的對立（relative opposition），例如父與子、夫與妻、內與外、物與我；二極的對立（polar opposition），例如陰與陽、剛與柔；動態的對立（dynamic opposition），例如生與死、開與謝。其中，相對的對立、二極的對立與動態的對立，在中國古代思想中，尤其重要，《易》與老莊常運用這類對立性的思維，例如前文所舉《周易・繫辭》「一陰一陽之謂道」、「剛柔相推，變在其中矣」；《老子》「天下皆知美之為美，斯惡矣」、「曲則全，枉則直」；《莊子》「大道不稱，大辯不言」、「孰能相與於無相與，相為於無相為」等。

經驗實在界的存有物及其內在組成因素之間，可能出現相反的對立、缺乏的對立、相對的對立、二極的對立、動態的對立，卻不可能出現抽象概念的「矛盾對立」。除了「矛盾對立」的其他幾種「對立」，都必須以辯證法去處理；但是，高友工顯然受限於他的學術基礎，亦即結構語言學與形式主義的美學、文學理論及其實際批評，因此已習慣將經驗實在界的存有物靜態化、抽象化，而以分析方法所採取形式邏輯的思維去處理，因此才會經常使用「矛盾」一詞，將心與物、主與客、內與外等二元對立因素，都「抽象化」為二個不能並立的「矛盾性」概念。雖然，他在討論到經驗與歷史是否同類時，也明白「經驗」一詞所包含心物、主客、內外等二義（即二個概念），雖是「矛盾」（其實應該說是「對立」），卻必須並存[35]；但是，講一個「詞」的界義，是語言層之形式邏輯的抽象概念思維，不是相即於實在層存有物之辯證邏輯的形象感知思維。因此在形式邏輯上，所謂「矛盾的二義並存」，如何成立？他並沒有更清楚地解釋。

他以這種形式邏輯的抽象概念分析方法，卻意圖去處理必須在實存情境中才能發生的「美感經驗」，方法與目的的對應，是否適當？值得檢討。從西方學術史來看，形式主義或結構主義的路數，與經驗主義的路數，不管是處理文學或美學，原本各不相容。他意圖要去融合，不是不可以，但是在方法學上恐怕得再費一番苦心，不是嘴巴說那些矛盾對立的因素最後都會統合為一就行了。他所提出「抒情美典」即是「內向美典」而「敘事美典」（高友工又稱「描敘美典」、「敘述美典」）即是「外向美典」的區分[36]，依然是形式邏輯上，A與非A截然二分而了不相涉的抽象概念產物；不是辯證邏輯上，二元對立統合的實在存有產物。而論「美感經驗」時，走向一元唯心論，將「美感經驗」定位在完全「內化」，可與外界脫離關係，「絕緣獨立」而自省、自足的心理活動經驗過程[37]，因此他認為「所有經驗材料雖有內在與外在之分，但就『美感經驗』而言，似乎都只可以視為內在的」[38]。根據他這個說法，則心與物、內在經驗材料與外在經驗材料，最終歸於「一」時，不是彼此辯證統一為非心非物、即心即物，非內非外、即內即外的另一「融合之境」。而是那些「外物」的元素，完全不起相對的決定作用，最終被「內心」消弭它們相對客觀的特質，而「都只可以視為內在」心理的純粹美感經驗；但是，既然如此一元化的「唯心論」，卻又要作出「內向美典」與「外向美典」的分別，破壞自己理論系統的一致性。高友工意圖融貫古今中西的理論而自成系統，是否成功？實在值得質疑。

35 同上注，頁二四。
36 高友工，〈中國文化史中的抒情傳統〉，收於同上注，頁一一二。
37 高友工著，柯慶明主編，《中國美典與文學研究論集》，頁二七、三一。
38 同上注，頁五五。

高友工這套「美感經驗」的理論，我最主要的問題還不在於他的理論系統內在的一致性與完整性的問題；而在於：（一）這樣一套「美學理論」置入「華人文化主體性」的觀點來看，是否能顯豁中國古代以士人階層為主的「審美主體性」。（二）建構這套「美學理論」，對於我們後續研究中國古代美學及文學，能提供什麼可資應用的理論基礎？包括作為我們詮釋中國古代美學及文學之審美實踐經驗意義的本質論與方法學依據，究竟能獲致多大的「詮釋有效性」？

關於第一個問題，他在〈文學研究的美學問題（上）〉，開宗明義表示：「本文的主題是在文學研究的對象，但這對象卻不局限於文學作品本身，而把重心置於文學鑑賞時的美感經驗上，所以這裡我的理想是勾畫出一個『美學理論』的藍圖，一方面是接受了這分析傳統的語言和方法，但另一方面卻能兼容中西文化中的美學範疇與價值。」[39]然則，他這套美學理論原本定位在文學讀者的「鑑賞」，總應該有個明顯的閱讀主體或鑑賞主體；而既要兼容中西文化的美學範疇，總也要有足量的中西文化的實際審美經驗內容所構成的文學、藝術文本範例，以作為分析印證的材料。然而，實際上我們所看到的上篇，一方面展開的論述，並沒有切合「讀者」實際的審美鑑賞活動；作者、讀者已混合不分，因為他的基本觀點認為創造與欣賞交替並行，如此則又何必聲明自己的論述把重心置於文學「鑑賞」時的美感經驗上！

作者、讀者必然是存在於現實社會文化中的一種特定身分，而作者、讀者既已混合不分，則所謂「美感經驗」也就不必繫屬在某種現實社會文化情境中，某個特定身分的審美主體。因此，他對「美感經驗」的論述，便完全抽象化，僅是以西方心理學的理論為基礎，再加以他這個研究者的「想像」（他自述的方法之一），一路「想當然」地分析、推演他所基本假定之心理層「美感經驗」的內在結構與過程，完全沒有列舉任何中西文化中，實際審美經驗的文本作為例證，包括現實生活中某一個體的美感經驗，例如：莊子與惠施遊於濠梁之上的「魚樂」審美判斷，或某些詩人所自述創作一首詩的美感經驗過程，或某些讀者所自述鑑賞某幅畫的美感經驗過程；因此他所說「美感經驗」的主體性，既不含西方哪個區域或民族文化，也不含華人民族文化的經驗內容及其殊異性的特質。這一「美感經驗」其實只是以西方心理學理論為基礎所想像、推演出來，乃係屬於人類一般性的「感覺經驗主體」，只能被我們以抽象概念所把握，而無法實在的感知，因而只具有範疇性的形式意義，而無實質性的中西文化經驗內容意義。

至於下篇關於「經驗材料的意義與解釋」[40]，就是他所說「美感經驗」導源的共同藝術媒材，也就是文學、藝術作品的符號形式，在文學而言就是「詩意性」的語言形構。下篇的論述，高友工雖自認集中談論「美感經驗內容」[41]；但是大體看來，幾乎忘掉上篇所揭櫫「讀者」的審美鑑賞問題，而偏向論述創作經驗與作品的語言形構，仍然是結合感覺經驗心理學與耶考布森的結構語言學，抽象概念化地推演一些理論性的通則，只有到最後談論〈外緣解釋：目的與境界〉[42]，才納入中國古代文學的體類、風格、抒情言志傳統、抒情詩之一典型——律體詩等，幾種具有歷史經驗內容卻又經過抽象

39 同上注，頁二一。
40 同上注，頁四四—一〇三。
41 同上注，頁二二。
42 同上注，頁八九—一〇三。

概念化的文學知識，幾乎沒有什麼實際審美經驗的個殊文本。最後以「抒情傳統」與「悲劇傳統」作個中西文學比較，仍然是抽象概念，仍然是泛說的理論。

因此，下篇關於「經驗材料的意義與解釋」，從頭說到尾，大多還是理論性通則的說明，甚少特殊「美感經驗」之文本材料的詮釋論證。然則，他所要論述的雖是實際發生的「美感經驗」，但是所採取的材料與方法，以及由此所獲致的結果，卻完全是沒有經驗內容的範疇性抽象概念；只是有關「美感經驗」的定義、特質、形成的基本條件、結構、過程等，實乃一般通則性的「純理論」。其中所傳述的「感覺經驗主體」完全沒有任何民族的歷史性、文化性、社會性。假如我們要從高友工所建構的「美感經驗」理論找尋「華人文化主體性」，無疑是在空洞的大氣中找尋孔孟老莊、李杜蘇黃的靈魂。

文學或美學的知識屬於包含「感性經驗」與「理性思辨」的「內容真理」。原則上，這一類理論不能完全脫離歷史文化經驗或實際心理經驗，而淪為徒具範疇意義的抽象概念。因此理論的建構有二個路數：第一個是以既有的歷史經驗現象或眾多個人心理經驗所表現的文本作為材料依據，進行分析、詮釋、歸納、綜合，終而加以概化、系統化而成。這是通過解釋歷史經驗所建構的理論。第二個是經由理論家的思辨，依照事有應然，情有其因而理有必至的邏輯，建構系統性的「純理論」；但是，這一純理論是否具有確當性而被學術社群共同認定，則必須切合「過去」的歷史經驗現象或眾多個人心理經驗所表現的文本，經由實際批評的應用操作，以檢驗這一理論究竟能獲致多大的詮釋效力？否則，未經實際批評應用的檢驗，理論便只是一種暫設性的「假說」而已。或者，這一「理論」提出的目的，乃是針對「未來」的創作「實踐」，建立「指導性」的原理、原則。那麼這一「理論」也必須經由創作「實踐」印證它的「可行性」，才算成立。文學或美學理論一旦缺乏實際批評、創作實踐的效果作為印證；則不是「為理論而理論」，就是絕對主觀的立場主義、觀點主義所發表的宣示詞，僅為空言、戲論罷了，缺乏真理的價值。

我們以這基本觀念為準，討論第二個問題，這套「美感經驗」的理論，既然是混合好幾種西方理論，再加上作者「想當然」推演而成的一般性「純理論」，所論述的「感覺經驗主體」完全不含華人的歷史性、文化性、社會性，那麼應用來研究中國古代美學及文學，以作為本質論與方法學的基礎，究竟能獲致多大的「詮釋有效性」？這不能遽下斷言，必須要有學者實際應用，才能做出確切的檢證。不過依照我初步的觀察，就高友工本人的論述，〈文學研究的美學問題〉這一篇所建構的基礎理論，與前面所述及〈中國文化史中的抒情傳統〉這一篇之詮釋中國文學歷史經驗，兩者之間的詮釋間距，徇非肝膽，實為楚越。他在詮釋中國文化史中的抒情傳統時，經常斷言中國文化傳統中，詩經、屈騷、五言古詩、唐代律詩、草書、繪畫諸多「抒情美典」，都是「內省型」的「美感經驗」，也就是「內向美典」；但是，這些斷言都是沒有精詳的文本分析論證作為依據，而僅是籠統概括的印象式批評。假說性理論已先行預設，經驗材料就可以偏解、曲解，以符合理論所建立的詮釋觀點與框架。高友工對中國文學「抒情傳統」與「美感經驗」的論述，可作如是觀。

高友工在論述「美感經驗」的特質時，預設了一個基本觀點：藝術創作到底不是直接的語言交流。藝術創作是一個獨立的活動，最終的目的是創造藝術品本身[43]。甚至，更極端的「唯心」，他認為：美感經驗即是一種生活經驗，反映了生命活動的真諦。創造的目的不是在藝術，而是在其經驗本

43 同上注，頁九〇。

身[44]。因此，美感經驗沒有任何「外向」的目的，高友工認為：「『外向』的目的可能表現在外在公開的活動與其結果的現象中。所謂『外向』的目的即是指『活動』本身是為了達到某種目的（或結果）的手段。……提到『經驗』，我們必須考慮『內在』的目的。……由於這個『目的』是內在的，因此『經驗』作為一個整體彷彿可以暫時與外在世界脫離而獨立。同時這個整體就其內緣來看是可以有一種自足的完整性。『目的』自然是『經驗主體』所有的。但既云『內在目的』，那麼這『目的』的『內容』，也即是『經驗客體』的內容。這也可以說是一種『自足意義』。」[45]依這一基本觀念的預設，高友工完全服膺於耶考布森結構語言學，對語言功用的區分中[46]，認定「詩意性」的語言不必具有「交流性」（溝通性）的功用，因為「藝術的目的並不必是『交流』（communication）……如以『藝術本體』為語言交流過程中的『語料』（message），則『創作者』的地位正是『發言者』（addresser），而『欣賞者』則等於『聽者』（hearer）。……在『美感經驗』中，其材料（按：指詩作）與經驗者（按：指詩人作者）的關係是一個『藝術品』與『經驗者』的自足關係，因此主要的是『物』（按：指創作時，所感之外物）與『我』（按：指詩人作者）之間的交流，不必是以『語料』為媒介的『人』與『人』之間的交流」[47]。

高友工這一「美感經驗」的理論，明顯是「為藝術而藝術」與「為人生而藝術」一刀兩斷，「純文學」與「雜文學」截然為二，「藝術性」與「實用性」難以相容，三〇年代開始流行的「文學自覺」與「文學獨立說」思潮之下的文學觀。在高友工所處的那個知識年代，這種從西方輸入的文學觀，對他而言，是一種難以自覺的詮釋視域的遮蔽。

前文，我已對「為藝術而藝術」與「為人生而藝術」截然二分的說法提出批判，在這裡不必再詳說。其實，只要脫開這個自西方挪借的二分框架，而虛懷地契入中國古代文學的歷史情境中，就可以博觀深悟到中國古代文人從沒有「藝術」（包括文學）與「人生」一刀兩斷的觀念與創作實踐；既不是「為藝術而藝術」，也不是「為人生而藝術」；「藝術」與「人生」不是「為……而……」這種「目的」與「手段」截然為二的關係；而是體用相即不離的關係，也就是藝術創作不離人之生命存在經驗及其價值。因此，我曾經另提「即人生而藝術」的說法[48]。在中國歷代的詩歌中，雖不能說完全沒有，卻可說極少極少「不食人間煙火」的「純詩」。絕大多數的詩歌，都是高友工所排除的「人」與「人」之間的「交流」；「詩意性語言」正是士人們「交流」的媒介形式。因此中國古代的詩歌，語言的「詩意性功用」與「交流性功用」並不相互排斥，「藝術性」與「實用性」共構成體，詩歌具有明顯的「社會性」，創作從來都不是一種獨立自足的活動，最終的目的也不單純只是作品本身的藝

---

44 同上注，頁四八。

45 同上注，頁二六—二七。

46 耶考布森將語言的功用分為六種：指涉性（referential）、表情性（emotive）、感染性（conative）、溝通性（phatic）、名他性（metalingual）、詩意性（poetic）。參見高辛勇，《形名學與敘事理論：結構主義的小說分析法》（台北：聯經出版公司，一九八七），頁七六—七九。

47 同注32，頁四五。

48 參見顏崑陽，〈從〈詩大序〉論儒系詩學的「體用觀」〉，原刊國立政治大學中國文學系主編，《第四屆漢代文學與思想學術研討會論文集》（台北：政治大學中國文學系，二〇〇三），頁二八七—三二四，又收入本書頁一七九—二二一。

術性，而是連帶含有「社會互動」的功能。因此「藝術性」與「實用性」（或「社會性」）相即不離而共成詩體[49]。

前面說過，高友工認為「藝術創作是一個獨立的活動，最終的目的是創造藝術品本身」，又說「美感經驗即是一種生活經驗，反映了生命活動的真諦。創造的目的不是在藝術，而是在其經驗本身」。因此，美感經驗沒有任何「外向」的目的。我們細想這樣的觀點，理論系統內在就隱含著矛盾，既說「藝術創作……最終的目的是創造藝術品本身」，又說「創造的目的不是在藝術，而是在其經驗本身」，這二個不一致的命題無法同時成立，根本就是矛盾。而他說「美感經驗即是一種生活經驗，反映了生命活動的真諦」；我們要質問的是：人們的「生活經驗」當然不離與他人互動的社會關係，「生命活動」也不可能不與人「交流」。所有取自生活世界的經驗材料，怎麼可能沒有它外在相對客觀的性質？邊塞的生活經驗與田園山水的生活經驗，再怎麼內化也不可能消失它們實質經驗的差異。而內在經驗既表現於外，進行文學藝術創作活動；作者又怎麼可能躲起來自己喃喃囈語，而內心毫無對著某個或某群「讀者」，抒發所謂「美感經驗」或情意的「意向」——所謂「外向」的目的？他的「理論」邏輯是：生活經驗取自「外向」而又與「內向」的「美感經驗」及其表現，彼此一刀兩斷；不但是概念性的矛盾，也是事實性的不合人類生活的經驗邏輯。高友工所製造這雙「理論」鞋子，拿來套在中國古代文學、藝術創作、鑑賞的歷史經驗，更是完全不合腳，除非「削足適履」。

中國古代文學、藝術創作與鑑賞的審美經驗，從來都不像高友工所說的那樣，完全與外在絕緣而獨立，純然只是作者或讀者內在意識自省而自足的想像、記憶、回思，由「初始經驗」到「再經驗」的心理感覺過程。相反的，「美感經驗」必然是在「人際」或「物際」的互動之間，經由「互為主體」而獲致一種「知音式」的「感通」，或彼此真誠對待的「親和感」。這種切實於生命存在情境的審美感受經驗，真善美同體兼具。真、善、美三者之分化，其實是離開切實經驗，所作後設性的抽象思辨與語言概念的界說。總括來說，「用詩」是中國古代士階層普遍的「社會文化行為模式」，近些年來，我致力建構的「中國詩用學」[50]，已重新揭顯古代這種詩歌社會文化現象。這是中國古代文學的歷史經驗事實，無須費詞爭辯，只要翻閱所有詩人的集子，一半以上都是很「美」的贈答詩、酬和詩、寄問詩等，詩題往往直書彼此「交流」的「特指讀者」。即使詩題中，沒有顯性的「特指讀者」，也必有隱性的「特指讀者」或「泛化讀者」，讀者頗為多重[51]。在高友工的理論中，沒有認知到

49 參見顏崑陽，〈論「文類體裁」的「藝術性向」與「社會性向」及其「雙向成體」的關係〉，《清華學報》新三五卷第二期，頁二九五—三三〇。

50 參見顏崑陽，〈用詩，是一種社會文化行為模式——建構「中國詩用學」初論〉，《淡江中文學報》第一八期（二〇〇八年六月），頁二七九—三〇二；後收於顏崑陽，《反思批判與轉向——中國古典文學研究之路》，頁二四七—二七一。

51 顯性的「特指讀者」是指詩的題目或內文所明示特定的讀者，例如白居易（七七二—八四六）〈問劉十九〉的「劉十九」、王維（約七〇一—七六一）〈輞川閒居贈裴秀才迪〉的「裴秀才迪」。隱性的「特指讀者」是指詩的題目或內文雖無明示特定的讀者，實則隱含某些特定的讀者，例如張九齡（六七八—七四〇）〈感遇〉，詩中「側見雙翠鳥」的「雙翠鳥」，「持此謝高鳥」的「高鳥」，都比興託喻某些特定的讀者。至於「泛化讀者」，則是「特指讀者」之外，文本開放給所有人閱讀的一般性讀者。參見顏崑陽，〈中國古代「詩用」語境中的「多重性讀者」〉，發表於國立政治大學中國文學系、國立清華大學中國文學系合辦，「文學閱讀的觀念與方法：中國文學批評研究工作坊」（新竹：清華大學中國文學系，二〇一七）。

中國古代士人階層詩歌活動歷史情境中的「多重性讀者」，而錯覺以為與原作者相距千年的現代讀者，才是唯一的讀者。他就是這種現代讀者之一，閱讀中國古代詩歌，完全沒有「歷史語境」的觀念，僅是昧然地從他所引藉耶考布森的理論框架觀之：「詩意性」的語言不必具有「交流性」（溝通性）的功用；因此，在中國古代的「詩用」語境中，詩本身所含有的「交流性」，就完全被他排除了。文學研究或批評，不顧歷史經驗而「理論先行」，其弊莫大於此。

高友工這套「美感經驗」的理論，一則雜取西方的文學或美學理論，而不是以中國古代的歷史文化經驗為基礎，深入詮釋再加歸納、綜合而成；二則受限於他所處那個知識年代的歷史視域。因此，從純理論建構的觀點而言，只要系統內在邏輯具有一致性與完整性，我們就應尊重他為一家之言；但是，假如用以詮釋中國古代文學、藝術創作與鑑賞的審美經驗事實，其詮釋有效性已如上述，顯然非常缺乏，別說被認為「實用性」而受他排除的賦體、古文、明清小品，難以應用這一套「美感經驗」去詮釋；就是他所認可的詩歌，尤其最具「抒情美典」範型的律體詩，大多數的作品也很難應用這一套獨立自足的「內省型」美感經驗理論去作有效的詮釋。如果不信，學者們可以嘗試應用看看。然則，這是否可以視為那個西學籠罩，而「華人文化主體性」已萎如墮地黃花的知識年代，脫離華人文化歷史情境，而憑虛構造的空言、戲論呢？這個問題，不應該只我一個人去回答，凡是中文學界能有反思、批判能力的學者，都可以共同思考而作出適當的回答。

至於王夢鷗的《中國文學的理論與實踐》，其大旨是明白定義文學為「語言的藝術」，將文學看作是一種用「語言」構造的藝術品，無關實用的「純粹性美感」才是文學絕對、唯一的「本質」，也是文學極致的價值。就在這具有「文學本質論」意義的基本觀點上，引藉西方的記號詩學、文藝心理學、修辭學、形式主義美學、新批評方法，將文學的「藝術性」定置在語言層位與心理層位去進行論述。他自認這是「文學論」的範疇，從作家及作品本身的視角，依序論述記號、韻律、意象、譬喻、構句、敘事、想像、聯想、意境等問題，最後才從欣賞者的視角，論述批評的方法、目標與尺度。作品所表現的「美感經驗」，以及它的意義、價值，都結穴於語言形式，都必須從語言形式所展現的「意象」，甚而「化境」，才能獲致有效的品評。由於這是一本以「文學概論」為設想的著作，焦點集中在「文學理論」，而推及「美學」。因此，審美、美感經驗不是全書最主要的顯題，只有在最後〈目標與尺度〉、〈純粹性〉、〈意境〉三章中，提出比較多的討論，基本觀點就是「背實用」的「純粹性美感」才是文學的本質，才是文學最極致的價值，用以印證這一觀點的中國古代文學理論，幾乎都是鍾嶸（約四六八—五一八）滋味說、司空圖（八三七—九〇八）鹽梅說、嚴羽興趣說與王士禎（一六三四—一七一一）神韻說這一系淵源於道家、禪宗的詩學。至於實為「主流性」的儒家一系的詩學，已被貶降到幾近「非文學」的境地。其論述方式明顯是，大膽假設，理論先行，然後片面選擇可以符應理論的文獻進行詮釋印證，至於不合於理論的文獻，便視而不見或貶斥、排除。

這種文學及美學觀念，顯然受到西方形式主義美學以及文學新批評的影響，全書幾乎都站在上述西方理論的立場、觀點上，對什麼是文學？文學作品如何構成？如何創作？如何欣賞？這種種「一般性」的文學問題，進行「理論性」的說明，所舉中國古代的文論及作品為例證，為數不多，幾乎都是詩與小說，其他文類甚少，並且都套進預設的西方理論框架去詮釋。這樣的文學及美學觀念，作為一般性「文學概論」，是有它一家之言而自成系統的確當性；然而，既然書名特別標示「中國文學的理論與實踐」，挪借這一套系統性理論作為詮釋中國古代文學或美學之歷史經驗的準據，我們就得追問：中國古代的文學究竟有多少「純粹性美感經驗」的作品？以這樣的理論去詮釋中國古代文學的創作「實踐」經驗及成果，能獲致多大的相對客觀詮釋有效性？這些問題，應該讓我們一起來省思、回答；因為很多人都是讀著這本《文學概論》而長大成為學者；但是，我們卻從來都不曾提出上述那些值得質疑的問題。

有關華人文學之審美感受性的論述，當然不僅這兩家；不過，一則由於主辨單位所關注的對象主要在於上述兩家；二則高友工與王夢鷗二位前輩學者的「美感經驗」論述，是三〇到八〇那個知識年代主要的代表，他們展現了同一種「知識型」。因此，我也就針對這兩家作出比較詳細的省思，其餘可舉一反三。綜合來看，這一「知識型」有下列四個特徵：

（一）對於文學、藝術或審美經驗的特質，都在「為藝術而藝術」與「為人生而藝術」、「藝術性」與「實用性」、「內在性」與「外在性」截然二分的框架下，排除「為人生而藝術」、「實用性」及「外在性」，而以「為藝術而藝術」的內在純粹性美感經驗，作為文學、藝術的本質。

（二）他們所標舉的美感經驗主體，都是沒有歷史性、社會性，而純為人類一般性的感覺心理主體，因此沒有各別民族文化或歷史時期的差異性，放諸四海、合乎百世而皆可。當然也就缺乏「華人文化主體性」的實質涵義。

（三）對文學、藝術的創作、鑑賞以及審美經驗活動的研究，都將它從總體而動態的存在情境切分出來，排除種種外在因素，孤立化為靜態性的知識客體，而依形式邏輯的法則，進行抽象概念的論述。

（四）對文學、藝術的創作、鑑賞以及審美經驗活動，都結穴於終端的符號形式；特別針對文學而言，就是語言的形式結構。文學研究主要是以語言形構為知識客體，在主客對立的框架下，進行形式結構的分析、詮釋，以為這樣就可揭明其美感經驗或意義。因而研究主體不必涉入文本的歷史語境，也就是不必穿透語言層，藉由比興意象的暗示指引，而想像地回歸隱含於言外，詩人原初感物緣事而發的生命存在情境，以做設身處地的同情理解。

這一「知識型」的形成，從學術史的淵源觀之，顯然受到三種有關文學本質論之思潮的影響、形塑：一是朱光潛所引介西方諸如康德、席勒（Friedrich Schiller，一七五九—一八〇五）、克羅齊、李普斯（Theodor Lipps，一八五一—一九一四）等唯心主義的美學，講的是形象直覺的純粹審美經驗，美是背實用而無關心（利害）的滿足感；二是魯迅承自日人鈴木虎雄，而鈴木虎雄原本承自西方「為藝術而藝術」的文學觀，緣此所提倡的「文學自覺說」，以及後續衍生的「文學獨立說」，反對儒家政教功能的實用文學觀，而以「純粹個人抒情」去定義文學的本質；三是陳世驤所提出的「中國文學抒情傳統」論述。在這三個思潮交錯的影響下，就形塑了「五四」年代的這種知識型，延續數十年，成為主流性的詮釋典範。其中，西學的成分顯然非常濃厚，有些甚至盲目地套用。

如今，「後五四」已數十年，面對二十一世紀的華人文化主體性或古代文學、美學的研究，這一種知識型是否應該安放在它應有的歷史位置，而讓我們一起另尋詮釋視域的轉向，終致形成典範的遷移？

六、當代中國人文學術如何從「五四」知識型轉向？基本原則是「內造建構」，我們不能繼續盲目地消費西方理論，套用不相應的美學理論以詮釋「華人文化主體」的審美實踐感受經驗。因此，必須「回歸」華人文化傳統的內部，進行「內造建構」的工程，生產自家的美學詮釋典範，轉而應用於「華人文化主體」之審美實踐感受經驗的詮釋。

對於當代中國（華人）人文學術如何從「五四」知識型轉向？這是我近二十多年來一直在關懷、思考的問題。二〇一七年，我在華東師範大學一場「古今中西之爭與中國文論之路」的研討會中，受邀出席做專題演講，講題是〈內造建構——中國古典文學理論研究之詮釋視域的迴向與典範重構〉[52]。在這講題中，針對上述那個問題，我提出的基本原則是「內造建構」，也就是「詮釋視域迴向」與「典範重構」。今天，我們所要關懷、思考的問題，與我提出的這個觀念密切相關，因此我在這裡綜合簡要說明其大意。

「五四」以降，很多新知識分子將中國文化與社會的「現代化」幾乎視同「西化」，尤其是英、美式的西化。其迷蔽已顯而易見，即使也得到若干成果，卻只不過在「消費」西方理論，自家卻無法「生產」理論；故而現當代的中國人文學術始終未能建構獨立自主的「華人文化主體性」，幾近淪為西方人文學術的殖民地，因而我提出轉向、回歸自身民族文化情境，尋求典範重構的途徑。

我一向認為：一個民族文學知識的總體，必須形成實際批評、文學史、文學理論三個層位的知識，彼此支援、相互為用的完形體系。這三者之間本就涵具一個民族所共享文化社會存在經驗與價值觀的同體性關連，可以建立相互支援、彼此為用的「自體完形結構系統」[53]。

今天在這裡，我同樣要強調，文學的研究如此，美學的研究也是如此；審美實踐感受經驗的詮釋、美學史、美學理論，也必須建立相互支援、彼此為用的「自體完形結構系統」。像高友工那樣，脫離中國（華人）古代文化社會存在經驗與價值觀，沒有任何古代士人階層在現實生活世界中，審美實踐之感受經驗所表現的文本作為依據，以資印證；也沒有以任何一種確當的美學史著作作為參考，就套借西方某些系統性的理論，抽象地建構一套形同玄談，無可論證，所謂內在純粹性的「美感經驗」理論。這套純理論其實完全無法貼切於中國古代士人階層，不離社會生活、不離政教關懷之存在情境的審美感受性，也與任何一部相對比較確當的「中國美學史」幾乎脫節。這樣的純理論，放在我們今天的主題來看，如果應用以詮釋「華人文學的審美感受性」，效用極其有限。其實，西方的美學流派不少，然而就是這種講求內在純粹性美感經驗的美學理論，距離中國古代的美學最遠；但這是高友工那個知識年代如同迷咒一般的心眼蔽障，到這二十一世紀，我們還要繼續「順著講」嗎？

二十一世紀的中國人文學者必須「自覺」，我們應該從挪借西方理論之「外造建構」的迷蔽中，展現「詮釋視域迴向」的動能，轉身契入中國博大精深的傳統文化經典中，提舉其內在涵具文學本體性、結構性、功能性、規律性，以及文學知識本質論、方法論的文本意義，經由深層、精確的詮釋，

52　顏崑陽，〈內造建構：中國古典文學理論研究之詮釋視域的迴向與典範重構〉，原刊胡曉明主編，《後五四時代中國思想學術之路——王元化教授逝世十周年紀念文集》上冊，頁一一五—一四四，收入本書頁四六七—五〇一。

53　參見顏崑陽，〈當代「中國古典詩學研究」的反思及其轉向〉，收於顏崑陽，《反思批判與轉向——中國古典文學研究之路》，頁七七—七八。

終而以現代化的學術話語，「重構」為可資應用之「顯性系統」的「詮釋典範」，這就是我所謂的「內造建構」；只有「內造建構」自家的文學詮釋典範，由消費西方理論走到生產自家理論，才有資格、能力站在全球化的文化交流平台上，與西方文學知識進行平等的「對話」。

在華東師大發表專題演講時，我主要針對文學理論而言。今天我在這裡同樣要強調，中國（華人）古典「美學」的「內造建構」亦當如是觀。

其實，我並不反對、排斥西方理論，而且廣泛涉獵，雖非專業，卻也識其大體；但是，我的認知是硬套或雜取西方理論，用以詮釋、評價中國古代文學或美學，如果缺乏「相應度」的檢討，從而進行「調適」、「統整」，就會發生如同高友工的論述那樣的弊端，理論與詮釋歷史難以接榫。倘若再缺乏理論與方法學的自我批判，就必然會扭曲、偏解歷史經驗文本，以適應理論格套。因此，我認為西方理論的效用，應是作為「對照系」，可以對顯中國文學與美學的特質，以及啟發問題視域與解決問題的原則性方法。

至於「內造建構」的實踐，我認為可有三個步驟：

一是「文化主體復位」的自覺。在「現代化」就是「西化」的路途中，知識分子「文化主體失位」已近百年，中國（華人）的人文學術應該如何走下去？「文化主體復位」是最根本的開端，這是當代人文學者面對二十一世紀，應有的「自覺」，以反身建立自己具有回應時代人文學術問題之能力的「歷史性主體」。

二是重構研究對象的本體論。中國古代經典所展示理解、詮釋一種對象物，例如政教、文學、音樂、繪畫等，其本體論的模型，從來都不將這一對象物抽離出實際存在的「總體情境」與「動態變化歷程」，而只是片面化、靜態化、單一因素化、抽象概念化地進行認知。這樣的認知方式，其實是「五四」以降，「西化」所致；而且這種「西化」明顯是英、美的知識型態，不是歐陸德、法古典人文學的知識型態；乃是形式邏輯的思維，不是辯證邏輯的思維，與中國古典人文學實不相應，用以詮釋古代經典也最缺乏有效性。因此，從古代經典內涵勝義中，重構有關研究對象的本體論，確實是「務本」之道。

三是重構人文知識的本質論與方法論。知識是人類基於生命存在經驗而感思其意義、價值的精神創造，並藉某種特定符號形式，象徵性地表達為文本產物。因此，隱含於象徵符號的深層，乃是相對主觀的「意義」，而非絕對客觀的「事實」，這才是人文知識的本質；「理解、詮釋」則是它原則性的方法。中國古代經典中，關於這一人文知識本質論與方法論，隱含非常豐富的礦藏。近些年來，由於西方詮釋學思潮的影響，中國學界才開始省察到民族自身的人文學問，其中所蘊涵豐富的「詮釋學」意義，因而開始後設地重構它的理論體系以及發展史，兩岸人文學界早已陸續出現這一類的著作[54]，

54 例如台灣學界，黃俊傑主編，《中國經典詮釋傳統（一）通論篇》（台北：台灣大學出版中心，二〇〇四）；李明輝主編，《中國經典詮釋傳統（二）儒學篇》（台北：台灣大學出版中心，二〇〇四）；楊儒賓主編，《中國經典詮釋傳統（三）文學與道德經典篇》（台北：台灣大學出版中心，二〇〇四）；李明輝主編，《儒家經典詮釋方法》（台北：台灣大學出版中心，二〇〇四）。大陸學界，周光慶，《中國古典解釋學導論》（北京：中華書局，二〇〇二）；周裕鍇，《中國古代闡釋學研究》（上海：上海人民出版社，二〇〇三）；鄒其昌，《朱熹詩經詮釋學美學研究》（北京：商務印書館，二〇〇四）；另外，洪漢鼎、傅永軍主編《中國詮釋學》，為集刊型，常態為一年出版一輯。

只是系統重構還未達致完密，也還未普遍應用到個別論題的研究。學者仍然習慣借用西方的詮釋學。今後，對於從古代經典重構傳統的「詮釋典範」，以資應用到現代人文學術的研究，應該作為研究重點。

一般而言，文學創作、鑑賞與審美的活動及其表現，從並時性結構來看，可分解為三個層位的要素：一是實在層的生命存在情境，包括社會文化世界以及人文化的自然世界；二是心理層的感知、想像與思維；三是符號層（文學主要是語言）的表述形構。

從這個一般性結構來看，中國古代美學建立在這三個層位要素的有機性整體結構與辯證性的動態交互作用過程，而形成下列三個層位的實存情境：一是眾生既「自在」而又「共在」的「現世人間」，是為生命存在情境；自然物也必須進入這一「現世人間」，才有其意義。《文心雕龍．物色》所論述的「物色」，就是人文化的自然[55]；二是性情、心靈，為一「感思主體」。這一主體是當世存在的歷史性主體，自身就內涵著真善美同體未分的根源性因素，乃創造存在價值的目的因與動力因[56]；三是符號形式，包括語言、聲音、筆墨、物料等，乃是感思主體之創造價值，並表現為「意象形構」而凝定成固化物的質料因與形式因[57]。

第一層位的實存情境又可再次分為三個層位：（一）自身；（二）物際；（三）「人際」。這三個次分的層位實存情境，在總體實存情境中，並非截然為三，彼此了不相涉。層位的區分是建立知識所必行的抽象概念化操作，姑且言之而已。當我們進行理解其意義時，必須將抽象化的概念經由想像而回歸到總體而變化的實存情境；而「感思主體」則契入情境中，直觀而體會之。

準此而言，每一個體的「自身」既是「自在」的獨立體，這就符應到上述第二層位實存情境的

「感思主體」。而這一感思主體，卻又是在「物際」、「人際」中，與無數的他者「共在」，而形成互為主體、又互為客體的關係網絡，構成「現世人間」的「倫序」，可稱之為「生命存在情境」。自身與他者，雖是二個「相對對立」（relative opposition）的個體，卻在「際」的正常「倫序」關係中，不管靜態的結構或動態的「交流」過程，都可以辯證地「應然」而又「實然」地相互依存，而不彼此排斥。當這樣的「倫序」關係，處在「和」的情境中，我們前文就說過，經由「互為主體」的感知，彼此的心靈都可獲致一種「知音式」的「感通」，或彼此真誠對待的「親和感」。

這種切實於生命存在情境的審美感受經驗，真善美同體不分；但是，在人類建構知識的後設思辨、論說層位，若就範疇性的抽象概念進行分別，則從人的「性情」意義而言，是真；從「道德」意義而言，是善；從「審美」意義而言，是美。三者合而為一，從美學觀點而言，我們總稱它為「生命存在情境美」；而分解地說，則就個人的生命「自身」來看，是「人格美」；若就「物際」、「人際」來說，則是「倫序美」。我們先說「人格美」，從生命的整體性而言，氣質情性與道德心性本為一

---

55 《文心雕龍．物色》：「物色相召，人誰獲安？……歲有其物，物有其容；情與物遷，辭以情發。……是以詩人感物，聯類不窮。」參見〔南朝梁〕劉勰撰，周振甫注釋，《文心雕龍注釋》（台北：里仁書局，一九八四），頁八四五。篇中所述，都是人情與物色互動的人文化自然。

56 參見本書頁一二一注24。

57 「意象形構」是指文學、藝術創作完成的作品，形式與內容不能分離，所表現之意象化的具體形構。參見顏崑陽，〈論「文體」與「文類」的涵義及其關係〉，《清華中文學報》第一期（二〇〇七年九月），頁一六。

體；但是，個人表現的實況與思想家的論述卻不免「偏至」，故「人格美」再做次分，又有「情性人格美」與「道德人格美」之別。這必須是存有者自身充實其德性而使形貌「生色睟然」或虛靜其靈心以自在[58]，才能表現為言行舉止的外在形象。次說「倫序美」，這必須是存有者在物際、人際的「共在」關係中，彼此進行社會互動、情意交流，而在和諧的「倫序」情境中，才能「互為主體」地領受到情意相通而親和無間的美感。因此，在中國古代士人階層的審美實踐中，「美」是存有者自身相對客觀的人格特質與互為主體的主觀感受，主客非截然為二。

華人文化以「人」為中心，而人又以「心性」的精神人格主體為中心；這一精神人格主體不是懸空虛掛，必須在「現世人間」的實存情境中，既「自在」又「共在」地表現生命存在價值的創造，而以各種符號形式「權暫」地凝定為各類個殊的文本，以作為交流互通的「中介物」；故第一層位與第二層位辯證融合的「生命存在情境美」才是第一義，才是終極關懷之價值「實現」的「本身」。這也是中國古代文學、藝術創造與鑑賞的美學基礎。在這基礎上，才能生產第三層位的實存情境。這第三層位的實存情境，就是以符號形式所表現為「意象形構」而凝定成固化物的文本情境。

當我們對於中國古代美學，從高友工、王夢鷗二位前輩學者借自西方理論所「外造建構」的詮釋視域，「迴向」中國文化內部而深入諸多經典文本的理解，就可領會到，不管文學或各藝術門類，都不會將第三層位的「符號形式」之美，看作結穴終端的第一義，而停止在這一層位，只靠「形式結構」的分析，就能作出終極的審美感受。符號形式只是作為前二層位辯證融合之「生命存在情境美」表現於外而「權暫」託存的「中介物」，在「作者」與「讀者」（或稱鑑賞者、受訊者）的社會互動「交流」中，符號形式都必須被穿透、超越，才能契入彼此「共在」的實存情境中，「互為主體」地感通、領受生命存在經驗、意義及其價值；因此不是高友工、王夢鷗所說，西方美學那種「主體」與「客體」（對象）拉開、對立，而只是直覺客體表象形式的審美判斷。

中國古代文學、藝術的創作與鑑賞，就如《文心雕龍．知音》之所云：創作者「情動而辭發」，相對鑑賞者「披文以入情」[59]，一首詩、一篇文章、一幅書畫、一齣戲曲，作者與讀者的「交流」，都必須經過而穿透表層的「言內意」，將象徵性的符號「轉化」為關切到存在情境的深層「言外意」，而雙方都「回歸」到那具體的存在情境中，完成「互為主體」的「感通」，就如《文心雕龍．知音》之所云：「世遠莫見其面，覘文輒見其心。」[60]其關鍵就在那第二層位「感思主體」的感知、想像與思維；而這三個層位乃不可切分的有機性整體結構與辯證性的動態交互作用過程。

準此，中國古代文學、藝術之「美感經驗」的體會或「情意」的感通，都必須是「作者」與「讀

58 孟子講「充實之謂美」、「君子所性，仁義禮智根於心，其生色也睟然，見於面，盎於背，施於四體，不言而喻」，《孟子．盡心》，分見〔漢〕趙岐注，〔宋〕孫奭疏，《孟子注疏》（台北：藝文印書館，一九七三），頁二五四、二三三，可為儒家「道德人格美」觀念的範論。參見顏崑陽，〈論先秦儒家美學的中心觀念與衍生意義〉，收於顏崑陽，《詮釋的多向視域——中國古典美學與文學批評系論》（台北：台灣學生書局，二〇一六），頁一五—四六。「虛靜其靈心以自在」的「情性人格美」或「精神境界美」，當以莊子為範論，參見顏崑陽，《莊子藝術精神析論》（台北：華正書局，一九八五）；又顏崑陽，〈從莊子「魚樂」論道家「物我合一」的藝術境界及其所關涉諸問題〉，收於顏崑陽，《詮釋的多向視域——中國古典美學與文學批評系論》，頁四七—七六。

59 參見〔南朝梁〕劉勰撰，周振甫注釋，《文心雕龍注釋》，頁八八八。

60 參見〔南朝梁〕劉勰撰，周振甫注釋，《文心雕龍注釋》，頁八八八。

者」兩個懷有深切「存在感」的文化性、社會性主體，彼此會「心」而致，這其實就是中國古代詩學之所特有而非西方修辭學的象徵、隱喻可比的「興」[61]。一個缺乏文化性、社會性「存在感」，以及「興」的能力，而滿腦抽象概念之系統性理論的「認知主體」，只靠符號形式結構的分析，雖能解決若干修辭學的問題，卻都將在知識的理障下，徹底喪失直契生命存在情境的審美感受能力，領會不到真切的「美感經驗」，而成為不能感知「魚樂」的「惠施」之徒。現當代的專業學者很容易淪為「惠施」，而難為「莊子」。因此「理論」氾濫，而「實踐」枯萎。從挪借西方理論之「外造建構」的詮釋視域，「迴向」中國文化內部而深入理解諸多經典文本，以重構具有民族文化特質的「詮釋典範」。這項「內造建構」的學術工程，應該作為二十一世紀中國人文學者共同承擔的使命。

從上面一路談下來的觀念基礎，對於「華人文學之美學感受性」未來的研究方向及其議題，我認為可有九個重點：

（一）台灣七十年來中國古代美學研究學術史的綜合整理與重構，反思、批判的繼承，以作為基礎，再進而思辨如何延展或轉向。其中，牟宗三、唐君毅、方東美、徐復觀等前輩的論著實為重點。計畫書沒有提到，唐君毅有關「人格美」的論述，尤其應該重視。

（二）先擱置西方美學理論的套路，而僅作為「對照系」，切實回歸古代經典，直接理解以重構主要的美學「詮釋典範」，例如儒家、道家、禪宗的「生命存在情境美」、「人格美」、「倫序美」、「精神境界美」等。

（三）以現代學者所研究的「中國人的思維方式」為基礎，再回歸《周易》、《老子》、《莊子》、《文心雕龍》等經典，建構中國古代審美判斷的思維方式；尤其總體情境、動態歷程的直觀或辯證思維，更為重點。

（四）回歸古代經典，重構主要的「經典詮釋學」，建立「華人文學之美學感受性」研究的方法學基礎，例如董仲舒《春秋繁露》所運作「時代問題導向」的「經典詮釋學」，他以倫理名實論為基礎的「符號論」、「事例論」，可為重點。又例如戴震《孟子字義疏證》所展示一套詮釋經典的方法學，也是很好的典範。其詮釋過程及最終目的是「由文字以通乎語言，由語言以通乎古聖賢之心志」，這個詮釋程序「不可以躐等」[62]，由文字語言的分析詮釋、名物的考察到聖賢心志的體會，循序推進，兼備語言詮釋、歷史詮釋與心理詮釋，終而生命存在意義及價值的詮釋，整套方法學非常具有系統性，其原則與步驟都非常完整，實不亞於西方的詮釋學。

（五）從文學、藝術審美感受性的觀點，探討「興」的意義，建立中國古代審美感受的心理經驗動能與方式。

（六）回歸詩詞、書畫經典文本，從緣情、言志、詠物、寫境、敘事的詩學與書畫學傳統，建構各類型文本的審美感受及判斷原則。必須特別關照到這些類型文本所繫屬的創作與鑑賞主體的歷史性、文化性與社會性，不能淪為如同高友工所論「美感經驗」那種心理學上一般性的感覺經驗主體。

（七）打破「藝術性」與「實用性」二分的框架，擺棄西方結構主義、形式主義所論，以「純粹

61 參見顏崑陽，《詩比興系論．導言》（台北：聯經出版公司，二〇一七），頁四〇—六九。

62 〔清〕戴震，〈古經解鉤沉序〉，收於戴震撰，趙玉新點校，《戴震文集》（北京：中華書局，一九八〇），頁一四六。

審美」、「自身目的」作為規定「文學性」或「藝術性」之唯一本質論的觀點；而回歸中國古代文學歷史的「全境」，綜理詩賦、奏議、書論、銘誄等各文章體類，相對於各體類的文學特質，建立多元化的審美基準。

（八）從漢族華人的語言文字特質，研究它與文學審美感受性的關係。語言文字不能從心理思維層與文化性、社會性的生命存在情境層切分出來，孤立地研究；而應該通過語言文字而契入心理思維層位與生命存在情境層位，結合中國式的文化文字學、文法學，西方的語意學與語用學，解釋漢族華人語言文字的特殊結構與使用通則，及其與文學審美感受及表達的關係。

（九）觀察、理解、詮釋現當代社會文化情境中的審美經驗及其感受模式。這個議題除了學者有計畫地蒐集正在發生的「活材料」，以進行研究之外；還可設計為人文科系的課程，引導偏重古典及圖書館文獻的人文科系學生，用心感知現代社會文化經驗，精細觀察其現象，而深入理解、詮釋其意義，以培養貼切於自身及時代「存在感」的主體性。

當然，「華人文學之審美感受性」未來的研究方向及其議題不只上述九項。這需要大家集思廣益，一起發想，討論出更多適當的研究主題，並組成若干研究小組，分工合作，確切地付諸實踐。

從〈詩大序〉論儒系詩學的「體用觀」

一、論題界定

首先，我們將「體用」界定為：「體」指事物的本體，「用」指事物的功能、效用。而「本體」可再分析為內在之質性與外在之形相特徵，故「體」即指一事物之成為此事物所必具之內在質性與外在形相之特徵。「功能」，乃事物因其「體」本具而尚未衍外之功用能力，可稱它為「自體功能」；「效用」則指「功能」已衍外而作用於事物所造成的效果，可稱它為「衍外效用」。

歷代學者將「體用」一詞界定、運用得最嚴整的人是朱熹。從他所有的論著中，可以歸納「體用」一詞凡有四種界義[1]，其中一種即為本文所沿用。朱熹曾就此義舉例云：「耳便是體，聽便是用。目是體，見是用。」[2]如此，則「體」是「耳」、「目」的本身，當為耳、目的質料與結構所形成之有機體。聽、視則是因其體而本具之功能，即「自體功能」。在此，我們還要就「用」，除「自體功能」一義外，再增衍由「自體功能」作用於外在事物而完成的「衍外效用」一義。若以耳、目為例，則器官本身「能聽」、「能見」為「自體功能」；而作用於外境，切實「聽到某聲音」、「見到某形色」，是為「衍外效用」。在此一界義之下，一事物之「體」與「用」，其抽象概念雖可區別，然究其實存，則二者相即不離；故朱熹云：「體用雖是二字，本未嘗相離，用即體之所以流行。」[3]流行，即是「體的實現並產生普遍的作用」。

我們將此一「體用」的界義施之於對「詩」的討論，所謂「詩的體用」，即是：詩的本體與功能、效用，以及二者的關係。不過，我們特別要說明的是，這裡所謂「本體」指的是某類實在事物（本文指的是詩）的自身或內在的本質，乃經驗界的實存者，即所謂「物性本質」（physical essence）；

因此並非形上學所指的先驗、超越的「本體」概念，即所謂「形上本質」（metaphysical essence）。同時也不完全等同「文體論」中所謂「體」的概念[4]，不過本文所論「詩本體」如果落實在詩的「形式結構」，則「文體論」中所謂「體」的概念即涵括在內。一個或一群論詩者如果針對「詩的本體與功能、效用，以及二者之關係」持有某特定之觀念，即稱為「詩的體用觀」。

我們所要討論者，乃「儒系」之「詩學」中的「體用觀」。「體用觀」是「儒系」之「詩學」中的一部分，而且是最根本重要的一部分。我們不用「儒家」而用「儒系」一詞，是因為慣例上，「儒家」如不特別冠上朝代，概指先秦孔孟荀之原始儒家。而秦漢之後，儒家續有發展，雖仍以儒為根本，卻吸納他家之學而變化其面目，不過變而未離其本，仍可視為「儒」，如此前後傳承而形成一種

1　歸納朱熹使用「體用」一詞凡有四種界義：一、事物之本身與其運用；二、體乃用之源；三、體用可指一事物之兩態；四、體乃用之原因。參見韋政通主編，《中國哲學詞典大全》（台北：水牛圖書出版公司，一九八三），頁八五四—八五五。

2　參見〔宋〕黎靖德編，《朱子語類》（北京：中華書局，一九八六），冊一，卷一，頁三。

3　參見黎靖德編，《朱子語類》，冊三，卷四二，頁一〇九五。

4　「文體論」乃魏晉六朝始興之論述，為文類已分化之後，就某文類之體製、體貌、體式、體要所作之論述，其「體」字的概念，含有語言組構及風格之義，與本文所指之義不同。有關「文體論」之「體」義，參見徐復觀〈文心雕龍的文體論〉，收入徐復觀，《中國文學論集》（台北：台灣學生書局，一九六六），頁一九—二〇，又參見顏崑陽〈論文心雕龍「辯證性的文體觀念架構」〉，收入顏崑陽，《六朝文學觀念叢論》（台北：正中書局，一九九三）。

統系，我們就稱它為「儒系」。「儒系詩學的體用觀」即指先秦儒家開始往後逐漸發展成統系的「詩學」中，有關「詩的體用」的觀念。

有關這一問題，我們從〈詩大序〉來討論。這樣的提法，是指以〈詩大序〉此一文本為討論的基礎性依據或起點，當然會涉及更多相關的文本史料。然則，我們所謂「儒系」，其時間範圍也就限定在先秦以至漢代了。而我們之所以選擇〈詩大序〉為討論的基礎性依據或起點，是因為這篇文本總結了先秦到漢代儒系詩學的某些主要觀念，故可作為基礎性依據或由此為起點，以追溯其有何承變而完成儒系之詩學。其中，我們所要討論的是「詩的體用」這一觀念。

從〈詩大序〉的文字表述而言，並沒有直接去論說「詩的體用」這一議題。就望文而生義的表層來看，其言「詩之用」，比較明顯，自「所以風天下而正夫婦」開始，到「用之鄉人焉」、「用之邦國焉」、「風以動之，教以化之」、「先王以是經夫婦，成孝敬……」、「上以風化下，下以風刺上」等話語，詩的「衍外效用」已彰彰甚明，似為一「已知」之常識，無庸贅論。

然而，問題也就在這裡，從「體用相即不離」的理論來說，「體」因「用」而顯，「用」因「體」而彰。一切事物，有「體」必有「用」，而「用」亦必歸「體」。〈詩大序〉論詩，其「用」如此，然而其「體」呢？「體」與「用」之關係呢？中國傳統習尚「即事言理」，「事」則發生於平常日用之間，具體可循。因此，古人論及事物之「體用」，也習尚於即「用」以顯「體」的表述，說「用」而「體」已在其中，很少對「體」直接做出抽象概念的界說，故孔子但說日用之理，而罕言「性」與「天道」，甚至不對「仁」的本體直接做抽象概念的定義[5]；但是，淺識者卻可能「執用以為體」。

〈詩大序〉之論詩，亦偏重在「用」，其實不止〈詩大序〉如此，先秦以至漢代，幾乎未有離

「用」而言「詩」者。孔、孟、荀如此，漢儒亦復如此。然則，詩之「用」已彰明若是；但什麼樣的詩之「體」才能產生如此之「用」？而「體」與「用」二者的關係又如何？〈詩大序〉只簡略言及：「詩者，志之所之也，在心為志，發言為詩，情動於中而形於言。」此說是《尚書．舜典》以及先秦其他典籍「詩言志」的舊論[6]，僅及詩之「體」的主觀因素，並不完全；故儒系有關詩的「本體」，以及「體」與「用」二者的關係如何？這就是等待我們去詮釋與建構的「未知」知識，也就是本文主要的論旨，而前行研究者亦未嘗論明。

二、當代人文學者對這一論題的幾種偏見與謬見

我們之所以提出這一論題，除了文本史料對於詩之「體」與「體用關係」太多留白而有待詮釋之外；長久以來，當代人文學者之「執用以為體」或以西方系統性理論批評〈詩大序〉，以致對儒系詩觀形成不相應的偏見或謬見，這種學術史上既成的現象，也是我們提出這一論題的重要原因。而其目

5 朱熹與門生文振談論《論語》「樊遲問仁」章，朱熹考問文振：「聖人何故但以仁、知之用告樊遲，卻不告之以仁、知之體？」文振答云：「聖人說用，則體在其中。」朱熹贊云：「固是。蓋尋這用，便可以知其體，蓋用即是體中流出也。」參見〔宋〕黎靖德編，《朱子語類》，冊三，卷四二，頁一〇九五。

6 《尚書．舜典》：「詩言志，歌永言，聲依永，律和聲。」又例如《左傳．襄公二十七年》：「文子告叔向曰：『詩以言志。』」《荀子．儒效》：「詩言是其志。」《莊子．天下》：「詩以道志。」

的，當然也就是為了駁正上述諸多的偏見與謬見。

先說第一種情況，現代學者對於先秦以至漢代的儒系詩學，有些只見到史料的文字表層意義，便誤斷儒系之於詩，只重視政治、道德的教化效用[7]。最極端的淺見者，甚至認為孔子不真正懂得詩，沒有把詩當作文學作品[8]。這些學者未能即「用」以明「體」，深入去理解、詮釋儒系詩學在論述詩之「用」時，其所隱含而未明言的詩之「體」，故不免「執用以為體」。這顯然是「五四知識型」的迷蔽，混合「反傳統」、「個體意識」、「純文學觀念」而形成的「文化意識形態」，單向投射到對儒家經典的暴力性批判[9]。

另有一些學者已能注意到孔子說詩，頗重視詩的「情感」[10]；也注意到〈詩大序〉在先秦「言志」的觀念基礎上，進一步重視「情」的質素，而將「情」、「志」統一，以作為詩的本質[11]。並且也注意到詩的音律與「比興」語言意象，以作為詩的藝術形式特徵[12]。不過，這些論述都比較粗略而局部。其粗略處，是相對於更精細的概念，諸如「情」的實質義涵是什麼？未經論明。尤其只注意到構成詩「體」的主觀要素——情、志，卻忽略〈詩大序〉中還隱含了「物」的概念，即構成詩「體」的客觀要素。另外，「情」如何而「動」？這就是「心」之「感物」的觀念。那麼，「物」的實質義涵呢？心與物的關係呢？這些精細複雜的觀念，都有待進一步的分析詮釋。其局部處，大多只說到「情志統一」是詩的本質。其實，若論詩的「本體」（本質），不能只說情志，還有其他更多元的要素，以及諸要素間的辯證關係，皆有待詮明，才能對儒系詩學的「本體」觀念作出最完整的建構。更進一層，其「體」既明，而「體」與「用」的關係又如何呢？凡此諸多問題，本文都將解答。

再說第二種情況，以劉若愚為代表，套用西方文學批評系統性的理論，以作為預設的觀點，去批

7　例如郭紹虞認為孔子論詩，尚文成為手段，尚用才是目的，參見郭紹虞，《中國文學批評史》（台北：五南圖書公司，一九九四），頁一四。羅根澤也認為孔子說詩「是以功用的觀點而重視詩，不是以文學的觀點而重視詩」，因而批評荀子「簡直是以詩載道」，又批評〈詩大序〉的觀念是「詩純為聖道王功而作」，參見羅根澤，《中國文學批評史》（台北：龍泉書屋，一九七九），頁四二、四六、八三。顧易生、王運熙認為「孔子非常重視詩的作用」、「《荀子》和《樂記》更強調詩樂的教化作用」、「〈詩大序〉強調詩的教化作用，反映了當代封建統治階級對古代文化遺產的要求」，參見顧易生、王運熙，《中國文學批評史》（台北：五南圖書公司，一九九一），上冊，頁一五、三八。

8　例如毛毓松〈孔子詩學觀的評價〉認為「孔子並不真正懂得詩，並不能真正理解詩的教育作用，因為他沒有把詩當作文學作品，沒有從文學作品的特點出發來看待詩的教育作用」，收入趙盛德主編，《中國古代文學理論名著探索》（廣西：廣西師範大學出版社，一九八九），頁六。

9　參見顏崑陽，〈中國人文學術如何「現代」？如何「當代」？〉，收入本書頁五三—八五。又顏崑陽，〈內造建構——中國古典文學理論研究之詮釋視域迴向與典範重構〉，收入本書頁四六七—五〇一。

10　例如葉朗認為孔子的「興觀群怨」說，「主要是對詩歌欣賞的美感心理特點的一種分析」、「強調詩歌對人的精神的感發作用」，參見葉朗，《中國美學史大綱》（台北：滄浪出版社，一九八六），頁五〇—五二。又李澤厚、劉綱紀也有相近的看法，參見李澤厚、劉綱紀，《中國美學史》（台北：里仁書局，一九八六），冊一，頁一四〇—一四二。

11　李澤厚、劉綱紀認為〈詩大序〉乃是「志與情相統一的詩論」，參見李澤厚、劉綱紀，《中國美學史》，頁六一五—六一九。

12　梁潮，〈《毛詩大序》「風」說論析〉，除了與李澤厚、劉綱紀同樣持「情志統一」之說外，並特別指出〈詩大序〉注意到詩的藝術形式。參見趙盛德主編，《中國古代文學理論名著探索》，頁六六—七一。

評〈詩大序〉，所獲致的結論是：「〈詩大序〉的詩論充滿矛盾。」他在《中國文學理論》一書中，援用亞伯拉姆斯（M. H. Abrams）在《鏡與燈》（*The Mirror and the Lamp*）裡所提舉的文學四大要素：作品、藝術家、宇宙和觀眾，並略作改造為宇宙、作家、作品、讀者，而建立出一個圓形的圖式，安排這四大要素在文學活動過程中的定位及其相互關係，而將整個文學活動過程區分為宇宙↓↑作家、作家↓↑作品、作品↓↑讀者、讀者↓↑宇宙四個階段；每個階段都以其中一個要素為本位而與另一要素產生雙向互動關係，從而形成某一種系統性的文學理論，就這樣建立了形上、決定、表現、技巧、審美、實用六大理論[13]。劉若愚以此圖式所概括的四個階段、六種理論之說為基模，去對中國歷代文論進行系統性的詮釋與批判。結果，短短一篇〈詩大序〉被局部分割，置入表現、決定、實用三種不同的系統理論，在最後進行「相互影響與綜合」的評判時，他認為從「詩者，志之所之也」到「先王以是經夫婦，成孝敬，厚人倫，美教化，移風俗」這一段約一百三十個字的文本，以及從「國史明乎得失之迹」到「先王之澤也」這一段六十餘字的文本，其中就雜入了表現概念、決定概念和實用概念，甚至「情發於聲，聲成文，謂之音」三句還引進了審美的元素[14]。並且他批判說：

> 漢代的作品中，『詩經』「大序」表現出最完整的詩論，但它也呈現出最顯著的不合理推論。……這些不合邏輯之處，並沒有在「大序」的其餘部分獲得解決。……將詩的表現概念與決定概念和實用概念互相調和的這種意圖，並沒有成功。[15]

劉若愚這種建立在西方知識論基礎上的思考方式，將文學從各種相對要素辯證融合的實存情境中抽象出來，依形式邏輯的法則，概念化地建構系統性理論；並以此思考方式，去論述中國歷代「很少受到有系統的闡述或明確的描述，通常是簡略而隱約地暗示在零散著作中」的文論[16]。這或許表面上滿足了劉若愚西方文化本位的批評意圖：「我們需要更有系統、更完整的分析，將隱含在中國批評家著作中的文學理論提出來。」[17]然而深察之，則這種批評實在缺乏對歷史情境的理解；又不明白中國古代一切文化思想，庶幾習尚於相即實存事物本身，從動變不居的經驗現象，進行辯證性的具體解悟而提出洞觀之見，極少有論者抱著依循形式邏輯法則而建構系統性理論之意圖；則所謂〈詩大序〉之作者「意圖」調和三種不同概念而並未成功云云，完全是不相應的評判。

假如，我們循著劉若愚這種形式邏輯而系統論述的思考去解讀〈詩大序〉，果真也會同意他所謂「不合邏輯」、「充滿矛盾」的判斷。抽象概念的系統性理論，是一種必須界定諸概念之內涵與外延的封閉性知識，系統與系統之間不可避免地相互排斥，因此取決於「作家」主觀才性、情感、思想的「表現理論」和取決於客觀社會環境的「決定理論」，是完全不能相容的二個理論系統。一旦同時出現在某一文本中，從形式邏輯觀之，其為理論上的矛盾，當可斷言。然而，當我們轉由相應於中國傳

13 劉若愚著，杜國清譯，《中國文學理論》（台北：聯經出版公司，一九八一），頁一二—一二一。
14 同上注，頁二五六—二五七。
15 同上注，頁二五六。
16 同上注，頁六。
17 同上注，頁六。

統的辯證思維，相即文學活動的實存經驗而涉入情境去理解；那麼，我們真正應該去做的，不是急於批判〈詩大序〉的「矛盾」，而是深入其歷史情境與文脈中，詮釋諸多相對要素（宇宙、作家、作品、讀者）辯證融合的可能性何在？

我們對於〈詩大序〉所隱含的儒系詩學「體用觀」，實有必要超離這類「執用以為體」的偏見，以及西方形式邏輯之系統理論批評的謬見，另從中國傳統即「用」以明「體」而體、用辯證融合的思維方式，對這篇文本進行相應的詮釋，以建構儒系詩學的「體用」觀念。並從而對儒系詩學的「文學性」（或稱藝術性），提出重新的解答。

三、〈詩大序〉及相關文本中所隱含儒系詩學的「體用觀」

〈詩大序〉論述的側重面，的確是在於詩的功能及其效用，而且是關乎政教的「社會性效用」。此乃延續先秦孔、孟、荀以來的論詩型態，除〈詩大序〉之外，其他漢儒亦然。這已經形成儒系對「詩」所建立的一種「詮釋典範」（interpretative paradigm）。現代學者之所以誤認儒系詩學只重「實用」，不重「文學」，也有其歷史背景。

然而，我們不能只看到文字表層「已知」的意義，更要理解、詮釋文字深層隱含而「未知」的意義，這才是負責任的詮釋態度。在這種詮釋態度下，我們首先要提出的問題是：什麼樣的「詩本體」（以下簡稱「詩體」）才具有這樣的功能、效用？這個問題，是否能以〈詩大序〉文本為基礎性依據或討論起點，再輔以相關文本史料而獲得解答？初步的理解是，〈詩大序〉的確已可提供相當基礎性的論據，以回答這個問題。我們就以它作為起點，開始來討論：

一般學者對於儒系「詩本體（學者常用「本質」一詞）觀念為何」這個問題，最常見的是引用「詩者，志之所之也，在心為志，發言為詩」這句話去解答。而「詩言志」，便成為代表儒系的「詩本質觀」，再進一步解釋，此「志」必關乎「政教」；然後，又將從先秦兩漢儒系詩學所建構的「詩言志」觀念，與由晉代陸機〈文賦〉歷經六朝所建構的「詩緣情」觀念相對立，成為二種似不相涵的「詩本質觀」系統。從朱自清《詩言志辨》以來，持此論者多矣，這已然成為中國文學批評史的詮釋典範[18]。其間，當然也有某些異音，可以龔鵬程〈從「呂氏春秋」到「文心雕龍」——自然氣感與抒情自我〉一文為代表[19]。他試圖突破「言志」與「緣情」截然兩立的論述模式，的確撥開了某些一直被遮蔽的詮釋視域。然而，其中仍留存若干未精細辨析的概念，而於儒系詩學的「體用觀」亦未正視為一重要問題而給予整全的答案，故有待進一步討論。

我們如欲依循〈詩大序〉以解答上述的提問，則不能僅以「詩者，志之所之也……。」數句為據。有關儒系詩學「體用觀」實包含在「詩者，志之所之也」直到「詩之至也」這一大段文字中。這一大段文字，乃現行《毛詩》之〈大序〉截去前後實際批評「二南」之〈關雎〉、〈麟趾〉、〈鵲巢〉、〈騶虞〉諸篇的二小段文字之後，剩餘的篇幅，也就是朱熹所認定的〈詩大序〉本文；而被截

18 朱自清，《詩言志辨》（台北縣：頂淵文化公司，二〇〇一），頁三七—四七。

19 龔鵬程，〈從「呂氏春秋」到「文心雕龍」——自然氣感與抒情自我〉，收入龔鵬程，《文學批評的視野》（台北：大安出版社，一九九〇），頁四七—八四。

去的二小段文字則歸屬〈小序〉[20]。大、小序之糾葛，是一爭論而未有定見的問題，非本文之關鍵，無須去處理。然而，就文義的理解，這一大段文字通論詩的「體」與「用」，非常具有詩學理論的意義，的確與前後二小段之實際批評特定詩篇為不同層次之論述。這一大段文字雖長，不過為了討論方便，仍將它徵引如下：

> 詩者，志之所之也，在心為志，發言為詩。情動於中而形於言；言之不足，故嗟嘆之；嗟嘆之不足，故永歌之；永歌之不足，不知手之舞之，足之蹈之也。
>
> 情發於聲，聲成文，謂之音。治世之音安以樂，其政和；亂世之音怨以怒，其政乖；亡國之音哀以思，其民困。故正得失，動天地，感鬼神，莫近於詩。先王以是經夫婦，成孝敬，厚人倫，美教化，移風俗。
>
> 故詩有六義焉：一曰風，二曰賦，三曰比，四曰興，五曰雅，六曰頌。上以風化下，下以風刺上，主文而譎諫，言之者無罪，聞之者足以戒，故曰風。至於王道衰，禮義廢，政教失，國異政，家殊俗，而變風、變雅作矣。國史明乎得失之迹，傷人倫之廢，哀刑政之苛，吟詠情性，以風其上，達於事變而懷其舊俗者也。故變風發乎情，止乎禮義。發乎情，民之性也；止乎禮義，先王之澤也。
>
> 是以一國之事，繫一人之本，謂之風；言天下之事，形四方之風，謂之雅。雅者，正也，言王政之所由廢興也。政有小大，故有小雅焉，有大雅焉。頌者，美盛德之形容，以其成功告於神明者也。是謂四始，詩之至也。[21]

這一大段文字中，所謂「正得失」以至「移風俗」，「上以風化下」以至「聞之者足以戒」，以及「以風其上」等局部文句，明顯是指述詩之「用」，可暫存不論。那麼，有關詩的「體」之義隱含在哪些文句中呢？

前文已說過，「詩本體」指的是詩之所以為詩的內在質性與外在形相的特徵。這是一般性的界說，從有別於非詩者而言，是詩的特殊性。從詩之本身而言，則是一切詩的普遍性。不過，我們所要討論的是「儒系詩學的體用觀」，也就是必須限定在儒系的觀念中去問「詩體」是什麼？這時，所謂「詩之所以為詩的內在質性與外在形相」，便得由儒系觀念對「內在質性」與「外在形相」的實質義涵給予特殊規定。如此，則就儒系所規定「此一類型之詩」的本身而言，其所謂「內在質性」與「外在形相」皆當為普遍性；若從有別於非儒系所規定「其他類型之詩」而言，則其所謂「內在質性」與「外在形相」，便是特殊性，並非一切詩所普遍具有。而詩之為物，若作分析性的概念指述，「內在質性」所指的即是其「題材及主題內容」所具之質性。而「外在形相」所指的即是其「語言形式」所具

20 《朱子語類》云：「〈詩序〉（按即指〈小序〉）起『關雎，后妃之德也』，止『教以化之』。〈大序〉起『詩者，志之所之也』，止『詩之至也』。」黎靖德編，《朱子語類》，冊六，頁二〇七一。又按朱熹《詩集傳》於「周南」題下引毛鄭本〈詩大序〉「關雎、麟趾之化」一段，而稱「〈小序〉曰」。參見《詩集傳》（台北：中華書局，一九六九），卷一，頁一。

21 參見〔漢〕毛亨傳，鄭玄箋，〔唐〕孔穎達疏，《毛詩注疏》（台北：藝文印書館，十三經注疏，景印嘉慶二十年重刊宋本，一九七三），卷一，頁一二—一九。

之樣態。我們就是在上述的概念下，依據〈詩大序〉的文本，去回答「詩本體是什麼」這個問題。

準此，則「詩者，志之所之也，在心為志，發言為詩」這句話，便是答案了嗎？詩的本體，就是詩人之「志」以「言」表現而成的產品嗎？然而，這樣的答案似乎還沒有十分充足。關鍵就在於「內容」的「志」與「形式」的「言」，指的又是什麼樣的「志」、什麼樣的「言」？假若「志」只作一般語言的界說，即如許慎《說文》所云：「志，意也。」又云：「意，志也。」而段玉裁注云：「志，即識，心所識也。」這樣的訓解，只指涉了「志」是人心的認識活動，卻完全不涉及認識的特定「內容」。如此，則凡《尚書．舜典》以及先秦其他典籍所稱「詩言志」，便不必然只作為儒系特定的詩觀。因而，使〈詩大序〉之為儒系「詩學」的重要文本這一歷史情境及其文脈而言，所謂「志」，就必然要連接著下文種種與政教之「化」與「刺」有關的「效用」一起理解，而為「志」的「內容」給予儒系的特殊規定，此「志」必然是「關乎政教之志」。如此，則漢代以後之作詩者，儘管其內容也表現了某種「志」，但若與「政教」無涉，便非儒系「詩言志」的產品。至於「言」的問題，後文再詳作討論。

從「政教之志」以理解儒系「詩本體觀」，這是多數學者已形成的共識，實無須贅說。然而，問題也就在這裡，正因為一般學者對儒系「詩本體觀」往往只作如此理解，才會推演出儒系之於「詩」只重視「實用」，把詩當作政治、道德教化與諷諭的工具，而不重視它本身的「藝術性」這樣偏執的論斷。其實，就理論上來說，文學的「本體」，其如何構成，絕不能僅從人的主觀心理活動提出「志」這單一的元素，就給予充要的回答；它的答案應當遠比「言志」要複雜得多。從內容而言，詩表現了「人」（不一定是作者）的主觀心理活動，除了知性認識或理性反省而含有價值判斷的意向——「志」之外，感性直覺經驗的「情」，更是重要的元素。而〈詩大序〉也果然於「志」之外，思考到了「情」在構成「詩體」所占的地位。從「情動於中而形於言」開始，以下文本所論述，「情」的成分遠超過「志」。其中，有直接用到「情」字者，如：

△「情」動於中而形於言。
△「情」發於聲。
△吟詠「情」性。
△變風發乎「情」，止乎禮義。發乎「情」，民之性也。

其中，第一、二、四條，所謂「情」，指的都是心理情緒，如喜、怒、哀、樂等。第三條，「情性」可理解為「情之性」，是組合式合義複詞，指的是「情」所根源的「性」，此「性」當是自然氣質的感性。「情性」也可理解為「情與性」，是聯合式合義複詞，指情緒與才性。不管哪一種解釋，上引四條文本，皆顯示〈詩大序〉將「情」看作與「志」同樣重要之構成詩的元素。

另外，有些文句雖未直接使用「情」字；但由其意脈很容易體受到「情」的成分，例如：

△治世之音「安以樂」、亂世之音「怨以怒」、亡國之音「哀以思」。
△「傷」人倫之廢，「哀」刑政之苛。
△達於事變而「懷」其舊俗。

這些條文，所謂「安以樂」、「怨以怒」、「哀以思」、「傷」、「哀」、「懷」，明白是「情動」而發顯的各種心緒。從這部分的文本，我們可以有肯定的理由說，儒系詩學發展到漢代，已在理論上直接將「情」視為「詩體」的構成要素，甚至其重要性不亞於「志」。

從文脈的理解而言，「詩者，志之所之也，在心為志，發言為詩」這開端幾句，先為「詩」作了一般性定義，所謂「志之所之」，為「詩」之所以為「詩」，作一總括性的抽象概念界說；但是，這「志」是否與「情」為對，純為一知性或理性之產物，後文再下判斷。接著，「情動於中而形於言」到「足之蹈之也」數句，則從現實生活中「情」之「動」，亦即感性經驗由於某些因素而發生並形諸「語言」的這一現象，去解釋「詩」之所以產生的原因。從「言」到「嗟嘆」到「永歌」到「舞蹈」，是一序列「情感」依藉不同「符號」表現而由弱漸強的歷程。

這段描述，從詩歌創作理論而言，其意義不在於一般人所謂先秦詩、樂、舞合而未分之說，而在於〈詩大序〉解釋了「詩」的發生，乃是出於「抒情衝動」，而「情」也必然是「詩體」的構成要素。這段描述結合了內在感性經驗與依藉各種符號外現的行動意象，非常鮮明而深刻地詮釋了詩歌的發生，蓋「情不得已也」，必有所「感」而自然流露。

在這一基本觀念之下，〈詩大序〉又指出各種不同「情感類型」的詩作；但不管「安以樂」、「怨以怒」、「哀以思」，都是「情動於中而形於言」，都是有所「感」而自然流露。接著更明確地解釋「風雅」之詩，尤其是「變風」、「變雅」，都是在現實社會情境中，「傷人倫之廢，哀刑政之苛」，而「吟詠情性」之作。「情」，必然是「風雅」之詩，其「體」的構成要素，亦即「內在質性」。這種觀念，影響到劉勰，而提出「為情造文」之說，《文心雕龍．情采》云：「風雅之興，志思蓄憤，而吟詠情性，以諷其上，此為情而造文也。」[22]此義明顯本諸〈詩大序〉而來。後世認為儒系詩學只重「實用」而不重「藝術」，完全是因為只見儒系說詩，多說「用」卻不說「體」，便「執用以為體」而形成的偏見。

詮釋到這裡，我們有必要分辨「志」與「情」的不同義涵，及其在「詩體」的結構中，各居於什麼層位與關係？這個問題，不但涉及到〈詩大序〉所涵儒系「詩本體觀」的理論結構；同時也涉及現代學術界有關中國文學批評史中，「詩言志」與「詩緣情」二種詮釋典範的發展與建構的爭議。前一個問題，我們在這裡處理。後一個問題，則後文再集中處理。

在〈詩大序〉的文本中，「志」與「情」有沒有不同的義涵？根據孔穎達的解釋是沒有。他在疏文中，並未直接說明「志」與「情」的同異，不過解釋「志」時云：「包管萬慮，其名曰心，感物而動，乃呼為志。志之所適，外物感焉。」如此，則「志」亦是「感性」之動。另解釋「情」時云：「情，謂哀樂之情。……哀樂之情動於心志之中。」如此，則「情」與「志」實無性質上的分別。因此，他認為「情動於中」也就是「在心為志」，這兩句是「重其文」[23]。另外，他在《左傳・昭公二十五年》：「民有好、惡、喜、怒、哀、樂，生於六氣」句下，疏云：「在己為情，情動為志，情、志一也。」[24]此可旁證孔穎達認為〈詩大序〉的「情」與「志」實為同義，其間若有區別，則只是心

22　參見〔南朝梁〕劉勰著，周振甫注釋，《文心雕龍注釋》（台北：里仁書局，一九八四），頁六〇〇。

23　參見毛亨傳，鄭玄箋，孔穎達疏，《毛詩注疏》，卷一之一，頁一三。

24　參見〔晉〕杜預注、〔唐〕孔穎達疏，《左傳注疏》（台北：藝文印書館，十三經注疏，景印嘉慶二十年重刊宋

理歷程中階段之差異，他認為「在己」未動時為「情」，已「動」而有所指向時為「志」。當然，古人行文用詞之義例，並沒有那麼嚴格，「情」與「志」混用或合用的狀況，可以舉出不少例子[25]，甚至現代學者也有人持同樣的看法[26]。然而，這也並不意謂，「志」與「情」作為人類二種心理活動，其經驗性質與二個詞彙的概念皆不可區別。果真如此，則「詩言志」與「詩緣情」之分，即是中國文學批評史上一組假性論題，毫無意義可言。因此，若干學者從「情」、「志」概念的區別，以及將「詩言志」、「詩緣情」置入先秦兩漢與魏晉六朝二種文化類型或二個文化發展階段去對觀，仍然能引經據典地建構出二種異質的詩論系統[27]。

我們認為，「情」與「志」其經驗性質與語言概念皆可以區分，而〈詩大序〉「情」、「志」並陳，並非無意識地混用；然則，在理論上，我們將如何依這樣的文本，去解釋「情」與「志」在「詩體」的構成中，二者分別居於什麼層位及其相互關係？

「志」、「情」二詞，在古代典籍中雖有混用或合用之例。然而，相對的更多分用而義涵明顯不同的例子。例如《論語．述而》：「志於道」，何晏集解云：「志，慕也。」皇侃疏云：「志者，在心向慕之謂也。」又《論語．公冶長》「顏淵、季路侍」條，孔子云：「盍各言爾志」，其下由子路、顏淵及孔子本人所言之「志」，皆表示一種含有「價值判斷」的「意向」。另《論語．先進》「子路、曾皙、冉有、公西華侍坐」條，孔子讓這幾個弟子表示心中最想實現的事業。弟子各自陳述之後，孔子云：「亦各言其志也已矣」。顯然，所謂「志」，指的都是有價值判斷的「意向」，皇侃說得最貼切：「在心向慕」。《左傳．哀公十七年》，記載沈尹朱曰：「吉，過於其志。」杜預注云：「志，望也。」望，當然是有價值判斷的「意向」。《禮記．孔子閒居》記載孔子云：「志之所至，詩亦至焉。」將

「志」與「詩」連言，而所謂「志」，鄭玄注云：「志，謂恩意。」恩意，當然也是涵具價值判斷的「意向」。《儀禮．大射》：「不以樂志」，鄭玄注云：「志，意所擬度也。」擬度，當然是有所判斷之「意向」。而依據朱自清《詩言志辨》的研究，從先秦到漢代的典籍，如《左傳》、《國語》、《詩經》、《論語》、《荀子》、《韓詩外傳》等，所記戴「獻詩陳志」、「賦詩言志」、「教詩明志」、「作詩言志」諸案例，所謂「志」絕大部分都是與「政教」相關的志意、懷抱，也就是涵具價值判斷的「意向」。〈詩大序〉所謂「志之所之」，下一個「之」字訓為「往」、「趣向」，當然也是有價值、目的指向的意念。準此，我們有充分理由將「志」理解為「價值意向」；不過，此一「價值意向」，其義是否等同前述，只是一與「情」為對而純為知性或理性之價值意向，在此仍保留判斷。

至於「情」，《荀子．正名》云：「性之好惡喜怒哀樂謂之情」。《禮記．禮運》云：「何謂人情，

本，一九七三），卷五一，頁八九一。

25 例如〔晉〕摯虞〈文章流別論〉：「夫詩雖以情志為本。」又〔晉〕陸機〈文賦〉：「詩緣情而綺靡」句下，李善注云：「詩以言志，故曰緣情。」參見〔南朝梁〕蕭統編、〔唐〕李善等注，《增補六臣注文選》（台北：華正書局，一九七九），卷一七，頁三一〇。

26 朱光潛，〈朱佩弦先生的《詩言志辨》〉，認為「古代所謂『志』與後代所謂『情』根本是一件事，『言志』也好，『緣情』也好，都是我們近代人所謂表現」，收入朱光潛，《詩論新編》（台北：洪範書店，一九八二），頁二〇〇。

27 例如朱自清，《詩言志辨》。又李直方，〈騷經「哀志」與九歌「傷情」說〉，收入李直方，《漢魏六朝詩論稿》（香港：龍門書店，一九六七）。又陳昌明，《緣情文學觀》（台北：台灣書店，一九九九）。

喜怒哀懼愛惡欲，七者弗學而能。」王充《論衡．本性》云：「情，接於物而然者也。」從這些典籍之使用「情」一詞，所指涉的都是人天生的氣質之性，接觸於「物」，「感」而所生的情緒，一般分為六情或七情，都是感性的直覺經驗。其中，比較值得注意的是「好惡」或「愛惡欲」，乃是與價值有涉的「欲求」。故「情」與「欲」常合義成詞，而《呂氏春秋》更有專論「情欲」之篇。漢人甚至直以「欲」為「情」，例如董仲舒〈賢良策一〉云：「情者，人之欲也」，許慎《說文》之訓「情」字，也受到這種思想的影響，而云：「情，人之陰氣有欲者。」然而，「欲求」雖有價值趣向，卻是出於生理的感性衝動，如動物之本能，對食色之好惡，便是最顯著的欲求。這與經過知性認識與理性反省所成之「志」並不相同；故「欲」有劣義，而「志」則幾乎都屬優義，為正面的價值取向。

從以上對「情」、「志」界義之辨析來看，孔穎達所謂「情志一也」，有必要再作批判與詮釋。從二者的概念而言，不能無別，情是情，志是志，實非同一。然而，若從「詩」實在之「體」而言，情與志辯證融合為一，此說可以成立。這種「情」、「志」辯證融合的觀念，〈詩大序〉下文有更明白的指陳。所謂「傷人倫之廢，哀刑政之苛，吟詠情性」是出於自然感性之「情」；而「以風其上」是關乎政教之「志」。「發乎情」是「情」，出於自然感性，故云「民之性」；而「止乎禮義」是關乎政教之「志」。「禮義」乃經由政教所養成而理性逆覺的價值意向，故云「先王之澤」。「發乎情」是自然感性之動，故感之「政和」，則反應「安以樂」之「情」；感之「政乖」，則反應「怨以怒」之「情」；感之「困」境，則反應「哀以思」之「情」，皆出於自然而無所矯飾，並且其內容都必然與「政教」經驗有關，非一般喜春悲秋，吟風弄月之「情」——此為關鍵處，不可不辨。然而，不管「安以樂」、「怨以怒」、「哀以思」，其情緒之流露，皆能有理性之節制，而不至於氾濫狂亂。這是

「風」詩的第一層情志辯證融合，也是它在民間歌謠階段的「本體」型態。

至於「國史明乎得失之迹，傷人倫之廢，哀刑政之苛，吟詠情性」，則不管是采詩或自作詩，也都是先由於自然情性有「感」於時代政教情境，哀傷而發諸吟詠。此感性之「情」，實已包含國史（或詩人）個己與百姓群眾之情，而其所對之政教情境也是一共同無別之情境，這種經驗結構可稱為「同情共境」。在這種「同情共境」的經驗結構之下，國史采詩與作詩，其「以風其上」之「志」，當然一則與百姓群眾之「志」無別，二則此「志」也同樣是「止乎禮義」的「忠規切諫」之志。這是「風」詩的第二層情志辯證融合，也是經由「國史」（詩人）「再創造」階段的「本體」型態。

這第二層情志辯證融合，不但包含了「情」與「志」，也包含了情志所繫「主體」之個己與群體，而形成「群己不二，情志辯證」的「詩本體」型態。「風」如此，「雅」也是如此，只是一則「雅」沒有「采詩」而只有「作詩」，也就是相較於「風」，並沒有「民間歌謠階段」的「第一層情志辯證融合」，二則依孔穎達解釋，「雅」所表現的社會情境範圍比較大，但其「群己不二，情志辯證」的性質實無差別。孔氏在「一國之事，繫一人之本，謂之風；言天下之事，形四方之風，謂之雅。」句下，疏云：

> 一人者，作詩之人。其作詩者，道己一人之心耳。要所言一人之心，乃是一國之心。詩人覽一國之意，以為己心；故一國之事，繫此一人，使言之也。但所言者，直是諸侯之政，行風化於一國，故謂之風，以其狹故也。言天下之事，亦謂一人言之，詩人總天下之心，四方風俗，以為己意，而詠歌王政；故作詩道說天下之事，發見四方之風；所言者乃是天子之政，施齊正於天下，

故謂之雅，以其廣故也。[28]

然而不管風雅廣狹，「一人之心」與「一國之心」或「天下之心」，實乃辯證融合為一之關係。以「心」言，此「心」是「情」與「志」之辯證融合。以「人」言，此「人」是「一人」（個己）與「一國」或「天下」（群體）之辯證融合。而到了「一人」作詩或采詩的階段，其「以風其上」之「志」，便涉及「創作意圖」了，亦即所謂「作者本意」，乃詩之「主題」。而此「創作意圖」必是因依詩人個己之情志與百姓群眾第一層之情志，反思而生，非向壁虛造。故「情」涉及經驗材料，乃詩之「題材」。變風、變雅之經驗「題材」，儘管由於人倫之廢、刑政之苛的政教情境，而有淫亂之事、哀傷之情；然而作詩者之「本意」皆能止乎禮義，故有正當之「主題」。《論語．為政》孔子所謂「詩三百，一言以蔽之，曰：思無邪。」這「思無邪」，從止乎禮義之「志」之「本意」之「主題」意義來理解，便不致疑惑於變風某些「淫亂」之題材了[29]。

綜合來說，「詩體」就其內容加以分解說明，則指涉作詩者意圖或主題之「志」，與指涉反映政教環境之感性經驗或題材之「情」，二者概念是有區別。但是這二者必然要辯證融合為一，才能構成詩的有機之體。而辯證融合之後的有機之體，其內容應該稱為什麼？這就得再回到〈詩大序〉開宗明義的最先句：「詩者，志之所之也，在心為志，發言為詩」。這幾句對「詩」作出一般界義，其所謂「志」，為一有價值判斷之意向；但是，這「意向」乃是指涉詩人已將「情」的經驗題材與「志」的意圖主題辯證融合之後所完成的那一有機詩體的內涵。準此，則「志」有二層義：第一層義指詩歌未完成之前，與「情」為對而可區別之價值意向；而第二層義則指詩歌已完成之後，與「情」辯證融合所形成的價值意向。〈詩大序〉的「詩言志」之說，在觀念上，已融攝了「情」、「志」二種要素，豐富了「志」的「感性經驗」內涵。當然，此「情」此「志」皆關乎政教，這是儒系詩學中情、志的特定質性。

〈詩大序〉在觀念上自覺地將「情」的要素納入詩體結構中，並形諸言說。然而，這觀念並非前無所承，憑空而來。一般學者論及先秦儒家詩觀，都只注意到《尚書·舜典》與乎其他經典所述「詩言志」的文本，另從孔、孟、荀說詩，也只看到他們不斷強調「詩」在政教上的效用，遂以為儒家的詩觀只是言「志」而不及於「情」，只是尚「用」而不知其「體」；然而，從歷史語境上來說，先秦儒家思想「體用」兼攝，焉有說詩而知「用」不知「體」？而詩又焉有無「體」之「用」？故先秦儒家說詩，雖側重在「用」的闡述，其實背後皆有「體」的預設，只是不落在言說層面而已。我們的詮釋自當「循用以明體」，而不應「執用以為體」。那麼，先秦儒家說詩，循其「用」所明之「體」，是否即有「情」的要素在內呢？答案肯定。

孔、孟、荀說詩，是一種「實際批評」；實際批評，必有對象。這一對象雖有些是不見於《三百篇》的逸詩，然而大體就是以《三百篇》為主，尤其是「風」、「雅」諸作。因此，「風雅」就是儒家心目中詩歌的「典範」，其所預設之「詩體」就是以此「典範」為本。「典範」具實而在，其「體」

28〔漢〕毛亨傳，鄭玄箋，〔唐〕孔穎達疏，《毛詩注疏》，卷一之一，頁一八。

29 孔子既云：「思無邪。」又云：「鄭聲淫。」語似矛盾，故一般學者考辨紛紜，以圓其說。詳見蔣凡，〈「思無邪」與「鄭聲淫」考辨〉，收入江磯編，《詩經學論叢》（台北：嵩高書社，一九八五），頁三三三—三四九。

不言而自明，並且已成為當時文化界的共識，何須囂囂論之！

《論語．陽貨》孔子云：「詩，可以興，可以觀，可以群，可以怨。」孔子這種論述，表層來看，雖似強調詩之「用」，顯然是從「讀者」的「閱讀效果」立場來立說。然而，我們卻可就這段話提出一個問題：什麼樣的「詩」（體）才具有讓讀者「可以興觀群怨」的效用？這個問題，在孔子而言，是因典範俱在而不言自明的預設。然而，由我們的詮釋而言，理論上，興、觀、群、怨的反應雖在於讀者；然而若閱讀對象的「作品」，其本體不具備可以「興」、「觀」、「群」、「怨」的質素，又如何能產生這諸多效用呢？「興」、「觀」、「群」、「怨」涵義的訓解，儘管諸說歧異；但異中有同，所同者在於皆涉主觀情感與志意，同時又涉客觀的社會情境與群體互動。「興」的「閱讀效果」，生於具體的「感發」而不是抽象的思考，顯然含有「感性經驗」的成分。「怨」更是「情」的發顯。而「觀」與「群」，則皆隱含詩之內容質素為人們對於社會情境與群體互動的普遍經驗，非一己之私意。另《論語．八佾》孔子評〈關雎〉云：「樂而不淫，哀而不傷」。哀與樂，皆明顯是發乎「情」；「不淫」、「不傷」皆有理性之節制，明顯是「止乎禮義」。

孟子在〈告子〉篇中，實際批評〈小弁〉與〈凱風〉二詩篇：〈小弁〉因親之過大而怨，〈凱風〉因親之過小而不怨。「怨」是「怨刺」：「刺」為意圖性的主題，是「志」；「怨」為經驗性的題材，是「情」。「刺」與「不刺」，皆合乎倫理，是「止乎禮義」，故情、志辯證融合為一。

綜合上述，先秦儒家說詩，雖不直言其「體」；然而在說「用」之時，其實已預設了「風雅」為典範的詩「體」；此「體」符合〈詩大序〉所持「群己不二、情志融合」的觀念。只是這種「詩體」觀念，在先秦時代只隱含於「詩用」的論述中而未明言，到〈詩大序〉才將它形諸理論。

另外，有關「詩體」的觀念，還有二個重要的環節，須待詮釋明白：（一）是「情動於中而形於言」。「情」何以「動」？這不僅涉及「情」之所以發生的原因，更涉及「情」的經驗內容性質。（二）是「在心為志，發言為詩」。這「言」是什麼性質的「言」？此涉及到詩體的「形相特徵」。這二個問題詮釋明白後，所謂儒系的「詩本體觀」才能獲致完整的重構。

「情」何以「動」？這個問題的解答，必須從文脈上連接到「治世之音安以樂，其政和；亂世之音怨以怒，其政乖；亡國之音哀以思，其民困」，這幾句話去進行詮釋。這幾句話隱含著主觀內在之「情」與客觀外在之「境」對應的動態性關係：「安以樂」之「情」，其所由生，乃是因為「政和」；「怨以怒」之「情」，其所由生，乃是因為「政乖」；「哀以思」之「情」，其所由生，乃是因為「民困」。那麼，我們可以獲致一個推論：主觀內在之「情」不會無因而動，必然受到客觀外在之「境」所觸發。然則，這外在之「境」是什麼？這樣的觀念，若追溯其源，明顯地是承自於〈樂記〉，因為從「情發於聲」到「其民困」這幾句與《禮記．樂記》之文雷同：

> 凡音者，生人心者也。情動於中，故形於聲；聲成文，謂之音。是故治世之音安以樂，其政和；亂世之音怨以怒，其政乖；亡國之音哀以思，其民困。聲音之道，與政通矣。[30]

---

30 參見〔漢〕鄭玄注，〔唐〕孔穎達疏，《禮記注疏》（台北：藝文印書館，十三經注疏，景印嘉慶二十年重刊宋本），卷三七，頁六六三。

這種文本轉襲的現象，顯示〈詩大序〉吸納了《禮記．樂記》論「樂」的某些說法。先秦時，詩、樂結合，故超越媒介形式（樂以音為媒介，詩以言為媒介）以上的原理、原則可以互通。《禮記．樂記》總結了儒家的音樂思想，編纂時代略晚於《荀子》與《呂氏春秋》，而先於〈詩大序〉。其材料來源頗為複雜，固然以儒家為主體，但是也明顯受到道家與陰陽家之說的影響[31]，尤其是有關「氣」、「性」、「物」的觀念。〈詩大序〉既與《禮記．樂記》有這部分觀念的相同，那麼，我們當可進入《禮記．樂記》的論述系統中，擇其相關之說，以支援我們對〈詩大序〉的詮釋。《禮記．樂記》對於「情」何以「動」，在觀念上作了非常明確的指陳，並且不止在同一地方，而反復申說：

> 凡音之起，由人心生也。人心之動，物使之然也。感於物而動，故形於聲。

又云：

> 樂者，音之所由生也，其本在人心之感於物也。

又云：

> 人生而靜，天之性也；感於物而動，性之欲也。物至知知，然後好惡形焉。好惡無節於內，知誘於外，不能反躬，天理滅矣。夫物之感人無窮，而人之好惡無節，則是物至而人化物也。人化

物也者，滅天理而窮人欲者也。……是故先王之制禮樂，人為之節。

又云：

> 夫民有血氣心知之性，而無哀樂喜怒之常；應感起物而動，然後心術形焉。32

上引幾段文本，所表達的觀念，可以歸納為下列四個重點：（一）音樂之所以產生，是由於人主觀之「心」。這「心」的具體內容便是喜怒哀樂諸情，而「情」之產生便是由於「性」之「感物」而「動」。（二）性，指的是血氣心知之性，也就是「氣質性」，乃一「感性主體」，與道德所本之「義理性」不同。（三）性，當其為內在所具，乃是一靜態之本體。而當其表現於外，則形成喜、怒、哀、樂、好、惡、欲之各種具實而動態的心理經驗。因此，「情」是「性」的發用，體用相即不離。然而，「性」何以「動」而生「情」？必有所感之對象，這對象便是「物」。（四）感物而動之「情」，涵有「欲」的性質。欲，是從生理衝動而來的「價值趨向」，不能毫無節制，故必須「反躬」，否則

31 參見徐復觀，《中國藝術精神》（台北：台灣學生書局，一九七三），頁八—一二，有關「〈樂論〉與〈樂記〉的若干考證」。又王夢鷗，〈樂記考〉，《孔孟學報》第四期，一九六四年四月。

32 以上所引〈樂記〉原文，分別參見鄭玄注，孔穎達疏，《禮記注疏》，卷三七，頁六六二、六六三、六六六，又卷三十八，頁六七九。

必至於害理。「反躬」，是回到自身而作理性的反省。「禮樂」便基於這種教化上的必要而產生。

我們引出《禮記．樂記》這些觀念，用意是更進一層解明〈詩大序〉所謂「吟詠情性」、所謂「發乎情，民之性也」，這個「性」乃是「血氣心知」之性。此一「性」的觀念淵源頗為駁雜，嚴格地說，很難歸於告子、荀子、老莊任何一家；但可以斷定的是與孔孟心性觀念絕不相類，比較偏向氣質感性一面[33]。除此之外，更重要的是解明「情動」有其原因，這原因便是「感物」。此一觀念，〈樂記〉在語言表層便已說明，其實無庸贅說。故而，我們詮釋的意圖，並不僅在作此複述，而是要深一層去解明：（一）此「物」的實質義涵為何？（二）「情」的實質義涵為何？（三）「心」與「物」的關係為何？

「物」一詞還沒有被納入特定文本的意脈中去限定其義之前，其實是一個極大範疇的概念，泛指經驗現象界的一切存有者（seiendes），包括自然萬有與人為事物。《莊子．達生》對「物」作了最確切的界定：「凡有貌象聲色者，皆物也。」《說文》將單詞之「物」字也訓解為指涉宇宙萬有，云：「物，萬物也」。這樣說，「物」僅指眼耳等官能可視聽觸摸之實在物？然而，存有者應不止此，它也指雖眼不可見、手不可觸，卻發生而存在者，這就是「事」，乃人類社會行為的產物。《周易．繫辭傳下》：「六爻相雜，唯其時物。」王弼注云：「物，事也。」《詩．大雅．烝民》：「天生烝民，有物有則」，毛傳：「物，事。」《禮記．中庸》：「誠者，物之終始。」鄭玄注：「物，萬物也，亦事也。」就以上的訓解，則「物」指經驗現象界一切自然或人文之事物。從存有論的概念而言，現象之「物」與本體之「道」為對，例如，《莊子．秋水》：「以道觀之，物無貴賤；以物觀之，自貴而相賤。」又〈則陽〉云：「言而足，則終日言而盡道；言而不足，則終日言而盡物。」從一切主客相對的知識、價值理論來說，即「物」與「心」為對，「心」為「主體」，「物」為「客體」、為「對象」。最顯著的例子便是《禮記．樂記》了，所謂「心之動，物使之然也。」

然而，當我們將「物」一詞置入某特定文本的意義脈絡去理解，則其外延便縮小而內涵相對增加，其義亦有所限定。在〈詩大序〉的文本意脈中，很顯然的，這「物」所指涉的便不是存有論中與本體之「道」相對為義的「萬物」，它被限定在人類社會行為中，「主體」意識活動所指向的「對象」。整篇〈樂記〉的論述重點，不在存有論，而在音樂的社會學意義，縱使有關音樂「本質」的論述，也是由人在現實社會的活動中所發生的經驗來立說，此即「心感於物而動」而「形於聲」的基本觀念。孔穎達疏云：「物，外境也。」所謂「外境」是「現實社會情境」，而不是「自然情境」。這很容易從〈樂記〉的文脈得到證明，在「感於物而後動」緊接的下文云：「是故先王慎所以感之者。故禮以道其志，樂以和其聲，政以一其行……。」皆是一連串有關「政教」措施的描述。「情動於中」之後的下文，緊接著是「治世之音安以樂，其政和」云云的描述，則使得「情動」的「外境」，便是「政和」、「政乖」、「民困」。凡此，皆可明示「感於物而動」之「物」，其實質義涵即是「現實社會情境」。這「情境」說得更實在些便是人民生活的精神與物質條件。

從理論上而言，「對象」是主體意識活動所指向者，故「對象」之性質與「主體」之性質彼此對應；也就是「知識判斷之主體」所指向者是一「知識對象」、「道德判斷之主體」所指向者是一「道

33 參見勞思光，《中國哲學史》（香港：中文大學崇基學院，一九八〇），卷二，頁七〇—七一。按：勞思光認為〈樂記〉「性」的觀念近道家路數，此說尚待商榷。

德對象」、「審美判斷之主體」所指向者是一「審美對象」。然則在《禮記．樂記》中，此一「對象」所繫之「主體」乃為一「感性主體」；但是，此一「感性主體」之性質並非純粹「審美判斷之主體」；而是一以「情緒」及「欲求」為性質之「主體」。簡言之，就是「情欲主體」；故「感物而動」的「情」，其實質義涵為「喜怒哀樂」之「情緒」與「好惡」之「欲求」。這種「情欲」反應雖出於天生之「氣質性」，不能壓制；但若任其氾濫而無節，也必然有害於社會；故《禮記．樂記》云：「夫物之感人無窮，而人之好惡無節，則是物至而人化物也。人化物也者，滅天理而窮人欲者也；於是有悖逆詐偽之心，有淫泆作亂之事」。因此，這一主觀之心，不能任由「物」所誘動、所決定，必須依藉理性的「反躬」加以節制，使合乎禮義，這就是《禮記．樂記》所謂「反情以和其志」。相對來說，以此「反情和志」之「心」作用於「物」，當然也能改變「社會情境」。這就是《禮記．樂記》所謂「同民心而出治道」。「心」與「物」的關係是交相作用，並非「心」完全被「物」所決定。

綜合上述，〈詩大序〉吸納了《禮記．樂記》的觀念；不但在理論上，明白地將「情」視為詩「體」的構成要素，同時對於「情」的實質義涵，也明確限定為「情緒」與「欲求」。並且，這些情緒與欲求，既是「感」於關乎「政教」的外境而生，則必以政教經驗為其內容。甚至，進一層解釋了「情動」的原因乃出於「感物」，則〈詩大序〉於文學經驗的「對象」，也已明確地意識到了。情，是主觀的經驗題材；物，則是客觀的經驗題材。二者同為詩「體」的構成要素。儒系詩學有關詩的「本體」觀念，已由先秦偏向主觀要素之「志」，發展到兼納另一主觀要素的「情」與客觀要素的「物」，就「詩本體」的內容而言，已近完備。

最後，我們還要處理「言」的問題。儒系以「風雅」為典範的詩，則其「體」之形式特徵，亦即語言形相為何？〈詩大序〉中，對這個問題所說比較簡略。雖列了賦、比、興的名目，但並未詳細解釋。不過，賦、比、興乃其語言形式特徵，殆無疑義，故孔穎達疏云：

> 風之所用，以賦、比、興為之辭，故於風之下，即次賦、比、興。然後次以雅、頌；雅、頌亦以賦、比、興為之。既見賦、比、興於風之下，明雅、頌亦同之。[34]

其中，尤其以「比興」更為重要。〈詩大序〉下文所謂「主文而譎諫」，鄭玄箋以為「主文」乃是「主與樂之宮商相應」，也就是詩體的語言形式特徵之一為「聲律」。至於「譎諫」，鄭箋以為是「依違，不直諫。」所謂「依違」是指不確斷之辭，意在是否之間。「不直諫」，即是不直言過失，委婉以諫。這便是「比興」之辭，也就是詩體的語言形式特徵之二。當然，就「風雅」之詩而言，「比興」相較於「聲律」更是其「體」充分的構成要素。

論述到此，則儒系詩學從先秦發展到〈詩大序〉，其「本體觀」已非常完備。我們可依循前論，將這一觀念所涵具的「詩本體」綜括描述如下：內容質性為「心物交用、群己不二、情志融合」。形式特徵為「聲應宮商、辭依比興」。

其「體」既明，就因為有此「體」，相應的也才有先秦以至漢代儒系說詩的種種「政教」的「用」，是為「衍外效用」。其「體」既緣生於由「政教」所主導的社會性經驗（情）及價值觀念

34 毛亨傳，鄭玄箋，孔穎達疏，《毛詩注疏》，頁一五。

（志），其「用」當然回歸到政教之對社會情境的教化與價值觀念的導達。從〈詩大序〉的文本來看，詩之「用」應可析分為二層，第一層是事物因其「體」內具而未衍外的「自體功能」。就儒系的「風雅」之詩而言，其「體」的內容質性乃「心物交用、群己不二、情志融合」；則其內具的「自體功能」，從主觀面來說，便是抒發社會群體性的情感經驗與價值意向，即所謂「發乎情，止乎禮義」、所謂「吟詠情性」。從客觀面來說，則是反映政教治亂所形成的整體社會情境，即所謂「治世之音安以樂，其政和」云云、所謂「一國之事，繫一人之本」、「言天下之事，形四方之風」云云。凡此，都是由風雅之詩，其本體內容中的主客觀經驗題材與主題所內具的「自體功能」。從體用不二的觀點而言，這也是「詩」之實現它自身而與「體」不能分割的「用」。

另外，第二層之「用」乃是詩之「體」已衍外而作用於事物所產生的「效用」，是為「衍外效用」。這一層詩用，對外而有明確的「指向性目的」。目的，包括了對象性的「接受者」與價值性的「預期效果」，此乃當政施教者以「詩」為「媒體」的一種「社會行為」（social action）。從這行為的互動性關係而言，它包含了使用者、受用者、媒體與預期效果等四個要素。其「媒體」都是「詩」；但是，由於使用者、受用者與預期效果的改變，這一層詩「用」，還可以析分為「下刺上」與「上化下」二種次型。下者為臣民，上者為天子、國君。在〈詩大序〉的論述裡，包含了二種次型：一是「下以風刺上」，而其預期效果則是「正得失」[35]。二是「上以風化下」，而其預期效果則是「經夫婦，成孝敬，厚人倫，美教化，移風俗」。

從儒系詩體衍外之「用」的觀念與實踐而言，先秦時代，約有四種型態，除了〈詩大序〉所述「下刺上」與「上化下」二種而外[36]，另有二種是外交場合的「賦詩言志」與個人閱讀而獲致興、觀、群、怨的效果。不過，第四種乃個人的自由閱讀，雖也是詩體的「衍外效用」之一；但是，與另外三種是不同的型態，彼三種乃是在「政教」的特定場域中，依使用者、受用者與預期效果的互動性關係進行，隱然有其群體共在的規則性，非個人之自由閱讀。

然而，不管是哪一種型態之「用」都必須因依上述之「體」；也就是先有「心物交用、群己不二、情志融合」而「聲應宮商、辭依比興」這樣的詩「體」及其內具的「功能」；然後才能衍生出那種種型態的「效用」。「體」與「用」相即不離；但是，我們不可「執用以為體」，而必須「循用以明體」，這才是儒系詩學最完整的「體用觀」。

四、辨正當代人文學者對這一論題的幾種偏見與謬見

接著，我們要順帶處理現代人文學者對這一論題的幾種偏見與謬見。一般論述儒系詩學者，都把焦點注視在〈詩大序〉所說的第二層效用，即所謂「經夫婦，成孝敬」云云，並暴力式地批判儒家詩學尚「用」而不尚「文」，只是把詩當作政教工具，因此缺乏「文學性」（藝術性）。這顯然是「執用以為體」的偏見，從上述儒系詩學觀念本身來看，此「用」並非「詩體」自身內具的「功能」，即

35 「正得失」為「風雅」之「用」。下文「動天地，感鬼神」，則當為「頌」之「用」。

36 參見朱自清，《詩言志辨》所論「獻詩陳志」、「賦詩言志」、「教詩明志」、「作詩言志」諸說，頁七—四七。「獻詩」、「作詩」皆「下刺上」；「教詩」則「上化下」。

「吟詠情性」云云，也就是詩歌的「自體功能」；而只是「自體功能」的「衍外效用」，故曰「先王以是經夫婦，成孝敬」云云；「以是」者，「用」這樣的「詩體」。因此，真要達到「經夫婦」等「衍外效用」，仍必須回歸到「心物交用、群己不二、情志融合」而「聲應宮商、辭依比興」的「詩體」。不管創作實踐或理論，倘若以為儒系之詩的內容與形式，便是概念化的、教條化地直述一些政教的道理，而缺乏主體情志之真誠與對社會情境深入之體察，以及聲律之和諧、比興之委婉，這都是「執用以為體」的偏見。

此類偏見，其實自漢代便已開始，而歷代皆所不免[37]。假如能滌除「執用以為體」的迷障，切實理解儒系詩學的本體觀，知道他們對於詩之為詩的理想期求，必須是人們在真切的社會實踐中，主體「感物」或「緣事」而「情動於中」，並在理性反思的節制下，發為「止乎禮義」之「志」。其創作動機是真情誠意的自然流露，又以宮商之聲，比興之辭取得美的形式表現出來。這樣的詩，如何能說它沒有「文學性」！如何能說它只是政教的工具！它之與政教有關，具有反映社會現實之「用」，也是因為其「體」本就涵蘊了人們普遍而真切的社會現實經驗及感思，是為「自體功能」之「用」，故體用相即不離。「五四」時期的新知識分子受到西方形式主義美學的影響，將「藝術（包含文學）」與「人生」一刀兩斷，而分判「藝術」為二種不能相容的型態：一是「為藝術而藝術」，一是「為人生而藝術」。前者才具「藝術性」，後者則只具「實用性」。依照這個固化的二分框架，以往一般學者常用「為人生而藝術」的說法去描述儒系的文學觀。這種「為……而……」的判語，很容易將「人生」與「藝術」分割為「目的」與「手段」（或工具）的兩橛，而形成「文學工具論」的謬說。

假如，我們能充分理解到儒系「體用相即不離」的詩觀，就應該明白，他們既非「為藝術而藝術」，也非「為人生而藝術」，而是「即人生而藝術」。即者，切合而不離也。文學不是為人生服務的工具；但是，離開人生的存在經驗及其意義、價值，文學也只不過是「玩弄光影」的虛文，所謂「遊戲筆墨」者也，它的「藝術性」另有一套基準，與「即人生而藝術」既不能混同，也不彼此取代，「各是其所是」而已。在儒系確當的觀念中，文學之「體」與「用」，一併在現實人生中，無法截然兩立，這才是儒系文學觀念的「真諦」。我們可以不同意，但是論者卻不應該有「執用以為體」的偏見。

綜合上述，〈詩大序〉所含的儒系詩學，其「體」如此，其「用」如此，而其「體」與「用」之相即不離，也是明確無疑的觀念。依循我們這種相應於先秦以至漢代的歷史文化情境以及中國人所習尚的辯證思維，則所理解〈詩大序〉有關詩的「體用觀」，其系統相當完整，並無未能解決之矛盾。然則，劉若愚將文本分割為幾個局部，而將詩的「體」與「用」從實存中抽離出來，只就形式邏輯的抽象概念，硬生生地分立為表現、決定、實用幾個不能相容的系統性理論，並依此而批判〈詩大序〉不合邏輯。這完全是西方文學理論本位而格套化運用所生的謬見。所謂「宇宙」、「作者」、「作品」、「讀者」定位的分立，很難適用於對先秦以至漢代文學觀念的討論。因為這段時期，還在一切

37　例如漢代韋孟有〈諷諫〉詩、〈在鄒〉詩，傅毅有〈迪志〉詩，酈炎、仲長統有〈見志〉詩，諸作皆旨在「言志」，以行政教之用，但大多直言議論，殊少抒情與「比興」意象之美，不免失「體」。諸詩參見逯欽立編，《先秦兩漢魏晉南北朝詩》（台北：學海出版社，一九八四），冊上，《漢詩》卷二，頁一〇五—一〇七。卷五，頁一七二—一七三。卷六，頁一八二—一八三。卷七，頁二〇四—二〇五。

文化現象混同的狀態中，所謂宇宙、作者、作品、讀者四種要素，不管實踐或言說，都在「同情共境」的社會經驗結構中，渾然難以明確地切割。

劉若愚之所以認為〈詩大序〉的理論矛盾、不合邏輯，正因為以這種無機性切割的概念模式，去理解原本諸種元素辯證合一的文學實存。他將「實用理論」定位在「藝術過程的第四階段」，也就是「讀者」到「宇宙」（社會）的階段，並界說這種理論是「基於文學是達到政治、社會、道德，或教育目的的手段這種概念」[38]。這說的就是文學的「衍外效用」；然而劉氏顯然不能理解到儒系或其他文論家在說文學之「用」時，若所言為真諦者，則其完整的觀念中皆另有一與「用」相即之「體」在，而未嘗以「用」為「體」，也就是他們並非僅將文學當作「手段」（或工具）而已。所有的「用」都是在「體」完滿具足之下的延伸。「體」的完滿具足，就不只是「讀者」到「宇宙」這個階段的文學活動，而是劉氏所說「宇宙」到「作者」，甚至「作者」到「作品」，這二個階段的文學活動都包含在內。而即使在講「實用」的文論家，這些相關的概念都必然整合在他們的觀念系統中而不可分割，也就是「體用相即不離」才是他們文學觀念的真諦，此理於前論〈詩大序〉已獲致證明。因此劉氏以這種無機性的階段切割，並建立幾種彼此排斥的系統性理論，這種思維模式完全無法貼切地理解中國古典文學觀念。所謂「表現理論」、「決定理論」、「實用理論」云云，皆是無謂的分別。從這樣的基本觀念來看，則劉氏對〈詩大序〉理論所提出的質疑，便是一種「成見先行」而「迷不知真相」的謬說。劉若愚在引用〈詩大序〉從「詩者，志之所之也」到「移風俗」一大段文字後，接著批判說：

我們可以看出，在最初三句宣稱表現概念之後，作者，自覺或無意地，在下一句中當他言及聲之「文」時，引進了審美的元素；接著，在以「治世之音……」開始的句中，表現出決定概念之後，他在「故正得失……」這段的最後一節中，轉移到實用概念。儘管「故」字用得很天真（或許很機巧），可是對於個人感情的自然表現如何以及為何一定反映政治情況，或者如何以及為何這種表現能達到道德、社會和政治目的，並沒有給予邏輯的解釋。若要接受這整段的意思，我們不得不假定：除了政治情況所產生的感情以外，沒有別種人類的感情，而所有如此產生的感情，必然是道德的、有助於改善政治情況的。我們也不得不自制提出這樣的問題：是否所有感情的自然表現，都能以某種方法獲得可以稱為音樂性的聲調的「文」（auditory patterns）。[39]

從這段批判性文字，可以明顯地看到那種將「文學」活動從「諸元素辯證合一」的實存境況中抽離出來，視為「靜態」的無機物而肢解其部分，並界定其概念的思維模式。從上文對〈詩大序〉「體用觀」的詮釋來看，當我們能理解到，儒系所肯定的詩「體」，其「情志」乃「心物交用」而「主客相涵」的產物。「情志」不離「社會情境」（物）而虛造，此即「感物而動」，亦即班固《漢書．藝文志．詩賦略論》所謂「皆感於哀樂，緣事而發」。相對而言，此「感物而動」、「緣事而發」的「情志」，也並非作者全無自主地受客觀環境所「決定」之反射，它必須經過理性的反思而「止乎禮

---

38 劉若愚著，杜國清譯，《中國文學理論》，頁二三七。

39 同上注，頁二五七。

義」，亦即「表現」了作者自覺的「價值意向」。如此，則所謂「表現概念」與「決定概念」的區分與互斥，實為形式邏輯上的偏執。

另者，當我們能理解到，儒系所肯定的詩「體」，其「情志」的實質義涵皆是關乎時代社會普遍的政教經驗與價值意向，而且「群己不二」；詩人「一己之心」與百姓「一國之心」、「天下之心」融攝無別。然則，由此「體」所延伸之「用」，當然也就可以達到政教上的「刺」或「化」的效用。準此，則「表現概念」與「實用概念」的區分與互斥，同樣是形式邏輯上的偏執。而劉氏所提出的疑問：「個人感情的自然表現（按即己、心）如何以及為何一定反映政治情況（按即群、物），或者如何以及為何這種表現能達到道德、社會和政治目的，並沒有給予邏輯的解釋」，這明顯就是不能理解上述儒系詩學「體用觀」而妄生的假性問題。

〈詩大序〉在這些問題上，皆於辯證思維中，融攝無間，根本沒有形式邏輯的矛盾。至於所謂「不得不假定：除了政治情況所產生的感情以外，沒有別種人類的感情」云云，更是無中生有的質疑。劉氏似乎不能理解到，任何一種文學理論，都是論者對文學「應然」之價值的理想性「期求」，所謂「文學的本質」都只是論者主觀的規創，而不是實證邏輯「全稱命題」的客觀實然性判斷。在儒系詩觀中，詩應該反映政治情況所產生的情感，那也是儒系論者對詩「應然」之價值的理想性「期求」，亦即一種主觀規創性的界義，而不是「全稱命題」的客觀實然性的判斷。肯定「政治情誼所產生的感情」，並不同時意謂了否定「別種人類的感情」的發生事實。更何況劉氏假如對先秦到兩漢的歷史文化情境有所理解，知道這一時期的主流思想，眾所共持的生命存在價值觀本就建立在以「政教」為中心的群體意識上；那麼，對於超出其歷史視域之外的「別種人類的感情」，也就不必苛求他們能給予相等的重視了。最後，有關「音樂性的聲調」的提問，也同樣是從形式邏輯對儒系詩學所產生的假性問題，也是一個奇怪的問題。假如對於遠古時期「詩」與「歌」並生、先秦時期「詩」與「樂」未分的歷史文化情境有所理解，就不應該會有這樣荒謬的問題。遠古時期，先民「自然感情的表現」從一開始就是以「四言詩的節奏、韻腳」這樣的自然形式「歌詠」出來，而留存了《三百篇》，這是已發生的歷史事實，豈能以「是否所有感情的自然表現，都能以某種方法獲得可以稱為音樂性的聲調的『文』」這樣理論性的抽象概念去質疑？因此，我們認為這是一個假性問題。既存而可信的歷史事實只能詮釋或評價，卻不能質疑，甚至否認。西方理論先行而凌駕中國古代歷史文化的經驗事實，就是劉若愚偏執謬見的主要原因。

最後，我們要處理一個問題：朱自清《詩言志辨》，將「詩言志」與「詩緣情」分為二個對舉的觀念，而認為從先秦到漢代，雖有不少詩是緣情之作；但在觀念的自覺上，卻尚未肯定「詩緣情」之說。「詩緣情」之說，須到魏晉六朝才由陸機〈文賦〉正式提出。[40]這種說法已相沿成為對先秦到魏晉六朝詩學的詮釋典範。不過，如前舉李澤厚等人認為〈詩大序〉已在理論上將情、志統一而作為詩的本質。龔鵬程更從《呂氏春秋》到漢代諸子之倡說「氣感」與正視「情欲」，試圖修正朱自清以下所建構的詮釋典範，而認為漢代在詩學上已確立了以「情」為內涵的「感性主體」。他認為「緣情理論本來就是〈詩大序〉所秉持的」，故「緣情」觀念不是魏晉六朝才憑空出現。當然，「言志」與

40 參見朱自清，《詩言志辨》，頁三七—四七。

「緣情」也就不是截然為二而分別代表先秦漢代與魏晉六朝二種不同的詩本質觀[41]。

這樣的論爭，二種說法都可以舉出若干史料去證成。然而，他們彼此共同的「模糊」地帶，其實都在於對「志」和「情」的實質義涵，以及與此相關的歷史文化情境或其他要素，未加分析詮釋清楚。問題的關鍵就在於「詩言志」與「詩緣情」作為一組對舉的詩本質觀念，其所謂「志」、所謂「情」究竟是什麼實質義涵？都必須相應於先秦兩漢與魏晉六朝二個不同階段的歷史文化情境以及所產生不同的詩歌類型，甚至必須相應「情」所涉及的經驗對象——「物」的實質義涵，就從這些相關性的因素條件，去進行界說。

依循本文前面的論述，儒系詩學發展到漢代，以〈詩大序〉為總結，的確已在詩「體」的構成要素上，明確建立了「情志融合」的觀念。因此，從「情」的廣延性概念，我們可以說「詩緣情」的觀念，漢代已經有了，正如龔鵬程的觀點。然而，這樣說，只見語言表層意義。因為，假如我們就「情」的經驗實質義涵去分析，便明白在漢代儒系的詩學中，此「情」必須被限定在對「政教」社會情境所反應的經驗。這就涉及到「情動」由於「感物」的觀念，依循《禮記．樂記》到〈詩大序〉的論述脈絡，所「感」之「物」，其實質義涵並非「自然景物」或廣義的宇宙萬物，而是「社會事物」。這一「感物」的觀念與《呂氏春秋》之「宇宙論」的「氣感」說關係不大，則龔鵬程所論實不貼切。並且，這種對「政教」社會情境所反應的「情」，因為雜含「欲」的成分，有其劣義，不是絕對能予肯定；而必須在「反情和志」亦即「止乎禮義」的條件下，此「情」才能被接納為詩「體」的要素之一。這就涉及從《荀子》、《呂氏春秋》以至漢代《淮南子》、《春秋繁露》等，代表氣質性論諸家思想中對「情」的觀念。戰國晚期到漢代，相較孔孟對「情」存而不論的態度，荀子以下的確已如龔鵬程所言：「正視」人性中「情」的問題，故《呂氏春秋》專立篇章以論「情欲」[42]；但「正視」只是就事實之承認，並非就價值之肯定，尤其是絕對無條件的肯定。這只要審視上列諸子皆主張「節制情欲」，便不辯而明。其中更重要的是，荀子以下這一系的思想家，幾乎都將「情」與「欲」混同觀之，甚至因此而提出「性善情惡」的奇怪說法[43]。因此，龔鵬程所謂漢代已提出「感性主體」，則這「感性主體」實乃以「情欲」為其內容的「情欲主體」。這「情欲主體」所對的即是正負價值並存的「社會世界」而不是價值中立的「自然世界」。「情欲」之動，仍然必須在群體意識之「政教」價值基礎之上，受到「止乎禮義」的節制。這樣的主體（情），這樣的對象（物），當然開不出魏晉六朝才出現，無涉「政教」社會情境的個人抒情詩。

相對的，魏晉六朝所提出的「詩緣情」；此「情」也是「感物」而動，所不同的是，由於歷史文化情境的變遷，從先秦兩漢「群體意識」的生命存在價值觀轉為魏晉六朝「個體意識」的生命存在價值觀[44]。不但，個體生命意識覺醒，以「政教」為中心的群體普遍價值觀退位，代之而起的是以個人

41 龔鵬程，〈從「呂氏春秋」到「文心雕龍」——自然氣感與抒情自我〉，收入龔鵬程，《文學批評的視野》，頁七八—八四。

42 《呂氏春秋》專立〈情欲〉一篇，以論「情欲」。參見呂不韋編著，陳奇猷注，《呂氏春秋校釋》（台北：華正書局，一九八五），卷二，頁八四—八六。

43 詳參陳昌明，《緣情文學觀》，第二章〈先秦至六朝「情性」的探討〉。

44 參見余英時，《中國知識階層史論》（台北：聯經出版公司，一九八〇），頁二〇六—三二七。

「情意」為中心的個殊價值觀。這時期的「情」在觀念上已和「欲」分開，成為無涉於物欲的「審美主體」[45]。並且在先秦兩漢被涵攝於「政教」本位觀點中而缺乏自性的「自然世界」[46]，也獨立出來而與「人文」對列，這就是六朝形成的「物色」觀念[47]。從先秦兩漢社會性的「物」到六朝自然性的「物色」。這種文學經驗「對象」的演變，使得「感物」之說，也另生不同的義涵。這只要看《文心雕龍．物色》從「春秋代序，陰陽慘舒，物色之動，心亦搖焉」立說，便已思過半矣。其他魏晉六朝詩論家的「感物之說」大致類此[48]。因而，我們可以說，漢代有「詩緣情」的觀念，魏晉六朝也有「詩緣情」的觀念；但是，二者的實質義涵不一。後者之「情」，從消極面說，不必然與「政教」經驗有關；從積極面說，所指的是感於無關「政教」，一般悲歡離合之人事與春秋代序之自然物色的感性經驗，也就是個別「審美主體」指向個別而具體的「審美對象」，而以此「審美經驗」創造個人抒情詩。其中縱有理性反思之「志」，亦可與政教諷諭的意圖無涉。

綜合上述，就「情」與「志」特定的實質義涵來說，從必關乎政教的「情志」為內涵的先秦兩漢儒系「詩言志」觀念，到魏晉六朝不涉「政教」的「情志」為內涵的「詩緣情」觀念，的確可以成為一組對舉的二種典範，去詮釋先秦兩漢到魏晉六朝二個不同階段之詩本質觀的演變。這種「演變」固非憑空而生，但也絕非同質的延展而已。

附記：

本文收錄於政治大學中文系主辦「第四屆漢代文學與思想學術研討會」會議論文集，政治大學中文系出版，新文豐出版公司發行，二〇〇三年四月。二〇一九年八月修訂增補。

45 陳昌明，《緣情文學觀》，第二章第三節〈從六朝思想的「情性」主體看文學的自覺〉。

46 這只要看先秦至兩漢言及山水，皆以道德義觀之，便可明白。《論語．雍也》載孔子之於山水，曰：「知者樂水，仁者樂山。」董仲舒，〈山川頌〉，其所頌之山川，也是充滿道德色彩，云：「山則巃嵸礧崔，摧嵬嶵巍，久不崩陁，似乎仁人志士。……水則源泉混混，晝夜不竭，既似力者。盈科後行，既似持平者……。」參見董仲舒著，蘇輿注，《春秋繁露義證》（北京：中華書局，二〇〇二），卷一六，頁四二三—四二五。

47 參見蔡英俊，《比興物色與情景交融》（台北：大安出版社，一九八六），頁一六八—一八八。

48 例如陸機〈赴洛道中作〉：「悲情觸物感，沉思鬱纏綿。」又〈擬明月何皎皎〉：「踟躕感物節，我行永已久。」參見陸機著，劉運好校注，《陸士衡文集校注》（南京：鳳凰出版社，二〇〇七），卷五，頁二九五。又卷六，頁四五八。劉勰《文心雕龍．物色》：「詩人感物，聯類不窮；流連萬象之際，沉吟視聽之區。」參見劉勰著，周振甫注，《文心雕龍注釋》，頁八四五。鍾嶸〈詩品序〉：「氣之動物，物之感人，故搖蕩性情，形諸舞詠。」參見鍾嶸著，曹旭注，《詩品集注》（上海：上海古籍出版社，二〇一七），頁一。

漢代經學所開顯二種「詮釋典範」及其在現代人文學的應用

一、緒言

近二十幾年來，我所迫切關懷的學術問題，不只是個人專業論題的創新，更是當代總體中國古典人文學的未來如何轉型、開展的學術史問題。當代，處在「後五四」時期已逾半世紀，學者們未來還要毫無「自覺」地在「五四」所建構之「知識型」（Épistème）[1]的覆蓋之下，延續固著的文化意識形態、認識及思維模式、偏識成說，而複製著陳陳相因的論題嗎？

學術不能百年不變，而必須針對前一世代所建構的「知識型」進行反思、批判；而反思、批判，必須從「根本」處轉換創新的視域。所謂「根本」處指的是研究對象的「本體論」及其知識「本質論」與相應的「方法論」。「人文知識」不是上帝創造的現成物，而是人類創造的文化產品，並無超越經驗事實而先驗存在之絕對、普遍、唯一的「本質」。任何「知識本質」之論，都是某地區、某民族、某歷史時期的某些人文學者，在文化傳統與當代社會的實存情境中，所作「規創性」的定義。而任何定義也都非固著不變，即使同一區域、同一民族，而不同歷史時期的不同學者，都可以對所謂人文知識的「本質」作出重新的定義，提出一家之言的理論，並且付諸「實踐」，而獲致創新的成果，改變了前一世代的知識型；故而人文知識，假如真有所謂「本質」，那就是「本質待創」。經學史上，所謂漢學、宋學、清學就是這樣來的。而必須如此，學術才有「史」。

近百年來，中國古典人文學術的發展軌跡是：從「反傳統」到「遠傳統」；從「文化主體失位」到「經典詮釋失能」；從「中體西用」到「中西本末倒置」。很多人文學者盲目套用西學以詮釋中國古典文、史、哲諸學，而形成不少偏識謬說，眾所熟悉者：某某子是唯心主義，某某子是唯物主義[2]；

魏晉是文學自覺、獨立的時代，文人已懂得「為藝術而藝術」而不再「為人生而藝術」……[3]。這些套用西學的偏識謬說，流行於一時，幾乎成為中國現當代人文學者的迷咒，少有學者能提出反思、批判；大家只是一味消費西方理論，而不能回歸中國文化的內部，經由現代詮釋，以「內造建構」而生產自身的理論，重建能夠實踐中國人文學術「現代化」的詮釋「典範」[4]。

1　參見本書頁五五注2。

2　例如許抗生認為：「老子哲學是矛盾的，它既有著唯心主義和形而上學思想的一面，也有著唯物主義思想的傾向和素樸辯證法的思想。就其總體的體系來說，老子哲學主要是客觀唯心主義和形而上學。」參見許抗生，《帛書老子注釋與研究》（杭州：浙江人民出版社，一九八五增訂版），頁一五五。嚴靈峰（一九〇三—一九九九）卻認為：「老子的哲學可說是一種古代的素樸唯物論。」參見嚴靈峰，《老子達解》（台北：華正書局，一九七九），頁二一。章權才認為：「荀子對『天』曾作過唯物主義的解釋……這樣的『天』在董仲舒論著中完全可以找到類似的解釋……董仲舒與荀子的『天』如此雷同，其中原因不難解釋，這就是，他們都是新興地主階級的思想家，而唯物主義因素，則是新興地主階級反對腐朽奴隸制度的鬥爭中經常被採用的精神力量。」他不但將荀子與董仲舒都貼上「唯物主義」的標籤，更且在馬列主義教條的支配之下，將這二個思想家貼上新興地主階級的標籤，參見章權才，《兩漢經學史》（台北：萬卷樓圖書公司，一九九五），頁一三八—一三九。

3　參見本書頁一四五注24。其後，又衍生出「魏晉是文學獨立的時代」之說。影響所及，此一論調已生產出一百多篇論文，參見黃偉倫，《魏晉文學自覺論題新探》（台北：台灣學生書局，二〇〇六），其附錄一、二，頁四六三—四八一。

4　「典範」這個概念，自從孔恩《科學革命的結構》傳播到台灣，就經常被應用於人文學的論述。參見本書頁五五注1。

「五四」新知識分子之「反傳統」乃眾所周知，不必在這裡細說。「中體西用」也是眾所周知，無須贅言，而什麼是「遠傳統」？什麼是「文化主體失位」？什麼是「經典詮釋失能」？什麼是「中西本末倒置」？又何謂「內造建構」？這些我所提出的觀念，有必要略作界說。

「五四」初期，大約西元一九二〇年代到四〇年代，新知識分子狂熱地追求中國的「現代化」，而「現代化」實以「西化」為主軸；中國古代的「文化傳統」是現代化、西化的絆腳石，必須徹底遺棄，因此強烈地「反傳統」。這一觀念已成新知識分子普遍抱持的「文化意識形態」，因而導致「文化主體失位」的現象，也就是知識分子原本應該「自覺」而為中國文化的本質、理想價值及其發展方向作出「自主」抉擇的「主體性」，已喪失其「本位」，僅是盲目追逐西方文化的浪潮而漂浮不定。

中期之後，大約一九五〇年到七〇年代，新知識分子雖然沒有那麼蓄意、強烈地「反傳統」；但是，卻仍然未曾反思而延續、殘餘著這樣的文化意識形態，在現代化的過程中，以追逐新潮的西學為時尚；相對地疏離傳統而與之漸行漸遠，尤其年輕世代的人文學者，對「經典」少見涵泳日久、浸潤功深者；因而詮釋經典時，往往不能虛心深入動態性的「多重語境」[5]，以理解而揭明博大精深的涵義；而只站在古典文化宮牆之外，以所謂「現代」經驗的心眼，望文而隨意生說，故多片面、膚淺之論；我稱之為「遠傳統」。「遠傳統」既對經典缺乏深入涵泳、浸潤之功，所為又是片面、膚淺之論，這便是「經典詮釋失能」的學術病症。「遠傳統」比「反傳統」更是讓有識者擔慮，因為「反傳統」還有雖被誤解卻仍存在的「傳統」作為目標物而被反對，至於「遠傳統」則「傳統」已不知不覺疏離只剩模糊不清的影子，接近銷亡了。近些年的孔子學熱潮，能喚醒多少傳統意識及多深的傳統認知，猶待觀察。

晚清、民初追求「現代化」的過程中，「繼承傳統」與「全盤西化」的論爭中，還聽得到「中學為體，西學為用」的聲音，中國文化的本體立場還守得住，其後西化越來越取得強勢。至今，熱中於挪借西方理論，以套用在對中國人文經典的詮釋，而自認為創新之標榜者，其弊已成「中西本末倒置」。相對於魏晉六朝佛學以中國經典的名相、概念解釋佛典所謂的「格義」[6]，現代人文學界稱這

---

5 「語境」（context、language situation）指的是說話或書寫所產生之文本的上下語意脈絡，以及說話者、書寫者進行說話、書寫時所身處的具體存在情境。理解、詮釋不能將文本從它所關連的語境中抽離，而僅當作靜態性的語言形構去解說，而必須將文本置入「動態性語境」中去作契入的體悟、詮釋。「語境」有五重：（一）文化傳統；（二）文本產生時的社會情境；（三）作者的身世與說話、書寫的境域；（四）各文本的「互文」關係。（五）文本的上下語意脈絡。前三重為「外語境」，或稱為「文化性語境」，後二重為「內語境」，或稱為「語言性語境」。

6 「格義」是指魏晉時期，為了解釋佛典中的「事數」（名相），起初東晉．康法朗、竺法雅，以及後來的毘符、曇相等，發明一種方法：「以經中事數，擬配外書，為生解之例。」經，佛經；外書，佛經以外的典籍。亦即將佛經中的名相，持與中國典籍內的某些詞彙及其概念進行比較，相同者就固定下來，以「擬配」為理解佛經名相的格式化涵義，就稱為「格義」。參見呂澂（一八九六—一九八九），《中國佛學思想概論》（台北：天華出版事業股份有限公司，一九八六），頁五一—五二。又李幸玲對湯用彤、呂澂、許抗生、任繼愈等前人的研究成果，其中仍有疑義之處進行辨析，所得結論是：格義始於漢末魏初，方法為「配說」，並非由竺法雅所始創。「格義」一詞的內容，由漢末魏初的「配說」，至東晉竺法雅的作法，已稍有不同。主要的改變是，「格義」不僅作為解釋佛教名相概念的方法，也已書面化成為講經的教本。參見李幸玲，〈格義新探〉，《中國學術年刊》第十八期（一九九七），頁一二七—一五七。

現象為「以西解中」的「逆格義」或「反向格義」[7]。我並不反對活用西方理論，只是要追問：在挪借西方理論之前，對經典已經涵泳深讀而有其創見了嗎？自身的文化主體還在位嗎？

什麼是「內造建構」？「內造建構」是相對於「外造建構」而言；「外造建構」指的是挪借西方理論，外鑠一種非中國古代經典所內具的詮釋框架或觀點，理論先行、框架先立，而對原典文本反而不能細讀深悟，卻靠這種外鑠而未必相應於原典文本意義的理論或框架，虛構某一種系統化的知識。相對而言，「內造建構」則是直接契入中國博大精深的傳統文化經典中，提舉文本內在所涵具人文之學的本體性、結構性、功能性、規律性，以及人文學知識之本質論、方法論的「普遍性」意義，這些都是經典的語言形式沒有直接展現的「隱性系統」，經由學者的理解、詮釋而揭明出來，並轉換為「現代化」的學術話語，而加以重構為「顯性系統」的「詮釋典範」，以作為應用在個案研究的「基礎性理論」。只有「內造建構」自家的文學詮釋典範，由消費西方理論走到生產自家理論，才有資格、能力站在全球化的文化交流平台上，與西方的人文知識進行平等的「對話」。這種由前一世代之「外造建構」的「舊知識型」，轉向回歸到中國文化自身而進行「內造建構」的「新知識型」，我稱它為「中國古典人文學之詮釋視域的迴向與典範重構」，這是一個大破而又大立的學術改造工程，非一人之力可以完成，必須二十一世紀的中國人文學者能有共同的「自覺」。

然而，這樣的學術改造工程也必須以一人之力為開端。因此，這個「內造建構」的學術工程，我已正式進行了十餘年。二〇〇六年，台灣政治大學創辦「百年論學」，我應邀作開場的專題演講，提出〈從社群疏離到社群凝聚、從典範消散到典範建構〉的論題，指認近現代的中國古典人文學術所面臨的危機之一，是古代傳統的詮釋典範幾近消散，而對西方詮釋典範的挪借卻又生吞硬套，支離破碎。解決之道是「重構傳統典範」與「創構當代新典範」兩者並進[8]。二〇一〇年，香港教育學院舉辦「中國文學批評研究工作坊」的學術研討會，我延伸上述的觀念，提出的論題是：〈從「理論消費」到「理論生產」——中國文學批評的「自體完形結構」〉。當時所表述綱要性的觀點，二〇一一年台灣東海大學主辦「中國古典詩學學術研討會」，我應邀所作的大會主題演講〈當代「中國古典詩學研究」的反思及其轉向〉[9]，有了更為精細的闡說。其中，中國文學批評的「自體完形結構」是很重要的提法。所謂「自體完形結構」，是指一個民族文學知識的總體，必須形成實際批評、文學史、文學理論三個層位之知識，彼此支援、相互為用的完形體系。及至二〇一七年九月，上海華東師大學辦「古今中西之爭與中國文論之路」的學術研討會，我受邀出席，開幕作專題演講，題為：〈內造建構：

7 二〇〇五年五月三日至五日，香港中文大學哲學系舉辦學術會議，主題為「西方的詮釋，中國的回應——中國哲學方法論之反思與探索」。近代以來，很多人文學者慣以西方哲學的術語概念及理論框架解釋中國哲學，並蔚為主流。會中，林安梧、劉笑敢針對這種現象，提出批判。林安梧發表論文〈關於「執」與「無執」的存有論問題：對比於牟宗三、康德而開啟有關於「現象」與「物自身」的思考，兼及於中西哲學會通之「格義」與「逆格義」等方法論的探討〉，林安梧稱這種以西解中的方法為「逆格義」。劉笑敢發表論文〈反向「格義」與中國哲學研究的尷尬——以老子之道的詮釋為例〉，劉笑敢稱這種以西解中的方法為「反向格義」。

8 參見顏崑陽，〈從社群疏離到社群凝聚、從典範消散到典範建構〉，《反思批判與轉向——中國古典文學研究之路》（台北：允晨文化公司，二〇一六），頁四一一—四五六。

9 顏崑陽，〈當代「中國古典詩學研究」的反思及其轉向〉，原刊《東海大學文學院學報》第五三期（二〇一二年六月），收入《反思批判與轉向——中國古典文學研究之路》，頁六七—一〇七。

中國古典文學理論研究之詮釋視域迴向與典範重構〉，講稿已寫成論文發表[10]。在這篇論文中，我比較完整地列述近些年對「五四」以降，中國古代文學史或文學理論研究已累積之偏識謬說所作的反思、批判。我所反思、批判，並重構典範的論題大約有：（一）「文學自覺」與「文學獨立」之說[11]；（二）「中國文學抒情傳統」之說[12]；（三）「純粹審美」以及「為人生而藝術」與「為藝術而藝術」二分、「純文學」與「雜文學」二分、「實用性文類」與「藝術性文類」二分諸說[13]；（四）「比興」窄化為詩歌創作的形象思維，或是明喻、隱喻、象徵的修辭技法之說[14]；（五）一九二〇年代以降，諸多「中國文學史」著作，挪借西方「有機循環論」、「文學進化論」、「歷史唯物論」等文學史觀諸說[15]。這些論題，我都已寫成論文，正式發表。

「典範重構」是一浩大的學術工程。除了上述我已完成幾個文學領域的議題之外，如何針對「經學」重構一些可資應用的「詮釋典範」？一直就是我所關懷的問題。因為「經學」乃是中國古代「經典詮釋學」的根基，深遠地影響到後世對文、史、哲各領域的意義詮釋，例如清代之杜詩、李賀詩、李商隱詩的箋注，明顯遙承毛、鄭「詩經學」所建立的「詮釋典範」。然而，在所有學術領域中，近現代的「經學」研究最為保守，已形成封閉在層層相疊的「經學史」文獻中，重複著「經學本位」的論題，很少能直接貼切「原典」及當代的存在經驗、社會文化現象，而讓它開放地跨域到政治學、文化學、社會學、教育學、符號學、詮釋學等，以開拓創新的「問題視域」及其相應的「詮釋視域」，而讓「經典」在我們所身處的當代，獲致切合時代經驗的「意義再生」。

一種完整的「詮釋典範」，其「隱性系統」必蘊涵對所詮釋之經典預設某種真理本質觀、文本型態觀，以及詮釋目的與態度、詮釋原則與操作方法。這一系統由於是「隱性」，原作者未必「顯題」

而「聚焦」，直接作出系統性的說明。因此有待我們加以揭明，並轉換為「現代化」的學術話語，而加以「重構」為「顯性系統」。

「經學」是中國古代「經典詮釋學」的根基，而漢代經學又是經學歷史的開端，已建立某些詮釋

10 顏崑陽，〈內造建構：中國古典文學理論研究之詮釋視域迴向與典範重構〉，原刊於胡曉明主編，《後五四時代中國思想學術之路：王元化教授逝世十周年紀念文集》上冊，頁一一五—一四四，收入本書頁四六七—五〇一。

11 「文學自覺說」與「文學自覺說」的形成及其論述狀況，參見附注3。顏崑陽對這一論題的批判，參見〈「文學自覺說與「文學獨立說」批判芻議〉，原刊《慶祝黃錦鋐教授九秩嵩壽論文集》（台北：洪葉文化公司，二〇一一），收入《反思批判與轉向——中國古典文學研究之路》，頁二二三—二四六。

12 參見本書頁七七注15。

13 參見本書頁一二七—一二九注3。

14 將「比興」脫離動態歷程之觀念史的脈絡，只是靜態化、片面化地解釋為詩歌創作心理層的形象思維、語言層的修辭技巧，這種論述是近現代以來，有關「比興」研究的常談，持此說者甚多，卻是「比興」之義嚴重的簡化。參見顏崑陽，〈從「言意位差」論先秦至六朝「興」義的演變〉，原刊《清華學報》新二十八卷第二期（一九九八年六月），頁一四三—一七二。又〈《文心雕龍》二重「興」義及其在「興」觀念史的轉型位置〉，原刊《文與哲》第二十七期（二〇一五年十二月），頁一二五—一六〇。又〈「詩比興」的「言語倫理」功能及其效用〉，原刊《政大中文學報》第二十五期（二〇一六年六月），頁五—六〇。諸篇論文都已收入顏崑陽，《詩比興系論》（台北：聯經出版公司，二〇一七）。

15 顏崑陽，〈中國古代原生性「源流文學史觀」詮釋模型之重構初論〉，《政大中文學報》第十五期（二〇一一年六月）。

模式，足為「典範」。我們可以揭明其「隱性系統」而重構之，以應用到現代的人文學研究。漢代經學，若論影響最深遠，莫如董仲舒（西元前一七九—一〇四）的《春秋繁露》與鄭玄（一二七—二〇〇）的經學，乃是最具代表性而型態各殊的二種「詮釋典範」。因此本文選擇以他們作為探討的對象；而有關這兩家經學的「內容」，研究者眾，成果豐碩，無庸贅論。本文則以我近十餘年來所關懷「中國古典人文學之詮釋視域迴向與典範重構」（內造建構）作為發言的立場與位置，而以構成「詮釋典範」所必具的詮釋目的與態度，以及真理本質觀與文本型態觀，詮釋原則與操作方法，作為後設性的論點，對這二種「詮釋典範」，進行對照性的系統重構，進而推闡他們在現代人文學研究的應用原則。

二、漢代經學最具代表性的二種「詮釋典範」

（一）二種「典範」所隱含「詮釋模式」之構成要素的整體系統

漢代經學最具代表性的二種「詮釋典範」，一為今文的董仲舒《春秋繁露》，一為古文而兼容今文的鄭玄經學。我們就以這二家為範型，進行中國古典人文學詮釋典範的「顯性系統」重構，並探討他們如何應用於現代的人文學研究。鄭玄經學比較複雜，他遍注群經，《後漢書．鄭玄傳》云：「凡玄所注《周易》、《尚書》、《毛詩》、《儀禮》、《禮記》、《論語》、《孝經》、《尚書大傳》……。」又集諸儒之說而成《周禮注》。除了這些經典箋注之外，另著〈政論〉、〈六藝論〉、《毛詩譜》等，都百餘萬言。唐代孔穎達（五七四—六四八）等作《五經正義》，其中《毛詩》、《周禮》、《儀禮》、《禮記》皆採鄭玄注，唯《周易》取王弼（二二六—二四九）、韓康伯（生卒年不詳），而鄭注遂趨衰微；然猶存宋代王應麟（一二二三—一二九六）輯本，清代惠棟（一六九七—一七五八）為之注。本文的討論，鄭玄經學就以唐代《五經正義》，《周易》之外的四經鄭注為依據。雖是四經，體製則一，可總理其詮釋模式，與《春秋繁露》對照而觀之。首先揭明兩家經學所隱含詮釋模式之構成要素的整體系統，彼此對照如下：

1、基本體製：

(1) 說解：說經體，以董仲舒《春秋繁露》為範型。

(2) 箋注：注經體，以鄭玄之經典箋注為範型。

2、二種典範的「詮釋模式」所隱含構成要素的整體系統：

二種典範的詮釋模式		
	詮釋目的與態度	真理本質觀與文本型態觀
董仲舒《春秋繁露》	**詮釋目的：** 致用為先，即用而推衍、創發經義，以解答當代政教「更化」的問題。 **詮釋態度：** 相對主觀性取向，以當代的「問題視域」及個人的創發性思維為依據，對文本揭明微言大義。	**真理本質觀：** 《春秋》經典的真理本質乃古代先聖依據所通明的天人之道、常變之理，而以象徵性名號建構應道合理的倫常秩序，卻又微言託寓從變而移、一以奉天的是非褒貶大義。 **文本型態觀：** 《春秋》經典的文本型態乃聖人以一套象徵性名號及委婉的特殊表達式蘊涵上述真理；它沒有絕對客觀不變的「原意」，也沒有完全通透的詮釋；可依詮釋者當代處境之「變」所產生的問題視域，經由主觀詮釋而作為政教實踐之致用的依據。
鄭玄經典箋注	**詮釋目的：** 通經為先，傳述先聖之「原意」，統整百家之雜說，而究明經義以待政教之用。 **詮釋態度：** 相對客觀性取向，以經典文獻的整全與信實為依據，繼承既有的經學傳統而創變之，並統合各經之義，以建構聖人的思想體系。	**真理本質觀：** 經典的真理本質乃古代聖人通明人文化成而垂教萬世之「道」，隱含相對客觀而恆常不變的「聖人原意」。 **文本型態觀：** 五經的文本型態就是聖人明道以化成天下之「原意」的文字載體。各經雖文本有別，卻可以「禮」統合為完整的思想體系。

詮釋原則與操作方法
詮釋原則：經典無達辭，解經無達詁。故詮釋經典，當以解答當代政教問題為優先，對文本作相對主觀性的意會而論述之，以建構自己的一套思想體系，並致用於政教改革實踐。文本意義不離致用目的。 **操作方法：** 一、採取「問題—回答」的方式進行。或與人對問，或自我設問。 二、分析、詮釋名號與辭指、事例的特殊表達式，以揭明言外深層涵意。 三、既得一端之意，即依藉連類之法，將各端之意連結在一起；既發現文本某一未言的空白處，即以互文詮釋之法，博徵其他相關文本而通貫其意。
詮釋原則：以相對客觀性的文本詮釋為優先，盡可能接近「聖人原意」。適機在相關處融入時代感受及依循文本之意作合理推論，以待當政者之衍用。 **操作方法：** 一、訓解文字。 二、考證名物。 三、選擇性徵引前說，綜合地繼承學術傳統，作為支援或對話。 四、通貫章句。 五、以「禮」為本，諸經互文詮釋，通貫為一完整的聖人思想體系。

漢代經學，從體製而言，眾所熟知最主要為「說經體」與「注經體」。前者可以離開經典本文的章句脈絡，提舉某些隱含未明而通觀、洞見的獨立性議題，由說經者進行分析、綜合或正反辯證，更復推衍、變異、假借其義而闡釋、論辨之。說經者往往會基於某種主觀立場、觀點以及詮釋目的，而導出未必盡合經義之創說，董仲舒《春秋繁露》可為範型，〈楚莊王〉、〈玉杯〉、〈竹林〉、〈玉英〉、〈精華〉等，諸篇莫不如是。後者則必須貼合、依附經典文本脈絡，逐詞、挨句、循章地進行詞義訓

詁、典實考察，以明文字表層義；然後綴詞成句、連句成章、累章成篇，而由小單元（句）推向大單元（章、篇）的文本，進行深層涵義的箋釋、疏解，展演一套文本細讀、分析的詮釋方法。這種「章句體」的詮釋模式，在漢代非常流行，乃經師針對特定經典以教授生徒所普遍採行的方式，而逐漸形成師法、家法，由口授而筆之於書，即成章句體的「注經」之作。鄭玄乃兼容今古文、融合不同師法、家法而集大成，可為「注經體」之範型。

這兩種典範所展現完全不同的詮釋模式，各有其效用，也相對有其限制。假如只從體製見其差別，表層而已。在表層之下，其實隱含著兩種詮釋模式之說經者與注經者的詮釋目的與態度，由此而衍生他們對真理本質、文本型態，在觀念上所持不同的預設；依循這個不同的預設，他們的詮釋原則與操作方法也就隨著有別。一套完整的詮釋模式，內部所隱含上述那些重層的構成要素，實有其邏輯關係而自成系統。中國古代思想史或學術史上，能成一家之言而足為典範者，必然是一套完整的詮釋模式；只是在語言表述形式上，多屬「隱性系統」，或未顯題化而集中論明，但以實踐操作過程及成果隱含之，鄭玄注經是也；或雖論及，卻片段散置各篇章，未能建構「顯性系統」。這就有待我們的揭明、詮釋而重構之。

「通經致用」乃漢代經學共持的基本觀念；「通經」以闡明「道體」，「致用」以實踐「道用」。整全而言，體用相即不二，有體必有用而用必歸體；但是，漢代知識階層對待儒家經典的詮釋目的與態度，卻各有不同取向以及側重面。從這兩種詮釋典範之構成要素的對照表觀之，董、鄭所持有的詮釋目的與詮釋態度顯然不同，董仲舒的春秋學，其詮釋目的是：「致用為先，即用而推衍、創發經義，以解答當代政教『更化』的問題」。而他的詮釋態度則是：「相對主觀性取向，以當代的『問題視域』及個人的創發性思維為依據，對文本揭明微言大義」。這在經學史上，已是常談。對照觀之，鄭玄經學的詮釋目的乃是：「通經為先，傳述先聖之『原意』，統整百家之雜說，而究明經義以待政教之用」。而他的詮釋態度則是：「相對客觀性取向，以經典文獻的整全與信實為依據，承繼既有的經學傳統而創變之，並統合各經之義，以建構聖人的思想體系。」在經學史上，這也是成說。

不過，本文的論點，不僅對這種經學史的成說聊作重複性的描述，而是特別揭顯「詮釋目的」與「詮釋態度」作為關鍵性概念，並將它納入整體「詮釋模式」的構成要素而與其他要素結合，後設性地重構漢代經學的二種「詮釋典範」。在這「詮釋模式」的結構系統邏輯關係中，相對主觀性的「詮釋目的」與「詮釋態度」會關連到相對客觀性的「真理本質觀」、「文本型態觀」；而「真理本質觀」、「文本型態觀」又會關連到「詮釋原則」與「操作方法」。如此，各要素都必須納入「詮釋模式」的結構系統邏輯關係中，彼此依存而定立其意義。

（二）二種「詮釋模式」之「詮釋目的」與「詮釋態度」的對照性差異

我們先將董仲舒經學的「詮釋目的」與「詮釋態度」納入他所建構「詮釋模式」的系統中，闡明其意義。首先，我們引入儒家學、思、行三維共成體用的思想基型作為詮釋框架。這一思想基型到漢代已成知識階層的文化意識形態。學、思、行三者均衡互濟，應是「理想型」的儒士；然而，現實世界的個人生命存在，因才性、際遇、自我抉擇的差異，卻各有所偏取。大約論之，凡是才性所向，懷抱治平之志，得時而入於「外王」之域的知識分子，多側重「思」與「行」；而「學」則僅作為「致用」的基礎性、指引性知識。這一類知識分子對經典的詮釋目的與態度，常以「致用」為優先，可舉董仲舒為範型。史載董仲舒精通「五經」，學養豐厚殆無疑義。不過，劉向稱讚他有「王佐之材」[16]，材之所向，當然不會以「學術本業」作為自己生命存在價值的理想；故雖通經學，卻以「致用為先」，而側重思、行；此「思」是由經義衍外而關切到時代政教問題的「思想」，此「行」也是經義衍外關切到時代政教、社會、文化之理想價值實踐的「行動」，活用自己所理解的經義，即聖人之「道」，以解決當代的政教問題，這才是他的終極關懷。《漢書》本傳載董仲舒當漢武帝朝，受召賢良對策，等第僅次公孫弘，頗得武帝重視，後曾任江都相與膠西相，似有機會涉入「外王」之域，實現自己的政教理想；但是終究不免「士不遇」之嘆[17]。漢興至於武帝時期，政教上已面臨不少必須「更化」，也就是改革的問題，例如改制，即《春秋繁露．楚莊王》所云：「徙居處、更稱號、改正朔、易服色」[18]，這是表層形制的變革；但深層價值體系所繫的「道」則不變，故又云：「若夫大綱、人倫、道理、政治、教化、習俗、文義盡如故，亦何改哉？故王者有改制之名，無易道之實。」[19]又例如漢代獄政、稅制的改革等問題[20]，凡此當代政教之積弊，都必須「更化」；而「更化」必須有其正當性，於是董仲舒就通過詮釋《春秋》的策略語言，推衍、創發，甚至假借聖人之「道」，以作為「更化」的正當依據。

說經的目的假如以「致用為先」，則已預設站在政教實務的位置、立場發言，因此其詮釋態度必然選擇相對主觀性取向，以當代的「問題視域」及個人的創發性思維為主導，而不以相對客觀性的闡明經義為要務。經義可以因應「問題」的「解答」而脫離文本脈絡，進行個人主觀的創造性詮釋，故多推衍、變異、增益、刪略之說。如此以「致用為先」而詮釋經典，往往成就「思想家型」或「政治家型」、「社會文化改革家型」的知識分子。中國古代的知識分子，頗多具有這種性格者，董仲舒當是這種典型人物；而其《春秋繁露》相對於《春秋》原典，也頗多衍義、變義及增義，所謂「繁露」

者，殆喻此義[21]，故《周禮．大司樂》賈公彥疏云：「前漢董仲舒作《春秋繁露》。繁，多；露，潤。為《春秋》作義，潤益處多。」[22]

接著，我們也將鄭玄經學的「詮釋目的」與「詮釋態度」納入他所建構「詮釋模式」的系統中，闡明其意義。從學、思、行三維共成體用的詮釋框架來看鄭玄之注經，顯然側重在「學」，也就是「學術本業」具有優先性，才是他生命存在價值的終極關懷，而「思」與「行」則僅作為支援性的條

16〔漢〕班固（三二—九二）著、〔唐〕顏師古（五八一—六四五）注、〔清〕王先謙（一八四二—一九一七）補注，《漢書補注》（台北：藝文印書館，光緒庚子長沙王氏校刊本），〈董仲舒傳〉班固贊曰引劉向（西元前七七—六）稱：「董仲舒（西元前一七九—一〇四）有王佐之材，雖伊呂無以加；管晏之屬，伯者之佐，殆不及也。」冊二，卷五十六，頁一一七三。

17〔漢〕董仲舒，〈士不遇賦〉，參見《董膠西集》，收入〔明〕張溥，《漢魏六朝百三名家集》（台北：文津出版社，一九七九），冊一，頁七五—七六。

18〔清〕蘇輿（一八七四—一九一四），《春秋繁露義證》（北京：中華書局，一九九二），頁一八。

19 蘇輿，《春秋繁露義證》，頁一八—一九。

20〈精華〉即涉及漢代之獄政問題，〈王道〉則涉及稅制的問題，參見蘇輿，《春秋繁露義證》，卷三，頁九二—九三，卷四，頁一〇七。

21「繁露」之義，或以為「冕之所垂也，有聯貫之象。《春秋》屬辭比事，仲舒立名，或取諸此」。或以為「綴玉而下垂，如繁露也。」董仲舒所著取名於此。說法不少，蘇輿以為皆近附會。參見《春秋繁露義證》，卷一，頁一。

22〔漢〕鄭玄（一二七—二〇〇）注，〔唐〕賈公彥（生卒年不詳）疏，《周禮注疏》（台北：藝文印書館，嘉慶二十年江西南昌府學重刊宋本，一九七三），卷二十二，頁三三七。

件。此處的「思」是對經學本業內在意義的思辨，而無干乎如何解決當代政教問題的思想，此與董仲舒不同；而「行」也是個人修身及出處進退的實踐，獨善其身而止，無干乎兼善天下的政教建樹或更化的行動。《後漢書．鄭玄傳》記載大將軍何進曾徵辟鄭玄為僚屬，「禮待甚優」而鄭玄卻「一宿逃去」。黨錮解禁後，曾「舉賢良方正有道，辟大將軍三司府」，他不接受。袁紹權傾一時，舉鄭玄為茂才，表為左中郎將，皆不就。又徵為大司農，還是「以病自乞還家」[23]。鄭玄很清楚自覺一己的才性、志趣不在於政治而在於學術，《後漢書》本傳所載〈戒子書〉自述婉拒各種徵辟，云：「吾自忖度，無任於此，但念述先聖之原意，思整百家之不齊，亦庶幾以竭吾才。」[24]因此儒家所注重的「行」，鄭玄也與董仲舒選擇殊異，表現在個人的修身「敬慎威儀，以近有德。顯譽成於僚友，德行立於己志」；其事業則表現在聚徒講學、遍注群經[25]。因此，他一生不入「外王」之域，而以「內聖」之修身自勉。皇甫謐（二一五—二八二）將他列入《高士傳》[26]，所重應該是他的儒學成就與高風亮節的品格。《後漢書》本傳也記載世稱鄭玄為「純儒」，齊魯間宗之[27]。

有關鄭玄注經的「詮釋目的」與「詮釋態度」，自述甚少，記載也不多。我們從《後漢書．鄭玄傳》所載〈戒子書〉中二句話，可窺其消息，云：「述先聖之元意，整百家之不齊。」這二句話已概括表明自己注經之業，目的在於「通經為先，傳述先聖之元意」，統整百家之雜說，而究明經義。「元意」即「原意」。至於政教之用，不是他可親身實踐，只能期待為政者能經由他所闡明的經義，通識先聖之道而「用」之於治平之業。他特重「三禮」，而「三禮」也是他經學最專精的成就。同時他以「禮」通貫五經，應該隱含這個用意。曾有漢代經學史的學者認為鄭玄的經學「用『禮』以圖挽救搖搖欲墜的東漢政權的統治」[28]。鄭玄之學雖是「通經為先」，仍不免「致用」的意圖；但既然拒入「外王」之域，則此一「意圖」，便只能作為知識分子高懸的理想了。

何謂「述」？《禮記・樂記》云：「作者之謂聖，述者之謂明」[29]。「作者」原指制禮作樂之聖人，不是後世一般創作詩文的作家，乃文化之原創者，非先聖無以當之，這就是先秦時期普行的「作者神聖觀」[30]。「述者」闡述先聖之意而傳習者，賢人可以當之；故孔子不敢以「聖」自居，而謂「述而不作」。鄭玄注經的詮釋目的就是「述先聖之原意」；經典乃先聖「原意」的載體，「原意」只能客觀闡明而傳述之，而不能以自己主觀之意隨便推衍、臆度、增損。注經為何會形成「百家不齊」的現象，在鄭玄的認知，就是由於個人各家「絕對主觀」的隨意作解，今、古文各持立場，師法、家

23〔南朝宋〕范曄（三九八—四四五）著，〔唐〕李賢（六五三—六八四）注，〔清〕王先謙集解，《後漢書集解》（台北：藝文印書館，乙卯長沙王氏校刊本），冊一，卷三十五，頁四三三—四三五。下文徵引《後漢書・鄭玄傳》皆據此版本，不一一附注。

24 同上注，頁四三六。

25 同上注，頁四三五—四三六。

26〔晉〕皇甫謐（二一五—二八二），《高士傳》（台北：台灣中華書局，據漢魏叢書本校刊，一九八七），卷下。

27 同注23，頁四三六。

28 章權才，《兩漢經學史》（台北：萬卷樓圖書公司，一九九五），頁二九一。

29〔漢〕鄭玄注，〔唐〕孔穎達（五七四—六四八）疏，《禮記注疏》（台北：藝文印書館，嘉慶二十年江西南昌府學重刊宋本，一九七三），卷三十七，頁六六九。

30 參見龔鵬程，《文化符號學》（台北：台灣學生書局，一九九二），第一章，頁八—二〇。

法互限界域，而都自以為是，彼此攻訐，卻沒有客觀基準以定是非。《後漢書．鄭玄傳》史官所作的評論是：「自秦焚六經，聖文埃滅。漢興，諸儒頗修藝文，及東京，學者亦各名家；而守文之徒，滯固所稟，異端紛紜，互相詭激，遂令經有數家，家有數說。」在這種經學處境中，鄭玄意圖「整百家之不齊」，當然就不能偏取、固守一種自以為是的師法、家法，也同樣「絕對主觀」的隨意作解，並攻訐異說。因此在「先聖原意」的基本假定下，他的「詮釋態度」便選擇「相對客觀性取向」，以經典文獻的整全與信實為客觀依據，打破今、古文及師法、家法的界域，而批判性、選擇性地繼受比較接近「先聖原意」的傳統說法，融合而用之；再創造性地轉化自己通觀群經所洞見而建立的基本觀點，認為「五經」隱含互文性，雖分而合，可以「禮」為核心，通貫為聖人整全的思想體系。如此以「通經為先」而詮釋經典，往往成就「學術家型」的知識分子，鄭玄可為典範。清代乾嘉學風，造就更多這一類型的知識分子。

（三）二種「詮釋模式」之「真理本質觀」與「文本型態觀」的對照性差異

「詮釋目的」與「詮釋態度」會關連到詮釋者對經典之「真理本質」與「文本型態」所持的特定觀點，並與詮釋目的、態度彼此對應，同時也以此觀點作為選擇「詮釋原則」與「操作方法」的前提性預設。

我們先從「真理本質觀」來看；前文已論及，人文的創造性產物，沒有先驗、絕對的「本質」；「本質」之見都是各自主觀的規創性定義，也就是「本質待創」才是人文學的知識特性。因此在我們的論述語境中，「真理本質」是什麼？這樣的問題，就只能觀看董仲舒與鄭玄各自如何去回答。他們的回答當然會受到詮釋目的、態度以及所待詮釋之對象經典的共定。他們對經典的詮釋目的與態度，已如上述，而董仲舒的詮釋對象是《春秋》一經。鄭玄的詮釋對象則是五經，《周易》與《詩經》都涉及象徵性符碼，與三禮固有差異。不過，五經一體視之，姑隱其表達形式之異而顯其真理內容之同，則就真理本質而言，鄭玄所注五經與董仲舒所說《春秋》一經，彼此所同者都是聖人之「道」；而所異者，董仲舒認定《春秋》一經的真理本質乃是：「古代先聖依據所通明的天人之道、常變之理，而以象徵性名號建構應道合理的倫常秩序，卻又微言託寓從變而移，一以奉天的是非褒貶大義」；而鄭玄所認定五經的真理本質則是「古代聖人通明人文化成而垂教萬世之『道』，隱含相對客觀而恆常不變的『聖人原意』」。

他們依詮釋對象所認定的「真理本質」，最明顯的差別在於董仲舒將真理本質的成因，上則根源於「天」，下則因承於「先聖」；乃遠古聖人體察「天意」，建立「名號」以發之，而制為「人道」，天與人合而為一，故《春秋繁露．楚莊王》云：「《春秋》之道，奉天而法古……雖有知心，不覽先王，不能平天下。然則先王之遺道，亦天下之規矩六律已。故聖者法天，賢者法聖，此其大數也。」[31]〈深察名號〉亦云：「古之聖人，謞而效天地謂之號，鳴而施命謂之名……名則聖人所發天意，不可不深觀也。」[32]〈竹林〉亦云：「《春秋》推天施而順人理。」[33]施者，行也。天施，即天之所行。而

31 蘇輿，《春秋繁露義證》，頁一四。
32 同上注，頁二八五。
33 同上注，頁六一。

天意、人道非固定不改，故〈竹林〉云：「《春秋》之道，固有常有變，變用於變，常用於常。」[34]又云：「《春秋》無通辭，從變而移。」[35]〈精華〉亦云：「《春秋》無達辭，從變從義，而一以奉天。」[36]而聖人體天之道，發為言辭，隱微其意，故〈精華〉又云：「今《春秋》之為學也，道往而明來者也，然而其辭體天之微，故難知也。」[37]綜合觀之，董仲舒對《春秋》一經的「真理本質」，在觀念上所作的規創性定義，含有幾個特質：一是天人合一，奉天法古；二是常變殊義，是非大義從變而移；三是名號象徵天意，必須深察；四是聖人體天，微言之義難知。

然則，董仲舒對《春秋》的真理本質，相對於孔孟原始儒家思想所作最大的增衍之義，就是將真理根源上推於「天」。孔子罕言性與天道，《春秋》本經及《公羊傳》很少用「天」字，偶爾出現，也沒有顯題化而賦予哲學性義涵。而董仲舒《春秋繁露》詮釋經義時，卻增益「天」這一關鍵詞，並顯題化而推衍成一套複雜的「天的哲學」。徐復觀（一九〇四—一九八二）認為這是董仲舒春秋學最大的特色，實對儒家思想的發展，加上了一層特殊的轉折。他在《兩漢思想史》中，對董仲舒「天的哲學」以很大的篇幅，作了非常精詳的討論[38]。這當然是經典詮釋的衍義，甚至是變義、增義。而所謂「真理本質」也明顯看到某些主觀規創的成分。至於名號乃「聖人所發天意，不可不深觀」、「春秋無通辭，從變而移」、《春秋》乃聖人「體天之微，故難知」。這幾項真理本質，都在昭示《春秋》不存在某種絕對客觀、固定不變的「先聖原意」。這樣的「真理本質觀」顯然與前述董仲舒說經的「詮釋目的」與「詮釋態度」彼此對應，「致用為先」、「相對主觀性取向」，必然預設了詮釋對象之「真理本質」實無絕對客觀、固定不變的「原意」，隱含寬大的自由詮釋空間。如此，才能讓詮釋者可以因應「致用」的意圖，而依藉「經典」的詮釋，衍伸、變異、增益、刪略經義，而發揮自己一套「切用」的論述。甚至「假借」經典的權威性，作為導正當政者之偏失。假如我們能契入歷史語境，同情理解，應可體會這一類型的「經典詮釋學」，歷代綿延不絕，現當代始漸衰微。它之所以成為一種傳統人文之學，乃築基於知識分子關懷政教，存心「用世」的文化意識形態；他們詮釋經典，與我們當代學者關在學院象牙塔中，純作學術研究以生產知識的歷史處境完全不同。現當代學者不能契入此一歷史語境，而僅以自己所處的現當代的學術語境，未理解就先批判，譏責古人之非，徒見其為淺識之輩而已。

至於「文本型態」，董仲舒也規創得很清楚：「《春秋》經典的文本型態乃先聖以一套象徵性名號及委婉的特殊表達式蘊涵上述本質觀所定的真理；它沒有絕對客觀不變的『原意』，也沒有完全通透的詮釋；可依詮釋者當代處境之『變』所產生的問題視域，經由主觀詮釋而作為政教實踐之致用的依據。」《春秋》之道在於倫常秩序，雖以記事為「表」，而所重卻在「裡」；「裡」是人之行事的「志」。「事」可見而「志」則隱。《春秋》之法以「微言」之記事，婉曲以藏志，故《春秋繁露．玉

---

34 蘇輿，《春秋繁露義證》，頁五三。

35 同上注，頁四六。

36 同上注，頁九五。

37 同上注，頁九六。

38 徐復觀（一九〇四—一九八二），《兩漢思想史》（台北：台灣學生書局，一九八九），卷二，頁三七〇—四三八。

杯》云：「《春秋》之好微與？其貴志也。」[39]因此《春秋》文本型態最顯著的特徵就是眾所熟知的「微言」，具體言之就是所謂「書法」，前人研究成果甚豐，不贅論。

我們僅就董仲舒在《春秋繁露》中，所認定《春秋》之文本型態而論，《春秋繁露．竹林》云：「《春秋》記天下之得失，而見所以然之故。甚幽而明，無傳而著，不可不察。」[40]「得失」見於「事」，「所以然之故」則隱含其「志」而可釋其「義」。「事」有常、變，「志」有經、權，而「義」亦隨之而或常或變，故〈竹林〉云：「《春秋》之道，固有常有變，變用於變，常用於常，各止其科，非相妨也。」[41]〈精華〉亦云：「《春秋》固有常義，又有應變。」[42]「記」則「書」也，必顯於「辭」。而「事」或書或不書，既書又如何書？雖然「書」有其「例」，卻又非「一例不變」，而對應之「辭」也非可一概通用。若是常事、常志、常義，可見之以「常辭」，故〈竹林〉云：

> 《春秋》之常辭也，不予夷狄而予中國為禮。至邲之戰，偏然反之，何也？[43]

所謂「不予夷狄而予中國為禮」乃是「常事」之「常義」，可以「常辭」表述之。然而「事」有所「變」，則「常辭」未必能一體適用。例如「邲之戰」，《春秋》載：「宣公十二年，晉荀林父帥師及楚子戰於邲，晉師敗績。」《公羊傳》詮釋這則經文，云：「大夫不敵君，此其稱名氏以敵楚子何？不與晉而與楚子為禮也。」何休注云：「不與晉而反與楚子，為君臣之禮以惡晉也。」楚子，即楚莊王，夷狄之邦，卻以楚莊王能「德進行修，同於諸夏。討陳之賊，不利其土。入鄭皇門而不取其地，既卓然有君子之信。」就因為楚莊王有君子之行，尊位可與晉侯相匹，故而禮之。反過來看，荀林父只是晉臣，而楚莊王是可與晉侯相匹的賢君，《春秋》記事的「常例」，語序是君在上而臣在下。宣公十二年這則記事，卻一反常例，將晉臣荀林父列在楚子之上，以示無臣子之禮，臣而不臣，惡晉也[44]。

上舉《春秋》如此記事，顯非「常辭」、「常例」，因為事有所變，故〈竹林〉云：「《春秋》無通辭，從變而移。」[45]〈精華〉亦云：「《春秋》無達辭，從變從義。」蘇輿義證云：「《春秋》即辭以見例，無達辭，猶云無達例。」[46]達就是通，通、達有二義：一是通透明白，二是一概適用。無通辭、無達辭的第一義就是沒有通透明白之辭，因為《春秋》之「大義」隱藏於「微言」，故〈精華〉指出《春秋》：「其辭體天之微，故難知也。」[47]；第二義則是沒有一概適用之辭，因為《春秋》之所

39 蘇輿，《春秋繁露義證》，頁三八。
40 同上注，頁五六。
41 同上注，頁五三。
42 同上注，頁八九。
43 同上注，頁四六。
44 〔漢〕公羊壽（生卒年不詳）傳、〔漢〕何休（一二九—一八二）解詁、〔唐〕徐彥（生卒年不詳）疏，《春秋公羊傳》（台北：藝文印書館，嘉慶二十年江西南昌府學重刊宋本，一九七三），卷十六，頁二〇三。
45 蘇輿，《春秋繁露義證》，頁四六。
46 同上注，頁九五。
47 同上注，頁九六。

書，人物、事件、情境之「變」甚多，而其相應所以然之「志」，所繫是非之「義」，也非可以通辭、達辭一概而論之，必須「從變而移」、「從變從義」。達例就是一概如此之凡例，蘇輿解說「即辭以見例」，達辭與達例義通，故「無達例」也涵具不能通透明白、一概適用二義。

這就是董仲舒通觀《春秋》之辭，所歸約的「文本型態」，「微言」之外隱藏著有待詮釋大義的寬廣空間。這樣的「文本型態」，一則對應到「致用為先」的「詮釋目的」，以及「相對主觀性取向」的「詮釋態度」；二則作為後文所要討論「詮釋原則」與「操作方法」之文本特質的預設。從方法論來說，其系統性的邏輯非常嚴謹，自成完整的「詮釋模式」。

對照觀之，鄭玄注經對經典之「真理本質」的預設，頗少直接論述，我們還是以〈戒子書〉自供的二句話作為主據，云：「述先聖之原意，整百家之不齊。」再通觀他注經所實踐的整體形式內容作為印證，而合理闡釋之。就以鄭玄箋《詩經》為例，毛亨《詩故訓傳》解詩，於一一五篇詩的首章或二、三章句下標示「興也」[48]。《毛傳》所標示的「興」，其義乃承繼《論語．陽貨》孔子所謂「詩可以興」之「興」，朱熹《論語集注》釋為：「感發志氣。」[49]王夫之（一六一九—一六九二）《薑齋詩話》釋為：「作者用一致之思，讀者各以其情而自得」[50]。這二家的詮釋最確當。誰「感發」？如何「感發」？顯然是「讀者各以其情而自得」的感發，而無關乎「作者本意」。故先秦時期對《三百篇》的詮釋，文本開放，其意隨讀者的「感發」而皆可，無所謂「作者本意」。《毛傳》在詩篇標示「興也」，其用意在於提示「讀者」可由此詩的閱讀而有所「感發」。及至《鄭箋》，才針對《毛傳》所標示「興也」的詩篇，逐一解釋云：「興者，喻……」，這就是詩經學史上所謂「興喻說」[51]，乃結合「作者本意」與「比興符碼」所構成的詮釋模式，以索解「作者」寄託在言外的「本意」為目的[52]。

而先秦的《三百篇》被「經化」之後，基於前述的「作者神聖觀」，則《詩經》的「作者本意」也就帶著「神聖性」了。準此，先秦孔子以至漢初毛公，對《三百篇》之詮釋所抱持的「讀者感發」義，到鄭玄作箋時，已轉向為「作者本意」的索解了。

從本質論與方法論的系統性邏輯而言，詮釋目的及態度與真理本質觀及文本型態觀必須彼此對應，故上述鄭玄注經的詮釋目的及態度與這裡所要討論之真理本質及文本型態所預設的觀念，實乃主客貼切對應。通觀言之，即是「經典的真理本質乃古代聖人通明人文化成而垂教萬世之「道」，隱含相對客觀而恆常不變的『聖人原意』」。其中最關鍵的概念是「聖人原意」，「原意」又稱「本意」，指的是「說者」或「作者」發言、書寫時，基於某種「動機」，抱持「指向」特定之人事，而所欲達致改變「現狀」之「目的」。那麼聖人作經的「原意」，其動機、目的是什麼？就是人文化成、垂教

48 《毛傳》標「興」的篇數，〔宋〕王應麟（一二二三—一二九六）《詩經考異》引鶴林吳氏之說為一一六篇，朱自清（一八九八—一九四八）《詩言志辨》亦主此數。今據裴普賢（一九二一—二〇一七）的統計，當為一一五篇，參見《詩經研讀指導》（台北：東大圖書公司，一九八七），頁一八九—一九〇。

49 〔宋〕朱熹（一一三〇—一二〇〇），《四書集注．論語集注》（台北：學海出版公司，一九七九），卷九，頁一二一。

50 〔清〕王夫之（一六一九—一六九二）著，現代戴鴻森注，《薑齋詩話．詩譯》（台北：木鐸出版社，一九八二），卷一，頁四。

51 參見裴普賢，〈詩經興義的歷史發展〉，收入《詩經研讀指導》。

52 參見顏崑陽，〈從「言意位差」論先秦至六朝「興」義的演變〉，收入《詩比興系論》，頁八九—一〇五。

萬世；而又「指向」什麼人事對象？當然是君、大夫、士所關乎的政教之事。而其事實性的「現況」假如不合於理想性的「道」，就應該改過而遷善。鄭玄所認定「真理本質」的聖人之「道」，與董仲舒最顯著的不同，是一歸源於「人」，一歸源於「天」。鄭玄注經從不將「道」的根源歸諸天、陰陽、五行。形上學非其學問重心；其重心在政治、道德、文化及社會的學問。

理論上來說，「聖人原意」當然相對於注經的詮釋者，乃客觀、唯一地存在於經典文本之中。經典的「文本型態」，在鄭玄看來，就是「聖人原意」的文字載體。「載體」如果偽訛不實、殘缺不全，或辭多誤謬，則「聖人原意」便無法揭明。他所謂「百家之不齊」包含二種現象，一是經典文本的整全與信實的問題，漢承秦火之後，重整經典，傳授既別，各家所守，版本或異，卻都自以為整全而信實；二是傳注之師法、家法紛雜的問題，各家解經，雖執一偏之說，皆自以為「聖人原意」之所在。這種經學紛雜的現象，已是經學史的常識，前文引到《後漢書．鄭玄傳》的史官之論，曾就鄭玄當時的學術處境，作了簡切的描述，可再回顧：

> 秦焚《六經》，聖文埃滅。漢興，諸儒頗修藝文，及東京，學者亦各名家，而守文之徒，滯固所禀；異端紛紜，互相詭激，遂令經有數家，家有數說。

所謂「守文之徒，滯固所禀」，就是我上文所說「百家不齊」第一種版本歧異的現象；而「異端紛紜，互相詭激」，就是我上文所說的第二種家法紛雜的現象。而鄭玄對經典「文本型態」所持的觀念，認為在「百家不齊」之外，必然有適當方法可以統整出一種相對客觀性，而比較整全、信實的版本，各家傳注之異說也可以使用適當方法，統整出相對客觀性而比較接近「聖人原意」的卓見。因此，他所做遍注群經的先序基礎工作，就是經由完整蒐羅諸經原典版本與各種傳注的文獻，進行刪繁、補漏、考辨、正訛、統整，讓經典文本得以整全而信實，才能作為「述先聖原意」的客觀依據，故《後漢書．鄭玄傳》的史官之論又云：「鄭玄括囊大典，網羅眾家，刪裁繁誣，刊改漏失。」這是客觀的文獻工夫，乃乾嘉實學的先祖；同時也表現對學術傳統「因承」與「創變」的態度，可為典型的「學術家」。

鄭玄的「文本型態觀」還有一個詮釋學上，相對主觀性的見解，那就是「各經雖文本有別，卻可以「禮」統合為完整的思想體系」，因此他認為各經之間具有「互文性」的關係。漢代經學史的學者章權才就指出鄭玄之學最精於「三禮」，而注《周易》、《詩經》、《左傳》，常「據禮以證」；故而他認為「鄭學，在某種意義上說是一種『禮學』。他用『禮』遍注群經；用『禮』調和今古；用『禮』宣揚所謂『先王之道』。」[53]這是鄭玄對經典「文本型態」的創意性觀念，也是他注經之「詮釋原則」與「操作方法」的基本預設。

（四）二種「詮釋模式」之「詮釋原則」與「操作方法」的對照性差異

兩家「詮釋模式」之結構系統中，「詮釋目的」、「詮釋態度」與「真理本質觀」、「文本型態觀」既已立定，則「詮釋原則」、「操作方法」也就隨之而定。

53 章權才，《兩漢經學史》，頁二八七—二九一。

先說董仲舒《春秋繁露》說經的「詮釋原則」：對應「真理本質觀」所立「《春秋》無達辭」之見，則「解經無達詁」，《春秋繁露．精華》云：「《詩》無達詁，《易》無達占，《春秋》無達辭。」《詩》、《易》、《春秋》三經，從「作經」的觀點來看，其「表達式」都是「婉辭」，意在象外或言外；相對的，從「讀經」的觀點來看，也就是「詮釋」經義，都是「無達詁」；故「無達詁」非僅《詩》而已，《易》與《春秋》亦然。前文已說過，「達」就是「通」，其義之一就是「通透明白」。既「通透明白」，當然就是「確當無疑」，具有「相對客觀詮釋有效性」，可被多數人接受。然而，「無達辭」而相應「無達詁」，則「詮釋原則」便不在於追求一種相對客觀確當的解答，而允許採取「相對主觀性取向」的「詮釋態度」。再對應到董仲舒「致用為先」的「詮釋目的」，則說經的「詮釋原則」當以解答當代政教問題為優先，對文本作相對主觀性的「意會」而論述之，以建構自己的一套思想體系，並致用於政教改革實踐；經典文本的意義不離致用的目的。

然而，所謂「意會」也不盡然是完全離開文本，憑空隨意想像，其「詮釋原則」還是要貼切文本，進行具有原則性「方法」的詮釋，故〈玉杯〉云：「論《春秋》者，合而通之，緣而求之，五其比，偶其類，覽其緒，屠其贅。」[54]作為「詮釋原則」，所謂「合而通之」是通觀全書，而作綜合會悟，這是對全書之語言表達式與真理宗旨的整體掌握；「緣而求之」，蘇輿義證解為「緣此以例彼」，也就是依此例以類推相似之彼例。「五其比，偶其類」，五即伍，相參為伍，相較為比，匹配為偶，同質為類，〈玉杯〉稱為「以比貫類」，也就是經由比較而連貫其類的詮釋原則。「覽其緒」，緒者，始端也，「覽其緒」就是觀察、覽求事件之將要發生之微細的端緒，而推演其必成重大事件，即〈二端〉所云：

夫覽求微細於無端之處；誠知小之將為大也；微之將為著也。[55]

這是解經之法的活用，從《春秋》所記之事，可會悟「見微知著」之理，而活用於當代之事的推斷，尤其「災異」的發生，都是「小將為大」、「微將為著」，故於法「覽其緒」而可知。「屠其贅」，蘇輿義證解釋「屠」為剖析，而「贅」則是經文所未記載之事，義證所謂「天地萬物之事蕃矣，聖人不能一一辨之」。這也是解經之法的活用，經所未載之事，其實也可以說漢代當世所遭遇到的問題，例如「改制」，則解經者可作剖析、分辨，而「以比貫類」，作出確當的解釋，〈玉杯〉舉例云：

今夫天子踰年即位，諸侯於封內三年稱子，皆不在經也；而操之與在經無以異，非無其辨也，有所見而經安受其贅也。[56]

所舉二事，皆「不在經」，即所謂「贅」；但能「辨」而「有所見」，則「經」可安受之，不以為「贅」。綜上觀之，董仲舒之說經，其目的在於「致用」，以經義之權威為據，解決當代的政教問題，卻非隨意虛說，而實有其「詮釋原則」可為依循。

54 蘇輿，《春秋繁露義證》，頁三三二。
55 同上注，頁一五五。
56 同上注，頁三三。

至於在「詮釋原則」的基準上，所進行的「操作方法」，徐復觀及周光慶論之頗為詳切。徐復觀有專題討論〈董仲舒春秋學的方法問題〉，特別重視〈竹林〉所說「辭不能及，皆在於指」的方法[57]。而周光慶則歸納董仲舒說經的三種方法論：一是名號論；二是辭指論；三是事例論[58]。《春秋》的書法，以微言寓托是非褒貶，「言」的最小單位是「辭」，「辭」用以指物者為「名」。文化的建構，倫理秩序的定位，必經分類與命名，形成規模宏大的符號系統。《春秋》所關懷的就是倫理分位及秩序如何合「道」而不亂，故其書法乃以一套儒家式的「名實論」為基礎，孔子「正名」之說，與作《春秋》相應。名以指實，這就是《春秋繁露．深察名號》所云：

> 名生於真，非其真，弗以為名。名者，聖人之所以真物也。[59]

「真」就是「實」；「名」是倫理分位之稱，「實」是與「名」對應的義涵，在倫理意義上，就是「名」所徵示的分位及其所應擔負的使命責任，也就是「理」、就是「道」；故因名而責實，所謂君君、臣臣、父父、子子也，這就是「禮」。董仲舒更將「名」之所由生，推向聖人所發之「天意」，故「名」所指之「真」之「實」，皆是「天意」；「禮」當然是出於「天意」。春秋時期，周文衰敝，禮崩樂壞，倫理失序，名實不副，則君不君、臣不臣、父不父、子不子。孔子「正名」之說，也就是要召喚恢復名實相副的社會文化，以重建人倫秩序，《春秋》大義在此也，故〈深察名號〉云：「治天下之端，在審辨大。辨大之端，在深察名號。」[60]董仲舒將「名」再分為「名」與「號」，「名」指稱個體事物，「號」指稱種類事物。

《春秋》的書法既是建立在「名實論」的基礎上，則詮釋《春秋》之義，深察名號，辨析孔子如何微妙地運用名號以責求對應的實義，便是董仲舒說經主要的「操作方法」之一，故特立〈深察名號〉一篇。例如在這一篇中，辨析「天子」之號，所指之實義是：「受命之君，天意之所予也。故號為天子者，宜視天如父，事天以孝道也。」而民與士之號，辨析云：「士者，事也。民者，瞑也。士不及化，可使守事從上而已。」[61]這種詮釋方法，從現代學術來看，就是文本分析之中的「符號分析」。不過，可注意的是董仲舒已預設說經的詮釋目的「致用為先」，他已先有一套面對當代政教「更化」的理念，故理念先行而後配合理念，選擇性地進行與政教倫理有關的名號分析，而且使用的多是可以應合主觀之意，假借為用的「聲訓」之法，其實不是訓詁的正途。

《春秋》以微言隱藏大義，故大義往往不是語言表層之「辭」所「指」；何況語言必有其「限指性」，而天地萬物萬事無窮，實非有限之「辭」所能盡指；而理雖一，入於實際人事情境，變化不定，理之所是所非，不可一概而論。《春秋》之義，常辭、常例無法範概所有事端，際此禮崩樂壞之時，事之「變」更多於「常」，故董仲舒認定《春秋》的「文本型態」無通辭、無達辭及無達例，甚

57 徐復觀，《兩漢思想史》，卷二，頁三二九—三三六。
58 周光慶，《中國古典解釋學導論》（北京：中華書局，二〇〇二），頁三八〇—三九二。
59 蘇輿，《春秋繁露義證》，頁二九〇。
60 同上注，頁二四八。
61 同上注，頁二八六。

至更有些是詭辭，其義「從變而移」，例如《春秋繁露．竹林》云：

> 盟不如不盟，然而有所謂善盟；戰不如不戰，然而有所謂善戰。不義之中有義，義之中有不義。辭不能及，皆在於指，非精心達思者，其孰能之。[62]

這顯示「實在層」的人事，或正或反，變化不定，實為詭譎。而在「語言層」，辭之指涉事物，分辨是非，卻有其限制。因此，有些非常態的人事，其指意不是可用「常辭」直白表述，也無法以通辭、達辭、達例一概套用，而只能婉曲以指引讀者「精心達思」，自己體悟而得之。然則詮釋《春秋》的方法之一，就是〈竹林〉所云：

> 見其指者，不任其辭。不任其辭，然後可與適道矣。[63]

不任其辭，就是不拘執於語言表層之辭，正如《孟子．萬章》所謂：「不以文害辭，不以辭害志」。不過，《春秋》之辭卻也有婉曲暗示之用，不任其辭，卻不棄其辭，而是從見於辭之所書處，緣其暗示，而體悟其未見於辭之所不書之意，如此則能於無辭處「見其指」。然而，這種「辭外見指」的詮釋方法，也不能呆板地逐一個案作解，而要懂得運用上述「緣而求之」、「五其比，偶其類」的詮釋原則，「緣此以例彼」而「以比貫類」，故〈精華〉云：

為《春秋》者，得一端而多連之，見一空而博貫之，則天下盡矣。[64]

一端，某一事件之端緒、緣由；一空，不書處而留白之義。如何能得一端、見一空，其要在於「能察」，故〈精華〉指出《春秋》「其辭體天之微，故難知」，然則又如何而知？其必曰：「弗能察，寂若無；能察知，無物不在。」[65]察，精細地辨識、洞觀、體悟。因此，詮釋經典沒有一套純為客觀的操作方法，其根本還是「詮釋主體」能養成敏銳、精細的辨識、洞觀、體悟能力，才有「活法」。然而，能「察」得一端、一空，還必須推演而「多連之」、「博貫之」，也就是「緣此以例彼」、「以比貫類」之原則的實際運用。董仲舒在〈精華〉所舉的例子是「魯僖公以亂即位，而知親任季子」。季子賢能，故魯國安寧不亂。及季子卒後，魯國便國衰益危。董仲舒乃以此類推，〈精華〉云：「以魯人之若是也，亦知他國之皆若是也。以他國之皆若是，亦知天下之皆若是也，此之謂連而貫之。」終而他獲致一個結論：「以所任賢，謂之主尊國安。所任非其人，謂之主卑國危，萬世必然，無所疑也。」[66]這就是《春秋》之大義，恆常之定理。

62　蘇輿，《春秋繁露義證》，頁五〇。
63　同上注，頁五一。
64　同上注，頁九七。
65　同上注，頁九六。
66　以上〈精華〉之說，參見蘇輿，《春秋繁露義證》，頁九七。

《春秋》不尚「空言」，也就是不採取抽象概念表達式，直接論義說理。《春秋》既是「經」也是「史」，從「道」而言是「經」，從「事」而言是「史」[67]，史為表而道為裡，故孔子採取「敘事以涵道」的方式作《春秋》，後世之讀者、解經者則必須採取「即事以明道」的方法詮釋文本。董仲舒對《春秋》的「真理本質」與「文本型態」已如上述之認知、預設。故而「即事以明道」也作為他說經的「操作方法」之一，《春秋繁露．俞序》云：「仲尼之作《春秋》也……理往事，正是非，見王公（蘇輿疑當作「見王心」）。」但是《春秋》記事繁複，常變兼有，不可能逐一作解。因此以分門歸類之法建立「事例」，才能達到化繁為簡，以簡馭繁的詮釋效用，故〈十指〉云：

春秋二百四十二年之文，天下之大，事變之博，無不有也。雖然，大略之要有十指。十指者，事之所繫也，王化之所由得流。[68]

指，就是「辭指論」所謂的「指」，即文辭所述之事的指義，故云「十指」乃「事之所繫」。而「事變之博，無不有也」，難以逐一而解，故董仲舒「合而通之」，即通觀全書，而以比類、歸納之法，建立「大略之要有十指」，作為詮釋類似之個案「事義」的凡例基準，這就是「事例」的操作方法，故他在〈十指〉篇末指出：「說春秋者，凡用是矣，此其法也。」不過，此一方法雖建立客觀的事例基準，卻只是參照之用，也不能依例死解，仍然要與上述主觀的「辭指」之法配合而靈活運用，〈玉杯〉在「《春秋》論十二世之事，人道浹而王道備。法布二百四十二年之中，相為左右，以成文采。其居參錯，非襲古也」句下，蘇輿《義證》云：「即事類以布其法，例不必同，文不必備，左之右之，參之錯之，在讀者善會耳。」[69]「讀者善會」還是最後決定詮釋確當與否的關鍵。董仲舒說經態度、原則、方法，雖有「名號分析」、「事例參照」的客觀性方法；但是「讀者善會」的「辭外見指」之法，仍是根本關鍵，其「相對主觀性取向」非常明確。

另外，董仲舒春秋學另有一個比較技術性的「操作方法」，那就是採取「問題─解答」的方式進行。還可分為二種：一是與人對問，《春秋繁露》前數篇，例如〈楚莊王〉、〈玉杯〉、〈竹林〉、〈玉英〉、〈精華〉等篇，以說解《春秋》經文內的「問題」為主，都設「問者曰」，然後「對答」之。二是自己設問，後面的很多篇章，大多是離《春秋》經文卻有其相關的延伸性問題，便以自己設問而解答之的方式進行，例如〈隨本消息〉、〈盟會要〉、〈立元神〉等篇。「詮釋」最重要的方法就是「提問」，因為詮釋主要的效用就是穿透文本表層所述明的「已知」之義，而揭露文本深層隱含的「未知」之義；而「未知」當然就是「問題」，針對「問題」而給予「解答」，就是「詮釋」。

至於鄭玄注經的「詮釋原則」是：「以相對客觀性的文本詮釋為優先，盡可能接近『聖人原

67 明代以降，經即史之說常見。王陽明（一四七二─一五二九）云：「以事言謂之史，以道言謂之經，事即道，道即事。《春秋》亦經，五經亦史。」參見〔明〕徐愛（一四八七─一五一七）編撰，《王陽明傳習錄》（台北：廣文書局，一九九四），卷上。而「六經皆史」更是〔清〕章學誠（一七三八─一八〇一）《文史通義．易教上》開宗明義之旨，參見章學誠著、葉瑛校注，《文史通義校注》（新竹：仰哲出版社），冊上，卷一，頁一。

68 所謂「十指」，參見蘇輿，《春秋繁露義證》，頁一四五。

69 蘇輿，《春秋繁露義證》，頁三三一。

意』。適機在相關處融入時代感受及依循文本之意作合理推論，並等待當政者之衍用。」漢代注經，其體製大致為「章句體」，傳注之文必須依附原典，指辭、循句、依章作解，展示一套文本細讀、分析詮釋的方法。鄭玄注經，從體製形式而言，也是「章句體」。雖然有些學者不認為鄭玄注經僅止「章句之學」，因為其中含有鄭玄的中心思想，以「禮」遍注群經，具有「禮學」的意義[70]；但那是內容意義的評斷，不是體製形式的分判，而且鄭玄對「禮」的見解仍然依附原典而成義，散在各經文的章句脈絡間，未能獨立成學。

漢代尊儒宗經，一般經學家仍然延續前述《禮記．樂記》所持的「作者神聖觀」，此「作者」即是「聖人」，其作經之「原意」不可隨注經者主觀之見而改易；故而客觀主義的「作者中心觀」、「作者原意觀」實為漢代注經的二大觀念基礎。而弔詭的是，從理論而言，客觀的「聖人原意」應當只有一個，而事實卻出現經學家人人自以為能得「聖人原意」；但各從其是，所見非一，這就是鄭玄所謂「百家之不齊」。鄭玄對經典的詮釋目的與態度，對經典的真理本質觀與文本型態的預設，前文已論證甚明；「聖人原意」是最關鍵的基本觀念，而確當的「聖人原意」只有一個。因此那種開放性、相對主觀性的多元經義詮釋，也就是所謂「百家之不齊」，不是他可以容忍的經學亂象。在他的認知中，「聖人原意」乃客觀、唯一的存在文本中，可以經由「適當」的詮釋態度、原則與方法，加以揭明而傳述之；個人不能主觀地任意推衍、變異、增益、刪略，以致扭曲、淪失「聖人原意」，這就是他的「詮釋原則」。至於他偶爾會在某些章句注疏間，發抒自己所觀察或經歷的時代感受，畢竟少數，實非主調，也不礙經典客觀箋注之義[71]。而若干沿著經義所作的推闡，也是「順著講」，從不「逆著講」或「移開講」，亦即不以主觀之意增衍、變異他所自認已藉「章句」訓解而得的客觀「聖人原意」。其注經之客觀、嚴謹，完全不同於董仲舒主觀、創變之說經，這已是經學史上的共識。

在此「詮釋原則」的定準下，鄭學注經的「操作方法」就是：「訓解文字、考證名物、選擇性徵引前說、綜合地繼承學術傳統，以作為支援或對話、通貫章句、以『禮』為本，諸經互文詮釋，通貫為一完整的聖人思想體系。」這套注經的操作方法，是漢代「章句體」的通式，差別只在各家預設立場、觀點的不同取擇，以及主觀己意之強弱顯隱、學養之厚薄、識見之深淺、文獻掌握之真偽完缺，這是箋注內容之優劣問題；至於形式上的規則、步驟，則大致相似。鄭學之所以集大成，除了個人學養豐厚的主觀條件之外，其方法之精良，主要有四：一、包含原典與傳注的文獻掌握完整，故前引本傳稱云「括囊大典，網羅眾家」。二、對文獻先作切實的考訂，以糾謬補漏，故本傳又稱云「刪裁繁誣，刊改漏失」。以上二種方法，是「客觀詮釋取向」所必備的文獻整全而信實的基礎條件。三、他改變傳統固守一家之法，而相互攻擊的學風；跨越家法之藩籬，不偏取一家主觀之立場、觀點而排斥

70 章權才，《兩漢經學史》，頁二九一。

71 〔清〕陳澧（一八一〇—一八八二）曾舉例云：「鄭箋（《毛詩》）有感傷時事之語，〈桑扈〉不戢不難，受福不那。箋云：王者位至尊，天所子也。然而不自斂以先王之法，不自難於亡國之戒，則其受福祿亦不多也。此蓋嘆息痛恨於桓靈也。」陳澧所舉尚有「螟蛉有子，蜾蠃負之」、「戰戰兢兢，如履薄冰」、「〈雨無正〉維曰於仕，孔棘且殆」等數例，指出鄭箋皆感於時事及個人黨錮之遭遇，但陳澧最後結論云：「鄭君居衰落之世，其感傷之語，有自然流露者；但箋注之體嚴謹，不溢出於經文之外耳。」參見陳澧著，《東塾讀書記》（台北：臺灣商務印書館，一九六八），卷六，頁八八。按陳澧所引用幾篇《詩經》文本，本就是抒情言志之作，鄭箋藉機寄託自己的時代經驗，實無干乎經文之客觀詮釋。

他家，故能兼融各家之長，既繼承傳統而又有自己的創變，最明顯的是注《周禮》；唐代賈公彥《周禮注疏》附〈序《周禮》廢興〉引〈鄭玄序〉，述及鄭玄廣取鄭興、鄭眾、衛次仲、賈逵、馬融之解詁，而認為「猶有參錯，同事相違，則就其原文字之聲類，考訓詁，捃祕逸。」[72] 四、注疏過程，以指辭、循句、依章的步驟，進行訓解辭句之義、考證名物史事之實，而後通貫章義，也就是以客觀地分解詮明文本的語言文字之義為主，而不離開文本，隨意想像、臆測而虛說。舉例而言，《禮記．檀弓下》：

> 公叔文子卒，其子戍請謚於君……。君曰：「……昔者衛國有難，夫子以其死衛寡人，不亦貞乎？

鄭玄注云：

> 文子，衛獻公之孫，名拔。謚者，行之迹也，有時猶言有數也。大夫士三月而葬。君，靈公也。難，謂魯昭公二十年，盜殺衛侯之兄縶也。時齊豹作亂，公如死鳥。[73]

孔穎達疏云：「死鳥，衛地。」這段經文，鄭玄注只依序由辭到句到章所必須解明的字義、名物、史事一一注釋，而不揣度自以為是的言外深意。朱熹曾經以自己的解經經驗，體會到：「平日解經最為守章句者，然亦多是推衍文義，自做一片文字。」因此「使人看者，將注與經作兩項功夫做了……至於本旨，全不相照。」由於自己這樣的體會，因此他特別稱許：「漢儒可謂善說經者，不過只說訓詁，使人以此訓詁玩索經文，訓詁、經文不相離異，只做一道看了，直是意味深長也。」[74]以朱熹對漢儒解經的稱許，最好的範例，應該就是鄭玄的經學了。

鄭玄注經中，比較特殊的是箋詩。《詩經》的「文本型態」與其他諸經不同，因為辭涉比興，非可直解，而必須言外求意。而鄭玄箋詩的詮釋目的，仍是預設客觀的「作者本意」。他在詮釋態度上，大體繼承《毛傳》傳統，而有些與《毛傳》如有不同，即下己意，其〈六藝論〉云：「注詩宗毛為主，毛義隱略，則更表明，如有不同，即下己意，使可識別。」[75]但是鄭玄如何「下己意」？他並不憑空生說，而有他自己的一套方法，也就是將孟子〈萬章〉篇所述及「以意逆志」的說詩之法與「知人論世」的人格修養之法，應用到箋詩[76]。詮釋詩意不免主觀地「以意逆志」，即是結合前文所述

72　鄭玄注，賈公彥疏，《周禮注疏》，頁八。

73　鄭玄注，孔穎達疏，《禮記注疏》，頁一八六。

74　朱熹，〈答張敬夫十八〉，陳俊民校訂，《朱子文集》（台北：允晨文化公司，二〇〇〇），冊參，卷三十一，頁一一九六。

75　鄭玄〈六藝論〉，參見〔清〕嚴可均，《全上古三代秦漢三國六朝文》（台北：世界書局，一九八二），冊二，《全後漢文》卷八十四，頁七。

76　《孟子．萬章》云：「說詩者，不以文害辭，不以辭害志。以意逆志，是為得之。」參見〔戰國〕孟軻著、〔漢〕趙岐注、〔宋〕孫奭疏，《孟子注疏》（台北：藝文印書館，嘉慶二十年江西南昌府學重刊宋本，一九七三），卷九上，頁一六四。這段話被後世認為重要的說詩之法，注疏者略有異說，文、辭二字大抵指作品的語言。但

及「興喻說」的比興解碼之法，所作的主觀意會；但是，「相對客觀性取向」以證得「作者原意」，仍然是鄭玄箋詩的基本詮釋態度，故而在方法上乃濟以客觀考察詩作之歷史人事背景，即「知人論世」之法，《詩譜》之作就是此法的具體實踐[77]。

三、二種「詮釋典範」在現代人文學的應用

人文學問雖然不像自然科學之可運用客觀實證的方法建立具有「是非值」的命題性知識，因為人文學問的言說目的主要在「意義」的「詮釋」，其「真理」的本質都有主觀性；但是，從認識論及方法論的主觀或客觀取向，仍然可分為二種基本知識型態：

（一）論述（discourse）：論述型的言說，以某種「社會實踐」為「優先性目的」，意在「改變」當前的世界，而建立心目中「理想」的未來世界。有些論者會偏取與某個特定「權力團體」一致性的「主觀」立場及觀點，即所謂「意識形態」，針對當前的政治、文化、社會等「問題」，採取能有效推動「實踐」的言說策略，以進行論述；故理論乃是作為「實踐」之正當性依據與指導原則。這一類「論述性」的言說，假如不只是為某一「權力團體」的利益，在理論上建立「正當性」；而能有超然、獨立的立場，為人們生命存在價值的「理想」，建立可實踐的藍圖，並且在真理本質論與方法論上，能具備一套完整的系統性詮釋模式，而成一家之言。這種論述者，便具有「思想家」的資格。

（二）論證（expound and prove）：論證型的言說，論者以「學術」為志業，也就是論說並證明某種「知識」或「真理」乃是他發言的「優先性目的」，意在描述、詮釋、批判傳統既有的學術成果，

而建立某種具備「相對客觀有效性」的「知識」或「真理」。因此，言說者會「自覺」地與某些「權力團體」保持距離，不偏取某種特定「意識形態」的主觀立場及觀點，儘量採取相對客觀、超然的態度，以「文獻」證據效力為優先，及邏輯法則為依循，而支持、證成言說的有效性。這一類「論證性」的言說，假如文獻充實，邏輯嚴密，能博通群學，既繼承傳統又獨具創變，提出原發性問題，而見解卓越，同時對「知識本質論」與「方法論」持有明確的認知，能建立一套完整的系統性詮釋模式，而成一家之言。這種論著者，便具有「學術家」的資格。

人文學問有「思想家」的言說、有「學術家」的言說。前者偏向主觀「論述」，表現為關懷當代政治、文化、社會問題之「改革」的「思想性」言論；後者偏向客觀「論證」，表現為研究、建立

是，「意」是「作者之心意」、「說詩者之心意」或「作品文字之意」？卻頗有異說。而所謂「志」，又何所指？如何能獲知此「志」？這都是頗為複雜的問題。〈萬章〉又云：「……以友天下之善士為未足，又尚論古之人。頌其詩，讀其書，不知其人，可乎！是以論其世也，是尚友也。」參見《孟子注疏》，卷十下，頁一八八。孟子此說，知人論世，尚友古人，明顯不是說詩之法，而是指示道德修養不僅要與並世之善士相互砥礪，更要契入歷史的人格世界中，經由頌其詩，讀其書，進而理解作者所處的時代，體會他的道德實踐精神，故此說非專為解詩而設，乃漢儒之轉用。有關漢儒兼用「以意逆志」與「知人論世」的說詩之法，詳參顏崑陽，《李商隱詩箋釋方法論》（台北：里仁書局，二〇〇五），第二章第二節，頁一〇四—一一九。

77 鄭玄《詩譜》已佚，宋代歐陽修以降，學者多為補亡輯佚，其中以〔清〕丁晏《詩譜考正》為善。《續修四庫全書總目提要》以為「皆引據確鑿」。丁氏之作收入《皇清經解續編》（台北：復興書局，一九七二），冊十三，卷八四六，頁九七七四—九七九六。

「知識」或「真理」的「學術性」言論。當然，在人文學問中，這兩者並非「截然為二」，只是會有所偏向的程度性差異，或者說兩者只是顯隱、表裡的區別。董仲舒以「思想家」為「顯」為「表」，但是他精通「經學」，當以「學術」為「隱」為「裡」，乃是他思想的根基。而鄭玄則以「學術家」為「顯」為「表」，然而前文述及他往往寄託時代存在感受於注經間，而以「禮」遍注群經，也隱含著他「以禮匡世」的政教理想[78]，故當以「思想」為「隱」為「裡」，絕非只是沒有「思想」的「學術家」。

徐復觀認為中國古代的知識分子，「先秦兩漢，斷乎沒有無思想的經學家。無思想的經學家，乃出現於清乾嘉時代」[79]。徐復觀是就先秦以至漢代的經學而論「思想」與「經學」的關係。我們可以擴大觀之，人文學術不只經學而已，史、哲都包含在內。準此，我們可以說，乾嘉時代之前，中國知識分子很少沒有「思想性」的「學術」；也很少不具「學術性」的「思想」。乾嘉之後以至現當代，缺乏直切生命存在經驗及其意義價值的創造性「思想」，而只埋首文獻史料的「專業學術」，或缺乏學術涵養而游談無根的「空言」，這一類所謂「學者」或「文化人」才越來越多。我認為從中國古代哲學史、文化思想史、經學史、文學批評史等觀之，古代知識分子言說多屬「論述型」，這與中國「士」階層多以「道」自期，「政教關懷」是普遍的「文化意識形態」，而為學目的在於「致用」的傳統精神有關。不過，能博大精深而成一家之言的「思想家」，其實也不是非常多見。

董仲舒是「思想家型」的知識分子，偏於主觀主義的「論述」；鄭玄則是「學術家型」的知識分子，偏於客觀主義的「論證」，卻都各有成一家之言的思想或學術內容，以及系統完整的詮釋模式。那麼，當今學院中的人文學者，可持這兩個典範為基準，而為自己作一定位。以我的觀察，大多是兩不著邊，粗淺地混淆這兩種言說型態。學院內的研究是學術性的知識生產，必須以「論證」為法則，卻常有學者缺乏上述所謂「論證」應該具備的條件，對所研究的知識，沒有明確之本質論、方法論的認知，文獻基礎薄弱，又不知文本分析及邏輯法則，因而所說往往只是片段不成系統的讀書意見，不具「論證」的相對客觀有效性；相對的，看似主觀立場的「論述」，卻又沒有時代感知所關懷的社會文化「問題」，也沒有所祈嚮的生命存在價值「理想」，更沒有跨出學院為社會文化改革的實踐動力，當然不具精深、創造而自成系統的思想內容與詮釋模式。「論證」與「論述」兩邊都不合格。

現當代中國人文學者「遠傳統」之所致，對中國古代經典所隱含豐富的「詮釋典範」未能覺察並深入研究，進而「內造建構」以轉用於當代的人文學。有些學者更是至今還在生吞、雜食西方理論，以盲求新變，而致「文化主體失位」，卻猶自詡為「現代化」。我並不反對西學，但是如此盲目套借，絕非正途。中國人文學之衰微，無法在國際化的舞台上，與西方平等對話，這已是不爭之事實。

漢代二種「詮釋典範」，經由上述的重構，一為思想家主觀主義「論述型」的詮釋模式，一為學術家客觀主義「論證型」的詮釋模式。不管哪一型，他們能成一家之言，其「詮釋模式」內在各構成要素的系統性邏輯都非常完整而一致，邏輯結構的完整性與一致性，正是論文撰述能自成系統的基本條件。從兩種典範在詮釋目的與態度，真理本質與文本型態的預設，詮釋原則與操作方法的設立觀之，這樣「系統結構完整」的詮釋模式，就可以應用到我們現當代的人文學研究。一個學者在論文撰

78　參見章權才，《兩漢經學史》，頁二八九。

79　徐復觀，《中國經學史的基礎》（台北：台灣學生書局，一九九〇），頁五一。

述之時，究竟自我定位在「論述型」，還是定位在「論證型」？二種定位各有適用的「場域」，不宜錯置。定位明確之後，就得自我檢視，是否能效法董仲舒與鄭玄的經學，建立一套適合自我定位，而系統完整的詮釋模式，以保證自己的「論述」或「論證」的有效性。

這二套「詮釋模式」，其中有幾個局部，可以再作更精密的建構，而應用於現當代的人文學研究。西方的「符號學」影響我們現當代的人文學甚鉅，一九七〇年代以來，西方流行而傳播到中國的「文化研究」（Cultural Studies），不同於傳統的「文化學」（Culturology），它不是一種學院化的特定學科，因此沒有特定學科的特定方法學，而主要的方法就是一般性的「符號分析法」。西方的符號分析當然也可以廣度地使用在現代社會文化現象或各種文學、藝術的文本分析，那麼也能用在中國古代的「經典詮釋」嗎？難說不能，但必然有很大的限制性。因為中西語言文字的型態不同，文化傳統有異，西方符號學所運用的符號分析，未必能直接套到中國古典人文學的研究，而用在經典的詮釋。中國古典人文學的研究，董仲舒春秋學的「名號論」，如果重構得更為精密、更系統化，實可相當有效地應用於現當代的中國古代「經典詮釋」。「名號論」如此，「事例論」何嘗不如此！

至於「辭指論」所謂「得一端而多連之，見一空而博貫之」，雖屬主觀意會之法，缺乏客觀規範；但是，由主觀體會所得之一端、一空，其實還是可濟之以「緣此以例彼」、「以比貫類」的相對客觀原則，而獲致「多連之」、「博貫之」的整體詮釋效果。這同樣對我們現當代人文學，很有啟發、參考的作用。而《春秋繁露》所經常操作「問題—解答」之法，更是現當代人文學研究很切實用的詮釋原則。前文已論過，「詮釋」主要的方法就是「提問」，一切學術研究從「問題意識」開始，沒有「問題」，論文就不必寫；然而不少學者撰述論文，只是兜攏史料，就文本語言表層義，將文言文「譯述」為白話文。文字表層是已被作者說明出來的「已知」之義，而真正的意義卻是隱藏在文字深層而關連到人之現實存在經驗及價值的感思，乃未被作者直接表述的「未知」之義；「未知」就是「問題」，等待詮釋者提出，並給予「解答」而揭明其意義。因此詮釋不是只將文本的表層義作出「譯述」，而是穿透文本語言文字的表層，洞見「未知」的「問題」，也就是文本的「問題化」。董仲舒已為我們示範這一套非常切合實用的「問題—解答」方法，可應用到我們現當代的人文學研究。

至於鄭玄「章句體」的注經之學，除了整體「詮釋模式」的應用之外。其局部也同樣示範幾個可資應用的方法。過去學界對「章句學」太多負面評價，只看到所謂「章句多者，或乃百餘萬言」的繁瑣之弊，其實那是劣質的章句學，不足以為法；但是章句學優質之作，如鄭玄注經，實有精良之法可學，能應用於現當代的人文學研究：一是講求版本的整全與信實；二是對前行學術傳統既有的成果，能完整地掌握、深入地理解、批判，而選擇性地繼承，以作為基礎與對話；三是文本所涉的名物、典實必須考信，不能架空憑虛而隨意生說；四是徵引文本，必作細讀，針對文本進行精密的分析性詮釋，而後才能順沿其義，推演、發揮己見；絕對不能徵引文本之後，籠統不求甚解，而離開文本辭句之義的脈絡，以及歷史文化「語境」，憑空馳騁己見。最後這一點，實為現當代人文學論著最大的弊病，取法優良的「章句學」，可以訓練學者精密的文本分析法，以獲致切實「論證」的有效性。

最後，我要提出一個與人文學界共勉的想法：二十一世紀的中國人文學研究，假如學者們能「自覺」而回歸民族文化內部，經由「內造建構」的學術工程，為自身涵具民族特性的人文學研究，針對知識本質論與方法論，進行系列性的詮釋典範重構，以建立文史哲各領域的基礎理論，轉而應用到現代的中國人文學研究；那麼，中國人文學才能由「文化主體失位」轉進到「文化主體復位」，建構具有民族文化特質而體系儼然的中國人文學，而站在國際化的舞台上，與西學平等對話，同時也才能得到西方學者的尊重；而孔子學的興起也不至於只是過度膨脹的暫時幻象。

附記：

本文原刊《東華漢學》二十九期，二〇一九年六月。

二〇一九年八月校訂。

論「典範模習」在文學史建構上的「漣漪效用」與「鍊接效用」

一、問題的導出

我們的問題這樣導引出來：

「五四」以降，大約民國二〇年代開始，一般《中國文學史》的著作，對於漢代的騷賦，自東方朔〈七諫〉以下的作品，散體大賦自揚雄〈長楊〉、〈羽獵〉以下的作品，大多籠統地用「模擬」的概念作為判準，卻未精切地解讀文本，便遽爾作出頗為負面，甚至否定的評價。這樣的論述，更強烈地表現在對明代前後七子詩文的評價上。於是，諸多《中國文學史》之著作，對上述的論點轉相因襲（這也就是他們譏誚漢、明諸家的「模擬」吧！足為反諷），就此模鑄了我們對這二段時期文學史的認知，至今卻還沒有人對這樣的論述作出深切的檢討。以下，我們先略引幾種現行常見的《中國文學史》著作，其中有關上列的論述，以作為討論的起點。

劉大杰《中國文學發展史》云：

> 代表漢賦的，是子虛、上林、甘泉、羽獵、兩都、二京一類的作品，而不是惜誓、七諫、哀時命、九懷、九歎、九思一類的作品，因為這些文字，無論形式內容，只是楚辭的模擬，而成為屈、宋的尾聲。

又云：

他（東方朔）的七諫，因襲楚辭，用典多，價值不高。

又云：

由於司馬相如的創作，漢賦的形式格調，已成了定型。後輩的作者，無法越出他們的範圍，因此模擬之風大盛。這風氣從西漢末年到東漢中葉，等到張衡幾篇短賦出來，才稍稍有點改變。

又云：

（揚雄）一生著作豐富，出於模擬者居多。甘泉（按〈甘泉〉的形製實為騷體，非擬相如賦，劉大杰未察）、羽獵、長楊、河東（按〈河東〉的形製結合散體與騷體，而且篇幅較短，非全擬相如賦，劉大杰未察）四賦，是擬相如的子虛、上林。廣騷、畔牢愁（按這二篇作品已散佚，只剩篇名，如何斷言模仿屈騷）是仿屈原的。在辭賦方面，他以屈原為模擬的對象。……辭賦到了這種模擬的時代，自然是更沒有生氣，沒有意義，只是照著一定的形式，堆砌辭句，鋪陳形勢。外表華麗非凡，內面空虛貧弱。

又云：

其（班固〈兩都賦〉）內容為敘述京都，與西漢流行的描寫游獵宮殿的不同。結構宏偉，富於文采。但其形式組織，卻全是模仿子虛、上林。再如他的幽通，是模仿屈原的離騷，典引是模仿司馬相如的封禪，答賓戲是模仿東方朔的答客難。在這種模擬的空氣下，要產生有新意識有新生命的作品，是很難的。與班固前後同時的作家，如馮衍、杜篤、崔駰、傅毅、李尤之徒，也都在這種空氣之下活躍著，因此我們也無須多說了。

又云：

張衡時代，漢賦的模擬之風並沒有停止，他自己的二京賦，也是這類作品。[1]

從上引劉大杰對漢代辭賦這段時期文學史的論述來看，除了「追隨楚辭，在形式上初有轉變，而成就較高」的賈誼和枚乘[2]，「揉合各家的特質，加以自己的創造，建立了固定的形體」的司馬相如[3]，寫出「漢賦中優秀作品（〈悲士不遇賦〉）」的司馬遷[4]，以及「漢賦的轉變，由他開其緒端」的張衡之外[5]；西漢中晚期到東漢中葉，從東方朔到王褒、揚雄、班固等，在劉大杰以籠統的「模擬」概念為判準的評斷之下，這些已被肯定為一流的辭賦家們幾乎都只做了沒有多大價值的「文抄」工作。劉大杰對於「文學史」的建構，顯然只重視「創」與「變」的經驗現象；而「因」的經驗現象，則可以不加細究，便總判之以「模擬」，並貶低其價值，甚至略而不談，如對待馮衍、杜篤之輩，所謂「無須多說」矣。

劉大杰之論如此，其餘如鄭振鐸《插圖本中國文學史》[6]、葉慶炳《中國文學史》[7]、王忠林等編著《中國文學史初稿》[8]、游國恩等編著《中國文學史》[9]、北京大學中文系集體編著《中國文學史》[10]、馬積高、黃鈞主編《中國古代文學史》[11]等，其持論陳陳相因，大致與劉大杰沒有什麼顯著的差別，不一一贅引。

至於對明代前後七子的論述，我們可引劉大杰、游國恩之說為代表。劉大杰《中國文學發展史》云：

---

1 以上數段引文俱見劉大杰，《中國文學發展史》（台北：華正書局，一九八七），頁一二九、一四五、一四八、一四九、一五〇、一五一。

2 劉大杰，《中國文學發展史》，頁一三七。

3 同上注，頁一四五。

4 同上注，頁一四六。

5 同上注，頁一五一。

6 鄭振鐸，《插圖本中國文學史》（台北：藍星出版社，一九六九）。

7 葉慶炳，《中國文學史》（台北：台灣學生書局，一九八七）。

8 王忠林等編，《中國文學史初稿》（台北：石門圖書公司，一九七八）。

9 游國恩等編，《中國文學史》（台北：五南圖書出版公司，一九九〇）。

10 北京大學中文系集體編著，《新編中國文學史》（高雄：復文圖書出版社，未標明出版年月）。

11 馬積高、黃鈞主編，《中國古代文學史》（台北：萬卷樓圖書公司，一九九八）。

> 明代的擬古主義，正式形成一個派別而以理論來號召的，則始於李夢陽、何景明。……這是擬古主義者說明從事文學必須摹擬的理論。……擬古主義的作品，結果只能變為古人的影子。[12]

游國恩等編著《中國文學史》：

> 他們（李夢陽、何景明等）拋棄了唐宋以來文學發展的既成傳統，走上盲目尊古的道路。他們的創作一味以模擬剽竊為能，成為毫無靈魂的假骨董。[13]

劉、游二氏之論如此。上列諸家文學史著作，除馬積高、黃鈞所編《中國古代文學史》之持論有些差異外[14]，其餘都同樣很粗糙地以「擬古」、「模擬」，甚至「剽竊」的評斷，極度貶低前後七子的詩文。而且他們的論述，大致有二個共同點：

（一）側重描述前後七子「文必秦漢、詩必盛唐」的所謂「擬古」理論，而不切實細讀他們的詩文作品，亦即以「文學批評史」的觀點書寫「文學史」。

（二）側重在前後七子文學自身藝術價值（就上一點而言，他們實未細讀諸家作品）的評斷，而未側重針對他們的理論與創作實踐，在「文學發展歷程」上的意義與價值，作出適切的詮釋與評判。所謂「文學發展歷程」，近指相對於明初「台閣體」與「八股文」之風的變革，遠指相對於漢、唐所建立詩文「典範」的承繼。亦即諸家對前後七子的論述，是以文學自身的「藝術性（或文學性）評價」取代「文學史性評價」。

從上述《中國文學史》著作的閱讀，我們所被導引出來的問題是：

（一）他們所謂「模擬」，界義頗為模糊。從其論述脈絡所獲致的理解，「模擬」即是以他人的作品為模型，而加以類似性的仿作，因此與「創新」背反。這種模擬的作品，沒什麼價值。然而，我們的疑問是：「模擬」這一批評術語，其界義是否真的可以這樣簡化？如果我們將「模擬」視為一種「文學行為」，從行為表象觀之，雖同為「模擬」；然而，從其行為的「準則」或「策略」（法）與所達致的「目的」或「效用」進行分析，是否會有不同範型的差異？

（二）「模擬」事頗複雜，屈騷之「依詩取興」、揚雄之擬式司馬相如賦、唐人之建立各種「詩格」而列舉作品為例示、明代前後七子之倡為「文必秦漢、詩必盛唐」等，皆包含在廣義的「模擬」之內。其中，唐人的「詩格」非擬式某特定一「篇」、一「家」、一種「文類」、一個「時代」的理想「體式」[15]（以下簡稱「篇體」、「家體」、「類體」與「時體」），而是歸納詩歌語言形式技巧為若干格

12　劉大杰，《中國文學發展史》，頁九二七、九三一、九三二。

13　游國恩等編，《中國文學史》，頁一一三八。

14　馬積高、黃鈞主編，《中國古代文學史》。他們認為，前後七子提倡秦漢盛唐，以矯「台閣體」和「八股文」之弊，根據「取法乎上」的原則，把秦漢古文當作最高典範來效仿。無論在理論上和創作上，都取得了不小的成就。冊四，頁二二六、二二八。

15　「家」乃指以「人」為主的「風格單位」，參見龔鵬程批評術語詮釋〈家〉，《文訊月刊》第二十一期，一九八五年十二月，頁三五二—三五四，收入龔鵬程，《文學批評的視野》（台北：大安出版社，一九九〇），頁四四六—四四九。「體式」，指可為範式的文體，參見顏崑陽，〈論文心雕龍「辯證性的文體觀念架構」〉，收入顏崑陽，

式化的定法，以為創作之軌則，瑣碎枝節，與文學史的建構無涉，可不論列。至於屈騷之「依詩取興」、揚雄之擬式司馬相如賦、明代前後七子之倡為「文必秦漢、詩必盛唐」，皆是以某一「篇體」、「家體」、「類體」或「時體」為「典範」而「模習」之，可稱之為「典範模習」。其中存在著模習者與被模習者前後「體式」之間的「因」或「變」關係，不管從創作或批評的觀點來看，都深涉文學史的建構。因此，我們要問的是：「典範模習」這一文學行為及其產生的作品，假如將它置入「文學史建構」的觀點加以詮釋與評價，則有何效用呢？

（三）理論上，對某一篇、一家、一文類或一時代文學作品的評價，因所指涉的「價值性」不同，而可區分為作品本身的「藝術性評價」、作品衍外效用的「社會功能性評價」、作品在文學歷史因果序列的「文學史性評價」三種。三種評價之間，並不必然一致。「藝術性價值」高者，若於文學發展無甚影響效用，則「文學史性價值」不高；反之亦然。那麼，我們要質疑的是上述《中國文學史》的論述對於「模擬」的文學行為與產生的作品，僅作「藝術性評價」，並以此取代「文學史性評價」，是否造成價值判斷上的混淆？

（四）從中國文學史的宏觀而言，「典範模習」的文學行為，自屈騷之「依詩取興」、揚雄之擬式司馬相如賦，已啟其端。至六朝劉勰等文論家之說，更已形成「理論」。然則，屈原以下的文學家，沒有不做「典範模習」者。「典範模習」的行為，到宋代更大肆鼓吹，而建立眾所共識的「學古論」；從創作的事實層面看，宋人之詩也幾乎沒有不學唐人之詩者[16]。這項議題所涉，不只「創作」上的「學習論」而已，更深及「文學史」的建構觀念。「典範模習」與「模擬」在概念上雖不完全等同，卻大有互涉。因此，假如籠統地以「模擬」的概念為判準，去評斷文學史上眾多作家，則不但揚雄、班固以及明代前後七子受到前述的貶責，其他作家恐怕少有能夠倖免者。因此，我們的疑問是：揚雄等漢代辭賦家與明代前後七子的作品，其「文學史性價值」，是否可在前述疑問釐清之後，重作評判？

上列第二個問題，我們所嘗試提出的解答，也就是本文所假設的論點，乃是：「典範模習」在文學史建構上，具有「漣漪效用」與「鍊接效用」。這一論點，從我們對中國文學歷史經驗現象深入地進行「綜合解悟」時，便可獲致；但是，作為現代學術性的論述，它當然有待下文依據史料的分析、詮釋加以證成。

二、「模擬」的三種範型及「典範模習」的義涵

文學的「模擬」，從廣義而言，只要作者依擬前行既成的文學作品為範型而進行創作，都可謂之「模擬」。從中國文學史上歷代的創作經驗現象來看，所有的創作，除了最原始的創造者之外，都可視為廣義的「模擬」。「模擬」而能變化出另一面目，便是「再創」。因此，絕大多數的文學作品，幾乎都不是「原創」，而是「再創」。以文學史的建構為價值判準而言，「模擬」有其不可棄置的價值。

《六朝文學觀念叢論》（台北：正中書局，一九九三），頁一四七—一四八。又參見顏崑陽，〈論「文體」與「文類」的涵義及其關係〉，《清華中文學報》第一期，二〇〇七年九月，頁二八—三一。

16 徐復觀，〈宋詩特徵試論〉，收入徐復觀，《中國文學論集續編》（台北：台灣學生書局，一九八一），頁二三—四一。

以文學的藝術性為價值判準而言，「模擬」而能「再創」，亦有其高度的價值。

廣義的「模擬」是一個頗為籠統的概念，有必要進行更精確的分析。由於「模擬」是指涉實在經驗內容的概念，因此分析的進行必須切實於文學史已發生的「模擬」行為；然而，文學史上的「模擬」行為，其個別現象非常雜多，甚至無法做到完全的歸納。因此，我們只能從文學史總體的宏觀中，提舉若干「範型性」的案例，分析其「模擬」的特徵，再從而綜合出相對確當的概念。

第一個範型是屈騷對「詩」（指《三百篇》）的「模擬」。這是中國文學史上最早出現的「模擬範型」。雖然，這個範型的建立並非出於作者的自供，也就是依據史料的顯示，屈原並未自供創作〈離騷〉等作品時，有意以「詩」為範型而模擬之；但是，漢代以來，諸批評家依藉二者的比對，由其基本特徵的相似性，而詮釋性地建構了「詩騷因變」關係，也就是「騷」因於「詩」而變化出另一面目。從「因」的關係而言，「騷」是對「詩」的模擬。這樣的詮釋，從西漢淮南王〈離騷傳〉所謂「國風好色而不淫，小雅怨悱而不亂，若〈離騷〉者，可謂兼之矣」[17]，已啟其端。而至東漢王逸〈離騷經序〉，更明指：「〈離騷〉之文，依詩取興，引類譬喻。」他的意思是屈原〈離騷〉所用「興喻」的表現形式，乃是「依詩」而來。其〈楚辭章句序〉亦云：「屈原履忠被譖，憂悲愁思，獨依詩人之義，而作〈離騷〉，上以諷諫，下以自慰。」[18]這段論述，也明指屈原「依詩人之義，而作〈離騷〉」。什麼是「詩人之義」？義者，宜也，所行合宜也。什麼是「所行合宜」？即是下文「上以諷諫，下以自慰」，這就涉及詩人的「創作意圖」了。「詩」皆緣事而發，以行「政教諷諭」之用意。這種「創作意圖」正是「詩」的基本精神，合於人臣之義。而屈原之作〈離騷〉，實因承了「詩」的這種精神。綜合前面二段文字而言，在漢人的詮釋中，屈騷不管表現形式或內容所涵具的精神，皆以

「詩」為「典範」而模擬之。王逸在〈楚辭章句序〉中，沿著上文「依詩人之義」後，更擴大「騷」之與「詩」的關係至於因承「五經」，並作局部字句的比對，云：

> 夫〈離騷〉之文，依託五經以立義焉。「帝高陽之苗裔」，則「厥初生民，時惟姜嫄」也（按《詩．大雅》之句）。「紉秋蘭以為佩」，則「將翺將翔，佩玉瓊琚」也（按《詩．鄭風》之句）。「夕攬洲之宿莽」則《易》「潛龍勿用」也。「駟玉虯而乘鷖」，則「時乘六龍以御天」也（按《易．乾．彖辭》）。「就重華而陳詞」，則《尚書》〈咎繇〉之謀謨也。「登崑崙而涉流沙」，則〈禹貢〉之敷土也。[19]

這樣的比對，雖頗枝節；但是，卻更具體地說明漢人之認為屈騷並非前無所「因」的原創。屈原是以「詩」，甚至擴大到「五經」，為其「典範」而模擬之，最終變化出自己的面目。這樣的詮釋，至六朝亦為劉勰所接受，故於《文心雕龍．辨騷》中，抱持相同的論調：

---

17 〔漢〕司馬遷，《史記．屈原列傳》（台北：藝文印書館，景印清乾隆武英殿刊本），卷八十四，頁一〇〇四。又〔漢〕王逸章句，〔宋〕洪興祖補注，《楚辭補注》收錄班固〈離騷序〉亦有此語，指為〔漢〕淮南王〈離騷傳〉所說（台北：藝文印書館，汲古閣本，一九六八），卷一，頁八八。

18 王逸〈楚辭章句序〉，參見王逸章句，洪興祖補注，《楚辭補注》，卷一，頁一二一、八七。

19 同上注，卷一，頁八七。

> 王逸以為詩人提耳，屈原婉順，〈離騷〉之文，依經立義。……將覈其論，必徵言焉。故其陳堯、舜之耿介，稱禹、湯之祇敬，典誥之體也；譏桀、紂之猖披，傷羿、澆之顛隕，規諷之旨也；虬龍以喻君子，雲蜺以譬讒邪，比興之義也。每一顧而掩涕，歎君門之九重，忠怨之辭也；觀茲四事，同於風雅。[20]

劉勰也是從比興的表現形式與美刺之志、忠怨之情的內容精神，比對詩、騷的同質之處，而判斷騷是以「詩」（甚至五經）為「典範」而模擬之。如此，騷之於詩的因變關係便被建構起來，合為「風騷」，形成同系而更大範疇的「典範」，再經後世不斷的因變而構成傳統，占去整部中國文學史很大的篇幅。

騷之模擬於詩，雖是漢代開始的「批評型建構」，然而從他們比對的詮釋來看，的確二者存在著明顯的相似性。這些相似性，在同一文化傳統中，由於一後一前的時序關係，而被詮釋為後者模擬前者；這種詮釋，假若沒有絕對客觀的否證，則並非全不可信。我們問題的重點，乃是在這前提下，去分析詮釋：騷之於詩的這一「模擬範型」，有何特徵？從漢代以來的論述，以及我們比對二者，其特徵皆在於「騷」所模擬於「詩」者，乃內容之「政教諷諭」精神與形式之「比興」二端。分而言之，二端固有形式、內容之別，但實為一體，也即「比興」之形式必以「政教諷諭」為內容，而「政教諷諭」之內容必以「比興」為形式。總而言之，這就是「詩」的本質，是「詩」所建立的文學精神。

準此言之，「騷」之模擬於「詩」的這一「範型」，是一種取其精神，宗法本質的模擬，我們可稱之為「宗本型模擬」，是「模擬」的最高境界。

後世之模擬者，從其創作實踐而言，張衡之〈四愁詩〉、阮籍之〈詠懷〉、陳子昂、張九齡之〈感遇〉、李白之〈古風〉……，以至清代常州派張惠言之在理論上以「詞」上承「風騷」，而依「比興託喻」之義，進行創作實踐[21]，都是這一類「宗本型的模擬」。

第二個「模擬範型」是漢代賈誼、東方朔等人之擬騷與揚雄、班固等人之擬司馬相如的散體大賦。這是繼屈騷擬詩之後，所出現的第二種「模擬範型」，也是一般「中國文學史」著作中，經常描述到並加以貶責的「模擬」。

這種「模擬」之不同於前一種，約有二端：（一）在觀念上，模擬者自供其模擬行為，並將它理論化為「學習寫作」的法則。（二）更明確地在「文類」的「體製」上，進行模擬。「體製」是文類在語言形式上趨向規格化的組構。因此，這種「模擬」甚為明顯。

先說第一端，漢人之模擬屈騷，乃出於自覺的觀念，並且蔚為風氣。這不只由現存諸多漢代騷賦作品可得證實；並且在漢人的論述文字中，也有不少供詞，例如班固《漢書．揚雄傳》記載揚雄之對屈原，「悲其文，讀之未嘗不流涕」，因而作〈反離騷〉、〈廣騷〉、〈畔牢愁〉[22]，而班固〈離騷序〉

20 參見〔南朝梁〕劉勰著，周振甫注，《文心雕龍注釋》（台北：里仁書局，一九八四），頁六三—六四。

21〔清〕張惠言，〈詞選序〉以為「詞」之本質：「蓋詩之比興，變風之義，騷人之歌則近之矣。」，見《詞選．續詞選校讀》（台北：復興書局，一九七一），卷一，頁五—六。

22 參見〔漢〕班固著，〔唐〕顏師古注，〔清〕王先謙補注，《漢書補注》（台北：藝文印書館，光緒庚子長沙王氏校刊本），冊二，卷八七，頁一五一四—一五一五。

對漢人之模擬屈騷，更有概括性的描述：

> 其文弘博麗雅，為辭賦宗。後世莫不斟酌其英華，則象其從容。[23]

王逸〈楚辭章句序〉也有同樣的描述：

> 自終沒以來，名儒博達之士，著造辭賦，莫不擬則其儀表，祖式其模範，取其要妙，竊其華藻。[24]

至於揚雄、班固等人之模擬司馬相如的散體大賦，《漢書．揚雄傳》也有一段明確的記載：

> 蜀有司馬相如，作賦甚弘麗溫雅。雄心壯之，每作賦，常擬之以為式。[25]

現代一般「中國文學史」的著作，也經常引述這段文字為據，再由粗略的印象，以為揚雄的〈甘泉〉、〈羽獵〉、〈長楊〉、〈河東〉四賦，皆模擬司馬相如之作，其價值不高。班固〈兩都賦〉亦復如此。

揚雄之擬式司馬相如賦，並將這種「模擬」理論化為學習寫作的法則。《西京雜記》卷三，云：

或問揚雄為賦，雄曰：讀千首賦，乃能為之。[26]

這則記載也見於桓譚《新論》，文字略有差異[27]。「為賦」是「創作賦」，因此這是一個「創作論」上的問題。然而，揚雄的回答，卻是「讀千賦」。「讀」與「作」有何關係？顯然，「讀」是「作」之前的一種日常學養。這「學養」的工夫，並非僅在於「知識」的充實，而更是對「典範性作品」，從閱讀之中，去進行「模習」。因此，我們可以說，漢代時，揚雄已在觀念上開啟「典範模習」之論。

次論第二端，一般「中國文學史」作者，在比對賈誼、東方朔、王褒等人所作「騷體賦」，其以「兮」為音節的句式，與屈騷相同，便認定是在「模擬」屈原的作品。而比對揚雄、班固等人的散體大賦，其設為主客問答，及經緯宮商，纂組成文的鋪敘形式，與司馬相如〈子虛〉、〈上林〉相差無幾。準此，則揚、班之「模擬」相如賦，證據確鑿。凡此，皆由「體製」之模擬所作的判斷，若以不涉及評價的「描述」而言，這也是不可否認的事實。

---

23 班固〈離騷序〉，參見王逸章句，洪興祖補注，《楚辭補注》，卷一，頁八八—八九。

24 王逸〈楚辭章句〉，參見王逸章句，洪興祖補注，《楚辭補注》，卷一，頁八八。

25 參見班固著，顏師古注，王先謙補注，《漢書補注》，冊二，卷八七上，頁一五一四。

26 《西京雜記》（台北：臺灣商務印書館，景印歷代小史本，一九七九），舊題〔漢〕劉歆撰，或疑為〔晉〕葛洪、吳均所偽託。卷二，頁八。

27 〔漢〕桓譚，《新論》（台北：台灣中華書局，據問經堂本輯本校刊，一九七六）。按《新論》全書已亡佚，上引為孫馮翼輯佚本，頁八三。

我們分析這一「模擬範型」的特徵，厥有三端：

（一）因襲前行文類的「體製」。東方朔等人之寫作「騷體賦」、揚雄等人之寫作散體大賦，即是文類「體製」的模擬。

（二）模寫前行作家所開創的題材類型，揚雄之〈羽獵〉等賦，班固之〈兩都賦〉、張衡之〈二京賦〉，都是模寫司馬相如〈子虛〉、〈上林〉所開創的題材類型。

（三）以前行作家作品所創造的「體式」為理想「典範」而模習之。東方朔等人之以屈騷的「體式」為「典範」，揚雄之「擬相如以為式」，即以司馬相如賦的「體式」為「典範」，都是「家體」的模擬。

準此，則綜合前述三端，不管模擬「體製」或「體式」，都是某種文體的模擬，我們可借《文心雕龍．體性》所云「摹體以定習」之語，而稱這一範型的模擬為「摹體型模擬」。這種模擬，歷代非常普遍，或模擬其體製，或模擬同類之題材與主題；或模擬其體式，逐漸形成一種傳統的文學行為模式，稱為「祖述」或「祖習」。前述漢代東方朔等之被指為模擬屈騷，揚雄等之被指為模擬司馬相如賦，固是如此。及枚乘創作〈七發〉之後，爭相模擬者甚多，而形成「七」這種特殊的「類體」[28]。此一模擬的文學行為，到魏晉六朝更為普遍，而且明白地成為一種「習作」模式，遞衍成為「傳統」。從事模擬者，並非皆為鄙陋的文人，多的是文學史上第一流的名家，例如陸機、曹丕、陶淵明、謝靈運、鮑照等，並且這類「擬作」，也被肯認為一種特定的文類，《文選》甚至專立卷帙選錄之；從《文選》卷三十、三十一所錄幾十首「雜擬」之作來看，有的是模擬某一名篇，例如陸機〈擬行行重行行〉等十二首，張載〈擬四愁詩〉，袁淑〈傚白馬篇〉等；有的則模擬某一名家之體，例如鮑照〈學劉公幹體〉。至於不那麼「模式化」地明示所模擬的對象，而並世或異代的許多詩人模寫同一樂府詩題，例如〈行路難〉、〈自君之出矣〉，或模寫同一類題材，例如侍宴、從軍等，這類模擬行為，更是常見。宋代葉適《石林詩話》便曾論述到魏晉六朝這種「祖習」之風：

> 魏晉間人詩，大抵專攻一體，如侍宴、從軍之類；故後來相與祖習者，亦但因其所長取之耳。謝靈運〈擬鄴中七子〉與江淹〈雜擬〉是也。梁鍾嶸作《詩品》，皆云某人詩出於某人，亦以此。[29]

其實何止魏晉六朝，這種「模擬」的文學行為，歷代從未斷絕。尤其到了宋代，更將它理論化為「學古」[30]；而在創作層面上，如歐陽修之學李白、東坡之學陶淵明和白居易，山谷之學杜甫等，都是很顯著的案例。至於明清時代「宗唐」與「祧宋」之爭，以及前後七子被譏為「擬古」，都屬這一種範型的模擬。如此，則這種「摹體型的模擬」儼然是一源遠流長的傳統，恐怕不能如一般《中國文

28〔晉〕傅玄〈七謨序〉：「昔枚乘作〈七發〉，而屬文之士，若傅毅、劉廣世、崔駰、李尤、桓麟、崔琦、劉梁、桓彬之徒，承其流而作之者紛焉。七激、七依、七款、七說、七蠲、七舉、七設之篇……。」參見〔清〕嚴可均，《全上古三代秦漢三國六朝文》（台北：世界書局，一九八二），冊四《全晉文》，卷四十六，頁八。

29〔宋〕葉適，《石林詩話》，收入〔清〕何文煥輯，《歷代詩話》（台北：漢京文化公司，一九八三），冊一，頁四三三。

30 龔鵬程，〈論詩文之法〉，收入龔鵬程，《文化、文學與美學》（台北：時報文化出版公司，一九八八），頁六一—六六。

學史》著作簡化地以作品本身「藝術性評價」的觀點就可蔑視之。

第三個範型的模擬，是唐人「詩格」一類著作所開啟的語言形式技法的學習。唐代「詩格」一類的著作非常多，其大體是歸納詩歌語言形式技巧為若干格式化的定法，以為寫作之軌則；但是，往往不只標立名目，或作抽象概念的說明而已；多舉前行詩人的句子或篇章為範例。這種「示例」的方式，其實就是為了供給學者依例模習，當然也是一種「模擬」的行為。例如皎然《詩式・跌宕格》中之「越俗品」，云：

> 其道如黃鶴臨風，貌逸神王，杳不可羈。郭景純〈遊仙詩〉：「左挹浮邱袂，右拍洪崖肩。」鮑明遠〈擬行路難〉：「舉頭四顧望，但見松柏園，荊棘鬱蹲蹲。中有一鳥名杜鵑，言是古時蜀帝魂。……。」[31]

至於一般《中國文學史》著作中，經常會敘述到，並指為「模擬」甚或「剽竊」的「奪胎換骨法」，也是這一範型。宋釋惠洪《冷齋夜話》記載山谷曾提出「奪胎換骨」之法：「不易其意而造其語，謂之換骨法。規模其意而形容之，謂之奪胎法。」。宋代嚴有翼《藝苑雌黃》亦載，宋徽宗詩「北極聯龍衮，秋風折雁行」，乃「奪胎」於杜甫〈謁玄元廟〉：「五聖聯龍衮，千官列雁行」[32]，這顯然是局部詩句的仿似。雖有學者以為具「點化」之功，而無蹈襲之弊[33]，但畢竟是明顯的語言修辭的模擬。至於李夢陽、李攀龍等，尺尺寸寸於古人，甚至將古人之作改易若干字句，便為己作，也是這類模擬。一般「文學史」對他們甚多批評，不一一俱論。

這一模擬範型的特徵，厥有二端：（一）將模擬客觀化為規格式的技法。（二）側重在語言修辭，甚至局部字句，進行「形似」的仿作，而忽略作品整體的神氣。因此，不管模擬者或被模擬者的「主體性」完全喪失。這個範型的模擬，從其特徵，我們可稱它為「仿語型模擬」。

在中國文學史上，所謂「模擬」，經過上述範型化的分析、綜合，我們可以瞭解到它複雜的義涵，非如上述劉大杰等文學史作者所見那樣的粗略，從這三種範型來看，第一、二種的區別，雖在於前者乃穿透文體的表象，而直探其本質與所因依的文學精神，庶幾無跡可尋；後者則始而依循文體之表象模習之，終而契入其內在之神理，故有跡可循。二者正如禪宗頓、漸之別。不過，他們卻有其共通之處：（一）以某一「典範」為對象進行整體性的模習，不管體製或體式，其模習都重在整體的掌握，而不作局部修辭的仿造；因此，即使有所謂「法」，也是原理、原則性的「活法」，例如屈騷之「依詩取興」、「依詩人之義」，揚雄、班固之依司馬相如賦的鋪敘手法，而非瑣碎規格的「死法」[34]。（二）模習的過程，模擬者與被模擬者的「主體」俱在，而進行「互為主體」的「會悟」。因此，這二種模擬，有別於第三種淪失「主體」而僅作局部修辭之仿造；我們可以合稱第一、二種的模擬為「典範模習」。

31（唐）皎然，《詩式》，收入何文煥輯，《歷代詩話》，冊一，頁三三。

32（宋）嚴有翼，《藝苑雌黃》，收入郭紹虞輯，《宋詩話輯佚》（台北：華正書局，一九八一），頁五四〇。

33 龔鵬程，《江西詩社宗派研究》（台北：文史哲出版社，一九八三），頁一九六。

34 活法之說，參見龔鵬程，《文化、文學與美學》，頁六六—七〇。

論述至此，我們有必要對「典範」一詞作簡要的定義：「典」有正、常、法之意。而「範」除了也有常、法之義，更另有具象性的「模型」之義。合義複詞之「典範」，則有「正常而可以為法的模型」之義，意即「典型模範」也。宋代郭若虛《圖畫見聞錄》云：「典範則有春秋、毛詩、孝經、爾雅等圖。」正是此義。西方學術上，有 paradigm 一詞，中譯為「典範」，美國孔恩在《科學革命的結構》一書中，將它界定為科學學術上某種可以被普遍取法的系統性理論[35]。另外，西方又有 canon 一詞，中譯為「典律」，指可為準則的文學、藝術作品。中國古典文學中，往往視人品與文品為一，文體之「體」兼有客觀文類「體製」概念與作者主觀性情所注之「體貌」概念，故《文心雕龍》「體」與「性」合論而有〈體性〉一篇，終而主客兼融以構成「體式」（或稱「體格」）概念。因此「典範性」的「體式」必合「類體」與「家體」而成。準此，本文所用「典範」一詞，其義不同於孔恩所說 paradigm 一詞中譯之「典範」，因為孔恩所指為抽象概念之理論，本文所指則為具象之文體。同時，也不同於 canon 一詞中譯之「典律」，因為「典律」偏指語言文字所構成之作品；而本文「典範」一詞，則兼指作品中所涵作者的性情人格。從「文體」的觀念來說，「典範」所指稱之「文體」，不是偏從作品語言要素所構成的文體，即「語言風格」；而更強調自作者性情要素所構成的文體，即「人格風格」[36]。

循此，第三種「模擬範型」，所模擬者只在局部修辭或規格式之技法，其中沒有統整性的「類體」概念與「家體」概念。而文學史的建構，從創作成果，即所謂「作品」來看，「類體」與「家體」是二大要素。因此，我們可以說，第三種範型的模擬與文學史的建構無涉，而第一、二種範型的模擬，即「典範模習」，則與文學史的建構關係密切。

三、文學史建構的基本型態及「典範模習」在文學史建構上的效用定位

文學史的建構，大體言之，約為二種基本型態：（一）批評型建構；（二）創作型建構。「批評型文學史建構」指的是依藉文學批評的行為方式，以進行文學史的建構。文學歷史經驗的本身，是諸多並時發生或前後繼起而散列不整的文學活動現象。它必須經過文學史家的揀擇、詮釋，而建立個別經驗現象之間的價值位次與因果關係，並構成系統性的敘述，此之謂「批評型文學史建構」。

這一型態的建構，又可次分為「論述型的建構」與「選文型的建構」。前者如《文心雕龍．時序》，依藉論述性的語言，以描述歷代文學階段性的演變，並詮釋其演變的原因[37]。現代學者的《中

---

35 參見本書頁五五注1。

36 班固〈離騷序〉肯定屈騷的風格是「弘博雅麗」，故而「為辭賦宗」，這是從作品本身所描述的「語言風格」概念；《史記．屈原列傳》引淮南王〈離騷傳〉所稱屈騷「國風好色而不淫，小雅怨悱而不亂，若〈離騷〉者，可謂兼之」，這是從作者人格所描述的「人格風格」概念。詳參顏崑陽，〈漢代「楚辭學」在中國文學批評史上的意義〉，原刊《中國詩學會議論文集》（台灣：彰化師範大學國文系，一九九四），第二輯，頁一八一—二四七。收入顏崑陽，《詮釋的多向視域——中國古典美學與文學批評系論》（台北：台灣學生書局，二〇一六），頁二四〇—二四三。

37 《文心雕龍．時序》以為文學演變的原因是「文變染乎世情，興廢繫乎時序」。參見劉勰著，周振甫注，《文心雕龍注釋》，頁八一六。

國文學史》書寫，即是這一型態的著作。後者如蕭統《文選》，以「事出於沉思，義歸乎翰藻」的特定文學觀為依據，進行作品的揀選。作品揀選，已涵評價之義，決定何者入史、何者不入史；然後在編排的順序上，先分體製，次分題材類型，同一體、類中的作品則「各以時代相次」。從其編選體例而言，《文選》不作論述，卻依藉對「作品」進行系統性的揀選與時序性的編排，而具體建構了「遠自周室，迄乎聖代」的文學史[38]。另外，明代高棅的《唐詩品彙》則兼具二者，前面〈總敘〉、〈歷代名公敘論〉以及各類詩體的〈敘目〉，以論述性語言提出初、盛、中、晚四唐之說與正始、正宗、大家等「九格」之品，而經緯交織，以建構分期、體格流變的歷史詮釋系統。然後又依藉對作品的揀選、編排，以「作品」具體呈現一部完整的「唐詩史」[39]。以上就是依藉理論與實際批評而完成的文學史建構。

「創作型文學史建構」指的是作家經由歷史文化意識的自覺而因承或變革前行「典範性」之文體，以創作的實際行動去建構某一文學傳統。所謂「歷史文化意識的自覺」，非僅指其人對歷史文化客觀的認識，更重要的是指其人之意識到「文化」乃聯繫個體生命價值實現而形成的「有機體」。「我」無法自外於這有機體而獨存，是這有機體的一部分，享有這有機體所給予既成的價值物，而我亦當有所承接的實現價值，以使這有機體得以繼續傳衍。「有所承接」並非毫無揀擇的概括承受，因為歷史文化有機體本身菁蕪並存，所以「承接」即是一種選擇性的接受。

這一行動乃是經由歷史經驗的反省而展開；但是與前一建構型態不同之處，在於其歷史經驗的反省，並不僅為建構一種被語言陳述的歷史知識客體而已。「反省」是為了覺知真相與判別價值，以作為「行動」的方針。因此，通常都朝向於揀擇「典範」以為承接而付諸實踐，從而建構傳統。就文學而言，即是以「創作」的實際行動，去承接前行的「典範」，從而建構某一文學傳統，例如韓愈在散文上，揀擇秦漢儒家文章為「典範」，而以「創作」的實際行動，上有所承繼而下有所開啟，從而建構秦漢一系的「古文」傳統。又例如陳子昂反省到「風雅」的「典範」到晉宋而莫傳，乃以「創作」的實際行動，繼往而開來，以建構「風雅」一系（或云風騷、騷雅）的詩歌傳統[40]。凡此，都屬「創作型的文學史建構」。

因此，文學史建構的第一序，不是上一種主客分立的「批評型建構」，而是這一種主體涉入以參與歷史創造的「創作型建構」。甚者，「批評型建構」應該以「創作型建構」的歷史經驗事實為依據，否則不免流於「虛構」，而不是「建構」。

從上述二種文學史建構的基本型態來看，「典範模習」正是「創作型文學史建構」主要而且必要的行為方式。

38〔南朝梁〕蕭統〈文選序〉，參見蕭統編著，〔唐〕李善等注，《增補六臣注》（台北：華正書局，景印南宋淳祐丁未刊本，一九七九），頁一—三。

39〔明〕高棅，《唐詩品彙》（台北：學海出版社，景印汪宗尼校訂本，一九八三）。

40〔唐〕陳子昂，〈與東方左史虯修竹篇序〉云：「文章道弊五百年矣，漢魏風骨，晉宋莫傳……風雅不作，以耿耿也。」他雖只溯及漢魏，但又批評齊梁之詩「風雅不作」，則顯然以漢魏為風雅統緒。參見彭慶生，《陳子昂詩注》（成都：四川人民出版社，一九八二），卷三，頁二一七—二一八。

四、「典範模習」在文學史建構上的「漣漪效用」與「鍊接效用」

依循上一節的論述，文學史是由群體的「文學行為」經驗與產品所構成。假如只有一個人，無論藝術性價值多麼高的「獨創」，也無法構成文學史。而即使諸多個人的「獨創」，卻彼此沒有任何「互動性」的因果關係，也同樣無法構成文學史。因此，「文學史」必是由「群」與「已」之文學行為經驗的辯證關係所構成。「已」指個人的創作，「群」指個人與個人之間，共同從事文學創作的並時性社會互動關係或歷時性文化傳承關係。而這種以「文學」為事業的社會互動與文化傳承關係，必然逐漸型塑出某些普遍性的成規，以為眾所遵循；種種成規乃是社會群體的產物，對個人創作雖不具絕對的支配力，但卻具相對的規範效用。文學經驗的這種群已辯證關係，劉勰在《文心雕龍》中將它理論化為「通變」。其〈通變〉云：

> 夫設文之體有常，變文之數無方，何以明其然邪？凡詩賦書記，名理相因，此有常之體也；文辭氣力，通變則久，此無方之數也。名理有常，體必資於故實；通變無方，數必酌於新聲。41

任何一種「文類」之「名理相因」的「有常之體」，是群體的產物，是普遍的規範，應該遵循。而作者個已的「文辭氣力」，則是在「有常之體」的規範下，作為能通而變之的要素，也是自由創新之憑藉。那麼，「常體」的規範存在於何處？曰：「故實」；「故實」指的當然是前行理想的「典範」之作。因此文學創作，應以「望今制奇」的「創新」為終極目的；然而其過程卻必須「參古定法」，才能使「創新」不致訛變而失常，這就是「典範模習」或說「學古」的理論依據。同時，依藉這種群與己、古與今的辯證關係，也才得以在個體與個體之間，一代與一代之間形成「循環相因」、「參伍因革」的文學歷史建構[42]。

準此，「文學史」就其歷史經驗現象的本身而言，乃是群體在文學行為上所實踐「創」、「因」、「變」的序列事件。有「創」者，必有「因」者。「因」而能「變」又是「創」，可稱為「再創」。因此「創」，往往前有所「因」。嚴格說來，被寫入「文學史」中的作家作品，既無「無因」之「創」，亦無「無創」之「因」。「無創之因」是百分之百的抄襲，根本不能進入「文學史」。「無因之創」，是獨在歷史脈絡之外，無法納入歷史因果序列的任何位置被詮釋與評價。這種創、因、變的循環關係，清代葉燮在《原詩》中有一段論述，可為參考：

> 漢蘇、李始創為五言，其時又有無名氏之〈十九首〉，皆因乎《三百篇》者也。然不可謂即無異於《三百篇》，而實蘇、李創之也。建安、黃初之詩，因於蘇、李與〈十九首〉者也，然〈十九首〉自言其情，建安、黃初之詩，乃有獻酬、紀行、頌德諸體，遂開後世種種應酬等類，則

41 參見劉勰著，周振甫注，《文心雕龍注釋》，頁五六九。

42 《文心雕龍．通變》云：「望今制奇，參古定法。」又云：「夫誇張聲貌，則漢初已極。自茲厥後，循環相因，雖軒翥出轍，而終入籠內。……諸如此類，莫不相循，參伍因革，通變之數也。」參見劉勰著，周振甫注，《文心雕龍注釋》，頁五七〇—五七一。

「因」而實為「創」，此變之始也。《三百篇》一變而為蘇、李，再變而為建安、黃初。建安、黃初之詩，大約敦厚而渾樸，中正而達情。一變而為晉，如陸機之纏綿鋪麗，左思之卓犖磅礴，各不同也。……。[43]

葉燮這一段論述，是以「詩」這一文類為對象，用創、因、變的概念，去詮釋《三百篇》以下的「詩史」。蘇、李創作「五言詩」，非憑空而生，乃因於《三百篇》，其「因」為何？葉燮沒有說明，但以理推之，中國古典詩之「體製」，五言與四言雖有一字之異，但其行偶（指二句為一聯）、押韻，卻在《三百篇》已建立基型；「五言體」就此一基型而言，乃因於《三百篇》之「四言體」而來，然而既有所「異」，便是「再創」。至於其「風雅」之基本精神，雖不像「體製」那樣明確，但當為蘇李五言詩之所因；而蘇李又有其個人「文辭氣力」之創新，故「不可謂無異於《三百篇》」。而建安、黃初，在五言的「體製」上完全是因於蘇李與古詩十九首，然而在內容上，卻已由「自言其情」擴展到「獻酬、紀行、頌德」種種新的題材，故「因而為創」，也是「變之始」。這裡所謂「變」，由下文對建安、黃初詩體特色的描述來看，指的是個人之體貌或一時代之體貌的變化。上引文字，左思之後，葉氏對歷代名家或某一時代之所謂「變」，也都是對作品體貌的描述品評。

葉燮這一段論述，當然是「批評型文學史建構」中的「論述型建構」。因此，就文學史家對文學歷史經驗本身所為後設性書寫的建構而言，往往必須依據對經驗事實的考察、理解而來。「創」、「因」、「變」是文學歷史經驗所本具的發展規律，同時也是文學史家用以詮釋、建構文學史所持的準則。後設書寫的文學史建構，其要務也就在於更明確、更完整地詮釋種種文學歷史經驗事實中所既存的創、因、變關係，而給予系統性的描述。

在這創、因、變的經驗事實序列中，其所創、所因、所變即是以「文類」及「家」（作者）為依歸的「文體」；而集合某一「文類」與諸多代表性之「家」的「文體」，即是「時體」，例如建安體、太康體、齊梁體等，即是集合「五言類體」與各時代諸多代表性「家體」而構成。所謂「文學史」就是「類體」、「家體」與「時體」交織而創、因、變循環遞接的歷程。所謂「建構」也就是此一歷程的詮釋、統整。

那麼，「典範模習」在上述「創作型文學史建構」之創、因、變的關係中，究竟居於什麼位置，能產生什麼效用？答案很明顯，是居於「創」而至於變（再創）之間的「因」的位置，而它在文學史的建構上所能產生的「效用」乃是「漣漪」與「鍊接」。

「漣漪」是一種以一個中心點為開始向四周擴散的水文現象。我們藉此意象表示文學史上，某一新的文體被一典範性作家創始之後，同代作家群起模習擬作而蔚然成風的這一種並時性擴散的現象。文學史上這種「漣漪現象」實頗常見，屈原始創〈離騷〉之體，其徒宋玉、唐勒、景差慕而擬作。南齊「永明」年間，謝朓等人試作五言四句、講求聲律、麗藻的小詩，號為「新體」，一時文士群起仿效競作，而形成「永明體」，並深遠地影響到唐代近體五絕、五律的形成。凡此，都是文學史上的「漣漪現象」。而這一現象，就是因賴「典範模習」的這種「模擬」行為所產生。前文說過，文學史是由群體性的文學行為經驗所建構而成。準此，我們可以斷定「典範模習」在文學史建構上具有「漣

43　葉燮，《原詩·內篇》，收入丁福保編，《清詩話》（台北：藝文印書館，一九七七），冊下，頁六九四—六九五。

漪效用」。

「鍊接」是鎖鍊個個珠粒前後串接的形狀。我們藉此意象表示文學史上，某一新的文體為一典範性作家創始，而並世「漣漪」競作之後，異代作家因承其體而繼作，形成歷時性接續的現象。文學史上這種「鍊接現象」更是常見，屈騷在宋玉、唐勒、景差之後，漢代之賈誼、枚乘、東方朔、枚皐、嚴忌、王褒、揚雄……因承其體而繼作。司馬相如創始散體大賦之後，揚雄、班固、張衡，甚至魏晉何晏、王延壽、左思、潘岳相繼競作。蘇、李以至古詩十九首創始五言體之後，魏晉六朝以迄歷代無以數計之詩人因承其體而繼作。曹丕〈燕歌行〉創始七言體，其後歷代詩人因承其體而繼作。凡此，皆為文學史上的「鍊接現象」。而這一現象，也因賴「典範模習」的行為產生。這正是文學史得以建構的主要因素。因此，我們可以斷定「典範模習」在文學史建構上具有「鍊接效用」。

我們很難想像，假如某一文體創始之後，不經「因」的階段，也就是沒有作家群「漣漪」的並時擴散與「鍊接」的異代接續，「文學史」將何以構成！準此，文學史之建構、書寫，不能只重視「創」與「變」，而忽視「因」。必須對創、因、變之因果關係作完整的詮釋、敘述，才是系統嚴密的「文學史」之作。

「典範模習」之所以能從漢代開始逐漸形成一種「傳統」的文學行為模式，連所有一流文學家都這樣做，此實非偶然，也非諸文學家不知文學「貴在創新」。從「創作論」而言，「典範模習」與「創新」是一種辯證歷程，這層意義歷代文論家多有見識，非本文所要處理的重點，可暫存不論。我們集中從「文學史論」的觀點，來探討這個問題。「典範模習」之所以形成一種「傳統」的文學行為模式，其深層所因依的正是古代文人重視「傳統」的歷史文化意識。在他們的意識中，生命作為「文化價值」的存在，是「群體」的存在，而非「個體」的存在。而這種視諸多「個體」集合為一不可分割的「價值整體」而存在的意識，非只表現在對並時性「普遍價值」的共同企求；更表現在對歷時性「普遍價值」的共同傳承。後者也就是「歷史文化傳統意識」。

「文學」是總體文化一個精英性的面向，其種種行為當然也受到這種「歷史文化傳統意識」的制約；也就是在文學家的觀念中，文學創作雖求「創新」；但「創新」不是「絕對個體性」之事，而是將「個體」納入「群體」，形成在「時序」中「繼往開來」而辯證發展之事。李白〈謝公亭〉云：「今古一相接」、文天祥〈正氣歌〉云：「典型在夙昔」，正可作為這種辯證發展的寫照。因此，所謂「祖述」、「祖習」都屬當然，除非完全翻版模鑄，否則沒有人會認為抄襲。這種觀念成為系統化的理論，最具代表性的就是上述《文心雕龍》所提出的「通變」。理論如此，在實際批評的層面，他們也以這種觀念去建構文學史，顏之推、劉勰之認為「文章皆出五經」固不待言[44]。沈約在《宋書．謝靈運傳論》中，歷敘漢代以迄建安之「文體三變」，然後追討其源，則判為「同祖風騷」[45]；而文學史上所謂「風騷傳統」於焉建構完成。這一傳統下貫歷代，不但包括詩、騷、賦，甚至詞、曲亦納入其

44 「文章皆出五經」之說，參見劉勰著、周振甫注釋，《文心雕龍注釋．宗經》，頁三一。又參見〔北朝齊〕顏之推著、王利器注，《顏氏家訓集解．文章》（台北：漢京文化公司，一九八三），頁四。

45 〔南朝梁〕沈約，《宋書．謝靈運傳論》（台北：藝文印書館，景印清乾隆武英殿本），卷六十七，頁八六一。其文云：「自漢至魏，四百餘年，辭人才子，文體三變，相如巧為形似之言，班固長於情理之說，子建、仲宣以氣質為體……源其飆流所始，莫不同祖風騷。」

中，清代常州詞派之以「詞」上承風騷，即是明例。至於鍾嶸《詩品》，以國風、小雅、楚辭為三種最高典範，歷述漢代之後的詩人詩作，以為「某源出於某」，而建構五言詩完整的「源流譜系」，其所依據也是漢代以來，已成「傳統」的「典範模習」之風[46]。上述這類「批評型文學史建構」，並非純屬理論的觀念性虛構，他們於各詩人之間的源流關係，雖未能一一實證；但是總體而言，卻依據漢代以來文學史上這種「典範模習」普遍而傳衍的創作實踐現象。

依循上述，我們可以綜括「典範模習」，在「漣漪現象」與「鍊接現象」之下，對文學史的建構，實際上產生什麼樣具體的效用，這也就是它的「文學史性價值」之所在，再作分解說明：

（一）「典範模習」的第一個效用，是「漣漪現象」與「鍊接現象」對新創的「文體」產生「趨定效用」。從「創作型文學史建構」來說，文學史之所以能成為文學史，除了以「人」為主的「名家」輩出之外，「文類」不斷地創新，也是主要因素。然而，任何一種創新的「文類」，其「體製」之「穩定」成為「形式特徵」顯明的「常體」，而能與其他「類體」區隔，並供給眾多作者遵循，實非一蹴可幾；也絕非靠「創始者」一人可以為功，而必然要經過「典範模習」的「漣漪」與「鍊接」現象，群起競作而產生「趨定效用」，才能逐漸完成。唐代近體律絕，從六朝開始，歷經將近二百年，無數詩人轉相「模習」，不斷實驗，才「穩定」為一種特定的文類體製，這是最顯明的例子。那麼，屈原創始「騷體」之後，「騷體」之能成為文學史上一種重要的文類，其「體製」之所以能成為眾所遵循的「常體」，難道不是經過宋玉諸人的「漣漪現象」，而漢代賈誼、東方朔以下諸人的「鍊接現象」，爭相「模習」而後奏功嗎？

（二）「典範模習」的第二個效用，是藉「漣漪現象」與「鍊接現象」，並時性地形成一代文風，歷時性的構成源流統緒。文學史就是依循這種時空經緯交錯的群體文學行為經驗而構成。除上述沈約所洞察而建構的「風騷傳統」、鍾嶸所慧見而建構的五言詩「源流譜系」。後世所有文學源流或流派的建構，也都是在這種「典範模習」的文學歷史經驗上立說。呂本中所建構的「江西詩社宗派」，豈不以江西諸詩人同祖「杜甫」而遞相「模習」的經驗事實為基礎？故元代方回乃倡明江西詩派的「一祖三宗」之說[47]。呂本中所倚為建構的「宗派」觀念，雖借自傳統「宗族」的社會關係模式，然其經驗基礎卻是黃山谷、陳后山、陳簡齋等人向「杜甫」進行「典範模習」的文學行為事實[48]。

（三）「典範模習」的第三個效用，是由於「漣漪現象」與「鍊接現象」，使某一文類之體「名家」輩起而「作品」層出，形成同類鉅大的「量」數（質的問題可另討論）。因而使得此一文類的創作成果，能在「文學史容積」中獲致最大的「占有率」。所謂「文學史容積」，我們將它定義為文學史被建構而書寫時，必有所選擇，哪些文類、哪些作家、哪些作品值得寫進來，皆有所去取。故其書寫「總量」必有「容積」上的限制。在這「文學史容積」限量的實況下，某一文類雖經某一典範作家

46 參見廖蔚卿，《六朝文論》（台北：聯經出版公司，一九八五）。其中〈詩品析論〉第三章〈體源論的探討〉，頁二八七—二九六。又顏崑陽，〈六朝文學「體源批評」的取向與效用〉，《東華人文學報》第三期，二〇〇一年七月，頁二七—二八。

47 〔元〕方回，《瀛奎律髓》（台北：佩文書社，光緒庚辰懺華庵重刊本），卷二十六，〔宋〕陳與義〈清明〉詩批語：「古今詩人，當以老杜、山谷、后山、簡齋為一祖三宗。」

48 龔鵬程，《江西詩社宗派研究》，頁一九六。

所「創始」，然而若不經「典範模習」的「漣漪現象」與「鍊接現象」，讓代表性的名家作品達到某種程度的數量，便很難在「文學史容積」中獲致較大的「占有率」，即所謂「蔚為大國」。楚辭、漢賦、唐詩、宋詞等，這些文類的創作成果之所以在「文學史容積」中得到較大的「占有率」，都是同一文類中「典範模習」的「漣漪現象」與「鍊接現象」所促成。

綜合上述，我們可以說一般「文學史」著作所謂「模擬」，其中最主要的文學行為模式，就是「典範模習」。它在文學史建構上，由其「漣漪現象」與「鍊接現象」而實際產生上述三種效用。因此，從「文學史性評價」的角度來看，歷代諸文學家所展現的「典範模習」行為，都應從上述的觀點評判其價值，而不宜以「凡模擬都是沒有創新」這樣粗糙的概念，便率爾以作品自身的「藝術性評價」取代「文學史性評價」，而對「因承」階段的作家作品過度貶斥，甚至棄置不論，例如上述劉大杰等文學史作者之對待漢代擬騷、明代擬古的輕蔑態度。何況「典範模習」是古人傳統的學習法門，是否能由此而再創新意，必須細讀作品，才能作出精切的評價，豈可從浮面的印象主觀隨意輕斷？

五、檢討一般文學史著作中，對「模擬」行為批評之誤謬。

依循上列論述之後，我們就可以回過頭來切實檢討劉大杰等一般文學史著作，對漢代東方朔、揚雄等人與明代前後七子之所謂「模擬」的批評是否切當？

我們在第一節提出，文學的評價約有三種：文學作品本身的「藝術性評價」、衍外而與社會文化發生關係的「社會功能性評價」、在文學發展歷程因果關係中的「文學史性評價」。這三種評價，在諸多的文學史著作中，也都被操作過，我們可以舉例略作說明：

劉大杰《中國文學發展史》評曹丕的五言詩，云：「文辭清綺，而情韻佳勝。」[49]這是作品本身的「藝術性評價」。又特別提舉東漢趙壹的〈刺世疾邪賦〉而評云：「他以犀利的詞句，憤激的情緒，揭露了漢末吏治的腐敗無恥，人情風俗的勢利敗壞……這說明他對維護正義的堅定意志！……政治傾向如此鮮明的作品，在漢賦中真是罕見。」[50]這是作品衍外效用的「社會功能性評價」。又評賈誼〈鵩鳥賦〉云：「這一篇賦是荀子賦篇的繼承和發展，也是楚辭的轉變，是可以作為漢賦的先聲的。」[51]姑且不論劉大杰對〈鵩鳥賦〉之體製選擇的錯誤[52]，這種評價則是「文學史性評價」。

文學史的書寫，原則上，這三種評價可以並用，理想的狀況是文學作品兼具這三種價值，典型的例子就是《詩經》中的風、雅諸作與屈騷。其次，則是兼具「藝術性價值」與「文學史性價值」者，例如相傳為蘇武與李陵贈答的五言詩作。然而，問題是並非所有文學作品都如此，當這三種評價在同一文學作品身上呈現不一致時，甚至三者只能取其一，其價值取捨的優先順位應當如何？從文學史建

49 劉大杰，《中國文學發展史》，頁二六〇。

50 同上注，頁一五三—一五四。

51 同上注，頁一三九。

52 〔漢〕賈誼〈鵩鳥賦〉，《史記・賈誼列傳》所載為帶「兮」字的「騷體」，《漢書・賈誼傳》所載則為「散體」。劉大杰為證說〈鵩鳥賦〉是漢賦之先聲這一觀點，主觀認為班固必有所見。其實，王先謙《漢書補注》已略考「兮」字為班固所刪，參見班固著，顏師古注，王先謙補注，《漢書補注》冊二，卷四十八，頁一〇六六。故〈鵩鳥賦〉版本當以《史記》所載「騷體」為是。

構的知識本位來看，我們有理由作以下優先順位的排列：文學史性價值、藝術性價值、社會功能性價值。

大體而言，古來文學作品何止千萬，能被寫進文學史者，都至少具有藝術性與文學史性價值。文學史書寫的採擇，本身就已隱含了評價。問題是，當三者只能取其一時，依優先性而言，則只能取「文學史性評價」了。一種文學作品，雖然「藝術性價值」與「社會功能性價值」比較低；但是「文學史性價值」比較高，仍可入史，而且必須讓它入史。最顯著的例子就是班固的〈詠史〉詩[53]。而現代新詩史上，胡適《嘗試集》中的詩，尤其第一首始作[54]，其例證更是明切。這些作品，從藝術性來看，價值都不高。然而，皆有文類上的「創體」之功。文學史的構成，「文類」之「體」是必要條件。因此，這些藝術性不高之作，若不入史，則與這文類有關的歷史，將無法建構。故而，「藝術性」絕非文學史書寫中，最優先的評價；「社會功能性評價」更非最重要，只有在社會主義狹窄的文學史觀管見中，「社會功能性評價」的優位，才會被拉升到那麼高。劉大杰《中國文學發展史》之特出東漢趙壹〈刺世疾邪賦〉就是一個明例。這篇賦的「藝術性價值」不高，更未見在文學史發展因果關係中對後世產生什麼影響，也就是至少劉大杰並未說明它有何「文學史性價值」，卻將它大書特書，這不能不說是社會主義文學史觀下的偏好了。

假如從上述三種文學評價的判準來看，以劉大杰所代表的一般《中國文學史》著作，對漢代與明代諸家所謂「模擬」（甚至被視為剽竊）的「批評」，實在充滿「評價」的矛盾，甚至可說混淆不清。這些模擬之作，在他們看來，不具「社會功能性價值」，固不待言。而且既已被他們抱持「凡模擬都是沒有創新」的粗糙觀點，貶低藝術性價值。甚至，也未見他們從「典範模習」的種種效用去論述這些作家作品在文學史建構上的價值。準此而言，這些作家作品根本沒有資格入史。然而，他們卻又無法否定這些作家作品在文學史上既定的地位，而不得不費專章專節的篇幅去書寫。這種現象，難道不讓人覺得大惑嗎？

首先，我們檢討漢代這段文學史。他們對「擬騷」之作，幾乎就以不管形式組織或題材內容都「因襲屈騷」一句話，就貶到可以棄置不論的境地了。因此，除賈誼〈鵩鳥賦〉、枚乘〈七發〉、王褒〈洞簫賦〉，因為能抒發個人情志或略見創體，而多著墨幾句之外，其他就一筆帶過，甚至「無須多說」了。

我們先說所謂「形式組織」是什麼？文學史作者幾乎都未說明，不過揣度其意，應該指騷體帶「兮」的句式（以下簡稱「兮句」）。果是如此，其說實為大謬。「兮句」是騷體之為騷體，而有別於四言詩的基本形式特徵，是屈騷將齊言詩歌散體化之後，對「騷」此一新體詩必要的規律性節奏所做的設計，也就是「騷」的「體製」或說「定式」。凡某一「文類」之「體製、定式」，是可以共同持用而反覆操作的形式，並時性與歷時性轉相因襲，正可依藉「漣漪現象」與「鍊接現象」，使得此一

53 班固，〈詠史〉詩，參見《班蘭台集》，收入〔明〕張溥編，《漢魏六朝百三名家集》（台北：文津出版社，一九七九），冊一，頁四五九。按鍾嶸〈詩品序〉評班固之〈詠史〉詩為「質木無文」，語言藝術性不高。

54 一九一八年一月，胡適、沈尹默、劉半農於《新青年》四卷一號發表新詩九首，第一首是胡適的〈鴿子〉，一九二〇年，新詩史上第一本詩集，即胡適《嘗試集》，由亞東圖書館出版，參見痖弦，〈中國新詩年表〉，收入痖弦，《中國新詩研究》（台北：洪範書店，一九八一），頁一九八—二〇一。

「體製」產生「趨定效用」。尤其在「騷」此一「體製」初創階段，更需多數作家的「模習」，才能產生前一節所論述的那些效用。因此，漢代正當騷體初創階段，諸多一流作家競為「典範模習」，對騷體在文學史的發展上，具有很重要的價值。何況對任何一種文類「體製、定式」的因襲，與其作品的藝術性價值無關。這與所有詩人都共用「四言」、「五言」、「七言」，甚至完全格式化的「絕句」、「律詩」之體製，我們不能視為「因襲」而就貶低其作品的藝術性價值，是同樣的道理。這不是什麼特殊理論，而是一般文體常識。以東方朔等人在形式上擬騷而貶低其價值，這種評斷連文體「常識」都沒有。「形式因襲」會涉及到藝術性評價者，只有當這種「形式」已與特定「內容」有機結合為一不可切割的具體作品，也就是所謂「有意義的形式」時，才能作出「因襲」而「缺乏價值」的判斷。漢代之擬騷，在形式的因襲上，很少出現這種狀況。

至於所謂「題材內容」的因襲，則同樣是不作深究的誤讀。漢代以題名賈誼的〈惜誓〉為始，而東方朔、嚴忌、王褒、劉向、揚雄、王逸……等鍊接，亦即以屈原之遭遇、情懷為「題材」的一批「擬騷」之作，其後多收在王逸注的《楚辭章句》中。這批作品，就是被文學史作者詬病「因襲屈騷題材內容」而沒什麼價值的作品。這真是中國文學批評最大的誤讀謬見。假如這種評斷成立，那麼詩歌史上所有類如「詠屈原」、「詠漢武帝」、「詠諸葛亮」等以「人物」為主的「詠史」之作，都一概沒有價值。因為上述擬騷，由賈誼〈惜誓〉創始，東方朔〈七諫〉拓展其體，更分章聯貫敘述，而王褒〈九懷〉、劉向〈九歎〉、王逸〈九思〉等繼作，就是以「屈原」為題材而以騷體為形製的「詠史」之作，開出「騷體詠史」這一類型。並且，其敘述模式更是在屈騷的「自敘體」之外，另創「擬代體」，即東方朔這些作者假想虛擬自己就是「屈原」，而以第一人身的予、余、我等自稱，「替代」屈原發聲。這類「擬騷」乃「藉古喻今」之作，以屈原的遭遇、情懷為意象，寄託著漢代文人對「時命」的悲嘆，這就是中國詩賦史上「悲士不遇」的類型性主題。這一主題由屈騷創始，漢代文人繼作而得以建構完成。影響所及，乃開拓出以騷體「影寫」屈原而喻託自己情志的傳統，由漢代下貫到明清[55]。有關這方面的論述，徐復觀先生與我的幾篇論文[56]，有更詳細的探討，可為參考。準此，即使從題材內容來看，漢代擬騷也有非常高的價值，實宜在文學史書寫中，給予頗大的「容積占有率」。

從上面的論述來看，在一般文學史書寫中，由於作者相關理論甚至常識之不足，又對代表性作品不深究細讀，因而造成謬見訛論；上述文學史作者們對漢代擬騷這類批評，可說是最典型的案例。

至於揚雄、班固、張衡等對司馬相如散體大賦之模擬，上述文學史作者也同樣以「形式組織」與「題材內容」的因襲加以貶斥，值得再作檢討。

散體大賦的「體製」，其「模式化」的程度，沒有「騷體」那麼明確固定；但是賦之為賦，尤其

---

55 王學玲，《明清之際辭賦書寫中的身份認同》第四章〈身分重構的召靈儀式〉，二〇〇一年十月，輔仁大學中國文學系博士論文。明清之際的辭賦書寫中，頗多影寫「屈原」以寓託士人改朝換代時，「身分認同」的情志。

56 徐復觀，〈西漢知識份子對專制政治的壓力感〉，參見徐復觀，《兩漢思想史》（台北：台灣學生書局，一九九〇），卷一，頁二八一—二九二。顏崑陽，〈漢代文人「悲士不遇」的心靈模式〉，原刊《漢代文學與思想學術研討會論文集》（台北：文史哲出版社，一九九一），頁二〇九—二五〇，收入顏崑陽，《詮釋的多向視域——中國古典美學與文學批評系論》，頁一六一—二〇〇。顏崑陽，〈漢代「楚辭學」在中國文學批評史上的意義〉，原刊《中國詩學會議論文集》（台灣：彰化師範大學國文系，一九九四），第二輯，頁一八一—二四七。收入顏崑陽，《詮釋的多向視域——中國古典美學與文學批評系論》，頁二四〇—二四三。

是司馬相如所創製完成的「寫物賦」，其不同於他類體製，而可為辨識者，仍有它的基本形式特徵，那就是句子與句子聯結關係乃以「行偶」為主，並且押韻，以及篇章結構以「鋪敘」為基型。這早在司馬相如就已經為「賦」的體製作出界說：「合纂組以成文，列錦繡以為質，一經一緯，一宮一商，此賦之跡也。」[57]揚雄也同樣界定「賦」的體製為「推類而言」[58]。至《文心雕龍．詮賦》更明指：「賦者，鋪也，鋪采摛文。」[59]我們可稱這種依時間次序或空間次序進行「面」或「層」的「鋪敘」為「時空勻展性」的形式[60]。現代學者對此也有所論述矣[61]，無庸贅說。

這種基本「形式特徵」，雖不像「詩」與「騷」那樣成為「定式」；然而，大致也是寫物散體大賦的「常體」，可為共用，即使轉相因承，反覆操作，亦與作品的藝術性評價關係不大。

至於題材內容之因襲，同屬「宮苑都城」的類型，即此就以「模擬」而一概貶低其價值，這也顯然不瞭解在中國文學史上，這種「類型化書寫」，從「創作學習論」以及語言藝術的美學觀點，古代文學家對此都有頗為普遍而傳統的共識。他們絕非在反覆操作沒有意義價值的文學行為。

假如，我們能暫時離開「言志抒情」這一傳統的文學觀念立場，暫時不去苛求某些類型化題材的書寫，必然要有作者個人情志的託喻；而轉由創作學習與語言藝術的審美立場，去看待這種種轉相模習的類型化書寫，便會有全然不同的評價。他們的寫作意圖，絕非只是惰性的因襲，而是試圖由「典範模習」中，一方面揣摩前行佳篇的妙法，另一方面也尋求「再創」新意以及語言藝術之美的可能，這就是劉勰「通變」之說，在創作論上的意義，所謂「望今制奇，參古定法」。

準此，題材的因承，即使由「藝術性評價」的判準來看，也不能以「凡模擬都沒有價值」這麼粗糙的觀念，就一言以蔽之。細讀作品而後個別作出確當的評價，是書寫文學史的必要工作。揚雄、班固、張衡等擬式司馬相如的散體大賦諸作，有沒有藝術價值？只有回到作品本身作精切的閱讀，而觀其類型化的書寫中，在「有常之體」的基礎上，其「文辭氣力」是否有殊變的「再創」。其實，這種問題，前人論述多矣，大致言之，散體大賦從司馬相如到揚、班之輩，已由客觀鋪敘變為主觀情志之涉入而多「議論」色彩，「再創」有別於司馬相如賦的另一種體式，這是很明顯的特徵。沈約在《宋書・謝靈運傳論》中，便已指出：「自漢至魏，四百餘年，辭人才子，文體三變，相如巧為形似之言，班固長於情理之說……。」因此，不能說揚、班之輩只知因襲模擬而已。

綜合上述形式與題材二端，換個角度，若從「文學史性價值」判準來看，揚、班之因承司馬相如所創設散體大賦的敘述模式，「鍊接」競作，才使得這一文類的「體製」產生「趨定效用」，而構成一種特殊的「類體」。至於題材相因，競寫宮苑都城之盛，而形成同一類型；這種「類型化」的書寫，

57 舊題劉歆撰，《西京雜記》，卷三，頁八。

58 《漢書・揚雄傳》，其文云：「雄以為賦者，將以風之，必推類而言，極麗靡之詞，閎侈鉅衍，競於使人不能加也。」參見班固著，顏師古注，王先謙補注，《漢書補注》冊二，卷八七下，頁一五三七。

59 參見劉勰著，周振甫注，《文心雕龍注釋》，頁一三七。

60 參見顏崑陽，〈漢代「賦學」在中國文學批評史上的意義〉，原刊《第三屆國際辭賦學學術研討會論文集》（台北：政治大學文學院，一九九六），頁一一七—一一九，收入顏崑陽，《詮釋的多向視域——中國古典美學與文學批評系論》，頁二五三—二八四。

61 例如簡宗梧，〈賦體語言藝術的歷史考察〉，參見簡宗梧，《漢賦史話》（台北：東大圖書公司，一九九三），頁一九五。

本是文學史上非常普遍而傳統的文學行為。不管從理論或事實層面來說，這都是不可避免也無須避免之事，因為人類的生活經驗本有其共同性質，題材來自於生活經驗，「類型化」有其不能不然之勢。

假如凡是同寫一種「類型」的題材，便沒有藝術性價值；那麼，何止羽獵、長楊、二京、兩都之賦沒有價值，凡閨怨、宮情、邊塞、山水、田園、送別、鄉愁等類型題材之詩作，皆當如此。然而，這類作家作品卻都在「文學史容積」中占有率甚大。文學史上某些源流或派別，例如一般《中國文學史》著作中，常有田園派、邊塞派之說，甚至某些文體的確立，例如一般《中國文學史》著作中常有「宮體」、「詠史體」之說，這幾乎都得依賴「類型化」書寫的現象，才能建構起來。「類型化書寫」就是「典範模習」所形成的「漣漪現象」與「鍊接現象」。

總之，不管形式或題材，若從文學史的「創作型建構」而論，揚、班等之因承司馬相如賦，實有其不可忽視的「文學史性價值」。

明代前後七子的文學觀以及創作實踐，雖然彼此有其個別差異；但是，整個群體卻被現行的文學史作者綁在一起，雖然有些文學史也局部肯定他們提出「復古」的正面價值，例如劉大杰《中國文學發展史》云：「他們反台閣、講學問，確實是有功的；講秦、漢、盛唐也並不錯。……。」[62]游國恩等主編《中國文學史》沿襲劉大杰的說法，云：「這些復古派在反對台閣空廓、浮泛和八股文的惡劣影響方面雖有一定的積極意義……。」[63]但是，總體的評價卻幾乎都屬負面，近百年之間，絕大多數的第一流文人都集體在做毫無價值的文學模擬「蠢事」。假如他們的評斷屬實，則明代的文學史在詩文這一部分等於空白。

總體而言，前後七子在上舉那些文學史的著作中，幾乎是一面倒的負評，被貼上「擬古主義」的標籤，評斷為只是「古人影子」、「尺尺寸寸於古人」，甚至指為「抄襲」、「剽竊」、「毫無靈魂的假骨董」等。這些負面的貶詞，幾乎都襲自明代諸家互相攻訐的用語，例如何景明批評李夢陽：「空同子刻意古範，鑄形宿鏌，而獨守尺寸。」[64]李夢陽認為受到何景明誤解以及不當的評斷，因而強烈地反駁，云：「子擿我文曰：『子高處是古人影子耳，其下者已落近代之口。』……短僕者必曰：『李某豈善文者，但能守古而尺尺寸寸之耳。』」[65]然則，「古人影子」原是何景明評斷李夢陽詩文的貶詞，「守古而尺尺寸寸於古人」既是何景明同時也是某些貶責李夢陽詩文者的評語。至於「抄襲」、「剽竊」則是其他流派抨擊所謂「擬古派」或「復古派」的極貶之語。例如袁宏道對那些復古末流者提出強烈批判，云：「近代文人，始為復古之說以勝之。夫復古是已，然至以抄襲為復古，句比字擬，務為牽合……。」[66]袁宏道所謂「復古是已」，原則上還是肯定「復古」有其意義；他所反對的是「以抄襲為復古」，這是復古末流者創作實踐的失敗，而非「復古」的法則絕對不可行。錢謙益對復古派的

62　劉大杰，《中國文學發展史》，頁九三一。
63　游國恩等主編，《中國文學史》，冊下，頁一〇〇〇。
64　〔明〕何景明，〈與李空同論詩書〉，參見何景明，《何大復先生全集》（台北：偉文圖書出版社，一九八四），卷三二，頁一二二六—一二二七。
65　〔明〕李夢陽，〈駁何氏論文書〉，參見李夢陽，《空同先生集》（台北：偉文圖書出版社，一九七六），卷六一，頁一七三五—一七三六。
66　〔明〕袁宏道〈雪濤閣集序〉，參見錢伯城，《袁宏道集箋校》（上海：上海古籍出版社，一九八一），冊中，卷一八，頁七一〇。

創作實踐攻擊更是激烈，直接針對李夢陽痛批云：「獻吉以復古自命，曰古詩必漢魏，必三謝；今體必初盛唐，必杜；舍是無詩焉。牽率、模擬、剽賊於聲句字之間，如嬰兒之學語，如桐子之洛誦，字則字、句則句、篇則篇，毫不能吐其心之所有，古之人固如是乎？」[67]他幾乎全盤否定李夢陽的詩作，甚至使用「剽賊」這樣汙衊的詞彙，如對仇敵，卻全無舉證，李夢陽那麼多作品，果真篇篇都如此卑下嗎？這實非客觀、理性的批評態度，沒有說服力。至於所謂「毫無靈魂的假骨董」，則是劉大杰等一般文學史著作對所謂「擬古」常見的貶詞。

上舉明代諸家文人彼此攻擊的言語，從歷史語境的體察，很容易理解到，其中有彼此誤解者、有意圖爭奪文壇霸權者，有創作論之取向的歧異者，例如何景明與李夢陽的論爭，或公安派對格調派（復古派）的批判。另有貶斥部分復古末流創作實踐之偏誤者，例如袁宏道、錢謙益之說。凡此都是身處「在場」利害關係情境中，自是其所是而非人之所非，主觀師心，囿限門戶的話語，實非相對客觀之文學批評的確論，都有片面之見，卻無整全之理。當歷史已時過境遷，自有其相對客觀他在的複雜面目，不能簡化視之，甚至全無思辨地「照抄」諸多文人基於個人立場及意識形態而相互攻訐的話語。現當代的文學史作者，假如能以專業的學術態度以對，就應該超然於這類相互攻訐的話語之外，盡其所能地依藉比較整全的史料，包括歷史情境、各家詩文之論著及作品，深閱細讀、審思明辨而作出相對客觀有效性的詮釋，甚至批判；而不應該偏取一面之詞，拾古人之牙慧，粗率地判定是非。

我們細審諸多文學史著作，對明代格調派（復古派）的論述，可歸納其迷蔽者三：（一）撿拾明代文人彼此攻訐的話語，就方便地作為自己的評論，缺乏整全掌握史料、獨立思辨的能力。（二）針對明代「復古」思潮的文學觀念及其創作實踐，只知「藝術性評價」，而不知更具優先性的「文學史性評價」。（三）即使進行「藝術性評價」，也必須比較深廣地閱讀前後七子的詩文作品，列舉數量足夠的「擬古」之作，才能以此為據，確當地指認他們如何「擬古」而缺乏創新，甚至如何抄襲、剽竊古人作品；然而，在這些文學史著作中，幾乎看不到這種直接閱讀第一手作品的學養，也看不到提出足量「擬古」而缺乏創新的論據，只是籠統、空泛地評斷前後七子的作品大多是「古人影子」、「毫無靈魂的假骨董」，形同謾罵。文學史書寫是「博通」之學，作者自己不能遍讀諸家詩文集，至少也應該參考其他學者對李夢陽、何景明、李攀龍、王世貞等大家的專業研究。這樣的文學史著作，卻成為教學的範本，其誤導學子實頗嚴重。

這些迷蔽造成的原因，除了文學史作者在文學批評以及文學史的基礎理論甚為薄弱，又不讀第一手直接史料之外，我們在這裡更要指出：上述文學史作者，其批評所依據者，不過是七子之間，例如何景明與李夢陽書信往復的論爭，或其他流派對前後七子的攻擊。而選擇其中之合於己意的說法為預設之立場，便對前後七子作出強烈而褊狹的評斷，實在缺乏客觀公正的立場。所謂「合於己意」，這個「己意」指的就是「五四新文化運動」之後，新知識分子所自覺或不自覺操持的一種普遍的「文化意識形態」——「反傳統」、「個體意識」。這可由「五四」之後所出現《中國文學史》的書寫中，「逢古必反」以及偏袒「個體意識」的公安派，此一模式化的論點即可獲知。因此，前後七子的「典範模習」主張，被視為「擬古主義」，豈有不受到強烈批判之理！「後五四」時期所出現的文學史著作，例如游國恩等主編、葉慶炳所著的《中國文學史》，卻還延續這樣的論述，而沒有質疑、反思、批

67　參見〔清〕錢謙益，《列朝詩集小傳》（上海：上海古籍出版社，二〇〇八），冊上，頁三一一。

判，那就是學者的「思想惰性」，「照著講」總比「自己講」方便得多。

依循前述，「典範模習」不管從「創作論」或「文學史論」的觀點來看，其理論或創作實踐，都有相對的確當性。漢代以來，已成普遍而傳統的文學觀念與行為模式；故而從「典範模習」的基本原則或精神言之，前後七子之以秦漢為古文的理想典範，盛唐為近體詩的理想典範，並沒有謬誤，至少也可以被相對地尊重。其遠承古典傳統，重建理想文體，以改革「台閣體」與「八股文」之風，從文學史的發展歷程而言，「因」於「古」而「變」乎「今」，其所「因」乃古典理想文體之「鍊接」，而當時天下靡然從風的響應，也展現了「漣漪」的效用而形成潮流，並占有「文學史容積」頗大的比例。而其所「變」，則是當代前行文風的改革。若從文學史建構的視點觀之，絕不能忽視他們的價值。

從事實層面來看，明代文學流派成風而各有「宗法」；「典範模習」卻是共同的文學行為。除前後七子之外，或宗唐或祧宋，皆各立其「典範」，就以被認為最具個人創新性的歸有光來說，也宗法司馬遷之《史記》及唐宋古文。既各有所宗，各為「典範模習」，何以獨斥前後七子之「文必秦漢、詩必盛唐」！學秦漢、盛唐是「擬古」，學唐宋就不是「擬古」嗎？何以會產生這種偏頗的批評？其實，在明代當時的歷史情境中，流派分化而各持立場，彼此攻訐；甚至同一流派之內，兩個具有主導地位的文人，由於觀念歧異，所選擇的創作實踐方法不同，而為了爭奪霸權，彼此曲解對方，相互論難，這原是常態的歷史現象，若有是非也是此一是非、彼一是非，而沒有絕對的是非判準。面對多音複調的歷史文化現象，現代學者的任務就是客觀持平地作出有效性的「詮釋」，而不是簡化、片面、偏極的褒貶。

這一類彼此攻訐而曲解對方之意的論述，始自明代當時文壇的紛爭；現代的文學史作者，不復細讀第一手文本而深入思辨，只是盲從延續曲解之說，我們可舉李夢陽與何景明的爭論為例。前後七子中，內部共同的觀點都是「典範模習」，所爭者只是「模習」方法的差異，例如；何景明所主張者，乃「富於材積，領會神情，臨景結構，不倣形迹」[68]，這種「典範模習」是以主體對典範之作的「會悟」為關竅；而李夢陽辯駁何景明對他「獨守尺寸」的誤解，明白強調自己「尺尺寸寸之者，固法也。假令僕竊古之意，盜古形，剪截古辭以為文，謂之影子誠可。若以我之情，述今之事，尺寸古法，罔襲其辭……此奚不可也。」[69]李夢陽已說得非常明白，他所主張遵守不易的是「法」，而且此「法」乃不含古人作品之意旨、形構、修辭等內容，是一種純形式的原理法則，即《文心雕龍．通變》所謂「設文之體有常」的普遍「通則」；而這種「通則之法」，古代每一種文類「最高格調」的「典範」作品都已經建立，可為「示範」，以供後世文人學習，這就是《文心雕龍．通變》所謂「參古定法」，就是「典範模習」。而他所主張必須變化的內容則是「以我之情，述今之事」，此乃作者個人情志與當代經驗題材的創新，這就是《文心雕龍．通變》所謂「變文之數無方」，必出於個人的「文辭氣力」。然則，李夢陽所持的文學觀，明顯淵源於《文心雕龍》的「通變觀」，乃文學史、創作、文體規範三種知識的融合。文學創作絕非個人孤立於文學歷史傳統之外，憑空想像，直抒胸臆的行為，而是在「因承」文學歷史傳統的基礎上，追求個人的「創變」；一般學者所謂「獨創」，其實是自欺的奢談。李夢陽的「典範模習」之論，從觀念到創作實踐都具有很高的「文學史性價值」。

68〔明〕何景明，〈與李空同論詩書〉，參見何景明，《何大復先生全集》，卷三二，頁一二一六—一二一七。

69〔明〕李夢陽，〈駁何氏論文書〉，參見李夢陽，《空同先生集》，卷六一，頁一七三七—一七三八。

李何之爭，儘管「模習」的方法有別，但殊途而同歸，「典範模習」只是學習的過程與方法，最終目的仍在創變自己的文學特色。他們模習方法的差異，何景明主張的是「主觀會悟」，相對比較不強調可以共同遵循、相互沿襲的客觀法則，以及久長、漸進的學習過程。這種注重主觀會悟，看似「活法」的論點，以為易得「創造」成果，因此比較能得一般人的認同，何景明所受到的抨擊也就相對比較少；而李夢陽則主張必須建立共同遵循的客觀法則，以及久長、漸進的學習過程，故云：「守之不易，久而推移，因質順勢，融鎔而不自知……此變化之要也。故不泥法而法嘗由，不求異而其言人人殊。」[70]這顯然是認為一般人的文學創作，起始必須「從法入」，而終究必須「從法出」，而做到「法而無法，無法而法」，雖變化而不違法則。「以我之情，述今之事」的「創變」，仍是李夢陽文學觀念所抱持的「終極目的」，絕非以語言形式的「模擬」為滿足。他所強調的只是個人的「創變」並非一蹴可幾，也必須有原理法則可循，經由長久、漸進的過程，始能達致。一般文人都不是「生而知之」的天才，從童少開始習文，必須經歷久長的動態過程，始能獨具面目而成一家之言。這是教導學子作詩為文的確當之論，也是非常明白的道理，就如同繪畫、書法的臨帖一樣。然而，自何景明開始以迄於現代的文學史作者，卻都不能徹底明白他的真意而鄙其為「尺尺寸寸於古人」、「古人影子」，不細讀其文本之過也。李夢陽能不有知音難求之嘆？

綜合言之，李何同主「典範模習」，顯然都是「摹體型模習」，儘管取徑各殊，方法互異，並且彼此爭辯；然而他們最終的目的，也都是在追求「創變」，只是他們所處的時代已是累積詩騷、漢魏、六朝、唐宋重重疊疊之「典範」的歷史「後端」；個人的「創變」絕不可能跳躍過歷代文學社群所建構的傳統而凌虛飛騰，則「典範模習」乃是站在文學歷史「後端」，從事文學創作所必經的學習過程，也就是經由「摹體」以「創變」，「因」於傳統而後能「變」於傳統，而對某些文學類體展現「鍊接效用」，甚至匯為潮流而產生「漣漪效用」，以改變淪失傳統、格調低落的「台閣體」文風，這是站在文學歷史「後端」的李夢陽、何景明之輩，所無可規避的處境與創作焦慮；「模習」而至於不知「創變」，實乃復古末流「用法」之失當，而非「法」之自身的不當。李何等前後七子卻必須概括承受只知「擬古」而缺乏「創變」，甚至抄襲、剽竊之汙名。這是中國文學史上，比漢代「擬騷」還要嚴重的「冤案」。

因此，如何從「典範模習」的「漣漪效用」與「鍊接效用」，重新詮釋、評斷明代「復古」思潮及其創作實踐的「文學史性價值」，這是《中國文學史》書寫必須全面反思、批判，而確當改寫的重要章節。

六、結論

綜合以上的論述，我們可以歸結為下列的判斷：

現行一般《中國文學史》著作，往往以「凡模擬都沒有創新」這樣籠統、粗糙的觀念，就對漢代東方朔、揚雄、班固等辭賦家之擬式屈騷與司馬相如賦加以貶責，甚至棄置不論；而視西漢中晚期到東漢中葉為「模擬期」，評價不高。又對明代前後七子之詩文理論與創作實踐，亦視作「擬古主

70　李夢陽，〈駁何氏論文書〉，參見李夢陽，《空同先生集》，卷六一，頁一七三七—一七三八。

義」，譏誚為「古人影子」、「假骨董」。其不解「模擬」之義涵與在文學史建構上的效用，而混淆文學作品之「藝術性評價」與「文學史性評價」，誤謬甚明，值得省思與批判。

經過史料分析與綜合之論證，我們得以明白，「模擬」的義涵複雜。在中國文學史上至少有三種範型，其中二種皆為「典範模習」，從漢代開始以迄明清，已形成普遍而傳統的文學行為模式。而文學史建構，可分為「批評型建構」與「創作型建構」，以創、因、變為其軌則。「典範模習」，正是「創作型文學史建構」必要而主要的文學行為，居於由「因」而「變」的階段，能產生「漣漪效用」與「鍊接效用」。文學評價，也可區分為「藝術性」、「社會功能性」、「文學史性」三種；「典範模習」之作具有「文學史性價值」，在文學史的書寫中，不應受到忽視。

依藉這樣的論述，以檢討一般文學史著作上述的誤謬，我們得以對漢代與明代這二個階段的文學史重作確當的詮釋與評價，知其由「典範模習」的「漣漪現象」與「鍊接現象」，對文類體製之「趨定」、「流派」之構成與「文學史容積」之占有率都產生很大的效用，頗具「文學史性價值」。

「文學史」的研究與書寫，是一門「博通」之學。文學史家必須兼備對歷代主要作家作品精切的閱讀經驗，至少對他人這方面的研究成果要作深廣的吸納。同時，對相關的歷史、文化、社會、文學的種種基礎理論，必須要有一定的學養，而後才能寫出一本「合格」的《中國文學史》。

《中國文學史》的書寫，最早並非由中國學者開始。一八八〇年，即出現俄國瓦西里耶夫（Vasil’ev V. P.）的《中國文學史綱要》。一八九七年，日本古城貞吉也出版了《支那文學史》。至一九〇四年，即清光緒三十年，林傳甲才寫出第一本中國人著作的《中國文學史》。然而，至今百餘年，有關《中國文學史》之著作，斷代與分體之文學史不計在內，就已有四百餘種[71]。我們沒有全部讀過，不敢斷言有多少「合格」之作；但是，就現行常見的幾種《中國文學史》著作，我們的閱讀經驗，卻相當失望。一言以蔽之，幾乎都只是歷代文學概述，而不是文學史，並且有些「概述」還不見得精切。至於史觀之不明或褊狹，文學價值判準之混淆，更是常病。本文所論，即是其中一例。

一九八三年，龔鵬程在「中國古典文學研究會」第五屆學術會議上，提出一篇論文：〈試論文學史之研究〉[72]，以劉大杰《中國文學發展史》為例，檢討、批判一般《中國文學史》著作中諸多誤謬的問題，當時頗引起討論。然而，十幾年過去，問題卻依然存在。一本能肅清這些問題的合格中國文學史仍未誕生。我輩應該慚愧，並期待二十一世紀上半葉，一本合格而優良的《中國文學史》著作，能在某些「博通」學者的主筆下誕生！

附記：

本文收錄於輔仁大學中文系與中國古典文學研究會主辦「文學史的建構與反思學術研討會」會議論文集《建構與反思》，台灣學生書局，二〇〇二年三月。

二〇一九年八月修訂增補。

---

71 黃文吉，《中國文學史書目提要》（台北：萬卷樓圖書公司，一九九六）。

72 參見「中國古典文學研究會」主編，《古典文學》（台北：台灣學生書局，一九八三），第五集，頁三五七—三八六。

洗刷漢代「擬騷」在文學史上的汙名

打開一扇詮釋「中國古代文學史」的新視窗

一、引言

四十歲之後，我就自覺到，作為一個當代學者，每一場演講或每一篇論文，都要改變某些學術史已僵固的定見；讓學術在我們這一代，能夠打開新的視野；而不是百年不變，永遠都在複製舊調成說。

我過去已發表的論文及演講，當然已經打開了很多扇新的視窗。今天到師大演講，同樣也要打開一扇詮釋「中國古代文學史」的新視窗。

題目：「洗刷漢代『擬騷』在文學史上的汙名」，副標是「打開一扇詮釋『中國古代文學史』的新視窗」，這個講題很重要。現在每一所大學中文系都會有「中國文學史」這門課，而且是重課；但是，我們很少思考過，如此重要的課程，帶給同學關於「中國文學史」的認知，到底有沒有問題？

「中國文學史」這一門學科，它的歷史究竟有多久？應該有一百年以上了；它隨著中國「大學」的現代化同步開始、發展。光緒二十八年（一九〇二），清廷頒布〈欽定京師大學堂章程〉，規定略仿日本模式，設置政治、文學等七科。文學一科之下，又分經學、史學、理學、諸子學、掌故學、詞章學、外國語言文字學七目，顯然還是經史子集統包的「國學」概念；第二年，頒布〈奏定大學堂章程〉，附有〈施行細則〉，經學與理學從文學獨立出來；其中特別值得注意的是，對「中國文學史研究法」作了詳細規定，內容非常駁雜[1]。

晚清以降，中國新知識分子追求現代化；現代化的主軸是西化，因此我們現代大學的分科架構，就是仿照日本，而日本又是明治維新仿照西方式的大學。既然京師大學堂「文學」這一科設有「中國文學史」這門課，那麼第一本《中國文學史》怎麼產生？作者是誰？答案是林傳甲所撰寫。他是福建人，受聘為京師大學堂「國文」科講席，教授「中國文學史」；為了編製講義，大約百日左右寫出七萬字，這就是所謂第一本《中國文學史》[2]。他的寫法與傳統著述不同，是現代化的章節體。「章程」既規定「日本有中國文學史，可仿其意，自行編撰講授」[3]，林傳甲就照這規矩來，以日本漢學家這一類著作作為參考架構。全書分為十六篇，每篇下分十八章，總共二百八十八章。各篇內容包括文字、音韻、訓詁、治化之文、修辭、作文之法、群經文體、傳記雜史文體、諸子文體、四史文體、諸史文體、漢魏文體、南北朝至隋文體、唐宋至今文體、駢散古合今分之漸、漢魏六朝唐宋駢文四體。顯然是小學、經史子集四部及歷朝文體、駢散之別的「國學概論」[4]。其中，有關「文體」的敘述已觸及「文學史」的主要議題。日本早中國幾年就已有《中國文學史》這一類著作，而且在林傳甲撰寫

1　參見璩鑫圭等編，《中國近代教育史資料匯編．學制演變》（上海：上海教育出版社，一九九一），頁二三六。

2　第一本《中國文學史》究竟是誰寫的？略有爭議，或以為是林傳甲所著，一九〇四年，京師大學堂講義，原署名林歸雲；一九一〇年，由武林謀新室、廣東育群書局正式出版；或以為是黃人所著，大約一九〇五年，上海國學扶輪社；或以為是竇警凡所著，書名《歷朝文學史》，線裝鉛印本，未標明出版單位，一九〇六年。這種爭議的意義不大，三種著作的出版時間不是十分確定，所知的時間不過相差一年，誰是第一本，其實無關緊要。林傳甲此書，台北學海書局有出版。

3　參見同注1。又林傳甲《中國文學史》，其中「目次」後「說明」文字徵引「章程」此語，頁二四。

4　參見林傳甲，《中國文學史》（台北：學海出版社，一九八六）。

《中國文學史》之前就已有中譯本[5]，可供參考。林傳甲也自述「將仿日本笹川種郎中國文學史之意，以成書焉」[6]；日本漢學家這類「中國文學史」的著作，乃「明治維新」時，學習西方而來。從此以後，《中國文學史》這一類著作就大致定型為西方式的「章節體」。

至今為止，世界各國有關《中國文學史》的著作大約已經出版上千種。不計斷代、分體，僅是「通史」，就有四百多種[7]。一九二〇到四〇年代，「五四」新文化運動改變傳統，創建「新知識型」，現代化的《中國文學史》書寫，幾乎達到巔峰，出版了很多具有代表性的產品[8]；然而，我必須很直率地說，從嚴格的學術觀點來看，合格的著作實在很少。因為從林傳甲開始，它就是以「教科書」的體製及其功能被生產出來，而且延續到今日。假如從嚴格的學術觀點來看，「文學史」作為一門學科，那些已出版的著作幾乎都缺乏這門學科研究對象本體論、知識本質論、認識論與方法學的基礎。然而，這樣的文學史，卻已經發展百年，濫造幾百種的著作，其架構、內容轉相沿襲；唯有龔鵬程教授獨出機杼，撰作了一本頗異群流的《中國文學史》[9]。

那麼，我們現在是不是應該要有所反思、批判。基礎理論暫且不談，就從各著作的內容，找些異口同聲、相沿不斷之謬議訛論的個案，讓大家一起來思考。我認為，《中國文學史》這一類著作，至少有兩大被異口同聲謬議訛論的「冤案」：第一個是漢代的「擬騷」，第二個是明代的「格調派」。我稱它為「冤案」，是因為那些被謬議訛論的古代文士們，幾乎都是一代重要的文學家，例如漢代東方朔、嚴忌、王褒、揚雄、劉向、班固、張衡，以及明代李夢陽、何景明、李攀龍、王世貞等；卻被現代一群非真懂文學、不了解他們創作理念的文學史作者，冤枉為模擬、抄襲、剽竊！其實，無須高深的理論，只要常識地想一想，怎麼可能一代最優秀的文士們都集體在幹這種沒有意義、價值，甚至人格卑汙的鄙事呢？假如「文學史」是一門嚴格的學術，作者提出任何斷言，都必須出於對相關文獻深層意義的理解、詮釋，並建立相對客觀的評價基準，而不只是流於籠統的泛讀印象，以及主觀「文化意識形態」的非理性投射。

一般中國文學史著作，「格調派」或稱「復古派」、「擬古派」。不管「復古」或「擬古」，用詞

5 例如〔日〕古城貞吉，《支那文學史》（東京：東京經濟雜誌社，一八九七），此書有王燦中譯本，書名改為《中國五千年文學史》（台北：廣文書局，一九七六）；〔日〕笹川種郎，《支那文學史》（東京：東京博文館，一八九八），此書也有中譯本，書名改為《歷朝文學史》（上海：中西書局，一九〇三）。林傳甲曾自供仿照此書，寫成《中國文學史》。

6 參見林傳甲，《中國文學史》，第一篇之前的序言，頁一。

7 參見黃文吉主編，《中國文學史書目提要》（台北：萬卷樓圖書公司，一九九四），附錄〈中國文學史總書目〉，從一八八〇年到一九九四年，世界各國已出版有關「中國文學史」的著作，高達一千六百餘種。其中，一般「通史」就有四百二十餘種。而一九九四年至今又過二十幾年，著作總數已不只黃文吉所統計。

8 例如胡適，《白話文學史（上）》（上海：新月書店，一九二八）、胡小石，《中國文學史》（上海：上海人文社，一九三〇）、胡雲翼，《中國文學史》（上海：上海教育書店，一九三二）、鄭振鐸，《插圖本中國文學史》（北京：北京樸社，一九三二）、劉大杰，《中國文學史》（上海：上海中華書局，一九四一）、林庚，《中國文學史》（廈門：廈門大學出版社，一九四七）等。

9 龔鵬程，《中國文學史》（台北：里仁書局，上冊，二〇〇九，下冊，二〇一〇）。此書反思批判過去所出版的《中國文學史》著作，並提出自己精當的文學史觀，以及對歷代文學特殊的詮釋觀點，讓《中國文學史》這門知識展現不同以往諸作的新面目。

都不適切，更不懷好意的是語含輕貶。中國古代類似漢代文士的「擬騷」，或明代文士講究「五言古詩學漢魏，七言近體學盛唐」的觀念，用一個比較適切的名詞，應該是「學古」（或「宗古」）。漢代以降，文士的「創作學習歷程」多尚「學古」，形成很普遍的「文學行為模式」。我強調的是「創作學習歷程」，而不是最終的「創作結果」。為什麼古代文士的「創作學習歷程」多尚「學古」？這一行為的動機有二：一是「文學創作」包含著漫長時間的「學習歷程」。因為生而知之，不學而能的原創性天才，極為少數，唯上古「聖人」可以當之[10]。後世一般文士都必須經由漫長的「學習歷程」而後能；而「學習」必然師法古代的「典範」之作，我稱他為「典範模習」[11]，也就是「學古」。這在書法之臨帖、繪畫之摹寫古作，也都是普遍的「學習歷程」模式。二是中國古代的文化精神非常重視對「傳統」的繼承，文化（包括文學）本質就是人們「繼往開來」的精神創造歷程及其結果。任何作者都必須先站在繼承前代、群體的「傳統」基礎上，才能進而講求當代、個人的「再創造」。「學古」就是意在學習前代「傳統」的文體成規與典範，而後轉出當代、個人的「再創造」。《文心雕龍》所提出「望今制奇，參古定法」的「文學通變觀」[12]，其所論就是這個道理——文學創作與批評、文體規範、文學歷史的源流因變，這四者永遠都處在「交互作用」的文化存在情境中，無法切割、單一孤立而能構成它的意義、評斷它的價值。

「五四」時期的《中國文學史》作者，幾乎沒有人懂得「學古」在文學創作、批評與文體規範、文學史之建構歷程上的「交互作用」意義。這當然是他們「歷史視域」的限制，其原因有二：一是新知識分子「反傳統」的「文化意識形態」，逢古必反，反必輕貶。「學古」也好、「擬古」也好、「復古」也好，都是以「古」為尚，不用深究其意義，就一概貶為抄襲、剽竊；二是新知識分子之「個體意識」高揚，凡事完全沒有相對的「群體意識」。在文學社群中，「個體意識」明顯地反映在對「原創性」、「獨創性」之過度的、虛幻的強調。一首詩、一篇小說或散文，經常以原創性、獨創性作為評價基準。這完全是自欺之論，衡諸中國先秦以降，經、史、子、集各種典籍，可以稱得上是原創、獨創者幾希？《禮記・樂記》云：「作者之謂聖，述者之謂明。」只有上古的「聖人」如堯舜禹湯文武周公者，才能稱為「文化原創」的「作者」；因此，先秦時代，「作者」具有「神聖性」，是為「神聖性作者觀」[13]；即使至聖如孔子也只敢自稱「述而不作」，意思當然認為自己的學問不敢說是原創、獨創，只能紹述、闡揚先聖的創造成果，可稱「明智」之人。孔子此說，未必完全是自謙之詞，

10〔南朝梁〕劉勰《文心雕龍・徵聖》稱讚「聖人」云：「妙極生知，睿哲惟宰。」參見周振甫，《文心雕龍注釋》（台北：里仁書局，一九八四），頁一八。「生知」就是生而知之，唯聖人「生而知之」，乃文化的原創者。詳參顏崑陽，〈《文心雕龍》所隱含二重「文心」的結構及其功能〉，原刊《人文中國學報》第二十六期（二〇一八年六月），頁一—二六。收入本書，頁三八七—四一七。

11 參見顏崑陽，〈論「典範模習」在文學史建構上的「漣漪效用」與「鍊接效用」〉，收入輔仁大學中文系、中國古典文學研究會主編，《建構與反思——中國文學史的探索學術研討會論文集》（台北：台灣學生書局，二〇〇二），冊下，頁七八七—八三三。收入本書，頁二七一—三一九。

12 劉勰《文心雕龍・通變》云：「望今制奇，參古定法。」參見周振甫，《文心雕龍注釋》，頁五七一。望今制奇，是出於主觀「文辭氣力」的「變」，是個殊的創造；參古定法，是學習文學史上所建構客觀「有常之體」的「通」，是共同遵守的文體規範與共同效法的文體典範。「通」與「變」彼此辯證，才是文學創作的常道。

13 參見龔鵬程，《文化符號學》（台北：台灣學生書局，一九九二），頁八—一一。

因為從文化起源來說，他的前面已有堯舜禹湯等「原創」的聖人。其實中國文化傳統，自遠古先聖開其源，先秦諸子百家分其流，由此以降，任何文字作品都只能說是因承文化傳統之群體生產成果所作的「再創造」。

「文學」自是一種文化產品，當然也是如此，即使第一個有姓有名的文學家屈原，他所創作的騷體辭賦，同樣是「依詩立義」的「再創造」[14]，實非原創、獨創。他在「聖人」之後，尚可稱為「妙才」[15]。試問屈原以下，歷代有哪一位文士的作品，不是承繼前代的文體典範，所作的「再創造」？何獨對漢代文士的「擬騷」，以及明代文士之學習漢魏、盛唐，所謂高格調的「文體典範」，竟然如此刻薄輕貶！所謂「無病呻吟」、「沒有生氣」、「沒有意義」、「是古人影子」、「文學價值不高」，甚至還「汙名化」為抄襲、剽竊。這諸多刻薄、冤屈的貶辭，究竟依據什麼歷史語境的同情理解、文本的深讀、相對客觀價值判準的設立、史料充分而邏輯嚴密的論證過程，才獲致的斷言呢？完全是沒有任何依據的妄評；從諸多《中國文學史》一類的著作來看，幾乎都是絕對主觀、籠統、粗率的謬議訛論。我非常懷疑這些作者究竟有沒有切實讀懂漢代文士「擬騷」諸作，以及明代李夢陽、李攀龍等人的文論、詩論以及詩文作品！這樣的文學史非但缺乏學術價值，甚至也不是合格的「教科書」；然而幾十年來，這一類著作卻通行於大學中文系，有些被選擇作為「中國文學史」這門學科的標準化教本，誤導學生對中國古代文學某些層面的認知，其實頗為嚴重。我們能不嚴加反思、批判而導之於正嗎？

明代「格調派」的冤案，在這一場演講中，沒有充裕時間處理。因此，我選擇漢代文士的「擬騷」，先為他們洗刷文學史上的汙名，同時也為大家打開一扇詮釋「中國古代文學史」的新視窗。

二、漢代「擬騷」在文學史上的汙名

「模擬」一詞假如用以「描述」文學史上，諸多文士創作學習歷程的一種方法、一種模式化行為現象，而不加以褒貶評價，就不至於產生偏激的謬議訛論。一個詞彙往往隨著言說或書寫的「語境」，而可有描述、詮釋、評價、規範四種不同義涵，「模擬」一詞可為範例。言說者或書寫者可以不作褒貶評價，而用「模擬」一詞客觀的「描述」學習寫作的方式或一種模式化的寫作行為現象，義如書法的「臨帖」，是為「描述義」；或將「模擬」一詞，用以「詮釋」為什麼創作學習需要「模擬」，在學習的歷程中，能獲致什麼效果？是為「詮釋義」；或將「模擬」一詞，用在對這種方式的創作效果，給予正、負面的「評價」，以及對這種創作方式在文體因變的效用上，給予切當的「評價」，是為「評價義」。但「評價」時必須先建立相對客觀的價值判準，作品本身由「模擬」所獲致

14〔漢〕王逸〈離騷經序〉：「〈離騷〉之文，依詩取興，引類譬喻。」參見〔漢〕王逸注，〔宋〕洪興祖補注，《楚辭補注》（台北：藝文印書館，汲古閣本，一九六八），卷一，頁一二。本文以下徵引「楚辭」篇章原文皆依據此一版本，不一一附注。

15 劉勰《文心雕龍．辨騷》稱讚「屈原」云：「雖非明哲，可謂妙才。」屈原非「生而知之」，乃「學而知之」，卻又能高度創變，可稱「妙才」。劉勰認為〈離騷〉表現典誥之體、規諷之旨、比興之義、忠怨之辭四事，實「同於風雅」，乃效法《三百篇》的文學特質，學而知之也。他又指出〈離騷〉表現詭異之辭、譎怪之談、狷狹之志、荒淫之意四事，乃「異乎經典」，實個人之創變。參見周振甫，《文心雕龍注釋》，頁六三—六四。又詳參顏崑陽，〈《文心雕龍》所隱含二重「文心」的結構及其功能〉。

審美效果的「藝術性價值」，與「模擬」之作所獲致文體因變效用的「文學史性價值」，這二種「評價」實有其「價值判準」的區別，不能混淆；或將「模擬」一詞，用以對文學創作歷程，作出「模擬乃是學習寫作的必要方式」，以及「模擬有何法則」的這般「規範」，是為「規範義」。

那麼，在理論上，「模擬」其實是涵義非常複雜的一個關鍵詞；然而，諸多文學史的作者，幾乎沒有這方面的理論基礎，只將「模擬」等同「沒創意」、「無病呻吟」、「沒文學價值」，甚至「抄襲」、「剽竊」的意思；顯然是前文所述「文化意識形態」的直接投射，並以此作為主觀、絕對的價值判準。這不只是片面簡化「模擬」一詞之義，甚至是扭曲其義，作為嚴重的貶詞。從「五四」時期以降，一九三〇年代開始，這種謬議訛論，就氾濫在許多《中國文學史》著作中，將漢代「擬騷」、明代「格調」汙名化；降及一九六〇以至一九九〇年代所出版的著作，仍然遺音嗣響不絕。對文學理論稍有常識的作者就應該明白，任何一篇文學作品是否具有創意？其優劣如何？都必須就其表現結果作出深切的「個別」評斷，而不能只看模式化的寫作方式，就對「同類」作品概括地褒貶，而作出「凡模擬皆屬劣品」的妄評。這一類《中國文學史》，我在這裡就舉出幾本具有代表性的著作作為例子，對這種謬議訛論進行反思、批判。

胡雲翼《中國文學史》：

漢代是個一切都傾向復古的時代，文學模擬之風因以極濃。鼎鼎大名的漢代文豪揚雄，即是以善模著稱於世。他的一切著作都是模擬的，文學的作品如〈反離騷〉、〈廣騷〉、〈畔牢愁〉……，竟無一篇不是出於擬作。此外的文人如枚乘、馮衍、班固及張衡等，皆以模擬見稱。這種模擬的風氣的造成，不僅阻礙漢代文學的發揚光大，流毒於後世文壇者更深。兩千年來文人方面的文學多偏重模擬，實漢代首倡模擬文風為之厲階。[16]

鄭振鐸《插圖本中國文學史》：

從賈誼、枚乘以來，漢代辭賦家便緊跟著屈原、宋玉們走去。但獲得的不是屈、宋的真實的詩思，卻是他們的糟粕。我們可以說：兩漢的時代，乃是一個詩思消歇，詩人寂寥的時代。……漢賦作者們，對於屈、宋是亦步亦趨的；故無病的呻吟便成了騷壇的常態。[17]

兩漢人士模擬之風本盛，而以東京為尤甚，而辭賦作家則尤為甚之甚者。許許多多的辭賦，皆可以一言而蔽之曰：「無病呻吟」；而其結構布局，更是習見無奇的。[18]

16 胡雲翼，《增訂本中國文學史》（台北：三民書局，一九七九），頁二八。

17 鄭振鐸，《插圖本中國文學史》（台北：藍星出版社，一九六九），頁九三。按此書當時因政治禁忌，刪除作者名姓；然而識者皆知鄭振鐸之作。

18 同上注，頁九七。

劉大杰《中國文學發展史》：

代表漢賦的，是子虛、上林、甘泉、羽獵、兩都、二京一類的作品，而不是惜誓、七諫、哀時命、九懷、九嘆、九思一類作品，因為這些文字，無論形式內容，只是楚辭的模擬，而成為屈、宋的尾聲。[19]

他（東方朔）的〈七諫〉，因襲楚辭，用典過多，價值不高。[20]

辭賦到了這種模擬的時代，自然是更沒有生氣、沒有意義，只是照著一定的形式，堆砌辭句，鋪陳形勢。外表華麗非凡，內面空虛貧弱。就說到諷諫，那也只是一種點綴。[21]

游國恩等主編《中國文學史》：

東方朔是個滑稽家……。另有騷體賦，因襲楚辭，無甚特色。[22]

馬積高、黃鈞主編《中國古代文學史》：

當時（西漢末至東漢初）除擬騷之作外，模擬散體賦也蔚然成風。此風始於揚雄……東漢此風更盛，一當有人寫出有點創造性的作品，即有人改頭換面模仿。這說明當時作家已缺乏激情與才情，只能跟在別人後面討生活。[23]

胡雲翼、鄭振鐸的著作，初版印行於一九三〇年代。劉大杰的著作，初版印行於一九四〇年代。游國恩等主編的著作，初版印行於一九六〇年代。馬積高與黃鈞共同主編的著作，修訂版印行於一九九〇年代；前後綿延六十多年，幾本代表性的《中國文學史》，其謬議訛論沒有多大改變。彼此雖有些小差異，但是大致相同的主調則一：漢代文士「模擬」屈騷之作，只得屈宋的糟粕、無病呻吟、沒有生氣、沒有意義；然而卻沒有一個作者清楚地說明，什麼是「模擬」？「模擬」在文學創作與文學史建構上有何效用？為什麼漢代文士會普行「模擬屈騷」的這種創作行為而形成文化現象？而他們之「模擬屈騷」究竟在模擬什麼？獲致哪些效果？本來這是中國文學史上頗為奇特的一種創作現象，其深層隱含著「政治文化」與「文體源流」彼此交涉的複雜原因及結果，有待我們深入地「詮釋」，以

19 劉大杰，《中國文學發展史》（台北：華正書局，一九八七），頁一二九。按此書當時因政治禁忌，刪除作者名姓；然而識者皆知劉大杰之作。

20 同上注，頁一四五。

21 同上注，頁一四九。

22 游國恩等主編，《中國文學史》（台北：五南圖書出版公司，一九九〇），冊上，頁一四〇。

23 馬積高、黃鈞主編，《中國古代文學史》（台北：五南圖書公司，一九九八），冊一，頁一七九。

揭顯其意義與價值；卻被「五四」時期這些新知識分子所偏執的「文化意識形態」，就以「凡模擬皆屬劣品」這樣的妄評，三言兩語否定他們在中國文學史上應有的歷史「位置」及價值，可說是漢代文學的災厄。

其中，胡雲翼、鄭振鐸、劉大杰的觀點，最為無據而偏激，完全是在拿古人洩憤。胡雲翼指責揚雄：「他的一切著作都是模擬的，文學的作品如〈反離騷〉、〈廣騷〉、〈畔牢愁〉……，竟無一篇不是出於擬作。」這樣的論述就已洩漏他「無據而妄評」的輕率態度。〈廣騷〉和〈畔牢愁〉已經散佚，只有篇名[24]，胡雲翼不可能讀過；既沒讀過，如何妄斷為擬作呢？因為出於「文化意識形態」的「成見」在胸，漢代文士凡是與「騷」扯上關係的一切作品，都屬模擬，也都是劣質品，何須讀過才能評斷！

揚雄的「擬騷」之作，只存〈反離騷〉一篇。我頗懷疑胡雲翼究竟有沒認真深入地讀過；假如他認真深入讀過〈反離騷〉，卻還出此言，那就表示沒有讀懂。同時，我們也必須追問什麼是「擬作」？揚雄〈反離騷〉究竟如何「模擬」屈原的〈離騷〉？也就是模擬了什麼？其「體製」的確是「騷體」，也就是散文句式而以「兮」為規律性音節，並且押韻。這是「騷體」的基模性形構，就如四言古體、五言古體、五言律體、七言律體等，乃是創作這一文體的作者所「同遵」的形式規範，不可謂之「模擬」。上舉文學史的作者幾乎全無「中國古代文體學」的知識，膚淺地只看漢代所謂「擬騷」之作，遵循屈原所創「騷體」的基模性形構，而不讀每一篇個別的內容，便「一概」評曰「模擬」，沒有創意，缺乏文學價值，這絕非厚其涵養而負責任的治學態度。其體製形式如此，懂得文體學者，不可謂之「模擬」。更重要的是內容又如何「模擬」屈騷？這些文學史的作者們所謂「模擬」，簡化地說就是沒有真情實感、缺乏創意，只照著原作仿寫的「複製品」。那麼，〈反離騷〉果真是〈離騷〉的「複製品」嗎？這當然要深讀細究〈反離騷〉，同時持與〈離騷〉作比較，絕不可輕下斷語。

其實，從篇名就可以初步理解，〈反離騷〉旨在「反詰」〈離騷〉，揚雄意圖與屈原「對話」！只要深讀細究其內容，就可理解他提出與屈原相反的人生觀，以面對「不遇」的處境。什麼相反的人生觀？〈反離騷〉最重要的旨意，就是士人面對遭時不遇的命運，應該何以自處？揚雄提出與屈原「沉江殉節」對反的觀念及態度：「夫聖哲之不遭兮，故時命之所有」。「時命」固已如此，就曠達安命，「何必湘淵與濤瀨」[25]，沉江殉節也於事無補啊！故而他的〈自序傳〉述及：「怪屈原文過相如，至不容，作〈離騷〉，自投江而死。悲其文，讀之未嘗不流涕也。以為君子得時則大行，不得時則龍蛇，遇不遇命也，何必湛身哉！」[26]然則，揚雄之作〈反離騷〉，其實意在與屈原對話，有他自己的生命存在感及價值觀，絕非〈離騷〉的複製品。

漢朝文士身處「大一統」帝國的時代，不能像戰國「遊士」那樣沒有必然「歸從」的「定主」，

24〔清〕嚴可均編輯《全漢文》，其中《揚雄集》，只收〈反離騷〉，並明指「〈廣騷〉、〈畔牢愁〉只存篇名」。參見嚴可均，《全上古三代秦漢三國六朝文》（台北：世界書局，一九八二），冊一，卷五十二。

25 參見《揚雄集》，收入嚴可均，《全上古三代秦漢三國六朝文》，冊一，卷五十二。

26 參見《揚侍郎集》，收入〔明〕張溥編著，《漢魏六朝百三名家集》（台北：文津出版社，一九七九），冊一，頁三五三。

而可以憑仗自己的才學，在人才供需的市場，自由選擇能用才的國君，彼此合作，以成就霸業。因此漢代文士對「不遇」的時代命限感受特別深，這時代命限就稱為「時命」，故嚴忌有〈哀時命〉之作，假擬屈原的觀點，開筆就感嘆「哀時命之不及古人兮，夫何予生之不遘時」[27]。其實，抒發屈原之「哀時命」，就寄託著自己之「哀時命」。類似嚴忌這種「哀時命」的作品甚多，幾乎都採取騷體的形式，而以屈原作為心目中「悲士不遇」的典範人物，古今通感，哀屈原亦所以哀自己。這就是所謂「擬騷」諸作的「歷史語境」，皆有興於「時命」的真情實感，非如前述那些文學史作者所妄評的「無病呻吟」。關於漢代文士「不遇」之悲，以及「擬騷」之作的深切涵義，徐復觀以至於我的著作中，已作了精詳的論證[28]。這些文學史作者缺乏這一歷史語境的同情理解，當然讀不懂他們所謂「擬騷」之作，故一概鄙視輕貶。

由此觀之，揚雄之〈反離騷〉，就在漢代文士「時命」的存在情境中，以屈原及其作品作為典範，進行對話，既「因」而且「變」，當然是非常有價值的「再創造」。前述的文學史作者顯然沒有一個能深入漢代文士所處的「歷史語境」，也未曾深讀細究其內容，就直接單向投射橫梗胸中的「文化意識形態」，而出此謬議訛論，而且轉相複製，延續數十年而不改。他們貶責漢代文士「擬騷」就是抄襲，自己也不斷「抄襲」這種謬議訛論，豈不適成「反諷」！

至於胡雲翼遍指「枚乘、馮衍、班固及張衡等，皆以模擬見稱」，而且「這種模擬風氣的造成，不僅阻礙漢代文學的發揚光大，流毒於後世文壇者更深。兩千年來文人方面的文學多偏重模擬，實漢代首倡模擬文風為之厲階」。中國兩千年的文學多偏重模擬，這是毫無證據的謬論；而將這種罪過全都歸因於漢代文士首倡「模擬」之風，更是在「文學史」的殿堂中，大興「文字獄」。假如《中國文學史》的著作，都像這種「莽漢罵眾」的妄論，就真是中國古代文學的洪水猛獸之災，而「五四知識型」的迷蔽也由此可證。

鄭振鐸、劉大杰對漢代「擬騷」的謬議訛論，較諸胡雲翼又是如何？借鄭振鐸自己的話來說，就是「尤為甚之甚者」。依前文所論，他們與胡雲翼同樣對漢代文士「擬騷」的「歷史語境」全然無知，恐怕也沒有認真地深讀細究這些作品，就直接單向投射「文化意識形態」；而「凡是模擬都屬劣質品」仍是主觀、絕對的價值判準，對「模擬」又認知偏誤，於是漢代所有「擬騷」之作就被貶到一文不值，並且措辭比胡雲翼更為刻薄：「（擬騷諸作）獲得的不是屈、宋的真實的詩思，卻是他們的糟粕」、「兩漢的時代，乃是一個詩思消歇，詩人寂寥的時代」、「無病的呻吟」、「沒有生氣、沒有意義，只是照著一定的形式，堆砌辭句，鋪陳形勢。外表華麗非凡，內面空虛貧弱」。然而，我們只要常識地想一想，枚乘、東方朔、王褒、劉向、王逸等，都是漢代第一流的文士，怎麼可能集體重複作出如此毫無意義的文學寫作行為，而形成一代的文化現象？

游國恩、馬積高與黃鈞主編的《中國文學史》，對漢代「擬騷」之作的妄評已淡化許多，卻還是顯示遺音嗣響猶存，沒有反思批判而改觀。馬積高、黃鈞的著作，更擴及散體賦的模擬，未經文本為

27〔漢〕王逸注，〔宋〕洪興祖補注，《楚辭補注》，卷十四，頁四二七。

28 徐復觀，〈西漢知識分子對專制政治的壓力感〉，參見徐復觀，《兩漢思想史》（台北：台灣學生書局，一九九〇），卷一，頁二八一—二九四。顏崑陽，〈漢代文人「悲士不遇」的心靈模式〉，收入顏崑陽，《詮釋的多向視域——中國古典美學與文學批評系論》（台北：台灣學生書局，一九九〇），頁一六一—二〇〇。

據而分析論證，就籠統地輕下斷言：「當時作家已缺乏激情與才情，只能跟在別人後面討生活。」這絕非嚴格的學術之論，仍然不脫「五四知識型」那種直接投射「文化意識形態」的迷蔽。

如今，我們處在「後五四」時期，已逾半世紀，還要繼續延續、複製這樣的謬議訛論嗎？我們必須反思、批判，逼問當代的人文學術如何突破「五四知識型」的圍城，而轉出創新的詮釋視域。當代人文學術的轉型，除了我所提出重構研究對象的本體論、知識本質論與方法論的「務本」之道而外[29]，針對一些迷蔽已深的個案性論題，逐一反思、批判而指出詮釋視域的轉向，也是重要的學術改造工程。今天我提出這個講題，就是其中之一。至於明代「格調派」被訛指為抄襲、剽竊的「冤案」，也是亟待我們洗刷汙名的重要論題，有興趣的學者可以一起來思辨。

三、漢代「擬騷」究竟在模擬什麼？可分為哪幾種？

前面所述及的《中國文學史》著作，異口同聲貶責漢代「擬騷」之作，只是在「模擬」屈騷，亦步亦趨，沒有創意；然而，卻沒有一個文學史作者真正弄清楚什麼是「擬騷」？只見鄭振鐸籠統說「其結構布局，更是習見無奇的」，那就是模擬「結構布局」了；然而「結構布局」具體指什麼？沒有任何作品為證。劉大杰也籠統說「照著一定的形式，堆砌辭句，鋪陳形勢」，那就是模擬「形式」了；然而「形式」是一個概念非常複雜的關鍵詞，他所謂「形式」又指的是什麼？似乎就是「修辭」與「鋪陳」了；然而也沒有以作品為例，具體地說明。劉大杰又說「無論形式內容，只是楚辭的模擬」，那麼「形式」之外，「內容」也是模擬了；但是「內容」模擬了什麼？還是沒有舉出作品具體論證。然則，漢代文士「擬騷」究竟在「模擬」屈原作品的哪些方面？胡雲翼、鄭振鐸，劉大杰等並沒有解答這個問題。我認為他們也沒有能力解答，因此我就來代為解答。漢代文士之「擬騷」，可分為兩個方面：

（一）擬體

第一是「擬體」，模擬屈原所創造「騷」的新文體。在這裡，姑且使用胡雲翼等文學史作者所採取的關鍵詞「模擬」；不過必須特別聲明，所謂「模擬」乃是不帶任何價值判斷的「描述義」，指的是對既存事物的「模仿擬似」。其實比較準確的用詞應該是「沿用」、「遵循」，而謂之「遵體」、「循體」；「體」指的是「體製」，所謂「擬體」，就是模擬屈騷的「體製」。那麼「體製」是什麼？胡雲翼等文學史作者想必無所認知。問題是既然弄不清「什麼是體製」，那麼模擬屈騷的「體製」，這類作品就沒有價值嗎？下文將確切地回答這個問題。

我們就以賈誼的〈鵩鳥賦〉為例，在此要特別指出，〈鵩鳥賦〉應當以《史記．屈原賈生列傳》所載版本為正確，是以「兮」字為規律音節的「騷體」。劉大杰《中國文學發展史》卻採信後出的《漢書．賈誼傳》所載版本，刪除「兮」字，理由甚為可笑：「班固必有所據。」[30]班固必有所據，難道司馬遷全無所據？司馬遷更接近賈誼時代，相距不過數十年；班固與賈誼則相距已二百多年，怎麼

29 參見顏崑陽，〈中國人文學術如何「現代」？如何「當代」？〉，收入本書，頁五三—八五。

30 劉大杰，《中國文學發展史》，頁一三九。

會不相信司馬遷所見版本而相信班固呢？這連版本學的常識都沒有。

他這麼做的原因，只是為了指認〈鵬鳥賦〉不是「擬騷」，要是「擬騷」，就會如他所評斷「沒有生氣、沒有意義」。既不是「擬騷」，那就是另一種漢代才新創的「散體賦」了。劉大杰先預設主觀立場，肯定賈誼辭賦的價值，再選版本以實之，這不是嚴謹的學術態度；卻也由此透露這些文學史作者模糊的認知裡，他們極力貶責的「模擬」，就是諸多「擬騷」之作都模仿了屈騷的「體製」。問題是一種新創的文學「體製」，後起的文士不能模擬嗎？模擬，就沒有價值嗎？客觀而論，〈鵬鳥賦〉當然以《史記》所載的「騷體」為是，王先謙就指出「兮」字是班固所刪[31]。《文選》所錄〈鵬鳥賦〉也是依據《史記》的騷體。從〈鵬鳥賦〉個別篇章的內容而言，賈誼抒寫自己切身的「不遇」之感，與〈離騷〉的內容以及屈原的身世沒有關係，正是一般人所肯定的「個人抒情言志」之作。假如說它是「擬騷」，只是「沿用」或說「遵循」屈原所創造〈離騷〉的「體製」而已；完全不會因為是「騷體賦」，不是「散體賦」，而被打入「擬騷」的行列，就減損它的文學價值。

那麼「體製」是什麼？這是古代文體學最基本的知識。「體製」或稱為「體裁」，指的是「某一種文類諸多個別篇章共同的語言組構形式」，也就是《文心雕龍‧通變》所謂「設文之體有常」的「常體」，我轉換一個現代詞彙，就稱它為「基模性形構」[32]。而所謂「文類」指的是「諸多具有某些『相似性』的作品群」[33]。從諸多作品群而言，是「文類」；相對的，從它們共具的「相似性」而言，是「文體」。「文類」與「文體」二個抽象概念不同，但在實際存在狀態中，卻相互依存[34]。例如具有每句四個字而偶數句押韻之「相似性」的諸多作品群，就是一種「四言詩」文類；而這文類中的每一個別篇章，都共具每句四個字而偶數句押韻的「相似性」。這些形式結構基本的「相似性」，就是

「體製」。

那麼「騷」作為一種文類，諸多作品群會有哪些「相似性」的特徵？也就是它的「體製」是什麼樣子？屈原所創造的〈離騷〉，被稱為「騷體」。它的「體製」，也就是語言組構的形式，相較《三百篇》，顯現二個特徵：一是《三百篇》的詩歌絕大多數都是每句四字，句式、音節都規律化的「齊言體」；屈原的〈離騷〉則將句式散化為不整齊、音節不規律的「雜言體」。二是《三百篇》詩歌四言的句式，音節規律，自有其音樂性；騷體雜言的句式已散化，則如何保持音節規律的音樂性，就在每句的句中或句尾，一聯上句的句中或句尾、下句的句中或句尾，固定的位置上加入「兮」字（或「些」字、「只」字）。依藉這二個形式特徵，「騷體」就在《三百篇》的「四言體」之後，另創一種新的「體製」。從屈原首創，宋玉等並時繼作，漢代諸文士歷時接踵，所有被稱為「騷體」的作品，必然具備上述二個特徵，尤其以「兮」字（或「些」、「只」）規律音節，更是必要的特徵，絕對不能少；劉向纂集、王逸作注的《楚辭章句》，其中每一篇的「體製」都相似，如有不相似者，就非「騷

31〔清〕王先謙云：「官本考證云，《史記》作『單閼之歲兮』，以下凡起句俱有兮字。此班氏所刪也。」參見〔漢〕班固著，〔唐〕顏師古注，〔清〕王先謙補注，《漢書補注》（台北：藝文印書館），冊二，卷四十八，頁一〇六六。

32 參見顏崑陽，〈論「文體」與「文類」的涵義及其關係〉，《清華中文學報》第一期（二〇〇七年九月），頁一五一—一八，又頁二二一—二二六。

33 同上注，頁四九—五三。

34 同上注，頁五三—五五。

體」。劉大杰接受《漢書》的版本，將〈鵩鳥賦〉的「兮」字刪去，就是為了排除它是「騷體」，免得落入被輕貶的「擬騷」行列。這樣固執的「文化意識形態」之造成迷蔽，連歷史事實都可以任意改變，這就是明顯的範例。

中國古代文學史有一種常見的現象，凡是任何文類的「體製」，一旦被創造出來，就必須「並時性」地產生「連漪效用」，又「歷時性」地產生「鍊接效用」[35]；新創的「體製」被眾多作者不斷地沿用遵循，作品迭出，蔚為風潮，其「基模性形構」才能穩定下來而成為特定的「體製」，並給予命名，例如騷體、賦體、七體、連珠體等。屈原創造了「騷體」，假如並時性沒有唐勒、景差、宋玉之徒，沿用遵循其「體製」而繼續創作；歷時性也沒有漢代賈誼、東方朔、嚴忌、王褒、劉向、揚雄、王逸諸文士，沿用遵循其「體製」而繼續創作；則「騷體」就不可能在中國文學史上占有源遠流長、通用普行的重要文體地位。兩漢以降，歷代文士創作「騷體」不絕，「騷」才能與「詩」、「賦」並列為最重要的三大韻文體。因此，「體製」的仿作，更適宜地說是沿用、遵循，絕不是如胡雲翼等人所謂沒有價值，充滿貶意的「模擬」，而是建構文學史必要的創作行為。班固〈詠史〉首創「五言古體」，從《古詩十九首》以下，建安三曹、七子等，歷代詩人都沿用遵循此體，普遍地接踵繼作，鄭振鐸、劉大杰等文學史作者為什麼不指責大家都只是「模擬」，沒有意義？曹丕〈燕歌行〉首創「七言古體」，唐代高、岑、李、杜，宋代歐、王、蘇、黃等詩人，莫不沿用遵循此體而變之，那些文學史作者們為什麼不指責他們都只是「模擬」，沒有意義！漢代「擬騷」諸作的價值，其中有一個層面就是將它們放在騷體「創／因／變」的歷程與因果關係中評定，稱為「文學史性評價」。這種評價問題，後面再詳細來說。

因此，同一文體諸多作品的「內容」究竟有沒有創意，有沒有價值？這是「文學史性評價」之外的另一種「藝術性評價」，不能從所共同沿用遵循的「體製」一概而論，必須一篇一篇個別深讀細究它的「內容」寫了什麼。賈誼的〈鵩鳥賦〉究竟有沒有「藝術性價值」，與它是「騷體」或「散體」沒有必然關係。雖然他沿用遵循屈原所創造〈離騷〉的「體製」；但是「內容」抒寫賈誼切身的「不遇」之感，自有創意而不是〈離騷〉的複製品，這才是它的「藝術性價值」所在。然而，淮南小山〈招隱士〉、東方朔〈七諫〉、嚴忌〈哀時命〉、王褒〈九懷〉、劉向〈九歎〉、揚雄〈反離騷〉、王逸〈九思〉等，究竟有沒有「藝術性價值」？胡雲翼等文學史作者應該每一篇都深讀細究，再作個別的褒貶，豈能因為都沿用騷體，就一概貶為一文不值！一篇作品的「藝術性評價」與「文學史性評價」，各有其不同的價值判準，二者不能混同。這個問題，後文再詳說。

（二）擬事

第二是「擬事」。我推想胡雲翼等文學史作者，對漢代「擬騷」諸作的評價，不但將「如何寫」的文體形構與「寫什麼」的題材內容，這兩個層面的問題混在一起。而且在他們模模糊糊的意念中，認為漢代文士諸作是在「模擬」屈騷，只是複製，沒有創意，沒有意義，最主要的著眼點，還不在文體形構的雷同，更在於漢代擬騷諸作的「擬事」現象，內容所寫的都是與屈原有關的人、事、情、

35　參見顏崑陽，〈論「典範模習」在文學史建構上的「漣漪效用」與「鍊接效用」〉，收入《建構與反思》，頁八一一—八二〇。「漣漪效用」指並時性橫向擴散的影響效用；「鍊接效用」指歷時性縱向因承的影響效用。

志。也就是說，將屈原「執履忠貞而被讒邪，憂心煩亂，不知所愬」[36]的「不遇」經歷與悲怨，拿來作為題材，似乎在複製屈原〈離騷〉、〈九章〉那些作品的內容。

我們可以全面省察漢代的騷體之作，寫什麼的「內容」大致可分為三類：一是書寫作者自己切身的遭遇及情志，例如賈誼〈鵩鳥賦〉、董仲舒〈士不遇賦〉、劉歆〈遂初賦〉等；二是書寫客觀的人情、事況、物象而寄以感思或議論，例如賈誼〈弔屈原賦〉、〈旱雲賦〉、淮南小山〈招隱士〉、司馬相如〈哀二世賦〉、揚雄〈太玄賦〉等；三是特別以屈原的遭遇及情志為題材、主旨，而採「擬代」的敘述形構，甚至有些還作「分章」的書寫，例如東方朔〈七諫〉、王褒〈九懷〉、劉向〈九歎〉、王逸〈九思〉。其中，賈誼〈惜誓〉、嚴忌〈哀時命〉，整篇而不作分章，卻也是以屈原的遭遇及情志為題材的「擬代」之作。

第一類為個人抒情言志之作，旨意明確，最容易讀得懂，也符合那些文學史作者的「文化意識形態」，故能獲得肯定的評價。第二類書寫客觀題材又能寄以己意，也被排除在「擬騷」之外，雖沒有獲得很多讚揚，卻至少沒受到貶責。被胡雲翼等人視為「模擬」之作，只是屈騷的複製品，就屬第三類。因為從「內容」而言，他們所謂「模擬」，指的應該就是擬仿〈離騷〉、〈九章〉所寫過屈原的事蹟，重複再寫。依著他們的意思，我就姑且名之為「擬事」。

這一類作品，從語言表層的敘述形構來看，是東方朔等人首創的一種「擬代體」。「擬代」就是「想像地假擬，替代他人發言」。這些以屈原的遭遇與情志作為題材、旨意，被認為是「擬騷」的作品，東方朔等作者都想像假擬自己是屈原，用第一人身「余」、「我」、「吾」作為敘述觀點人物，好像是屈原自己在發言，實則是東方朔、王褒這些作者替代屈原在發言，主客合為一體，古今通為一境，敘事、抒情、言志、說理，有實況描述，有想像虛構，渾融成篇。這種敘述形構非常特別，可稱為「擬代體」，始創於漢代東方朔等人的「擬騷」，到魏晉六朝之後，頗多文士繼作[37]。假如粗淺地閱讀語言表層意義，而未能理解、詮釋這些作品言外的深層蘊意，就會像胡雲翼等人作出那樣的謬議妄論。明白地說，這些文學史作者根本沒讀懂這類作品，看不出他們因承屈騷而再創「擬代體」的特殊敘述形構，以及依藉這種敘述形構，在言外所寄託的深層蘊意；其實，在個人「抒情言志」的主流性傳統覆蓋之下，「擬代體」的文學價值一向就被忽略[38]。這些問題，我們後面再來細說。

四、假如我們要撰寫一部合格的《中國文學史》，或者為漢代「擬騷」洗刷文學史上的汙名，必須具備哪些基礎知識？

接著，我們的問題是：假如我們要撰寫一部合格的文學史，或者要為漢代「擬騷」洗刷文學史上的汙名，必須具備哪些基礎知識？我的回答是：必備的基礎知識應有下列四種。

---

36 王逸，〈離騷經序〉，參見洪興祖，《楚辭補注》，卷一，頁一〇。

37 參見梅家玲，《漢魏六朝文學新論——擬代與贈答篇》（台北：里仁書局，一九九七）。

38 參見龔鵬程，〈論李商隱的櫻桃詩——假擬、代言、戲謔詩體與抒情傳統間的糾葛〉，收入龔鵬程，《文學批評的視野》（台北：大安出版社，一九九〇），頁一九三—二一九。

（一）中國古代「士人階層」之「生命存在意識史」的知識

第一種基礎知識就是中國古代「士人階層」之「生命存在意識史」。

中國古代「士人階層」的生命存在意識，所感知到的時空情境乃是「今古一相接」的整體世界。每個人都存在整體混融的文化情境中，「時間」是過去、現在、未來三維連綿不斷的文化傳統時間，「空間」則是八方渾然一境的文化流播空間。每個人都存在於這一整體「文化共享」的時空情境中，可以經由心靈的「通感」，而跨越彼此「有限」的時空邊際，達到「今古一相接」的境地。

「今古一相接」是李白〈謝公亭〉的詩句[39]，「謝公」就是「謝朓」。謝朓曾任宣州太守，後人為建「謝公亭」，以紀念他在這個地方送別好友范雲。李白「心契」謝朓，平常讀其詩，此時臨其地，心靈即跨越今古時空而生發「通感」的生命存在體驗，謝朓彷彿如在目前。

因此，我們可以體會司馬遷遊長沙，親臨屈原沉江的現場憑弔，回想平日閱讀他的〈離騷〉、〈天問〉等作品而「悲其志」，不覺流涕，當下古今「通感」而「想見其為人」[40]。這時候，屈原彷彿就在司馬遷的眼前，他的遭遇讓人同情，他的品格讓人崇敬，甚至效法。因此中國古代所謂「歷史」，不僅是一樁一樁在不同時空個別發生的事件，以文字記載、串接的「敘述史」；文字之外的深層意義實在就是中國古代「士人階層」的「生命存在史」，也是他們的「文化意識史」。個體生命可以「獨立」而「自在」，卻也在「群體」所創造、建構的文化時空情境中，與他人「通感」而「共在」，可以分享生命存在的經驗及其意義、價值。漢代「擬騷」諸作的文士們，就是與屈原「今古一相接」的「通感共在」，可以分享生命存在的經驗及其意義、價值。

「五四」時期的新知識分子，既「反傳統」而又「個體意識」高揚到絕對化的地步，完全缺乏這種古代「士人階層」的「生命存在意識史」知識。那麼，胡雲翼、鄭振鐸、劉大杰等，撰寫《中國文學史》時，當然完全無法體悟漢代「擬騷」諸作，言外所寄託與屈原今古「通感共在」的深層意義。其實，學者假如有心要寫一部深切中國文化情境的合格文學史，古代「士人階層」的「生命存在意識史」是必要的知識，因為文學就是他們生命存在經驗及其意義、價值的表現，無法以我們現當代生命存在經驗所形塑的價值觀，作出「單向視域」的理解、詮釋，更何況是「暴力式批判」。

中國古代「士人階層」的「生命存在史」，也就是他們的「文化意識史」，這一種書寫中國古代文學史所必備的基礎知識，可再分析詮釋如下：

1、政教的生命存在意識：立德、立功

中國古代「士人階層」第一個層位的生命存在意識，就是自覺到生命存在的意義、價值乃在於「立德、立功」。我們在現當代研究古代文化，一定要了解我們身處的存在情境已是多元化的社會，古代那種「志於道」的「士人階層」或稱為「知識階層」[41]，已經消散而流動到百行各業，也就是高

39 參見瞿蛻園等，《李白集校注》（台北：里仁書局，一九八一），冊二，頁一三一一。

40 〔漢〕司馬遷，《史記．屈原賈生列傳》（台北：藝文印書館，景印清乾隆武英殿刊本），冊二，卷八十四，頁一〇一〇。

41 余英時以西方「知識階層」之名代稱中國古代的「士人階層」。參見余英時，《中國知識階層史論：古代篇》（台

學歷的「現代型知識分子」；不過，他們所具備的「知識」只是百行的「專業知識與技能」，物理、化學、生物、電機、醫療、資訊等，甚至文、史、哲也已客觀化為與文化社會實踐無關的「專業知識」了。因此，儘管還有學者從「應然」的理想價值，用心論述而規定現代知識分子，必須要有文化使命、社會責任[42]；但是，「應然」的論述永遠都是表達「未來式的期待」，當前的「實然」並非如此。百行各業的「現代型知識分子」已非古代的「士人」，包括眾多的人文學者在內。

因此，「現代型知識分子」幾乎很少有人能深懂古代的士人，不理解他們在想什麼；就算是理解他們在想什麼，也不見得就同意他們這樣想，總要作出強烈的批判，多的是現代人文學者罵盡古代聖賢、文士，「封建餘毒」一語就充斥在現當代的《中國思想史》、《中國文學批評史》、《中國文學史》中。他們對古代「士人階層」所「志於道」的那個「道」厭惡極了；而這個「道」就是「政教關懷」的「道」。不能「志於道」，就不足以為「士」，因此「政教關懷」，追求實現「立德、立功」的理想價值，就成為古代士人們普遍的「文化意識形態」，普遍的「世界觀」，普遍的「生命存在意識」。可以說他們的生命存在，就是政教情境的存在。現代的所謂「新知識分子」，可以不認同，卻必須相對地理解與尊重，因為那是歷史已發生、存在的事實；重要的是「詮釋」，而不是非理性的「暴力性批判」。詮釋歷史人事，就必須尊重歷史的客觀「他在性」，這是研究古代文化的基本原則。

我們必須了解，中國古代士人沒有一個能夠存在於政教情境之外；不要誤以為「隱士」不就存在政教情境之外嗎？非也，隱士當然也存在政教情境之內。為什麼？因為他們用「隱逸」的行為，也就是以離開廟堂而不做官的態度、行動，表達對政治的不滿、抵抗。政治黑暗，我就不跟你們同流合汙，這是一種有別於出來做官的「政治態度」。「獨善其身」當然是道德情操的表現，雖不能「立功」，也可「立德」。因此，選擇當個「隱士」也是一種政教的生命存在意識。這個道理一定要了解，不要誤以為隱士都是不食人間煙火。

總之，「立德、立功」是古代「士人階層」共有的生命存在價值意識。現代人文學者不能一見到某些文士在詩文中，表達他們的政教關懷、表達追求政治功業或道德的價值，就一概厭惡，以為那只是拿文學作為服務政治、道德的工具。古代士人階層既然都存在政教情境中，文學用以表現生命存在的經驗及其意義、價值，則古代士人們不寫他們切身的政教存在經驗，你教他們寫什麼？這種書寫政教存在經驗的作品，我們用以品評內容的優劣，就是分辨他的「真誠」與「虛假」，而不是一概輕貶、否定之。

2、文學的生命存在意識：立言

中國古代「士人階層」第二個層位的生命存在意識，就是自覺到生命存在的意義、價值乃在於「立言」，這是「文學」的生命存在意識；因此中國古代絕大部分的士人都自我要求「立言」。從漢代

北：聯經出版公司，一九八〇）。

42 例如薩依德（Edward Said，一九三五—二〇〇三）著，單德興譯，《知識分子論》（台北：麥田出版社，二〇一一）。龔鵬程，《知識分子》（台北：聯合文學出版社，二〇〇〇）、《異議分子》（台北：印刻出版公司，二〇〇四）。顏崑陽，〈台灣當代「期待性知識分子」在高度資本化社會中的陷落與超越〉，收入顏崑陽，《反思批判與轉向——中國古典文學研究之路》，頁三六五—三八六。

開始，文人階層興起，文學已由神聖性而世俗化，逐漸發展為社會日常生活的一部分；並形成「文學崇拜」的普遍心理，上從帝王，下及寒士，未有不能「文」者，「文學」可說是「無所不在」[43]；不像我們今天這樣，文學只是少數人的專業技能。

古代廣義的「文學」並不是我們今天所謂的「純文學」，寫新詩、散文、小說、戲劇，就如魯迅等人所倡說「文學自覺」與「文學獨立」那樣，斷開人生的政教實用，單純「為藝術而藝術」[44]。古代「士人階層」的意識中，凡是能「立言」以傳世者，都可以實現生命存在的意義、價值。因此，一旦遭時不遇，無法實現「立功」的價值，除了退而「獨善其身」以「立德」之外，還可以閉門著述，既可自娛，又可「立言」以傳世，這也是古代士人們實現生命存在意義、價值的一種方式；而且「政教的生命存在」與「文學的生命存在」有時還可合在一起，因為對於政治態度與道德實踐的表述，都要經由語言形式去呈現。

因此，古代很多士人政途失意，一事無成，那麼他們如何實現自己的生命存在意義、價值？一言以蔽之，就是「立言」。各位想像一下，將杜甫、李白所創作的一千多首詩從他們的名下拿掉，這兩個人就完全不存在。相同的道理，將東方朔、嚴忌、王褒等漢代文士的作品，即使是「擬騷」，都從他們的名下拿掉，這些人就完全不存在。

中國古代的文士們，他們生命存在的意義、價值，基本上多是依藉文學創作以「立言」，才能具體實現。現代這些文學史作者，不經深切的理解，就暴力式地否定漢代「擬騷」諸作的意義、價值，等於否定他們生命存在的意義、價值；而中國文學史在漢代時期，也因此而空白了一半以上。未理解、詮釋，就先批判、評價，這絕不是書寫中國文學史正確的態度。

3、常人的生命存在意識：日常生活的喜怒哀樂

中國古代「士人階層」第三個層位的生命存在意識，就是自覺到生命存在的意義、價值，乃在於回到原初的生命自身，過著日常生活，沒有文化所附加立德、立功、立言的價值承擔，真實地面對生命本身的生老病死、悲歡離合、喜怒哀樂，這就是「常人的生命存在意識」。這種意識乃是每個人原初的生命存在意識，本應該放在第一層位，卻為什麼擺到第三層位來談？主要原因是，從中國古代各種書寫來看，「士人意識」經由文化教養而極度彰顯，形成「大覆蓋」論述。在文學史中，不管創作或批評也都強調「士人意識」的表現，而「常人意識」幾乎隱藏不顯，若有表現於某些作品，不是受到貶值，就是以「士人意識」去粉飾，書寫男女豔情的詞曲或民歌就是顯著的例子，總要以「比興寄託」去詮釋有什麼「言外之意」，才能肯定它的價值。因此，從古代的各種論述中，它的優先性被「士人意識」所取代。在這歷史語境中，我還是將它擺在第三層位來談。

關於這種生命存在意識，我在〈中國人文學術如何「現代」？如何「當代」？〉這一篇演講辭中[45]，以陶淵明為例，已作了詳實的闡述，在這裡就不贅說，只概括其要義：

人，只有一種身分不會改變，那就是作為「生物人」（或稱自然人）的「事實性存在」。每個作為「生物人」存在的「常人」，都有一具「物理性」的身體，無法逃脫生老病死的自然歷程，因此詩

---

43 參見龔鵬程，《文化符號學》（台北：台灣學生書局，一九九二），頁二一八—四六、三三〇—四〇二。

44 參見本書頁七七注17。

45 顏崑陽，〈中國人文學術如何「現代」？如何「當代」？〉，收入本書，頁五三—八五。

歌中許多喜生、苦病、傷老、嘆逝之作，都是「常人意識」的表現，無關乎「士人意識」所繫的「政教」意義；同時，作為「生物人」存在的「常人」，也都有不可消除的情感、欲望，為食衣住行而勞動、為情色愛欲而費心，這是生命存在的「事實性」，不能否認。因而日常生活中，「常人」都會不斷糾纏著喜怒哀樂、好惡愛恨的各種情緒；不斷生出溫飽、富貴、榮耀的各種欲望，並為此而有各種得失憂喜、榮辱悲歡的感思。詩歌中許多抒發這一類感思的作品，都是「常人意識」的表現。這就是「常人」生命存在的實情，古代上從皇帝下到乞丐，現代上從總統下到街友，脫掉特殊身分的外衣，都是普同的「常人」，無一可以例外。一個人意識到自己是「事實性存在」的「常人」，我們就稱它為「常人意識」[46]。

針對文學史的書寫，我在這裡要特別指出的是：「五四」時期，新知識分子的「個體意識」高揚，相對排斥以政教為核心價值的「士人意識」。因此，在中國古代文學的批評以及文學史書寫中，「常人意識」反而被某些學者過度高舉，「個人抒情」乃成為「文學」唯一的本質，而被認定具有藝術性的「純文學」。相對貶抑，甚至「取代」由「士人意識」所表現的言志、載道之作，被認定為只有「實用性」而缺乏「藝術性」的「雜文學」。這種偏極的文學觀念，嚴重窄化中國古代文學歷史豐富多元的廣域世界，必須加以批判而導正之。從生命存在的「總體情境」而言，人的存在意識乃是多層位、多面向，因而表現為多種風貌的文學作品。這種常人的生命存在意識，在文學史書寫中，固然應該與上述的「士人意識」受到同樣的重視，卻也不能「取代」之。一部合格的中國文學史，應該能涵括「人」的各層位、各面向的生命存在意識所表現的多樣文學，而能給予適分得體的詮釋與評價。漢代「士人意識」特別彰顯，而「常人意識」被掩蓋，因此漢代的代表文學：散文、辭、賦都表現立德、立功、立言的「士人意識」。我們現代學者不能因為自己缺乏「士人意識」，就輕貶、厭棄這類文學。歷史事實只能詮釋及適當評價，不能排除、否定之。

（二）「中國古代文體學」知識

第二種基礎知識就是「中國古代文體學」。一部「中國文學史」所要建構最主要的知識，就是各種文體起源、因承、流變的因素、條件、時序與因果關係的歷史。作家作品只是作為詮釋、印證這一文體源流因變歷史的範例。因此，「中國古代文體學」是一個合格的文學史作者必備的基礎知識；至於如何深入確當地詮釋各種文體的源流因變，更是一個文學史作者必備的詮釋能力。胡雲翼、鄭振鐸、劉大杰等幾個文學史作者，從他們的著作看來，「中國古代文體學」的知識頗為薄弱，整部文學史的重點不在確當地詮釋各種文體源流因變的因素、條件、時序與因果關係；而在介述各時代的代表作家作品，針對內容及風格作出空泛的描述，然後給予不確切的評價。一部文學史寫成歷代文學概述，只是粗淺的文學實際批評。

魏晉六朝開始，文體知識已大致形成，自此文士不管創作或批評，都是以文體知識作為基礎，曹丕《典論．論文》云：「奏議宜雅，書論宜理，銘誄尚實，詩賦欲麗」，明白是以「辨體」觀念為基準的創作論；又云：「應瑒和而不壯，劉楨壯而不密。」[47] 明白是以文體知識為基礎的實際批評。到

46 「常人意識」的觀點，參見顏崑陽，〈中國人文學術如何「現代」？如何「當代」？〉，收入本書，頁五三—八五。

47 〔魏〕曹丕，《典論．論文》，參見〔南朝梁〕蕭統編著，〔唐〕李善、張銑等，《增補六臣注文選》（台北：華正

了齊梁時期，劉勰《文心雕龍》整部書都以「文體」知識作為文學本質論、功能論、創作論、批評論、文學史論的基礎。魏晉六朝以降，文士們在創作或批評時，雖不明白地講論文體，腦中卻都有「文體」觀念，創作與批評才能符合文體規範，也才是合格的作品。古代文士都依「文體」觀念在創作、批評，我們現代學者書寫一部文學史，對「古代文體學」卻淺陋無知，怎麼貼切地理解、詮釋他們在想什麼、說什麼、做什麼？

「中國古代文體學」是一種繁複的知識，文學史的作者未必非精通不可，但是也必須吸納別人的研究成果而建立「識其大體」的認知，否則很難寫出一部合格的文學史，至少幾個基本概念必須清楚而確當地掌握。哪幾個基本概念？那就是體製、體貌、體式（或體格）與文體。這幾個「中國古代文體學」的術語，我在一篇已發表的論文中，經由豐富文獻的考察、精密的文本分析，已對它們的涵義作出清楚而確當的界說[48]，可以參考，在這裡只概括其要義。

「體製」，前面已說過，指的是「某一種文類諸多個別篇章共同的語言組構形式」，也就是《文心雕龍．通變》所謂「設文之體有常」的「常體」，我轉換一個現代詞彙，就稱它為「基模性形構」，意思是「基本模式的形式結構」，例如「四言古體」，諸多篇章共同的「基模性形構」是：不限句數、每句四字、平仄沒有固定規律、偶數句押韻，這是不具內容的「純粹形式」。韻文體、散文體是兩種基本的體製，也就是六朝時期所辨說的「文」與「筆」，有韻為「文」，無韻為「筆」[49]；韻文體中，詩、騷、賦、詞、曲，乃是文學史上幾種大宗的「體製」；而四言體、五言體、六言體、七言體，又是詩體中，最常見的幾種「次體製」；這些都是眾所熟知的各種「體製」，它們都是還沒有輸入任何內容之前，某一文類客觀化的「基本模式的形式結構」；在文學史上，每一種文類的「體製」

都為文學社群所共用，而且並時又歷時地作為眾所遵循的形構規範，偶有局部逸出規範，就被稱為「變格」。這是一般常識，漢代諸文士創作「騷體」，當然必須遵循屈原首創的「體製」，才能符合規範，卻被那些文學史作者貶為沒意義、沒價值。這樣看來，胡雲翼等文學史作者，果真連「中國古代文體學」的基本常識都沒有，如何寫出一部合格的《中國文學史》！

「體貌」指的是一篇、一家或一代作品所具體表現出來的美感形象，因而是「形式」與「內容」的有機整合之後，具體實在的展現。它的「形式」是個殊作品的「意象形構」，而不是某一文類不具內容的「基模性形構」。有些學者喜歡使用可對譯西方文學批評常用的 style 一詞而稱為「風格」，例如典雅、清麗、雄渾、樸質等。《文心雕龍．詮賦》云：「相如〈上林〉，繁類以成豔。」是描述〈上

書局，一九七九），卷五十二，頁九六四—九六五。

48 參見顏崑陽，〈論「文體」與「文類」的涵義及其關係〉，《清華中文學報》第一期（二〇〇七年九月），頁一——六七。

49 劉勰《文心雕龍．總術》：「今之常言，有文有筆。以為無韻者筆也，有韻者文也。夫文以足言，理兼詩書，別具兩名，自近代耳。」參見周振甫，《文心雕龍注釋》，頁八〇一。劉勰的近代，大約是南朝宋、齊之時。有韻為文、無韻為筆乃是當時一般流行的說法。劉勰並不全然接受，從「有韻是文、無韻是筆」翻上更高層級的概念，認為文、筆都總稱為「文」。這是最廣義「文」的概念，具有文學本體性的意義。梁元帝蕭繹《金樓子．立言》也不從有韻無韻分辨文筆，轉從文采、聲調、情意之美作為分辨基準。因此，文筆之辨成為頗多爭論的議題。此非本文重點，略述其義而已，不作細論。

林〉賦篇的體貌或風格[50]；〈明詩〉云：「嵇志清峻，阮旨遙深。」是分別描述嵇康、阮籍一家的體貌或風格；又云：「晉世群才，稍入輕綺。」[51]是描述西晉太康時代文學的體貌或風格。準確地描述一篇、一家或一時代的文學體貌，並詮釋其所以然的原因、條件，乃是文學史書寫的內容之一。一個文學史的作者必須要有「中國古代文體學」的基礎知識，才能適當地處理這種問題。

「體式」換個現代話語來說，就是具有「典範性」而可供效法學習的「風格」。在文學史上，通常一篇、一家或一代文學的個殊「體貌」，被公認為具有「典範性」而可供效法學習，就由「個殊體貌」升格為「普遍體式」，具有「即個殊即普遍、即普遍即個殊」的意義。因為它是由具體作品的「體貌」升格為「體式」，所以它的「形式」已涵具「內容」，不是「純粹形式」。例如以篇章而言的「離騷體」、「上林體」、「詠懷體」等；以一家而言的陶體、李白體、杜工部體等；以時代而言的建安體、太康體、盛唐體等。從先秦到清代，文學作品百萬篇，作家幾萬人，時期幾十代，能被尊為「體式」者，為數非常少。假如再對幾個「體式」品評它們格調的高低，就稱為「體格」[52]，例如唐代釋皎然《詩式》評曹植、王粲〈三良〉詩，云：「體格高逸。」[53]。哪些才是文學史上被尊崇的「體式」或「體格」，這必須是經由歷代眾多「讀者」的選擇、輿譽，才能逐漸論定而成。

歷代眾多「讀者」，同時也是「作者」；相對的，眾多「作者」也是「讀者」。杜甫是「作者」，同時也是「讀者」，因為「讀書破萬卷」才能「下筆如有神」[54]；「讀書」時是「讀者」，「下筆」時是「作者」。古代文士們每一個都是「作者」也是「讀者」；時而「作者」，時而「讀者」，乃是文學活動中，同一個人在意識與行動上的角色轉換[55]。因此文學史上的「體式」或「體格」，是由眾多優秀的「讀者」所共同選擇、接受而形成，這也才能證實這些篇章、作家、時代在文學史發展過程的

「影響力」；具有「影響力」的篇章、作家、時代，才能進入文學史。一部文學史，哪些是可以寫入歷史的「體式」或「體格」，不是由文學史作者個人獨斷的決定，而是由文學史作者充分理解歷代讀者怎麼「接受」來決定。東漢趙壹及其〈刺世疾邪賦〉在文學史上，很少被歷代讀者提到；偶有提到，也是負面惡評，毫無「影響力」，怎麼會有歷史地位[56]？劉大杰卻大書特書，只因為「揭露了漢

50 參見周振甫，《文心雕龍注釋．詮賦》，頁一三八。

51 參見周振甫，《文心雕龍注釋．明詩》，頁八四。

52 「體式」與「體格」的涵義，參見顏崑陽，〈論「文體」與「文類」的涵義及其關係〉，頁二八—三七。

53 唐代釋皎然《詩式》評語，參見張伯偉，《全唐五代詩格彙考》（南京：鳳凰出版社，二〇〇五），頁二五五。

54 杜甫〈奉贈韋左丞丈二十二韻〉：「讀書破萬卷，下筆如有神。」參見〔清〕仇兆鰲，《杜詩詳注》（台北：里仁書局，一九八〇），冊一，頁七三—七四。

55 參見顏崑陽，〈中國古代原生性「源流文學史觀」詮釋模型之重構初論〉，《政大中文學報》十五期（二〇一一年六月），頁二四三。

56 〔漢〕趙壹〈刺世疾邪賦〉，歷代很少有人提到，即使提到，也都是負評，實無影響力，例如劉勰《文心雕龍．才略》云：「趙壹之辭賦，意繁而體疏。」〔明〕胡應麟《詩藪》云：「趙壹〈疾邪詩〉，句格猥凡，漢五言最下者。」案〈刺世疾邪賦〉末尾雜入二首五言古體詩，即胡應麟所稱〈疾邪詩〉。賦體而雜入五言古體詩，而詩意與賦本文多重複，這就是劉勰所評「意繁而體疏」。〔清〕毛先舒《詩辯坻》對〈疾邪詩〉也頗致惡評，云：「憤氣俠中，無復詩人之致。」〔清〕劉熙載《藝概．賦概》也無好評，云：「逕直露骨，未能如屈、賈之味餘文外耳。」歷代寥寥幾則評語，皆屬負面。如此作品當然無人效法，沒有影響力，也就沒有歷史地位。各條評語參見費振剛、仇仲謙、劉南平，《全漢賦校注》（廣州：廣東教育出版社，二〇〇五），冊下，頁八九六—八九七。

末吏治的腐敗無恥，人情風俗的勢利敗壞」、「表現了奮鬥反抗的積極精神」[57]，正好符合劉大杰教條化的馬克思主義文學觀。馬積高、黃鈞主編的文學史也照抄進來，大作讚揚，認為是東漢末年抒情小賦的「名篇」[58]。既稱為「名篇」，卻沒有舉出歷代廣為流傳，受到哪些「讀者」推譽的論據。誰能被寫入文學史？完全沒有適當的理論基礎，以提供合理的判準。這都不是撰寫文學史應有的作法。

那麼，「文體」又是什麼涵義？這是一個複合的概念，假如沒有被使用到某一個陳述的句子或幾個連接的句群中，只是「文體」一詞孤立來看，望名生義就是「文章之體」。「文章」包括所有韻文與散文，而「體」呢？分解地說，就是上面所說的體製、體貌、體式。至於確定指哪個概念，就要被使用到某一個陳述的句子或幾個連接的句群中，依據上下文脈所形成的「語境」來理解判斷，例如鍾嶸〈詩品序〉：「逮漢李陵，始著五言之目矣。……推其文體，固是炎漢之製，非衰周之倡也。」[59]他所謂「文體」，從上下文脈的語境來看，指的是五言古詩的「體製」；又例如劉勰《文心雕龍．體性》：「才性異區，文體繁詭。」[60]從上下文脈的語境來看，「文體」出於「才性」，指的是「體貌」或「體式」。因此，「文體」一詞涵義很廣，必須從文本的上下文脈才能確定它的意思。

我們必須了解，一部《中國文學史》的著作，主軸「論題」就是以可信的文獻為依據，經由描述、詮釋，以「回答」各種「文體」起源、因承、流變的因素、條件、時序與因果關係。因此，我們可以說「中國文學史」的基本型態就是「文體源流因變史」。儘管過程中必須談論到歷朝的代表性作家作品，但不能將他們從文學史的脈絡切分、孤立出來去詮釋、評價。每一作家作品都必須置入上述所謂文學史的主軸「論題」脈絡中，才能經由論證而「回答」它的意義與價值。然則，一個文學史作者必須具備「中國古代文體學」的知識，至少識其大體，將體製、體貌、體式與文體幾個關鍵詞的基本概念弄清楚，否則如何能寫出一部合格的《中國文學史》！

（三）「文學作品評價」的知識：多元價值判準

文學實際批評主要有兩大任務：一是「詮釋」，就是解釋作品有什麼意義。二是「評價」就是評斷作品的價值。那麼，在文學史的書寫中，需要對作家作品進行「詮釋」與「評價」嗎？當然需要；但是，文學史的知識畢竟不完全等同於文學實際批評。它的重點在文學的「歷史」，而不在文學「作品自身」的審美效果，因此要先問明：假定文學真有「歷史」，那個「歷史」是什麼？換個說法，就是文學歷史所要回答的是哪些基本「問題」？要回答這些問題，必須藉由對作家作品的「詮釋」與「評價」來印證。這時候「文學實際批評」就與「文學史書寫」有了關係，但是兩者絕不能混同。

胡雲翼等人所書寫的文學史，不但混同兩者，更且主軸的內容，根本只是歷代文學概述，粗淺地介紹歷朝的代表性作家作品，再加上空泛而不切當的評語；不但「文學史」主要的基本論題模糊了，沒有回答；甚且作為「文學實際批評」來看，也是缺乏批評理論的基礎，只是主觀、籠統印象的意見。其中，尤以「評價」最常失當，因為他們弄不清「評價」有哪幾種？各有何適用的範圍？而只是

---

57 劉大杰，《中國文學發展史》（台北：華正書局，一九八七），頁一五三—一五四。

58 馬積高、黃鈞主編，《中國古代文學史》，冊一，頁一八七—一八八。

59 參見〔南朝梁〕鍾嶸著，曹旭集注，《詩品集注》（上海：上海古籍出版社，二〇一一），頁一〇。

60 參見周振甫，《文心雕龍注釋》，頁五三六。

從西方搬過來「為藝術而藝術」的觀念，誤認為文學「評價」就只有「作品自身」審美效果的「藝術性評價」一種。他們之貶責漢代「擬騷」為無病呻吟、沒有意義，就是採取這種所謂「藝術性評價」。「藝術性」是不是只有「背實用」而「純粹審美」一種？這是一個複雜的美學問題，無法在這裡討論，也與文學史書寫的問題沒有密切關連，可以姑且存而不論。我們要論的是：一篇、一家、一代的文學作品，把它擺在「文學史」的脈絡中來進行評價，就等同「藝術性評價」嗎？那麼要解答這個問題，我們就得先問明：文學的評價究竟有哪幾種？簡要回答，大致有「藝術性（或稱文學性）評價」、「社會功能性評價」、「文學史性評價」三種。我曾經在一篇已發表的論文中，提出這三種評價，並作了切當的論說[61]，可以參考。

第一種「藝術性評價」。這是中文學界最常見的作品評價，學者們開口閉口就是「藝術性」、「文學性」或「審美價值」。這一種評價意在評斷一篇「作品自身」的「藝術性」或「文學性」。「作品自身」指的就是將「作品」從它外緣的作者身世及創作意圖、歷史時間、社會空間、文化傳統切分出來，只作為語言形構內在自足、獨立的審美客體而存在。就從它的語言修辭、結構、意象、意境等方面，品評它的技巧、美感形象、審美效果等價值。胡雲翼等文學史著作中，常見到沒有界定清楚什麼是「文學性」、「藝術性」、「審美效果」？以建立評價基準，卻對某些作品，未經分析詮釋，就主觀任意地作出「文學性不高」、「缺乏藝術性」、「沒有審美價值」的評斷。嚴格說來，他們自以為在對某一作品作出「藝術性評價」，卻也是缺乏理論基礎，沒有方法學而隨意獨斷的不合格評價。

第二種「社會功能性評價」，將一篇、一家、一代的文學作品，置入政教諷諭的社會功能基準上，評斷它的價值。這在儒家一系的傳統文學觀中，占據主流的位置。例如〈詩大序〉云：「治世之音安以樂，其政和；亂世之音怨以怒，其政乖；亡國之音哀以思，其民困。」又云：「上以風化下，下以風刺上，主文而譎諫，言之者無罪，聞之者足以戒。」[62]這是儒者們所齊聲高揚，詩歌必須具有反映治亂、美善刺惡、移風易俗的功能，以作為評價基準的協奏曲。不過，現代很多「中國文學史」書寫，例如劉大杰的著作，馬克思主義已替代儒家思想，甚至儒家已淪為「封建」餘毒而受到批判。文學的功能在於反映民生疾苦、反抗腐敗的官吏、發起階級鬥爭的動力，已氾濫為主要的文學評價基準。

第三種「文學史性評價」，就是將一篇、一家、一代的文學作品，置入「文學史」的脈絡語境中進行評價。例如將〈七諫〉、〈九懷〉、〈九歎〉等，被認定為「擬騷」的作品，置入以騷體為主軸的「文學史」脈絡語境中，評斷它的價值。我們既要談論一篇、一家、一代的文學作品，如何將它置入「文學史」的脈絡語境中進行評價，就必須先問明：一部「中國文學史」的主軸「問題」與「答案」是什麼？前文已說過，一部「中國文學史」所要建構最主要的知識，就是各種文體起源、因承、流變的因素、條件、時序與因果關係的「歷史」。這樣的歷史知識在未建構完成之前，其論證過程所生發的「問題」與相對追索的「答案」，就是一部「中國文學史」的主軸「問題」與「答案」。那麼各種文體何時起源？起源的「始出之作」是哪一篇作品？這一作品的發生原因、條件是什麼？在先後的

61 參見顏崑陽，〈論「典範模習」在文學史建構上的「漣漪效用」與「鍊接效用」〉，收入本書，頁二七八，又頁三〇二—三一〇。

62 參見〔漢〕毛亨傳、鄭玄箋，〔唐〕孔穎達疏，《毛詩注疏》（台北：藝文印書館，嘉慶二十年江西南昌府學重刊宋本，一九七三），卷一，頁一三、一六。

「時序」中，接在「始出之作」的後面，出現哪些眾所同尊的「典範」之作？又出現哪些「因承之作」？這些「因承之作」其中有沒有哪些作品產生差異的「流變」？從始出、典範、因承到流變的各篇作品之間，有沒有可詮釋的「因果關係」？這就是文學史的「時序」與「因果」脈絡語境。在文學史的書寫中，一篇、一家、一代的文學作品，就應該將它置入這樣的脈絡語境中進行評價。

從經驗表象來說，「歷史」當然是過去已發生的「事件」。這「事件」的最基本單位就是一篇「作品」被創造出來了，例如〈離騷〉被屈原創造出來，就是文學史上一個已發生的重要「事件」。文學活動過程中必然有作者、世界以及語言符號這些因素、條件，而終端的產物就是「作品」。「作品」必然要以某種特定的語言符號形構具象地表現出來，這一「特定的語言符號形構」就是「體製」；它所表現的美感形象就是「體貌」；如果未來在不斷的文學活動的歷程中，它被眾所同尊為可效法學習的「典範」，就升格為「體式」了。因此，每一篇作品必然被歸入某一種文體，不是詩，就是騷，就是賦……，從而看待它在這一文體「創／因／變」之時序、因果關係脈絡中的「位置」；它的「位置」也就是它在文學史上的價值。屈原〈離騷〉的「位置」當然是起源、創體，而成為最高「典範」之「體式」，這就是它的「文學史性價值」；接著，漢代文士賈誼、東方朔、王褒、揚雄等沿用或遵循屈原首創之「體製」，效法其「體式」而繼作〈七諫〉、〈九懷〉、〈反離騷〉等作品，這當然也是文學史上一個接一個已發生的重要「事件」，不能否認。它們在文學史上的價值，同樣必須置入這一文體「創／因／變」之時序、因果關係脈絡中的「位置」進行評斷。〈七諫〉等的「位置」，就是因承、流變，而使其體製「定形化」，並再創「體式」，這就是它們的「文學史性價值」。

這三種不同的評價，各有其適用的論題脈絡語境，不能混淆。那麼，三者能不能同時使用到同一論題脈絡中呢？可以，但是必須分清「主／從」關係。「主」居「焦點論題」的位置，「從」居「支援論題」的位置，交互為用。我曾經提出一個論點：我們應該建立民族文學知識的「自體完形結構系統」，所謂民族文學知識的「自體完形結構系統」，是指一個民族文學知識的總體，必須形成實際批評、文學史、文學理論三個層位之知識，彼此支援、相互為用的完形體系。文學作品的「實際批評」，必然要以「文學史」的知識作為基礎。相對而言，「文學史」知識的建構，必然也要以實際批評對各家作品之意義的詮釋及體格的評判作為基礎，進而探討其源流、正變的歷程。而「文學理論」不是沒有經驗內容的形式真理，絕非憑空想像而生。它是一個民族的文學作品及相關歷史經驗現象，經由意義詮釋而加以概念化、系統化的產物；因此，「實際批評」與「文學史」知識，乃是建構「文學理論」的基礎。相對而言，「實際批評」與「文學史」知識的建構，也不能僅作缺乏「理論」基礎的常識性表述。這三者之間本就涵具一個民族所共享文化社會存在經驗與價值觀的同體性關連，可以建立相互支援、彼此為用的「自體完形結構系統」[63]。在這裡，我要補充一點，所謂「相互支援、彼此為用」的意思，當我們在進行「文學史」書寫時，它就是「主」，就是「焦點性論題」；而「實際批評」、「文學理論」就是「從」，就是「支援性論題」，餘可類推。

因此，這三種不同的評價雖然可以同時出現在文學史書寫中；但是就在這一脈絡語境的限定之下，任何一篇文章的價值都不能脫離「文學史性評價」的「焦點性論題」，而孤立地進行「藝術性評

63　參見顏崑陽，〈當代「中國古典詩學研究」的反思及其轉向〉，收入顏崑陽，《反思批判與轉向——中國古典文學研究之路》，頁七七—七八。

價」或「社會功能性評價」；這兩種評價在文學史書寫中，都只是「支援性論題」。例如〈離騷〉有何「藝術性價值」或「社會性功能價值」？這種問題可以是「文學史」書寫脈絡語境之外，作為「實際批評」的「焦點性論題」去處理。然而，假如將〈離騷〉置入「文學史」的書寫脈絡語境，則「焦點性論題」便轉為它有何「文學史性價值」？這時，〈離騷〉就得被置入此一文體起源、因承、流變的歷史性事件中，評斷它具有什麼意義及價值？而「藝術性價值」或「社會性功能價值」便退居為「支援性論題」；解決這一「支援性論題」所獲得的答案，只是為了印證這種可以效法學習的「體式」有何本質、功能以及特殊的風格？

任何一篇文學作品，都可以作這三種評價，結果卻未必一致。假如評價結果三種都達到極致，就是文學史上最高級的「典範性體式」之作，〈離騷〉、〈上林賦〉、〈古詩十九首〉可為範例。有些作品，「藝術性評價」或「社會功能性評價」不高；但是，「文學史性評價」卻很高，班固〈詠史〉可為範例，平平敘事，質木無文，「藝術性評價」不高；但「文學史性評價」卻有創體之功，五言古體的起源，不可能跳過它，這就是文學史上次一級的「典範性體式」之作。從文學史書寫的脈絡語境而言，一篇作品在文體「創／因／變」之時序、因果關係上的評價，比其他二種評價更為優先。

那麼，漢代文士所謂「擬騷」諸作的評價呢？上列胡雲翼等文學史作者幾乎沒有文體學的基本知識，當然也就沒有意識到漢代「擬騷」在文體源流因變關係應該如何評價這個問題，也分不清「藝術性評價」、「社會功能性評價」與「文學史性評價」的差別；而將一部文學史寫成歷朝代表性作家作品的「實際批評」，於是動不動就是這篇有藝術性（或文學性）價值、那篇沒有藝術性價值；然而它在文體源流因變上的價值呢？他們的思維中，這不是一個問題。至於「藝術性評價」，以漢代「擬騷」為例，他們也未經深讀細究，而直接投射其「文化意識形態」，就以「無病呻吟」、「沒有生氣」、「沒有意義」這一類空泛籠統的評語，暴力式地將它汙名化。而這樣不合格的《中國文學史》著作，卻長期作為大學的教科書，尤其劉大杰之作更是占據最大的市場，誤導學生們對中國文學的認識，你們說嚴不嚴重！

現在，我要為漢代「擬騷」申冤，替它們洗刷文學史上的汙名。從文體源流因變的價值來看，我們必須給予高度的肯定。屈原創造騷體之後，假如沒有漢代那麼多一流的文士大量接踵繼作；則騷體不可能在文學史上蔚為大國，與〈子虛〉、〈上林〉一類散體大賦平分漢代韻文世界的半壁江山。

（四）「文學史構成」的知識

第四種基礎知識就是「文學史構成」的知識。我們先將這一種知識加以問題化：文學史究竟如何構成？也就是文學史的構成必須要有哪些因素、條件，以及它的發生、演變歷程有沒有某些規律？

我們要了解，「文學史」這個詞彙有二義：一指文學發生、演變的經驗事件及現象本身；這種種經驗事件或現象當然必須要有文獻的載記，才能留存、傳遞。其實，所謂「文學發生、演變的經驗事件及現象」，就是文士們「創作」與「批評」的實踐，最終會以符號形式化的作品實現出來，才能留存、傳遞。這是第一序的「文學史」義涵，對文學史的建構而言，乃是「創作型建構」。二是以文字書寫而名為「文學史」的著作。後者必然是依據前者可信的文獻，以文字書寫的方式進行種種文學活動經驗事件或現象的「描述」；更重要的是在這「描述」的基礎上，對某些「時序」先後發生的事件或現象，進行「因果」關係的詮釋；然後又在這「詮釋」的基礎上，進行相關價值的「評斷」。這是第二序的「文學史」義涵，對文學史的建構而言，乃是「批評型建構」。

準此，「文學史」的二個義涵雖然層次不同，一為實在層，一為語言層，彼此卻無法截然為二。那麼，我們在使用「文學史」這一詞彙，或指第一義，或指第二義，或二者混合，就要看上下文了。

那麼，文學發生、演變的經驗事件或現象，包含哪些因素、條件？第一當然就是「文學史觀」。所謂「文學史觀」就是一個從事文學活動的行為者，對什麼是「文學史」所抱持的基本觀念。而「文學史」是「文學的歷史」，因此又包含了什麼是「文學」？什麼是「歷史」？這兩個觀念，二者有機性整合為一，就構成了特定的「文學史觀」。而什麼是「文學」？涉及對文學的本質與功能所抱持的觀念，中國古代的文士大體會以「詩言志」、「詩緣情」、「文以載道」、「文以抒性靈」這些觀念去回答；而什麼是「歷史」？就涉及到各種文體的起源、因承、流變的時序及因果關係，其中是否有其規律？對於這些問題，中國古代的文士大致會以源流、正變、通變、代變這四個觀念去回答。其中，尤其以源流、正變最為重要，古代詩論、文論、賦論、詞論、曲論中，甚為常見。然則，「詩言志」、「詩緣情」、「文以載道」、「文以抒性靈」，以及源流、正變、通變、代變，這幾個基本觀念交織整合，就構成中國古代文士們幾種主要的「文學史觀」，我稱它們為「原生性文學史觀」。這些「原生性文學史觀」，古代有些擅長實際批評或理論的文士，會直接概念化地表述出來，例如劉勰《文心雕龍》、鍾嶸《詩品》、葉燮《原詩》等；有些則不作概念化的論說，然而卓然成家的文士，其「意識」必然秉持自己所接受的「文學史觀」，作為「創作」實踐的基本原則，例如陳子昂、杜甫、白居易等。那麼，中國古代的「原生性文學史觀」其實就「內化」在他們創作的實踐中，根本就是第一序「創作型文學史」本身的構成因素之一。

那麼，第二序「批評型建構」的文學史書寫，需要有「文學史觀」嗎？當然需要，只是已出版那麼多的《中國文學史》著作，不少根本沒有「文學史觀」；有「文學史觀」者，則都是借自西方的舶來品。大致而言，從一九二〇年代之後，隨著新文化運動與白話文學革命的展開，「中國文學史書寫」更掀起熱潮；一直延至一九四〇年代，名家輩出，除鄭振鐸之外，如胡小石、魯迅、胡適、傅斯年、胡雲翼、陸侃如、馮沅君、劉大杰、林庚等，皆有著述。這一時期，已明顯自覺地提出特定的文學史觀：以「文學進化史觀」為主流，夾雜著「有機循環史觀」[64]。一九四九年之後，共產黨統治中國，視「文學史教學」為建構國家意識形態的重要機制，因此從一九五〇年代開始，以政治力量介入「中國文學史書寫」。借自馬克思主義「唯物論」的「階級鬥爭史觀」，取代「進化史觀」而成為主流論述[65]。而前面所說第一序的「原生性文學史觀」卻沒有學者能精通而應用到《中國文學史》的書寫。「五四知識型」所秉持「現代化就是西化」而形成的迷蔽，這又是一個明顯的範例。

從詮釋學所要求「主客視域融合」的觀點來說[66]，現當代一部合格的《中國文學史》，首先就應該揭明前面所說的「原生性文學史觀」，加以系統化地重構為可供應用的「詮釋典範」，以作為文學

64 參見龔鵬程，〈試論文學史之研究——以劉大杰《中國文學發展史》為例〉，收入中國古典文學研究會主編，《古典文學》第五集（台北：台灣學生書局，一九八三），頁三七〇—三七五。

65 參見董乃斌、陳伯海、劉揚忠主編，《中國文學史學史》（石家莊：河北人民出版社，二〇〇三），第二卷，第一編、第三章，頁七五—九四。

66 參見本書頁六三注3。

史構成的基礎知識。這實在是《中國文學史》書寫的「務本」之道。

文學史構成的因素、條件，第二就是「文體」。這一種「中國古代文體學」的知識，前面已說得很詳切，就不再重複贅述了。在這裡，從「文學史構成」所必須具備的因素、條件這個觀點，可再作些補充。文學史的構成必然是極為多數「群體」的文學行為，共造的事業；而不只是極為少數「個體」的文學行為，獨創的事業。在這共造的事業中，「文體」就是他們交會互動的語言形式區域。換言之，極為多數的文士「群體」，對某一種文體所進行「創／因／變」的事件或現象，就構成文學歷史。因此從一種文體源流因變的「時序」與「因果」歷程來看，前有「起源、始創」之因，後有受到「影響」所產生的「因承、流變」之果。我們可以說，文學史最主要的任務是對多種文體「創／因／變」之時序、因果關係的詮釋。講「因果」就一定要講「影響」，因此文學史的書寫有一個重要的概念就是「影響」。屈原的創體，對後來的文士產生什麼樣的影響？他們之間有沒有因果關係？假如答案都是沒有，那麼屈原的〈離騷〉再有多高的藝術性，也進不了文學歷史，因為「歷史」是由「群體關係」的各種互動行為所構成；在歷史的世界中，孤零零的「個體」沒有它的「位置」。與屈原並時的唐勒、景差、宋玉之徒，漢代賈誼、東方朔、嚴忌之輩的繼作，就是屈原「創體」之「影響」的結果；沒有這些文士的「擬騷」，屈原的〈離騷〉就不可能成為被效法的「典範性」體式，當然也就進不了文學史。以這個道理再回觀前面所說，劉大杰以及馬積高與黃鈞的著作，將毫無影響力的趙壹〈刺世疾邪賦〉擺進文學史中大書特書，這就因為他們缺乏「文學史構成」的知識，更不懂古代文體學，才會有這樣的誤謬。

文學歷史的構成，一定是「點」、「線」、「面」都具備。「點」，就是最具「始創性」或「典範性」

的作家，例如「騷」的屈原、「賦」的司馬相如，「詩」的李白、杜甫等。文學史一定會有這些搶眼的「巨點」；但是「巨點」之後，一定要有「線」，「線」是「點」的串聯。在這個「巨點」之下，要有很多「小點」作家跟隨「巨點」接續創作同一「文體」，而串聯成一條「線」。文學史一定要有巨點、小點前後串聯成「線」的歷程；而最重要的是「串聯」，「串聯」是一種「因」與「變」的「縱向關係」。如何因、如何變？這就要詮釋，文學史最重要的任務之一，就是詮釋這種文體「創／因／變」的關係；「面」是由同一時代，很多人創作同一「文體」所構成。例如騷體，同在漢代，賈誼、東方朔、嚴忌、枚皋、王褒等多位作家一起在寫，就形成「面」的現象。而「面」的現象，就是不同作家的「橫向關係」，彼此選材與作品體貌的異同，以及社會交往的群聚狀態，「文學流派」就是這樣形成。因此，一部文學史的構成，「點」、「線」、「面」都要兼備，其重要的論題是眾多作家們縱向與橫向「關係」的確切詮釋，而不是個別作家「孤立」的介述、評價。因此，我們前面就說「文學史的構成」乃是群體的文學行為，共造的事業。一個被寫進文學史的作家作品，都要安妥它們應有的歷史「位置」，都要確切地詮釋其意義、價值。假如就像胡雲翼等人那樣貶責「擬騷」諸作沒有意義、價值，它們根本就進不了漢代的文學歷史。事實上，他們已是漢代文學歷史無法刪除的作家，都有他們適當的「位置」。文學史的作者們也讓他們進入歷史，卻不懂得如何詮釋他們所站「位置」的意義、價值，反而異口同聲地否定他們作品的意義、價值；既沒有意義、價值，就應該將這些只知「模擬」而毫無創意的文學複製品逐出漢代文學歷史啊！這樣矛盾而無知的文學史書寫，卻轉相「模擬」、「複製」，長期誤導中文系學生。到二十一世紀的今日，還要讓他們繼續誤謬相傳下去嗎？

文學史構成的因素條件，第三就是「動態性歷史語境」。每個作家都站在特定的「歷史時空位置」

上創作，而不是「懸空」地想像虛構。因此，文學創作不離作者自身的遭遇以及時代社會文化情境的條件，因為文學創作的意義就在於「回答」作家生命存在所經驗到的「問題」，以獲得合情適理的詮釋，這就是文學創作實踐一定會有的「歷史語境」；「歷史語境」會隨著不同時代的社會文化遷移而變動，故東漢與西漢的歷史語境有異、魏晉六朝與漢代的歷史語境互別，以此類推；「歷史語境」也會隨著作者所身處不同的地理、文化、社會區域而改變，故而自古以來便有南北文學不同的論調[67]。綜合來說，這就是「動態性歷史語境」。而且「動態性歷史語境」不能認為只是作品之外的純粹客觀處境，例如政治制度、社會階層結構、經濟生產狀況等，只需依靠堆疊文獻就能敘述清楚。「動態性歷史語境」密切關連到作家的存在經驗，原是外在的客觀處境，卻必經作家主觀的「感知」而「內化」為創作「心靈」構成要素的一部分，時常表現在作品中，形成某些類型的主題，例如士不遇賦、行旅賦、山水詩、田園詩、邊塞詩等。前面說過，文學歷史是文學作家們共造的事業，因此文學史書寫，時代的社會文化情境尤為重要，個人自身的遭遇也必須與時代社會情境密切關連，才能進入文學歷史，屈原就是範例。因此，大時代的「動態性歷史語境」乃是多數作家們共造某些主題類型作品的構成要素之一。一部合格的文學史著作，照應大時代的「動態性歷史語境」是重要的基本原則。

詮釋歷史事實的意義以及評斷其價值，完全不同於個人規創一套理論，這二者必須分辨清楚。否則，理論先行、價值立場預設，持此以詮釋、評價歷史，必然產生蓄意曲解、暴力批判的弊害。詮釋歷史事實的意義以及評斷其價值，必須涉入詮釋對象的「動態性歷史語境」，進行同情理解。現在是民國時代，學者們書寫文學史，必須要有歷史想像力，回到漢代的歷史語境，設身處地地同情理解，東方朔等文士為什麼要跟隨屈原「始創」的騷體而接續創作？他們「感知」到什麼樣的自身遭遇以及共同時代處境所產生的「問題」？又如何去回答這些問題？他們的「問題」與屈原的「問題」存在著什麼關係？於是乎，他們就效法屈原這個讓人感動的「典範」，也創作了「騷體」。那麼，文學史作者可以回到漢代嗎？當然可以！史料那麼多，為什麼不可以？優秀的人文學者都應該具有豐富的想像力，為什麼不可以？因此，閱讀文、史作品，必須做到穿透文字符號而「回歸」言外生產作品當時的存在情境，我稱它為「情境回歸閱讀法」。一個文學史作者假如「讀通」那麼多的史料，就能穿透文字符號，經由歷史想像，「回歸」到言外所蘊涵漢代東方朔等文士的存在情境，如同與他們面對面，叩問東方朔為什麼要寫〈七諫〉？王褒為什麼要寫〈九懷〉？劉向為什麼要寫〈九歎〉？王逸為什麼要寫〈九思〉？他們這些作品假如不是在抒發某些對自身遭遇與時代處境所感發的情志，難道只是閒極無聊、浪費筆墨嗎？但是他們真正要表達的「情志」，並不直接說明，而曲折地隱藏在「言外」。「詮釋」的效果就是在揭明作品的「言外意」。否則，只看文字表層的「言內意」，以文字解文字，作品的「意義」必死在文字符號的覆蓋之下。揭明「言外意」的原則性方法之一，就是涉入「動態性歷

67〔唐〕魏徵，《隋書．文學傳序》（台北：藝文印書館，二十五史，景印清乾隆武英殿刊本）卷七十六，頁八六三—八六四。序中就針對南北朝文學比較其差異，認為：「江左宮商發越，貴於清綺；河朔詞義貞剛，重乎氣質。氣質則理勝其詞，清綺則文過其意。理深者便於時用，文華者宜於詠歌。此其南北詞人得失之大較也。」因此民初學者劉師培提出〈南北文學不同論〉，為《南北學派不同論》系列論文之一，原刊《國粹》第九期，收入《劉申叔先生遺書》（台北縣：台灣大新書局，一九六五），冊一，頁六六九—六七二，影響所及，一般論者之常談《詩經》代表北方文學、《楚辭》代表南方文學，因民性、地理、文化、語言之差異，而造成彼此不同的特質。

史語境」，進行設身處地的同情理解。文學史的構成，「動態性歷史語境」觀念，是作者必備的基礎知識。

在古代典籍的詮釋活動中，「動態性歷史語境」乃古今相接的「雙向疊合」。詮釋典籍，詮釋者不可避免會由身處的當代歷史語境形成主觀的詮釋視域，卻不能單向、直接投射到古代典籍上，作為詮釋、評價的絕對觀點；典籍有其相對客觀的「歷史他在性」，詮釋者必須確切地揭明生產這些典籍的「動態性歷史語境」，進而讓古今二種語境經由往復循環的理解，而獲致「雙向疊合」，以作為文本意義詮釋的情境參照與限定。胡雲翼等文學史的作者，幾乎沒有「動態性歷史語境」這種觀念，當然不可能做到古今二種語境的「雙向疊合」。而只是不自覺地由身處的當代歷史語境所形塑的詮釋視域：「反傳統」與「個體意識」併合的「文化意識形態」，以及由西方輸入「純文學」、「純粹審美」的理論，就單向、直接投射到對漢代「擬騷」的評述。這樣的《中國文學史》，別說沒有學術價值，就是作為「教科書」都不合格。

五、若以上述四種基礎知識作為依據，我們可以理解、詮釋漢代「擬騷」在文學史上，應有下列三種價值：

（一）循體以因變

第一種價值是「循體以因變」：漢代在屈騷創體之後，處在騷體初期發展的歷史階段。我們可以理解到，「擬騷」諸作在「文體源流」的時序、因果關係中，實在具有因、變的兩種價值。相對於屈騷的創體，漢代文士們的「擬騷」，表現「因而有變，變而有因」的文體型態。這一種價值，還可次分為下列二種相關的價值，分別說明如下：

1、循體以定形

第一個次分的價值是：「循體以定形」，這是文體發展的「因承」效用，在騷體的發展史上，非常重要。屈原創體之後，如果沒有賈誼、東方朔、嚴忌、王褒等人的「循體以定形」，則騷體無法在文學史的世界中，占有重要的「版圖」。所謂「循體」指的是沿用、遵循屈原所創造〈離騷〉的「體製」；「定形」指的是讓這種體製的「形構」固定下來。這樣，騷體才能脫離《三百篇》的「四言體」，獨立為一種新創的文體，而與「詩」並列為中國文學史上最早二種基本的文體範型。所以講「中國文學史」的時候，「詩騷」或「風騷」往往並稱。這不是靠屈原一個人可以完成，一定要靠後代作家的「因承」才能「共造」這樣的事業。前面說過，文學史是群體共造的事業，是點、線、面兼備的書寫，從這一觀點來看，我們不能因為過度重視「始創」，就貶低「因承」的價值。

2、變體以創化

第二個次分的價值是：「變體以創化」，這是文體發展的「流變」效用。漢代「擬騷」不只「因承」，還有「流變」。「變」相對「因」而言，「流」相對「源」來說。任何一種文體從「始創」，經過「因承」，通常都會走到「流變」，才能展現「再創造」的意義，而使得這一「文體」不至於僵化成屍。然則，「變」的是什麼？前面說過，「體製」是一種文體的「基模性形構」，往往客觀化為眾所遵循的規範，因此不太會變，偶有不守規範的「變體」，還是有其限度，假如「體製」完全改變，那就是另一種文體了。因此，「變」的通常是「體式」；「體式」是「形式」與「內容」有機整合而表現為作品的具體樣貌，卻因為它創造了某一種普遍、完滿的美感形象，成為眾所效法的「典範」，故謂之「體式」。「體式」所包含的「形式」，不是沒有內容的基模性形構，而是結合內容而具體表現的「意象性形構」，因此個人創造的「可變性」就很大。相對於屈原始創的「騷體」，漢代「擬騷」的「流變」主要表現在「體式」，其中最明顯的是結合內容的「敘述形構」，開始也是個人創造，接著有更多人遵循，就成為一種共同使用的「模式」。

枚乘〈七發〉因騷體而流變再創造一種新的「敘述形構」，影響很大，〈七發〉也就成為一種特殊的「體式」。接續遵循這種「敘述形構」的作品很多[68]，就「模式化」了；而「七」這一文體也由「騷」獨立出來，自成一體。《昭明文選》就將「七」獨立成可與賦、詩並列的文體[69]。那麼，「騷」為「源」，「七」為「流」，它相對於「騷」究竟如何「變體以創化」？一是大部分篇幅沒有規律音節的「兮」字；但是，仍有小部分帶「兮」字的句群，保留騷體的殘形。二是敘述形構有二個主要特徵：（一）假擬人物，主客設問對答，這是後起司馬相如〈子虛〉、〈上林〉的雛型。（二）分成音樂、美味、馳射、遊觀、田獵、觀濤、講述要言妙道七件事逐一敘述，從耳目遊樂歸本於精神要道，以得諷諫之效。范文瀾《文心雕龍注》認為是從騷體的〈大招〉變出[70]，〈大招〉敘述飲食之美、歌舞音樂之娛、宮室遊觀鳥獸之樂，結尾歸本於「上法三王國治民安事」。〈七發〉的敘述形構的確與〈大招〉頗為相似。綜合來看，〈七發〉乃是騷體之「辭」與散體之「賦」的混合。從文體源流的時序、因果而言，騷體在前，是為「源」為「創」，〈七發〉在後，是為「流」為「變」；而其中假擬人物，主客設問對答的敘述形構，乃是後起司馬相如〈子虛〉、〈上林〉等散體賦的雛型，則又是「源」是「創」。由於〈七發〉的「體製」，「兮」字句群只占小部分，殘形而已，故終究脫離騷體而獨立。這樣說來，〈七發〉相對於屈騷，實有「變體以創化」的價值。一般文學史或許也看到這一點，認為〈七發〉是楚辭發展到漢賦過程中，很重要的一篇變體，這個說法可以成立。

「擬騷」之中，最被誤解的就是東方朔〈七諫〉、王褒〈九懷〉、劉向〈九歎〉等這一類作品。胡雲翼、鄭振鐸、劉大杰對這一類作品大肆貶責，認為沒意義、沒價值。前面說過，他們完全沒有文體學的知識，也不明白文學史的主軸論題是文體的源流因變，而不是內容有沒有個人抒情言志，更何況他們也讀不懂這一類作品究竟抒了什麼情、言了什麼志？這個問題，後面再談，這裡先處理文體的問題。這一類作品的「體製」雖然是沿用、遵循屈騷；然而卻不能說是沒有創意，因為「體製」本來就

---

68 《昭明文選》選入枚乘〈七發〉、曹植〈七啟〉、張協〈七命〉，參見〔南朝梁〕蕭統編著，〔唐〕李善、張銑等注，《增補六臣注文選》，卷三十四、三十五。除《昭明文選》所選三篇之外，劉勰《文心雕龍．雜文》另外列述傅毅〈七激〉、崔駰〈七依〉、張衡〈七辨〉、崔瑗〈七厲〉、王粲〈七釋〉、桓麟〈七說〉、左思〈七諷〉。參見周振甫，《文心雕龍注釋》，頁二五六。〔南朝梁〕卞景編有《七林》十卷，《隋書．經籍志》總集類則有《七林》三十卷，顯見枚乘〈七發〉之創體影響甚大。

69 蕭統編著，李善、張銑等注，《增補六臣注文選》，卷三十二、三十三為「騷」，卷三十四、三十五為「七」。「七」不包括於「騷」而獨立成體，同時又與賦、詩並列。

70 參見范文瀾，《文心雕龍注》（台北：台灣開明書店，一九七〇），卷三，頁四三—四四，又頁四八。

是可以共同沿用、遵循的形式規範，無須改變；而可以再創造、改變的是「體式」，就如前面所說〈七發〉，對「敘述形構」作出「變體以創化」。〈七諫〉這一類作品是否在「敘述形構」也有再創造、改變的成果呢？當然有；但是胡雲翼等人卻沒讀出來，甚至根本沒有好好去讀。我們可以提問：〈七諫〉這一類作品有何「變體以創化」的價值？簡要來說，就是「敘述形構」的轉變，並且多人繼作，因而形成一種「模式」，在屈騷之後，再創造新的「體式」。這一體式的再創造，可分解為二個層面：

一是由〈離騷〉、〈九章〉的「自敘體」轉變為「擬代體」。屈原所始創的〈離騷〉、〈九章〉，以第一人身的朕、吾、余、予、我，作為作品中的敘述觀點人物。這些第一人身既是作品中屈原的自稱，同時也是作品外、現實世界中的作者屈原；作品中的「我」與作品外的「我」，兩者同一，這是「自敘體」。〈七諫〉這一類作品中，也是用第一人身吾、余、予、我，作為敘述觀點人物。這些作品中的第一人身是屈原自稱，但是作品外的作者卻不是屈原，而是東方朔、王褒、劉向、王逸等作者，兩者不是同一。這就不是「自敘體」而是「擬代體」，東方朔等作者在作品中，想像假擬自己是屈原而代他發言，因此「擬代體」是一種特殊的「敘述形構」，不像是陸機〈擬古詩十九首〉、張載〈擬四愁詩〉那樣，只「模擬」原作的體貌風格而已。那麼，屈騷中有這樣的「體式」嗎？〈離騷〉、〈九章〉沒有；〈九歌〉則「似乎」是「擬代體」，例如〈湘君〉、〈湘夫人〉、〈大司命〉、〈少司命〉、〈山鬼〉等。說「似乎」是「擬代體」，因為不明確；〈九歌〉是否為屈原所作，向來有爭議[71]，再加上各篇中的吾、余、予、我，究是屈原自稱或神靈自稱，由於箋釋者如王逸認為屈原言外寄託諷諫之意，故而訓解也不一，例如〈大司命〉：「紛吾乘兮玄雲。」王逸注：「吾，謂大司命也。」同篇又云：「何壽夭兮在予。」王逸注：「予，謂司命。」又云：「吾與君兮齋速。」王逸注：「吾，屈原自謂也。」又云：「壹陰兮壹陽，眾莫知兮余所為。」王逸注云：「屈原言已得配神俱行，出陰入陽，一晦一明。眾人無緣知我所為作也。」但洪興祖補注卻不以為然，云：「此言司命開闔變化。」[72]這樣看來，〈九歌〉的「擬代體」，頗混雜而不明確。到了東方朔等人所再創造的「擬代體」則已純粹統一，完全成熟。因而，我們可以說〈七諫〉等篇，其「敘述形構」乃由〈離騷〉、〈九章〉之「自敘體」變體創化為「擬代體」。雖似因承〈九歌〉之「擬代體」雛型，卻更完熟之。

二是〈七諫〉諸作以屈原「不遇」的悲劇為全「篇」之旨，其下分「章」，並設標題，創造了「連章體」。以〈七諫〉一「篇」為例，「篇」下再分七「章」，並設標題：「初放」、「沉江」、「怨世」、「怨思」、「自悲」、「哀命」、「謬諫」。各章獨立成文，卻又依循「時序」彼此串聯為一「篇」完整的結構，以歌詠屈原忠而被謗，放逐沅湘，終至沉淵而死的遭遇；〈九懷〉、〈九歎〉、〈九思〉則「篇」下分為九「章」，結構與〈七諫〉類似。《三百篇》之作，各「篇」雖也下分若干「章」，卻未設立標題。〈九歌〉、〈九章〉則都是各自獨立的「篇」，而非「篇」下分「章」並統合成一「篇」

71〈九歌〉是否為屈原所作？王逸、朱熹以下，聚訟紛紜，至今仍無定論。大致言之，一般學者都認為原創的可能性不高，應該是屈原依沅湘之間，民俗祭祀的歌辭改作。參見張壽平，《九歌研究》（台北：廣文書局，一九八八），頁二〇—二八。又馬茂元主編，《楚辭注釋》（台北：文津出版社，一九九三），其中〈九歌〉，王從仁解題，頁一〇七—一一一。

72〔漢〕王逸注，〔宋〕洪興祖補注，《楚辭補注》，卷二，頁一一〇—一一一。

之旨。完整的「連章體」創自〈七諫〉、〈九懷〉等騷體之作，應可斷言。

綜合前面所述，〈七諫〉等篇，被胡雲翼這些不懂文體學的文學史作者認為只是「模擬」屈騷，沒有價值，實則「變體以創化」的價值非常顯著。「擬代」加上「連章」，這一因承騷體而「再創造」的體式，影響甚大。前面已經說過，以「擬代體」而言，到了魏晉六朝，這種體式就非常流行。其中，謝靈運〈擬魏太子鄴中集詩八首〉，最接近〈七諫〉一類的「體式」，題下的〈詩序〉就開始假擬想像魏太子曹丕，以第一人身「余」自稱，云：「建安末，余時在鄴宮，朝遊夕讌，究歡愉之極……。」曹丕因懷念與建安七子（缺孔融，時已去世）及曹植遊宴之樂，而今「歲月如流，零落將盡」，因此曹丕就「撰文懷人」，除了抒寫自己之外，更分篇逐一抒寫王粲、陳琳、曹植等七人[73]。另外，江淹〈雜體詩三十首〉，不但擬仿李陵「從軍」、班婕妤「詠扇」、曹丕「遊宴」、曹植「贈友」、劉楨「感遇」等三十九人詩作的體貌風格，各篇內容有些也假擬想像其本人，而以第一人身的觀點，自敘身世遭遇[74]。這種「擬代」敘述，次分篇章而統整為一的體式，與〈七諫〉、〈九懷〉等篇類似，推想這一類作品都是受到〈七諫〉、〈九懷〉諸作的「影響」，應該可以成立。「因果性的影響」是一篇作品能否進入「文學史」的關鍵，因而具有「文學史性價值」；那麼文學史的作者們，還能再輕貶這些所謂「擬騷」的價值嗎？

（二）藉事以託意

第二種價值是「藉事以託意」。漢代士人階層「悲士不遇」的存在感受，都寄託在〈七諫〉、〈九懷〉、〈九歎〉這一類的「擬騷」之作。他們借取屈原「士不遇」的存在經驗以及「悲怨」的情志，假擬想像自己就是屈原，採用第一人身自稱的敘述形構，替代屈原發言，主客一體，以建構士人階層群體共感的「生命存在意識史」。換句話說，就是漢代這些知識分子們「士不遇」的悲情和屈原「士不遇」的悲情，可以「今古一相接」，超越時間而彼此通感，他們詮釋屈原，同時就「反照自身」地詮釋自己。因此，「擬騷」諸作的「內容」涵具「藉事以託意」的價值，真正的創作意圖，蘊藏於言外，不是只看文字表面就能了解。

古代士人們的生命存在意義及價值，從來都不是完全以獨立的「個體」去看待。他們都抱持歷時性「傳統」與並時性「階層」的「群體共在意識」，古今四方的士人們，共在相同的文化社會世界，雖個人的出身、際遇有別，其實活成一個龐大的生命共同體。「群」與「己」的意識雖在不同歷史時期，互有消長；然而在總體實存情境中，兩者從來都是彼此依存。因此，我們才能了解為什麼賈誼被貶湖南長沙，過湘水，弔屈原而創作〈弔屈原賦〉；因為他感覺到自己的遭遇就像屈原的遭遇，兩個人雖然今古間隔，卻可以「同情共感」。賈誼弔屈原就是在弔他自己，詮釋屈原就是在詮釋他自己，這是中國古代的詩文創作，經常表現的一種「通感」的存在體驗。因此，賈誼弔屈原以弔自己；李白遊謝公亭，心靈與謝朓相契，不覺高唱著：「今古一相接，長歌懷舊遊。」杜甫〈詠懷古跡五首〉，親臨宋玉故宅，感知自己與宋玉雖隔千載，卻同樣身世蕭條，便低吟著：「悵望千秋一灑淚，蕭條異

73〔南朝宋〕謝靈運著，顧紹柏校注，《謝靈運集校注》（鄭州：中州古籍出版社，一九八七），頁一三五—一五七。

74〔南朝梁〕江淹著，余紹初、張亞新校注，《江淹集校注》（鄭州：中州古籍出版社，一九九四），頁九二—一三〇。

代不同時。」[75]文天祥被囚禁監獄中，決意殺身成仁，就讓他懷想到歷史上多少忠節壯烈之士而作〈正氣歌〉，悲慨地高唱：「在齊太史簡，在晉董狐筆。在秦張良椎，在漢蘇武節……。」這些典型人物雖然與他相隔千百年，卻彷彿能彼此「通感」，古今同在：「哲人日已遠，典型在夙昔。風簷展書讀，古道照顏色。」[76]歷史是什麼？對賈誼、李白、杜甫、文天祥這些士人來說，他們都能「意識」到「歷史」就是自己與古人共在的文化情境，這就是「歷史意識」。我們再回想前面說過，就可以理解到中國古代歷史就是士人階層的「生命存在意識史」。我們想要讀懂古代的典籍，必須持有這種觀念，否則不太容易理解他們的詩文究竟要表達什麼「言外之意」。胡雲翼這些文學史作者讀不懂他們所謂漢代的「擬騷」，就因為「反傳統」與「個體意識」的「文化意識形態」橫梗胸中，根本不了解古代文士們這種彼此「通感」、古今同在的「歷史意識」，當然就不了解漢代文士沿用騷體，以書寫屈原、詮釋屈原，就是借古喻今，寄託著「反照自身」，書寫自己、詮釋自己的意義，因而輕貶這些作品都沒有意義、沒有價值。

漢代士人階層這種與屈原古今通感的「士不遇」之悲，必須要有學者作出專精的研究，提供寫作中國文學史的參考。「文學史」是博通之學，必須深廣地吸納各種專業研究成果而融通之，不能只靠一個人粗淺的常識就隨意書寫，例如胡雲翼、鄭振鐸、劉大杰之輩。以漢代「擬騷」諸作究竟有何意義、價值這個論題來說，除了要吸納專家學者所研究的「中國古代文體學」之外，還必須吸納漢代思想史或文化社會史的知識。前面提到，我在寫〈論漢代文人「悲士不遇」的心靈模式〉這篇論文之前，徐復觀《兩漢思想史》就有一章節，標題是〈西漢知識分子對專制政治的壓力感〉。他真的很有洞察力，深度理解整個漢代士人的心靈狀態。漢代士人處在大一統的帝王專制時代，已遠離戰國時

「士無定主」的政治自由市場[77]，遊士與諸侯王的分合關係，完全取決於人才供需市場。諸侯王為富國強兵，爭霸天下，需求人才；因此懷有才學的遊士，就能在政治市場贏得機會，一夕之間，由布衣而貴為卿相。到了漢代，士人的處境完全不同，在大一統帝國的管控之下，再也沒有「士無定主」的自由市場了。想要得到朝廷的重用，就必須遵循定型的選舉人才制度。因此不少才學兼備的士人，在大一統帝國的管控之下，深感「用世」的理想受到桎梏，無法自由發揮，甚至賢者失路而沉淪下僚，不肖者得志而貴居高位，這就是漢代士人經常慨歎的「時命」，故多「不遇」之悲，卻又幽微不能明言。前有屈原作為「典範」，因而藉屈原的酒杯，澆自己塊壘。這些寫〈七諫〉、〈九懷〉的文士，考察他們的身世，幾乎都有「遭時不遇」的經驗。接續徐復觀之後，我寫了二篇論文，也都是在處理漢代文士「不遇」的悲情，以及漢代楚辭學在文學批評史上的意義[78]，其中有一個見解，那就是漢代「擬騷」諸作是一種特殊的「中國式文學批評」，以「擬代體」書寫屈原，詮釋屈原卻「反照自身」，

75　參見〔清〕仇兆鰲，《杜詩詳注》，冊三，頁一五〇一。

76　參見〔宋〕文天祥，《文文山全集》（台北：世界書局，一九七九），卷十四，頁三七五—三七六。

77　「士無定主」是顧炎武對戰國遊士處境的描述。參見〔明〕顧炎武，《原抄本日知錄》（台南：唯一書業中心，一九七五），卷十七，頁三七五。

78　顏崑陽，〈論漢代文人「悲士不遇」的心靈模式〉。又〈漢代「楚辭學」在中國文學批評史上的意義〉，收入顏崑陽，《詮釋的多向視域》，頁二〇一—二五二。

用以詮釋自己[79]。其後，發展出「中國古代文學『情志批評』的『反身性詮釋效用』」這一理論[80]。學者如果要撰寫一部合格的中國文學史，則必須了解漢代文學的相關歷史語境。我可以肯定地說，徐復觀與我的幾篇論文，必須參考。

上述三種「擬騷」的價值應該合起來看，才能完整詮釋這些作品在文學史上的價值，洗刷他們幾十年來所受冤屈的汙名。至於明代李夢陽、李攀龍那些被誤解為「復古」的文士及其作品，就留給有興趣的學者，幫他們洗刷「古人影子」、「抄襲」、「剽竊」的汙名。我另有一篇〈論「典範模習」在文學史建構上的「漣漪效用」與「鍊接效用」〉，也收入本書，可以參考。「五四知識型」所處理的明代文學，面對「格調」與「公安」之爭，開始就選邊站，揄揚公安，輕貶格調。為什麼會這樣？因為相對格調派的「群體意識」，公安派所抱持的是「個體意識」；相對格調派的「學古」，公安派講求的是「直抒胸臆」；相對格調派主張文學流變必須返宗正源的「正變史觀」，公安派卻主張「一代有一代文學」的「代變史觀」。公安派這些文學觀念正好符合「五四」新知識分子「反傳統」與「個體意識」的「文化意識形態」，以及「文學進化史觀」，而可以作為他們「白話文學革命」之正當性的歷史依據。雖然，我們可以同情理解他們身處追求現代化的歷史語境，必須作出這樣偏極立場的選擇。然而如今「後五四」已逾半世紀，「反傳統」的弊端已非常明顯。我們再也不能全無反思、質疑、批判地「複製」這一類偏頗的觀點。研究歷史不能全無理性思辨地選邊站，只作「文化意識形態」的單向投射。歷史是已經發生、過去的人物、事件及現象，我們應該尊重它的客觀他在性，以深切的理解、詮釋為優先；然後在這基礎上，適分地對待每一個歷史人物及事件。他們應有的歷史位置與價值，都能得到相對客觀而合理的評斷。

六、打開一扇詮釋「中國古代文學史」的新視窗

最後，我作個簡要的歸結，打開一扇詮釋「中國古代文學史」的新視窗：

（一）消極條件規定

第一個「消極條件規定」，這是「不要怎樣」的問題。文學史書寫不等於文學鑑賞、批評。中國古代任何一個作家作品在「文學史書寫」中，都不能脫離總體的歷史語境，而切分、孤立出來鑑賞、批評。我前面所說，文學史的主軸論題是各類文體「創／因／變」的時序與因果關係，所有作品都要置入這個脈絡語境中去評價，才是「文學史性評價」；不能只是孤立評賞它的「藝術性價值」或「社會功能性價值」。

（二）積極條件規定

第二個「積極條件規定」，這是「要怎樣」的問題。中國古代文學史是以各類文體源流因變「關係」的描述、詮釋、評價為主軸，因為它是群體共造的事業，每個文士都在「社會文化」場域中公開

79 參見顏崑陽，〈漢代「楚辭學」在中國文學批評史上的意義〉，頁二二三—二三三。

80 參見顏崑陽，〈生命存在的通感與政教意識形態的寄託——中國古代文學「情志批評」的「反身性詮釋效用」〉，收入顏崑陽，《反思批判與轉向——中國古典文學研究之路》，頁二七三—三〇六。

創作，彼此互動交流；而不是一個人關起門來，自我陶醉地漫吟低唱。因此，所有個別作品都必須置入作者的文化存在情境中，理解他在表現士人階層什麼樣的共構心靈；同時納入群體共同遵循的各種客觀化的文體規範，看待他在文體源流因變的脈絡，與其他作品在歷時性及並時性的「關係」中，究竟站在什麼歷史「位置」？這樣，才能評定他的「文學史性價值」；而個別的「藝術性價值」或「社會功能性價值」也必須「轉化」為「文體」意義，以印證他在這一文體源流因變「關係」脈絡的價值。那麼，依循前面所說，一部合格文學史的書寫，作者一定要具備中國古代「士人階層」之生命存在意識史、中國古代文體學、文學作品多元評價、文學史構成的因素條件，這四種基礎知識。

接著，我還要提示一個觀點，文學史書寫固然以各類文體源流因變「關係」的描述、詮釋、評價為主軸；然而，文體源流因變的「動力」並不僅是出於文體本身「內在」自主的規律，同時也出於政治、社會、文化「外在」情境的變遷。因此，文學史的書寫必須以「文體」的源流因變為主，同時以士人階層「生命存在意識史」以及「政治社會文化史」為輔，詮釋它們彼此滲透、交融共構所形成歷代作家「群體」接續、轉變的文學創作，究竟展示什麼樣的文體「創／因／變」現象。內外多元因素、條件「彼此滲透、交融共構」，這是我們現當代的文學研究一定要建立的重要觀念。為什麼？我們閱讀現有的一般文學史著作，經常看到，每一時代的文學歷史描述，前面一定會有「背景」說明，例如寫到唐代文學，必先說明唐代政治社會文化背景，「科舉」一定是重點；講完科舉之後，就開始講文學。然而，這二者卻被無機性地斷開，背景是「外」，文學是「內」；「內」、「外」截然為二，講「外」歸講「外」，講「內」歸講「內」，沒有詮釋二者之間「彼此滲透、交融共構」的有機性關連，進而詮釋當代文體「創／因／變」的多元因素、條件。因此，過去所作文學史的書寫，「內」、

「外」機械化的分割，這個觀念很不正確，無法詮釋文學創作所生成的「文體」與政治社會文化情境的關係。

我們就以漢代「賦體」的創生為例。一般文學史的論述，只是簡化地說「四言詩」變而為「騷」，「騷」變而為「賦」，這是文體演變的必然趨勢。但是，為什麼是「必然趨勢」？有何內、外的動力因素、條件，交互作用，才會形成這一文體演變的「必然趨勢」？這必須作出適當的詮釋。我們可以試想：每一種文體都有它自身的形式結構，而每一種特定的「形式結構」都會對應某種特定的「功能」。四言詩的「形式結構」，其「功能」只宜「抒情」而不宜「寫物」；「寫物」就必須鋪敘廣大的客觀世界，也就是劉歆《西京雜記》所記載司馬相如對「賦體」表現功能的描述：「苞括宇宙，總覽人物。」[81]這種寫物繁複的「內容」，當然不是整齊的四言詩，長不過數十句的短篇形式結構所能負擔，而需要一種「形式結構」宏大的「體製」，才能擔負如此大幅「寫物」的「功能」，這是文體自身的「內在」因素。而時代變遷到漢朝這個一統天下的大帝國，帝王宮苑與京都宏偉的氣象，這種龐大的經驗題材，再也不是四言詩，甚至騷體所能表現，這是政治社會文化經驗現象的「外在」條件。政治社會文化條件促使「賦體」創生，而「賦體」又相對表現政治社會文化所供應的經驗題材，

81〔漢〕劉歆，《西京雜記》（台北：臺灣商務印書館，影印歷代小史本），卷三，頁八。此書舊題劉歆撰，或疑為〔晉〕葛洪、吳均所偽託。然而〔清〕盧文弨〈新雕西京雜記緣起〉，以為雖不能確斷是劉歆所撰；但是「出於漢人所記無疑」。蓋葛洪、吳均皆大家，能自著書，不必假託他人。其中所記，有些條文與〔漢〕桓譚《新論》雷同，史料的真實性亦可信也。

彼此互為因果。「賦體」宏大的形式結構與物象繁複的內容，因而有別於四言詩，成為漢代創生的文體，它就是內外多元因素條件「彼此滲透、交融共構」的產物。

今後，如有學者想要撰寫一部合格的文學史，上述的消極條件與積極條件應該都要具備。那麼，胡雲翼、鄭振鐸、劉大杰等所生產的文學史，就讓他們安置在「五四」時期的歷史「位置」，當然也有他們應享的價值；但是，處在「後五四」時期，我們還能複製這樣的產品，延續他們某些謬議訛論而誤導學生嗎？

附記：

本文為二〇一七年十一月於台灣師範大學國文系專題演講。

二〇一九年八月撰成文稿。

《文心雕龍》所隱含二重「文心」的結構及其功能

一、引論

劉勰為自己的著述命名為《文心雕龍》，很自覺地用「文心」與「雕龍」二個關鍵詞所指涉的概念，表述主客辯證統合的文學理論體系。「文心」者，文學創作主體之「心」，故〈序志〉云：「夫文心者，言為文之用心也。昔涓子琴心，王孫巧心，心哉美矣，故用之焉」；「雕龍」者，語言形式所表現之文體，故〈序志〉云：「古來文章，以雕縟成體，豈取騶奭之群言雕龍也？」[1]主客實非截然為二，「文心」是創作「內隱」之「因」，「雕龍」是創作「外顯」之「果」；因內符外，沿隱至顯，終而因果和合，統為一體，文學創作才得以實現；故〈體性〉云：「夫情動而言形，理發而文見，蓋沿隱以至顯，因內而符外者也。」

「雕龍」涵蓋全書理論體系中，文體及文術的部分，可另文處理，有關「文體論」，我已發表多篇論文，將以專書出版[2]。本論文主要的問題定位在：「文心」實質的內涵是什麼？包含哪些要素？諸多要素之間，以什麼邏輯關係形成整體的「結構」？這一「結構」有何相應之「自體功能」？

結構者，一事物之各個部分以某種「合功能」之秩序，統一為有機性的整體；故而事物之「結構」必內具相應之「功能」，此一「功能」為「結構」本身所內具，故稱為「自體功能」。結構其「體」而「功能」其「用」，體用相即不離，結構與功能無法截然為二。故一切事物「有體必有用，而用必歸體」[3]，「體」是其「本質」，「用」是其功能所生效果之顯象。「體」與「用」相即不離，內隱之本質（體）以其功效（用）而外顯，始能受認識主體所感知。然則「體必生用」，離「用」則所認知之「體」，乃抽象概念之虛說，非實在可感之存有；故吾人必「即用以知體」，此「知」為實踐體悟之知。而「用必因體」，離「體」則所致之「用」，乃喪失本質之濫用，非真切之功能。「文心」之結構及其功能，必須以這一「體用相即不離」的觀念作為前提性的基本假定。

《文心雕龍．序志》所云「夫文心者，言為文之用心也」，這是「明言」之「文心」，乃指作經之「聖人」、作騷之「妙才」以下，後世一般「才士」的「為文之用心」；〈序志〉又云：「蓋文心之作也，本乎道，師乎聖，體乎經，酌乎緯，變乎騷，文之樞紐，亦云極矣。」所謂「文心之作」的「文心」，義同上文。不過，我們必須注意，這一「文之樞紐」的聖人、妙才，其中隱含另一更為「極矣」的「文心」。極，有最始原、根本、至上之義；故而這一重「文心」，隱含而未明言。

前述那一重已明言之「文心」，其實質內涵究竟包含哪些要素？諸多要素之間，以什麼邏輯關係

1 〔南朝梁〕劉勰著，周振甫注釋，《文心雕龍注釋》（台北：里仁書局，一九八四），頁九一五。本論文徵引《文心雕龍》原文，概出於此，不一一附注。

2 參見顏崑陽，〈論文心雕龍「辯證性的文體觀念架構」〉，收入顏崑陽，《六朝文學觀念叢論》（台北：正中書局，一九九三），頁九四—一八七。〈論六朝文學「體源批評」的取向與效用〉，台灣《東華人文學報》第三期，二〇〇一年六月，頁一—三六。〈論「文類體裁」的「藝術性向」與「社會性向」及其「雙向成體」的關係〉，台灣《清華學報》新三十五卷第二期，二〇〇五年十二月，頁二九五—三三〇。收入本書頁四一九—四六五。〈論「文體」與「文類」的涵義及其關係〉，台灣《清華中文學報》第一期，二〇〇七年九月，頁一—六七。〈文學創作在文體規範下的經緯結構歷程關係〉，台灣中山大學《文與哲》第二十二期，二〇一三年六月，頁五四五—五九六。

3 「有體必有用，而用必歸體」，這種「體用觀」是中國古代文化思想的通說，其源起與發展頗為複雜而時有爭議，參見袁偉杰，〈體用觀念來源之爭議考〉，台灣大學《史繹》第三十六期，二〇一一年七月。

形成整體？劉勰在〈序志〉一篇中，並未顯題而詳說，乃散置其他篇章中。因此這一重「文心」，仍有諸多涵義隱而未明，等待我們揭顯。然則《文心雕龍》一書中，所隱含二重「文心」，其實質內涵與結構、功能究竟如何？尚有待我們精深地詮釋。

這一論題，前行研究成果，約略相關者，大致集中在「文之樞紐」的討論。其中，針對「文之樞紐」的創作主體，前有涂光社的〈「文之樞紐」的創作主體論——有關《徵聖》的思考〉[4]。另外，概說《文心雕龍》之文學主體性者，則有韓湖初的〈略論《文心雕龍》對文學主體性的認識〉[5]。而直接以「文心」為論題者，主要有張少康的〈文心略論〉[6]、姜曉雲的〈劉勰論「文心」與「為文之用心」〉[7]。這就與本論文直接相關，但是大致僅就《文心雕龍．序志》所說「文心」而論，未及於二重「文心」之結構及其功能而細論。其中，最值得一提者，厥為白建中的〈聖人與一般作家——論《文心雕龍》雙重創作主體理論體系的建構〉[8]，能分辨聖人與一般作家不同層次的創作主體，的確是卓見。其「雙重創作主體」的詮釋框架，我們甚表贊同；不過對這雙重創作主體之內涵，其細部尚未能精密分析，概要而已。對聖人的創作主體所論比較詳細，而對一般作家的創作主體則著墨甚少。這雙重創作主體的實質內涵，即其結構包含哪些要素？其功能究竟如何？尚有待精深地詮釋。

本論文所說的二重「文心」，第一重為「文章原創階段」或「文章原創層位」的「文心」，即「文之樞紐」的聖人、妙才的「文心」。第二重為「文章沿創階段」或「文章沿創層位」的「文心」，即後世一般「才士」的「文心」。

「文章」一詞之義，實有廣狹之別，最廣延之義指一切自然或人為之事物表現於外在之形色。文者，線條、顏色交錯而成紋彩。《說文》云：「文，錯畫也，象交文」，《周易．繫辭》云：「物相雜，故曰文。」章者，亦有此義，《周禮．考工記》云：「青與赤謂之文，赤與白謂之章。」引申的次範疇，可指一切人為創造之文化產物，先秦時期特指政教典章制度，故《論語．泰伯》記載孔子讚頌堯之文化創造云：「巍巍乎其有成功也，煥乎其有文章。」再次範疇，相對狹義則指詩文之作，《文心雕龍．序志》云：「唯文章之用，實經典枝條。」我們這裡所用「文章」一詞，即是此一狹義。

所謂「原創」，於歷史時間居於最始原的「階段」，於創作法則及價值意義則居於最根本、至上的「層位」。文化或縮小範圍為文學、藝術，其「起源論」之所謂「源」，約有三義：一為「歷史時程的起點」，這是文學史或藝術史以「考察」之法所作的事實判斷，偏重「描述性」之義；二為「發生原因」，這是文學史或藝術史以「詮釋」之法所提出的理論解說，偏重「詮釋性」之義；三為「價值之所本」，這是文學史或藝術史以「評價」之法所作的價值判斷，這已涉及文學或藝術的「本

---

4 涂光社，〈「文之樞紐」的創作主體論——有關《徵聖》的思考〉，《文心雕龍學刊》第六輯（濟南：齊魯書社，一九九二）。

5 韓湖初，〈略論《文心雕龍》對文學主體性的認識〉，《語文輔導》一九八七年第五期。

6 張少康，〈文心略論〉，收入饒芃子主編，《文心雕龍薈萃》（上海：上海書店，一九九二），又收入張少康，《夕秀集》（北京：華文出版社，一九九九）。

7 姜曉雲的〈劉勰論「文心」與「為文之用心」〉，《江蘇廣播電視大學學報》二〇〇二年第一期。

8 白建中，〈聖人與一般作家——論《文心雕龍》雙重創作主體理論體系的建構〉，收入戚良德主編，《儒學視野中的《文心雕龍學刊》》（上海：上海古籍出版社，二〇一四）。

質」，偏重「評價性」之義，故文學或藝術的「起源論」與「本質論」必合為同一體系[9]。

《文心雕龍》以〈原道〉、〈徵聖〉、〈宗經〉為三位一體的論述，即是兼合上述三義，但以第三義為主。「文章原於五經」之說，其意乃五經實為一切文章「價值之所本」，故不僅處於歷史時程之「原創階段」，更處於價值所本之「原創層位」，是為「總源」。至於後世一般「才士」之文章創作，則處於「沿創階段」或「沿創層位」。所謂「沿」者，順流而下也，經典為「源」，而一般才士所創作之各體文章，則為順沿之「流」，故稱為「沿創」。不管「原創」或「沿創」都必然要有「文心」之用，只是這二重「文心」的實質內涵及結構、功能有其差別，必須進行分析性詮釋，再作整體的綜合建構。

二、第一重「文章原創階段或層位」之「文心」

第一重「文章原創階段」或「文章原創層位」的「文心」，還可析分為「正常」與「奇變」二個次層，正與奇為對，常與變為對。第一重「文之樞紐」的「文心」，必先分釋正奇、常變二個次層，再綜合為統一的體系，其義始全，以下分論之：

「正常」次層的「文心」乃由〈原道〉、〈徵聖〉、〈宗經〉三位一體，復輔以〈正緯〉，所展現「上哲之道心」，「道心」即「文心」。「奇變」次層的「文心」，乃〈辨騷〉所稱「妙才之情志」。至於〈正緯〉所示，假如排除緯書為後人所附之矯誕偽謬，則圖籙之見，其中隱含闡幽之「神道」或「神理」，正如《周易．繫辭上》所謂：「天生神物，聖人則之。天地變化，聖人效之。天垂象，見吉凶，聖人象之。河出圖，洛出書，聖人則之。」此處的聖人當指遠古庖犧氏這一類的聖人，所謂「聖人則之」即是取法這種玄祕的天象神理。劉勰所謂「文」，乃推極於遠古聖人所設教之「神理」；而非僅止於周代禮樂文化所揭顯之「道德理性」，故〈原道〉云：「人文之元，肇自太極。幽讚神明，易象為先。」這樣，劉勰才能合理地解釋最早文化或文明創造的始因，顯然有「神啟」的色彩。有些現代學者，以科學或道德理性批判為無稽之談，迷信神鬼。如此詮釋古代文化或文學，實在缺乏涉入歷史語境的同情理解。因此，緯書及易象所繫的「神理」，也可納入第一重聖人的「文心」，視為構成「文心」的因素之一。

「正常」之「文心」即「道心」，其實質內涵必須整合〈原道〉、〈徵聖〉、〈宗經〉為一體，並以〈正緯〉為輔而揭明之。前三篇當以〈徵聖〉為中樞，因為天地自然之「道」自身不能直接化為文字之經典，必須「聖人」居中作轉化性的創造，故〈徵聖〉以「聖人」為具有創造能力的「上哲」，云：「夫作者曰聖，述者曰明。陶鑄性情，功在上哲。」作者聖、述者明，這個觀念出於《禮記．樂記》云：「知禮樂之情者能作，識禮樂之文者能述；作者之謂聖，述者之謂明。」則所作乃「禮樂」這類文化產物，關乎政教之「道」，而非後世之辭章；此「道」為「人道」，卻原於「天道」，故《禮記．樂記》云：「大樂與天地同和，大禮與天地同節……明於天地，然後能興禮樂也。」誰能明於天地而興禮樂？當然是「聖人」；這一創造過程與成果，即〈原道〉所謂：「道沿聖以垂文，聖因文而

9 文學或藝術「起源論」所謂「源」之三義，詳見顏崑陽，〈六朝文學「體源批評」的取向與效用〉，原刊台灣東華大學《東華人文學報》第三期，二〇〇一年七月，頁七。

明道。」這個「道─聖─文─道」的創造過程與成果之所以可能，關鍵就在於聖人「生知」本具的「道心」，故〈徵聖〉贊揚聖人云：「妙極生知，睿哲為宰。」而這「生知」本具的「道心」，就是創造文化，垂範經典的動力因、目的因、質料因與形式因[10]，故〈原道〉云：「玄聖創典，素王述訓，莫不原道心以敷章，研神理而設教。」玄聖包括遠古庖犧、神農、黃帝、堯舜、禹湯等，素王則指孔子；而所創之典，所述之訓，所敷之章，所設之教，即是「道之文」。能夠轉化自然天道而創造為經典之「文」，此乃聖人「道心」之用；故「道心」即聖人之「文心」。

「道心」乃出於聖人之「生知」，天性之所內具。古今中外，論述文化或文明的創生、起源，推極之因，必然會創說「聖人」或「先知」。這些創生文化或文明的聖人、先知，未必實有其人，多為「象徵符號性」的人物，例如遠古的三皇、四氏、五帝等，他們的「天性」中，即內具「生知」的才智，所謂不學而能的「天才」，以作為創生文化之動力因、目的因、質料因及形式因，這也才能在理論上解釋文化或文明之所以創生的原因，故《中庸》對於道德的根源何以可能被揭明，提出「自誠明，謂之性」的說法，朱熹集注解釋此說，云：「德無不實而明無不照者，聖人之德所性而有者也，天道也。」此《中庸》所謂「生而知之」者，乃先知先覺。而聖人既明天道，則必垂文以設教，而化成天下之士，故《中庸》又有「自明誠，謂之教」的說法，朱熹集注解釋此說，云：「先明乎善而後能實其善者，賢人之學由教而入者也，人道也。」此《中庸》所謂「學而知之」者，乃後知後覺[11]；故《孟子．萬章》將二者連接起來，云：「使先知覺後知，使先覺覺後覺也。」先知先覺，即「生而知之」的聖人。後知後覺，即「學而知之」的賢人或常人。

然則，聖人「生知」的「道心」也就是完滿具足的「天地之心」，故〈原道〉認為天地之「道」

創生萬物，萬物之形象就是「道之文」；而這種創生之「道用」，「惟人參之，性靈所鍾，是謂三才，為五行之秀，實天地之心。心生而言立，言立而文明，自然之道也。」才者，《說文》：「草木之初也。」即草木將生枝葉，朱駿聲《說文通訓定聲》：「才，引申為本始之義。」[12]本始，即創生根源。天地人「三才」，就是三種創生之根源；但是，人於自然萬物之創生，只能「參贊」；而於文化，則是直接的創生。人之所以能創生文化，就因為天生具有靈性；這靈性就是「德」，得之於天，乃天地之道「內在」於人性。性之體，因「心」以致用；故此「心」即為「道心」，即為「天地之心」，即為文化創生之根源。這一「天地之心」既內在於人性，原則上人人皆有，但是稟性有純雜利鈍之差異，其純者利者即完滿具足之聖人，故為「生而知之」、「先知先覺」。眾人雖也有「天地之心」，但所具雜而不純、鈍而不利，卻猶可「學而知之」，是為「後知後覺」。

天人同「體」而並「用」，萬物創生之根源為天地之「太極」，文化創生之根源亦為人心之「太極」，故〈原道〉云：「人文之元，肇自太極。」這裡的「太極」實有二義，一指人所「內在」的「道心」、「天地之心」，是人文創生之「元」；一指聖人「道心」、「天地之心」所始創的易象、文言，故〈原道〉云：「幽贊神明，易象為先。庖犧畫其始，仲尼翼其終。而乾坤兩位，獨制文言。言之文也，天地之心哉！」然則，以易象為先的經典，就是聖人「天地之心」所創造的「道之文」了。

---

10 亞里斯多德「四因說」，參見本書頁一二一注24。

11 〔宋〕朱熹，《四書集注・中庸》（台北：學海出版社，一九七九），頁一六，又頁二〇。

12 〔清〕朱駿聲，《說文通訓定聲》（台北：臺灣商務印書館，一九三七）。

這是劉勰之前既存的文化傳統思想，《禮記．禮運》：「人者，其天地之德，陰陽之交，鬼神之會，五行之秀氣也。……人者，天地之心也，五行之端也。」「道」既「內在」於人之德、性、心，則〈原道〉所原之「道」，不是自然宇宙創生萬物而離絕名言之外在、超越、絕對、先驗、客觀、獨立的形上實體，也就不是《老子》二十五章之所云：「有物混成，先天地生。寂兮寥兮，獨立而不改，周行而不殆」的「道」；而是內在於自然萬物之性，並發用為〈原道〉所云「麗天之象」、「理地之形」，可以感知之「形文」與「聲文」的「道」；同時內在於人之德性靈心，發用為〈原道〉所云「道沿聖以垂文」而受到感知之「人文」的「道」；故道不離性、道不離心、道不離象、道不離文。然則，劉勰所立〈原道〉，顯然是經驗現象論者，他所原之「道」不是超離經驗現象而僅以抽象概念表述的先驗本體。同時，既非純屬儒家，也非純屬道家或釋家所說的「道」；此「道」乃是使得自然萬象之「文」與人文之「文」得以創生、實現之「原因」的「道」。劉勰就在這一文化思想的基礎上，以「聖人」為中樞，而將〈原道〉、〈徵聖〉、〈宗經〉綰合為三位一體的「文學本原論」，解釋文學的創生、實現，並建構文章理想價值的體式，故在〈原道〉、〈徵聖〉之後，〈宗經〉即明示：

> 文能宗經，體有六義：一則情深而不詭；二則風清而不雜；三則事信而不誕；四則義直而不回；五則體約而不蕪；六則文麗而不淫。

體，文體也。義，宜也。經典切實示現了各類文章共同的理想文體[13]；這種理想文體，都出於聖人之「文心」的創造，分解地說，表現為六個最適宜、最理想的特質：從內容而言，主觀題材的情感

與氣力[14]，情感能深厚而不乖戾，氣力能清純而不混雜；客觀題材的事件與義理，事件能信實而不荒

13 文體之「體」有四義：體製（或稱體裁）、體貌、體式（或稱體格）、體要。其中，體貌指詩文作品的美感形象，例如雅麗、質樸等；體式指一篇之體貌，例如離騷體；一家之體貌，例如陶體；一代之體貌，例如建安體。由於能完滿地表現某一體貌之美，而足為他人模習的「範式」，就稱為「體式」或「體格」；此四義合而為「文體」這一最大範疇。詳見顏崑陽，〈論「文體」與「文類」的涵義及其關係〉，台灣《清華中文學報》，第一期，二〇〇七年九月。

14 「情」指情感，各家之說，多無差異；但是，「風」指什麼？則各家之說分歧，例如周振甫《文心雕龍注釋》、詹鍈《文心雕龍義證》（上海：上海古籍出版社，一九八九），二家都指風格；但是，「風格」乃詩文創作完成後，所整體展現的體貌或體式，亦即作品的美感形象，是表現的結果。而所謂「體有六義」，卻是將經典整體的體式，分解為六個極具特質的要素，「風」只是其中之一，顯然非指作品整體風格之義。趙仲邑《文心雕龍譯注》（南寧：廣西教育出版社，一九九〇）指風化，即教育作用，則更不貼切。「風」是構成經典文體的要素之一，是屬於文體自身「結構」的概念，而非已衍外教化讀者之「作用」的概念。因此，在「文能宗經，體有六義」的文本「語境」中，「風」與「情」並屬構成經典文體的作者主觀性題材，「情」為情感，乃感物而動、緣事而發的喜怒哀樂。而「風」則是〈通變〉所謂「文辭氣力」的「氣力」，指作者主體情性所具的生命氣力，有剛柔、清濁之分。聖人之主體情性，乃「中庸」而非「偏材」，故發而為文，可表現為「風清而不雜」的特質。「中庸」與「偏材」情性之別，可參見（曹魏）劉卲《人物志》（台北：台灣中華書局，四部備要據金台本校刊，一九八三），其〈自序〉云：「嘆『中庸』以殊聖人之德……訓六蔽以戒『偏材』之失。」又〈九徵〉云：「人物之本，出乎情性。……兼德而至，謂之『中庸』。中庸也者，聖人之目也。……一至謂之『偏材』」。「中庸」不偏不倚，兼合各種向度之情性而圓融完滿；「偏材」則偏於一種向度之情性，皆有所「至」也皆有所「蔽」，即所謂「一至」也。

誕，義理能正直而不曲邪。從形式而言，體製能精簡而不蕪蔓[15]，辭采能優美而不過度虛飾。所謂「深而不詭」、「清而不雜」、「信而不誕」、「直而不回」、「約而不蕪」、「麗而不淫」，顯示內容與形式合一，表現為文質彬彬，合乎「中庸」的理想文體，因此可以為後世一般「才士」創作文章所宗法。

然則，劉勰之「宗經」乃「文體宗經」，道與文合一而不能切分，道心即文心，文不離道，道不離文；而非荀子、揚雄，以及宋儒所說的「道德實踐宗經」，道本而文末，重道而輕文[16]。甚至程頤有「作文害道」之說[17]，他所說的「文」雖然指的是不能載道的文人之作，卻也表示他對經典所重視的是「道」；至於「道之文」如何，則非他所關懷的要義。「文體宗經」與「踐道宗經」，兩者層次與型態不能混同，有些學者籠統地認為劉勰之宗經乃源於荀子、揚雄，卻未能分辨其差異[18]。而且，所謂「宗經」，乃宗法經典之理想文體所示範的特質、創作精神態度以及法則，此為「通常」之「理」；相對必須融入作者的當代社會經驗與個人的才性氣力、文辭技巧，此為「創變」之「方」；故而「宗經」並非依樣模擬或複製，乃是「通」與「變」相因而辯證統合，既從經典的理想文體「會通」文章創作之普遍原理，而又貼切於當代及個人經驗而「適變」[19]。〈總術〉所謂「思無定契，理

15「體約而不蕪」之「體」指什麼？詹鍈，《文心雕龍義證》既將「風清而不雜」的「風」釋為「風格」，已是誤謬；又將「體約而不蕪」的「體」也同樣釋為「文體（風格）」，非但不精確，同時更顯得劉勰為文如此重複，「體有六義」竟然就有二個要素都是「風格」。「體有六義」之「體」，其義為「文體」。假如「體約而不蕪」之「體」也指「文體」，其義不就等於「體有六義」之「體」了嗎？「文體」是最大範疇的複合概念，必須加以分析

其次層級的概念，本文注13指出文體之「體」有體製（或稱體裁）、體貌、體式（或稱體格）、體要四義。此處「體約而不蕪」之「體」指的是「體製」或「體裁」，乃詩文的語言形式結構，而非內容、形式合一所具體表現完成的「風格」。劉勰分解地說明經典的理想文體所展現六個特質之一「體約而不蕪」，其義就是經典文體的「語言形式結構」非常簡約而不蕪雜。

16 荀子與揚雄因為「道德實踐」而徵聖、宗經，以及宋儒「道本文末」、「重道輕文」的「宗經」觀念，詳見郭紹虞，《中國文學批評史》（台北：文史哲出版社，一九七九），上卷第二篇第一章第三節，頁二七—二八。第三篇第三章第二節，頁五八—六〇。第六篇第一章第四節，頁三五〇—三六一。

17 〔宋〕程頤論「作文害道」，云：「問：『作文害道否？』曰：『害也。凡為文，不專意則不工，若專意則志局於此，又安能與天地同其大也？』」參見《二程遺書》，卷十八，收入《二程集》（台北：漢京文化公司，一九八三），冊一，頁二三九。

18 例如郭紹虞，《中國文學批評史》論及荀子的文學觀，云：「這與後人論文主於徵聖者何以異。」頁二七。又論及揚雄的文學觀，云：「劉勰《文心雕龍》所載〈原道〉、〈宗經〉、〈徵聖〉諸篇，其意亦自揚雄發之。」頁六〇。劉大杰，《中國文學批評史》（台北：文匯堂出版社，一九八五），論及揚雄的文學觀，云：「揚雄對明道、徵聖、宗經的原則所作的理論上的發揮。這種理論，對後來劉勰、韓愈等人發生較大的影響。」頁六五。論及劉勰的文學觀時，也認為原道、徵聖、宗經的觀念，荀子、揚雄已經建立，而「到了劉勰，在前人的基礎上，論述更為深入。」頁一四九。成復旺、黃保真、蔡鐘翔合著，《中國文學理論史》（北京：北京出版社，一九八七），論及劉勰的文學觀，云：「他繼承和發展了荀子、揚雄的觀點，把『原道』、『徵聖』、『宗經』列為『文之樞紐』。」冊一，頁二四五。凡此之論，都是只見表層文字，而未細究「文體宗經」與「踐道宗經」兩者內涵的差異。

19 參見《文心雕龍．徵聖》，聖人能隨不同文章之用而作適當變化，卻又有其「通常」不變的法則，云：「繁略殊形，顯隱異術；抑引隨時，變通會適。徵之周、孔，則文有師矣。」又〈通變〉云：「憑情以會通，負氣以適變。」由此可知，既不泥於古，又不執於今，「會通適變」正是一般文士可向聖人宗法的「文心」。

有恆存」，個人出於文辭氣力的「創變」是無定契之思，經典文體所示的「通常」之理則超越古、今之時間分限而恆存；故後人將「宗經」與「通變」二個觀念結合，而指劉勰的文學觀念為「復古」或「復古名以通變」[20]。這種論點皆因僵持古、今之時間分限，而未明劉勰超越古今，「會通適變」的辯證思維。

那麼，這一重「文心」，其實質內涵與結構、功能究竟如何？從〈原道〉、〈徵聖〉觀之，「文心」的實質內涵乃以「道」為「體」，故云「道心」；而此一「道心」之「體」，乃兼融神理、道德、性情與思力而成。〈原道〉論及玄聖、素王之創典、述訓，云：「莫不原道心以敷章，研神理而設教。」神理與道心對舉，都是聖人心性之體。〈原道〉又論及最先創造的人文經典「易象」，以及孕生八卦的河圖，韞藏九疇的洛書，其所以創生的本原，即是「神理」，故〈原道〉云：「誰其尸之，神理而已。」神理者，創生、變化的神妙不測之理，遠古玄聖如庖犧之創典，其心性本身就生具「神理」，故上能「幽贊神明」、「觀天文以極變」，下能「神理設教」、「察人文以成化」。這是劉勰推極於文化創生之始，所提出雖是玄祕卻屬合理的詮釋。降及近古，文武、周公、孔子之述訓，〈徵聖〉所云：「陶鑄性情，功在上哲。」又云：「聖人之情，見乎文辭矣。」〈原道〉云：「雕琢情性，組織辭令。」聖人心性本具「性情」，故能制禮作樂，見乎文辭，以陶鑄、雕琢群庶之性情；而「先王聖化，布在方冊。」聖化本乎道德，「道德」乃聖人心性所生具，故能發用而垂文，布在方冊，以教化天下。而「見乎文辭」、「組織辭令」，必須合乎語言形式之「法」。「法」由誰所建立？〈徵聖〉云：「文成規矩，思合符契」，其意為聖人之創作文章，內心的思維自能符應合法之秩序，故而「文成規矩」，我們可稱這種內具自然合法的思維能力為「思力」。然則，聖人「文心」之用，法自內出而非由外定，則「法」乃聖人心性之所本具，故能為後世文章立法。

綜合言之，聖人「文心」之體，其實質內涵乃由神理、道德、性情與思力幾個要素所構成。神理、道德、性情所主者文章之內容，思力所主者文章之形式規矩，兩者辯證統合為一，這也就是聖人「文心」之「體」的結構。

前文說過，「道心」之「道」，亦即聖人「文心」之體，並非自然宇宙創生萬物而離絕名言之外在、超越、絕對、先驗、客觀、獨立的形上實體之「道」，而是內在於自然萬物之性，並發用為可以感知之「形文」、「聲文」的「道」，同時內在於人之德性靈心，發用為〈原道〉所云「道沿聖以垂

20 歷來學者以為劉勰的文學觀念是「復古」或「復古名以通變」者，例如詹鍈《文心雕龍義證》，在〈通變〉的題解徵引清代紀昀云：「當代新聲既無濫調，則古人之舊式，轉屬新聲，復古而名以通變，蓋以此爾。」冊中，頁一〇七七。黃侃，《文心雕龍札記》（上海：華東師範大學出版社，一九九六），在〈通變〉的札記中，云：「此篇大指，示人勿為循俗之文，宜反之於古。……明古有善作，雖工變者不能越其範圍。知此，則通變之為復古，更無疑義。」頁一三一—一三二。此說與紀昀無異，黃侃雖明知「文有可變革者，有不可變革者。可變革者，遣詞捶字，宅句安章，隨手之變，人各不同。不可變革者，規矩法律也。」但是他仍拘於古、今時間之分限，而將「規矩法律」視為古人之所有、經典之所專，而未明「規矩法律」乃超越時間，通常而恆存，非專屬古人之物。其實，「復古」一詞甚為不當，「復」有返回之義，容易被誤解為在線性的「時序」上，要返回古代，模仿古人之文，因此而失其因時適變的創新之義；則「宗古」一詞或較適義，「宗古」者乃宗法古代經典之文學根本精神及其創作原理，此為學習歷程及方法，而其終極目的則意在因時以創變，即〈通變〉所謂「望今制奇，參古定法」，二者辯證統合，不偏一端。

文」而受到感知之「人文」的「道」；體用相即不離，那麼，融合神理、道德、性情與思力的「文心」之「體」，其功能如何展現？〈徵聖〉云：

> 夫鑒周日月，妙極幾神。文成規矩，思合符契。或簡言以達旨，或博文以該情，或明理以立體，或隱義以藏用。故春秋一字以褒貶，喪服舉輕以包重，此簡言以達旨也。邠詩聯章以積句，儒行縟說以繁辭，此博文以該情也。書契斷決以象夬，文章昭晰以象離，此明理以立體也。四象精義以曲隱，五例微辭以婉晦，此隱義以藏用也。故知繁略殊形，顯隱異術，抑引隨時，變通適會。

這整段文字說的就是聖人「文心」的「自體功能」。前四句為綱領，又可分為二個次層，前二句「鑒周日月，妙極幾神」為一次層，後二句「文成規矩，思合符契」是另一次層。接著「或簡言以達旨」到「或隱義以藏用」四句，乃依據前文所立綱領，再切實分說聖人文章的表現原理。又接著「春秋一字以褒貶」以下十二句，則針對前面四句所謂「或簡言以達旨」云云，以「經典」的文辭為例，印證上述的文理。再接著「故知繁略殊形」四句，作出最後結論，以斷言聖人「文心」的功能：為文章的創作，從內容到形式，建立「繁略殊形，顯隱異術，抑引隨時，變通適會」的靈活法則。

「鑒周日月，妙極幾神」是聖人「文心」之「體」，乃其「生知」之神理、道德、性情的發用。這是聖人創作經典的過程，如何從實存之宇宙人生所觀察、感知、體悟的事、情、理，以取得文章的內容，這是「寫什麼」的問題，亦即《周易．家人》所謂「言有物」，包含創作的動力因、目的因與質料因。日月者，舉日月以涵蓋整個自然宇宙萬象，聖人全都能洞觀其理，故云「鑒周」；劉勰對於聖人之「文心」能「鑒周日月」的觀念，乃取自《周易》，其〈繫辭上〉指出聖人作《易》，而「能彌綸天地之道，仰以觀於天文，俯以察於地理。是故知幽明之故，原始反終，故知死生之說。」又指出聖人「知周乎萬物而道濟天下，故不過」。然則「鑒周日月」，其要義在於聖人能洞觀宇宙人生的普遍、周全之道。至於「妙極幾神」，幾者，事物未發之徵兆，吉凶存乎其中。神者，變化不測。妙者，隨機適變，不執一方。所謂「妙極幾神」也是本乎《周易．繫辭上》云：「夫易，聖人之所以極深而研幾也。」何謂「深」？何謂「幾」？韓康伯注云：「極未形之理，則曰深；適動微之會，則曰幾。」〈繫辭上〉又云：「陰陽不測之謂神。」韓康伯注云：「神也者，變化之極，妙萬物而為言，不可以形詰者也。」然則「妙極幾神」，其要義在於聖人能察知宇宙人生幽微未形、變化不測之理，而變通適會。天地之心，通乎人心；天地之道，通乎人道；人道無非道德與性情。因此「鑒周日月，妙極幾神」，乃統合宇宙與人生之存在經驗及價值而言。這是「文心」之「體」，其神理、道德、性情所本具的功能。

「文成規矩，思合符契」，乃聖人「文心」之「體」，其「思力」的發用，而為經典文體規範的根源，這是「如何寫」的問題，亦即《周易．艮》所謂「言有序」，乃聖人為文章立法，是文章創作的形式因。〈原道〉指出「道沿聖以垂文」，也就是〈徵聖〉所說聖人「原道心以敷章」。然而「敷章」而「垂文」，總是必須要有適當的形構、修辭法則；這些「法則」從何而來？在第一重「文章原創階段」或「文章原創層位」，前無既定的外在客觀法則可循，則聖人之原創經典，乃「法自內出」；「法」為聖人「文心」之體所本具，即其「思力」也。何以明之？「思合符契」就是這一本具之「思力」所發用。符契，如信符與契約之兩半密合，意指文章之內容與形式能密切配合；而這樣的表現法則完全出於聖人「文心」內具的思力，如同「鑒周日月，妙極幾神」，也是文心的「自體功能」。「鑒周日月，妙極幾神」與「文成規矩，思合符契」合而觀之，則聖人「文心」之因體以顯用，循用以知體，便可曉然矣。其下所謂「或簡言以達旨，或博文以該情，或明理以立體，或隱義以藏用」，即切實地提出「思合符契」所示範的表現原理，接著舉例印證。總結來說，其表現原理的特徵就是「繁略殊形，顯隱異術，抑引隨時，變通適會」；「法」隨著所要表現的事、情、理內容的性質以及聖人之創作目的而適變，此之為「活法」；顯非外立客觀規矩之「死法」。聖人原創之經典一旦實現，便是「文成規矩」，可為後世一般才士「沿創」所效法。

聖人能自然而然地「文成規矩，思合符契」；相對而言，劉勰對於後世一般才士之創作，其「文心」往往以「思無定位」、「思無定契」等語形容之，因此有時會導致創作失敗或不夠圓滿，例如《文心雕龍．明詩》云：「詩有恆裁，思無定位，隨性適分，鮮能圓通。」〈風骨〉云：「思不環周，牽課乏氣，則無風之驗也。」〈總術〉云：「思無定契，理有恆存。」〈物色〉云：「物有恆姿，而思無定檢，或率爾造極，或精思愈疏。」因此，一般才士的創作，法非生知，思無定契，故「宜摹體以定習，因性以練才」，而「師乎聖，體乎經」就是必循之路了。

討論「正常」次層之聖人的「文心」之後，接著討論「奇變」次層的「文心」。這一次層的「文心」，乃〈辨騷〉所稱「妙才之情志」。〈辨騷〉云：「自風雅寢聲，莫或抽緒。奇文鬱起，其〈離騷〉哉！」則劉勰明指〈離騷〉為「奇文」；而此一「奇文」的作者「雖非明哲，可謂妙才」。「明哲」義同〈徵聖〉所謂「上哲」，即「聖人」也；劉勰認為屈原並非聖人，而僅是「妙才」。妙者，變化超奇，才不偏美；「妙才」即變化超奇，才不偏美之士。以屈原之妙才，作〈離騷〉、〈九章〉、

〈九歌〉、〈天問〉等，既繼承經典而又作個殊之創變，故〈辨騷〉云：「〈離騷〉之文，依經立義」，他所表現的「典誥之體」、「比興之義」、「規諷之旨」、「忠怨之辭」，實「同於風雅」，乃「取鎔經意」的「正常」之體也。另外，個殊表現的「詭異之辭」、「譎怪之談」、「狷狹之志」、「荒淫之意」，則是「自鑄偉辭」的奇變之風。而他影響後世至鉅者，不在「正常」而在「奇變」，故〈序志〉云「變乎騷」，而〈辨騷〉也肯定「名儒辭賦，莫不擬其儀表，所謂金相玉質，百世無匹者也」。這種「奇變」之風，非經典可以完全涵概，實有相對之「原創性」，故劉勰繼經典之後，另立典範，「騷」與「經」同列於「文之樞紐」，所重者就在於「奇變」。正與奇、常與變兼合而並存，樞紐之義始全。那麼，這一奇變之體的妙才作者，其「文心」的結構與功能如何？其必曰：性、才、情、志、學是其體，這五個靜態的內在因素以成其結構；而忠諫、哀怨、奇想、譬喻以見其用，這四個動態而外顯的言行以表現其功能。〈辨騷〉云：

譏桀紂之猖披，傷羿澆之顛隕，規諷之旨也

每一顧而掩涕，歎君門之九重，忠怨之辭也。

〈騷經〉、〈九章〉，朗麗以哀志；〈九歌〉、〈九辯〉，綺靡以傷情。

託雲龍，說迂怪，豐隆求宓妃，鴆鳥媒娀女，詭異之辭也。康回傾地，夷羿彈日，木夫九首，土伯三目，譎怪之談也。

〈離騷〉之文，依經立義。

固知楚辭者，體憲於三代，而風雜於戰國，乃雅頌之博徒，而詞賦之英傑也。觀其骨鯁所樹，肌膚所附，雖取鎔經意，亦自鑄偉辭。

屈原「文心」之「體」所見之「用」，即其「結構」所顯現之「功能」：其「忠」乃出於其「性」，此「性」實非道德理性而是氣質之性[21]，故纏綿固執，就如〈離騷〉自供「雖九死其猶未悔」。而極諫以圖「悟君」與「改俗」[22]，乃出乎其「志」。詭異之辭、譎怪之談，而自鑄偉辭，全是其「妙才」所發之「奇想」，實具「原創性」。忠而被謗，放逐湘沅，行吟澤畔，形容憔悴，以創作諸辭，是其「情」所感之「哀怨」。至於依經立義，體憲三代，取鎔經意，則顯然出於「學」。因此，屈原並非「生知」之聖人，而是「學知」之才士。學習、因承經典「正常」之體，而另有創變之風。其創變之「奇」，非經典之所固有，故亦屬「原創」。就因為如此，屈騷才能繼經典之後，列入樞紐地位。

劉勰所說「文之樞紐」，第一重「文章原創階段」或「文章原創層位」的「文心」，其結構及功能，必合正奇、常變而始全，故〈通變〉明指：「夫設文之體有常，變文之術無方。」而〈知音〉所說之「六觀」，其四曰「觀奇正」。經為正為常，而騷為奇為變，合而為第一重的「文心」。

三、第二重「文章沿創階段或層位」之「文心」

《文心雕龍》從〈明詩〉以下，所論都是一般文士之所為的「文章沿創」；沿創者，接續文章原創之「始源」，沿流而再創。這一階段，文章已從上一階段原創經典之「總源」，分流為〈明詩〉以下各種「類體」。劉勰對各類體都逐一「原始以表末」，「原始」即追溯各類體之起源，考察這一類體歷史時間起點的「始出之作」，以見其體製之特徵，這就是各類體的「支源」。故《文心雕龍》的「體源論」，實有「總源」與「支源」之別；而相對的，創作主體之「文心」也有二重。

〈序志〉所明指的「文心」，乃是第二重的「文心」。劉勰寫作《文心雕龍》的意圖，主要因為有見於所處當代的文風，正如〈序志〉所云「去聖久遠，文體解散」，若要對治文風之弊，則首要之務就是針對一般文士「為文之用心」、「文心之作」，提出理想典範而導正之。不過，〈序志〉明指「文心」，卻只見其綱而未見其目，劉勰並未將「文心」顯題化，聚焦論述它的實質內涵及其結構因素與功能。這個問題的答案，其實散在各篇，有待我們聚集文本，分析詮釋而綜合建構之。

這一重「文心」之「體」及其相即之「用」如何？也就是它的結構包含哪幾個要素？而相應之功能如何表現？先論其體，後說其用。其體包含性、氣、才、神、情、志、學、習。《文心雕龍·體性》云：

> 夫情動而言形，理發而文見，蓋沿隱以至顯，因內而符外者也。然才有庸俊，氣有剛柔，學有淺深，習有雅鄭，並情性所鑠，陶染所凝。

---

21 詳見顏崑陽，〈漢代文人「悲士不遇」的心靈模式〉，收入顏崑陽，《詮釋的多向視域——中國古典美學與文學批評系論》（台北：台灣學生書局，二〇一六）。

22 參見〔漢〕司馬遷，《史記·屈原列傳》（台北：藝文印書館，二十五史，清乾隆武英殿本）。

這段文本大體已勾勒「文心」之體，其結構涵有三個次層：一為先驗的「情性」及其派生的「才」、「氣」；二為存在經驗情境中，感物而動，緣事而發的「情」、「志」；三為平常陶染所得的「學」、「習」成果。

「情性」是本體，再派生才、氣，故「才有庸俊，氣有剛柔」，都是「情性所鑠」。〈體性〉在上引那段文本之後，又論及「情性」，云：

> 八體屢遷，功以學成，才力居中，肇自血氣；氣以實志，志以定言。吐納英華，莫非情性。

劉勰處齊梁時期，他所持的人性論是漢魏以降，普為流行的氣質性或才性，而非先秦孟子所持的道德理性。情性，是情之性，也就是氣質之性、血氣之性，乃與生而具，為體質、才氣、情欲之源，沿自《荀子》、《禮記．樂記》、《呂氏春秋》一系。《荀子》用到「情性」一詞，〈非十二子〉云：「縱情性，安恣睢，禽獸行，不足以合文通治。」荀子所說「情性」，其義包含「欲」，情與欲混而不分，故〈正名〉云：「生之所以然者謂之性……性之好惡喜怒哀樂謂之情。」好惡，就是「欲」，與喜怒哀樂之情緒同為「性」內之要素。《呂氏春秋》也用到「情性」一詞，其義與《荀子》略同，〈侈樂〉云：「樂之有情，譬之若肌膚形體之有情性也。」而《禮記．樂記》更明白指出：「夫民有血氣心知之性，而無哀樂喜怒之常，應感起物而動，然後心術形焉。」心術，是指心的動向，喜怒哀樂也。《文心雕龍．體性》所謂「才力居中，肇自血氣」，即〈樂記〉所說「血氣心知之性」。那麼，這一重的「文心」即是以「情性」為其本體，再派生才、氣。

「才」是個人所稟的天資，指的是操作文章之形式與內容的表現力，關乎個人創作過程的遲速及成果之優劣。「氣」也是自然稟賦，展現為個人的體魄及精神能量，關乎創作成果，即作品風趣之剛柔、清濁。凡此之理，後文再作詳論。

如果，再與〈神思〉互文合觀，則這先驗情性所派生者，應該增加「神」這個要素。〈神思〉：「文之思也，其神遠矣。」又云：「神居胸臆，志氣統其關鍵。」神，居於胸臆，當然是情性所具，指的是直覺、想像、思慮的精神能力，故〈神思〉云：「神用象通」，又云：「思理為妙，神與物遊。」神為「文心」的要素之一，其「用」即為「文思」，故〈養氣〉云：「心慮言辭，神之用也。」而「神」與「氣」更是密切連動，盛衰同步，〈養氣〉云：「鑽礪過分，則神疲而氣衰。」又云：「氣衰者慮密以傷神。」神與氣不能缺一。

綜合上述，這一層「文心」之體，其構成的先驗要素，情性為本，派生氣、才、神。這是與生而具，非可改易，故「才有庸俊，氣有剛柔」，皆生而決定，至其所表現則「辭理庸俊，莫能翻其才；風趣剛柔，寧或改其氣」。才、氣為情性所決定，而相應文章之辭理、風趣又為才、氣所決定，難以偽飾。而道德理性之本質為「普遍」，故人人可以為堯舜；氣質情性之本質則為「差異」，人人各殊，故〈體性〉云：「才性異區。」〈才略〉亦云：「才難然乎，性各異稟。」凡此都在強調氣質、才性的「差異」。從氣質、才性的「差異」觀之，個人的特殊文體才能構成。這是學、習文章創作或批評所必須參照的準則。

這一重「文心」的「情」與「志」，都是前述「情性」感物而動，緣事而發才會產生的心理經驗及價值意向。情，是直覺的感性經驗；志，則是有價值判斷的意向。性，與生而具，靜態、內在而存，必須感物、緣事才會動態生發，表現於外，故《禮記．樂記》云：「人生而靜，天之性也。感於物而動，性之欲也。物至知知，然後好惡形焉。」欲，心之所向也。因此，「文心」中的情、志，乃作者在現實存在情境中，由於與人、物、事的種種遭遇經驗，而所引生的情感與價值意志。這是「文心」興發創作的動機與目的，也是創作的經驗材料，故《文心雕龍．明詩》云：「人稟七情，應物斯感，感物吟志，莫非自然。」〈物色〉亦云：「歲有其物，物有其容；情以物遷，辭以情發。」故而「情」、「志」乃「文心」之所涵具，而為文章之主要內容，故〈情采〉云：「情者，文之經。」〈附會〉也提示才童學文，「必以情志為神明」。然則，情、志當然是構成「文心」的必要因素。

在第一重「文心」中，即使以屈原之「妙才」，已非「生知」之聖人，故必須「學習」經典，〈離騷〉之作，才能依經立義；何況這第二重的「文心」，一般才士更必須學、習。學、習原非心性之內具，乃自外而得；但是學、習若要有功於創作，則必須積累融通而內化為「文心」的構成要素。宋代嚴羽必是有此體認，故《滄浪詩話．詩辯》云：「夫詩有別材，非關書也；詩有別趣，非關理也。然非多讀書，多窮理，則不能極其至。」[23]古代文學家對文學創作，大多抱持「性情」與「學養」並重的觀念。劉勰更是將學、習視為構成「文心」的要素。

學什麼？習什麼？學，指飽讀典籍，厚養學問，思辨道理。習，指摹習前賢高格之文體。有時，這二種情況不分，都以「學」一詞概指之。上引《文心雕龍．體性》已指出，文章創作關乎「學有淺深，習有雅鄭」，則學、習是創作必備的要件；又云：「八體屢遷，功以學成。」強調掌握文體的變化，必須「學」才能成功；又云：「夫才由天資，學慎始習。」指出天資之才，必須佐以學習；而「學」與「習」雖屬外鑠，卻必須積久功深，「內化」為構成「文心」的要素。

在學、習的過程中，最優先也是最根本者，就是向「文之樞紐」去學習，亦即〈序志〉所謂：

蓋文心之作也，本乎道，師乎聖，體乎經，酌乎緯，變乎騷。

其入手處，當然是深度閱讀經、緯、騷的文本，因為「道沿聖以垂文，聖因文而明道」，道以及聖人的「文心」存乎經文，故「本乎道、師乎聖」，必然要「體乎經」，涵泳其中而有所悟。至於「酌乎緯」、「變乎騷」也是從文本入。此處學、習可再分為三個層次：一是體會聖人、妙才之「文心」，而得其為文之精神；二是獲得其中的知識、道理，故學習經典，正如〈宗經〉所云，可識其「恆久之至道」、「開學養正，昭明有融」；閱讀屈騷，正如〈辨騷〉所云，可識其「詭異之辭」、「譎怪之談」；閱讀緯書，當如〈正緯〉所云，可酌取其「事豐奇偉，辭富膏腴」；三是摹習文體，宗法經典的理想體式，則能「情深而不詭；風清而不雜；事信而不誕；義直而不回；體約而不蕪；文麗而不淫」，得文章「正常」之體。摹習屈騷，倘如〈辨騷〉所云，能「酌奇而不失貞，翫華而不墜其實」，則可得文章「奇變」之體。這些學習，涵養功深，則內化於「文心」，成為創作之要素。

綜合上述，這第二重「文心」之體，其構成涵有三個次層的要素：一為先驗的性、氣、才、神；二為存在經驗情境中，感物而動，緣事而發的情、志；三為平常陶染所得的「學」、「習」成果。

至於其體之發用，也就是其結構所相應之功能，則是：「性」的功能是感物緣事，發而為文章，

23〔宋〕嚴羽著，張健校箋，《滄浪詩話校箋》（上海：上海古籍出版社，二〇一二），頁一二九。

實為創作之動力因，故〈明詩〉云：

詩者，持也，持人情性……人稟七情，應物斯感，感物吟志，莫非自然。

同時，「性」的功能也決定性地表現為個人文章體貌，故劉勰將「體」與「性」複合成「體性」一詞，專篇論述「情性」之與個人「文體」的內外表裡關係，〈體性〉例示「賈生俊發，故文潔而體清；長卿傲誕，故理侈而辭溢；子雲沉寂，故志隱而味深」云云，劉勰的結論是：「觸類以推，表裡必符；豈非自然之恆資，才氣之大略。」「性」乃內隱為決定性的個殊人格特質，「才」、「氣」則外顯為個人言行的形象，故劉勰另作〈才略〉以與〈體性〉前後呼應。中國古來之「人格即文格」之論，其人格必須界定在氣質、才性，始能與文格構成內外表裡的決定性關係；而道德人格的表現，可以作偽，故內外未必符應。

前文說過，「才」是個人所稟的天資，其功能主要是操作文章「辭理」的表現力，「辭」為形式，「理」為內容。首先，「才」關乎個人文章創作過程的遲速，故〈神思〉云：「人之稟才，遲速異分。」其例示，遲者司馬相如之含筆腐毫、揚雄之掇翰驚夢、桓譚之疾感苦思、王充之氣竭沉慮、張衡之研京十年、左思之練都一紀；速者則淮南之崇朝賦騷、枚皋之應詔成賦、子建之援牘口誦、仲宣之舉筆宿構、阮瑀之據鞍制書、禰衡之當食草奏。並且，「才」更關乎個人的創作成果，則才以表現個人文章辭理之庸俊、華實、巧拙、疏密等不同風貌；故〈體性〉云：「辭理庸俊，莫能翻其才。」〈才略〉則列舉九代群才之文，略述其辭令華采，例如賈誼才穎，議愜賦清；王褒構采，密巧為致；

馬融思洽識高，華實相扶；曹丕之才，洋洋清綺；曹植思捷才俊，詩麗表逸；王粲溢才，捷而能密。凡此，都可以見出「才」的功能，實為文章創作之過程及其成果的關鍵。

前文論及，「氣」也是自然稟賦，展現為個人的體魄及精神能量，質地有：清濁、剛柔、強弱之分；清濁、剛柔是本質常態，無法改易。強弱是一時之情況，可以調養。「氣」的功能表現為個人文章之特殊風趣，故曹丕《典論．論文》云：「文以氣為主，氣之清濁有體，不可力強而致。」《文心雕龍．體性》亦云：「氣有剛柔。」又云：「風趣剛柔，寧或改其氣。」風，即〈風骨〉所說的「風力」，指文章由氣、情融合，就如〈風骨〉所云「情與氣偕」，因而產生的感染力。趣，是文章所表現吸引讀者的情味意旨。由「氣」所生的文章「風趣」，不是靜態的存在，而流動於字裡行間。其剛柔、清濁既決定於作者的自然稟賦，必也展現個別的「差異性」，甚至從篇章而言，同一作者也會在臨筆之時，因為「氣」的盛衰強弱，導致表現成功或失敗，而產生「風趣」殊別的效果，故「氣」必須調養，劉勰乃特立〈養氣〉一篇以論之，警示文章之士：「吐納文藝，務在節宣，清和其心，調暢其氣，煩而即捨，勿使壅滯。」

「神」同樣是自然生命之所具，是直覺、想像、思慮的精神能力。從「文心」結構的功能而言，是啟動文思之力，故〈養氣〉云：「心慮言辭，神之用也。」此謂之「神思」，而「神思」實為「心遊」，乃是超越時空限制而無遠弗屆的想像，故〈神思〉云：

> 文之思也，其神遠矣。故寂然不動，思接千載；悄然動容，視通萬里。吟詠之間，吐納珠玉之聲，眉睫之前，卷舒風雲之色；其思理之致乎？

然則，神思所及的範圍，包括整個創作的心理過程，即臨筆之前的想像，自由遨遊於典籍與自然的世界，以及臨筆之際的篇章構思，其意頗通於陸機〈文賦〉[24]。〈神思〉云：「神用象通，情變所孕；物以貌求，心以理應」，是進入語言文字構作之前的「窺意象而運斤」；又云：「刻鏤聲律，萌芽比興。結慮思契，垂帷制勝」，是進入語言文字構作之後的「尋聲律而定墨」。總合而言，「神」用而為「思」，乃是掌控「馭文之首術，謀篇之大端」。

「情」是作者在實存情境中，感物而動，緣事而發，所產生喜怒哀樂的感性情緒，這是文章的題材，其功能展現為文章的風力與辭采。而風力之生，情與氣偕，必須是出於作者自然興發的真情實感，即〈明詩〉所謂：「人稟七情，應物斯感，感物吟志，莫非自然。」亦是〈情采〉所謂：「志思蓄憤」以至「為情而造文」，因而抒情必須「要約而寫真」。如此才能使得文章產生讓人感動的「風力」，故〈風骨〉云：「深乎風者，述情必顯。」

〈詩大序〉云：「志者，心之所之也，在心為志，發言為詩。」所謂「心之所之」，即心意之所往，含有善惡是非的價值取向[25]。這是儒家「詩言志」的傳統觀念。《文心雕龍》屢言「詩言志」，〈明詩〉所繼承就是這一儒家的詩學傳統：「大舜云：『詩言志，歌永言』，聖謨所析，義以明矣。」雖然，劉勰的詩觀亦頗接受六朝新起的「感物起情」之說，肯定受到自然物色、人情之常所感動的個人抒情詩；但是儒家傳統所持政教諷喻的「詩言志」觀念，他也繼承下來，兩者兼容並蓄。「志」之發用，就成為文章主要的內容，因此〈宗經〉有「詩主言志」之說，〈情采〉也有「文章述志為本」之論，而〈體性〉更視「志」為文章之「骨髓」。「志」之所發用，才使得詩歌非徒抒發個人的喜怒哀樂，更能產生「政教諷諭」之旨，故〈情采〉云：「風雅之興，志思蓄憤，而吟詠情性，以諷其上。」然則「文心」必以「志」為要素。

前文述及，學，指飽讀典籍，厚養學問，思辨道理。習，指摹習前賢高格之文體。那麼，學、習作為「文心」的構成要素，有何功能？簡要地說，文章創作當然以性、氣、才、神為主導，卻必須佐以學、習，才能成就極致完滿之功。劉勰的文學觀不同於鍾嶸《詩品》所提出詩歌創作「自然英旨，皆由直尋」而「吟詠性情，何貴用事」之說；不管從內容之事義、修辭之典實，或文體之規範而言，在劉勰看來，都不能只憑天資才性可以成事。〈事類〉對於才、學合德，以達創作完滿之功，曾作顯題化的論述，云：

> 文章由學，能在天資。才自內發，學以外成。有學飽而才餒，有才富而學貧。學貧者，迍邅於事義；才餒者，劬勞於辭情：此內外之殊分也。是以屬意立文，心與筆謀，才為盟主，學以輔佐。主佐合德，文采必霸；才學偏狹，雖美少功。

---

24 〔晉〕陸機〈文賦〉：「其始也，皆收視反聽，耽思傍訊，精鶩八極，心遊萬仞。其致也，情曈曨而彌鮮，物昭晰而互進。傾群言之瀝液，漱六藝之芳潤。浮天淵以安流，濯下泉而潛浸。」描寫臨筆之時，馳騁想像，心神遨遊於自然景象與六藝群言之間。其意與《文心雕龍．神思》相近。參見劉運好，《陸士衡文集校注》（南京：鳳凰出版社，二〇〇七），冊上，卷一，頁九。

25 詳見顏崑陽，〈從〈詩大序〉論儒系詩學的「體用觀」〉，台北政治大學中文系主編、出版，《第四屆漢代文學與思想學術研討會論文集》（台北：新文豐出版公司發行，二〇〇三），頁二八七—三二四。收入本書，頁一七九—二二一。

這段文本明切地論述內發之「才」與外成之「學」互濟的重要性。才固然為主，而學為輔，但二者必須合德不分，才能寫出事信義直、文采華茂之作。而所謂「外成」，當指「學」非性內本具，乃自外習得；但是，學有所「成」則必須內化，如同「文心」所儲存之寶，甚至學者必須明辨事理；能辨事理，更可豐實其才，而不至於寫出「迍邅事義」的文章，故〈神思〉云：「積學以儲寶，酌理以富才」。「神思」也並非全屬空虛的想像，必須佐以學養所致的豐富內容。

習者，主要是摹習文體，故〈體性〉指出文章創作必先「摹體以定習」。而摹體必須辨別雅鄭，故〈體性〉才說：「習有雅鄭」。雅、鄭是二種高卑不同的體式，摹習之時必須慎選，否則一旦陶染已成，則「鮮有反其習」者，故而強調「學慎始習」，指示「童子雕琢，必先雅製」。摹習既久，則所習必內化為「文心」的構成要素之一，即〈體性〉所謂「習亦凝真，功沿漸靡」。而文章創作必在文學歷史傳承的基礎上，才能找出個人的創變，故作者必須熟習前代的典律，以及由此所形成的文體規範，故劉勰特立〈通變〉以明此理云：「夫設文之體有常，變文之數無方。」所謂「有常之體」是歷史的積澱，必須經由學習而知；而「變文之數」，則出於個人才性所致的「文辭氣力」。因此，文章創作除了發揮個人才性之外，還得「體必資於故實」，才性與學習反覆辯證，才能在文體的創造上，做到「憑情以會通，負氣以適變」。這就是「文心」中，學、習所達致的功能。

四、結語

文章創作，「雕龍」之術必以「文心」為主據，故「文心」之義實為《文心雕龍》整體理論系統之基礎、核心的概念，必須論明之。然而，劉勰雖在〈序志〉一篇明言：「夫文心者，言為文之用心也。」為「文心」作了基本的唯名定義；又云：「蓋文心之作也，本乎道，師乎聖，體乎經，酌乎緯，變乎騷，文之樞紐，亦云極矣。」又為「文心」的創作實踐，提供了綱領；但是，卻有綱而無目，劉勰並未將「文心」顯題化，作出詳密的論述。其義實散在各篇文本之中，因而「文心」的實質內涵為何？分解地說，其體與用以及體用的關係為何？再換個現代話語來說，「文心」的結構如何？由哪些要素所構成？而相應的功能如何？也就是諸多結構要素如何發用於文章的創作，而能獲致什麼效果？凡此系列問題，都有待我們以原典的文本為據，進行精密的分析詮釋，闡明其結構中諸多要素的涵義，以及所致用的功能，而後綜合建構整體「文心」觀念的系統。這是本論文所要解答的問題。

我們經由原典文本的分析詮釋，以及系統的綜合建構，已如上述，在此不必再贅述。我們所要提出的展望是：「龍學」作為一門專業的學術，已歷百年。學者競相論述，成果不可謂不豐碩；但是，一門學術的建構，「枝葉」繁茂固然可喜；但「根本」之堅實卻更應期待。龍學的基礎理論，例如《文心雕龍》理論系統所關懷的基本問題為何？它所持有的基本觀念為何？它的文學本體論為何？文學知識的本質論以及相應的方法論為何？這些問題如獲得解答，則《文心雕龍》的文學理論置於現代的文學批評語境中，能做出如何適當的應用，而為中文學界提供中國式的詮釋典範，以與西方的文學理論進行「平行對話」？這些「務本」的問題，都還有待學者們更為精深的詮釋與建構。本論文之作，就是在回應這一學術願景，期待有更多學者各本「文心」，懇切「對話」。

附記：

本文原刊香港浸會大學《人文中國學報》，二〇一八年六月。

二〇一九年八月校訂。

論「文類體裁」的「藝術性向」與「社會性向」及其「雙向成體」的關係

一、問題的導出

本文所要探討的問題，由下述有關「文體分類」的論述框架所引生：

蔣伯潛出版於一九四二年的《文體論纂要》，其第四、五章論述了「新派文體分類」。所謂「新派文體分類」相對於清代曾國藩《經史百家雜鈔》之前的古代「舊派文體分類」，指的是自清末龍伯純《文字發凡》，蔡元培〈論國文的趨勢〉與〈國文之將來〉、梁啟超《中學以上作文教學法》、湯若常《修詞學教科書》、施畸《中國文體論》、高語罕《國文作法》、劉永濟《文學論》等，對於古今文體之分類[1]。其中有一論述框架，隱含著值得深入分析探討的問題：

龍伯純在《文字發凡》中，將文體分為三組十類，其中甲組第一類又分為二種：（一）科學的記事文；（二）美術的記事文。而乙組第二類「客觀的文體」又有二種分法，其中第一種是「以思想分者」，更下分「實用文」、「美文」與「實用的美文」三小類。所謂「實用文」，指的是紀錄文、說明文等；「美文」指的是詩歌、小說、戲曲等；「實用的美文」指的是議論文、勸戒文、慶弔文等[2]。

蔡元培在〈論國文的趨勢〉與〈國文之將來〉二文中，也將文章分為二大類：（一）「實用文」：又分為「說明的實用文」與「記載的實用文」二種。（二）「美術文」：又分為「詩歌」、「小說」、「戲劇」三種[3]。

高語罕在《國文作法》中，將文體分為敘述文、描寫文、解說文、論辯文三大類，其中描寫文又分為二個次類：（一）科學的描寫文；指用科學方法描寫者；（二）藝術的描寫文；指用藝術方法描寫者[4]。

從以上的簡述來看，「實用」與「藝術」二分或「科學」與「藝術」二分，是蔣伯潛所謂清末以來「新派文體分類」常見的論述框架。蔣氏又指出蔡元培將文體分為「實用」與「美術」二大類，和日本一般的「文學概論」，例如武島又次郎《作文修辭法》、加藤咄堂《實用修辭學》，將詩歌、小說、戲劇視為「純文學」，而與其他普通散文的「雜文學」相對立，其框架相同。則清末以來的文體分類，顯然頗受日本影響[5]。

蔣伯潛在評述新舊派的文體分類之後，接著於第六章，提出自己對文體分類的嘗試。他將文體分為「狹義的文章」與「文學」二大類。所謂「狹義的文章」，大抵包括了論說、頌讚、箴銘、序跋、注疏、考訂、贈序、書牘、契約、公文、哀祭、對聯、傳狀、碑誌、敘記、典志等種，而「文學」則包括辭賦、詩歌、小說、戲劇等種。他自承前人所謂「實用文」或「雜文學」，便是他所謂「狹義的文章」；而「美術文」或「純文學」，便是他所謂的「文學」。因此，從名稱所指涉的實在對象而言，他的分法與前人並無差別。只不過，他意識到前人使用「實用文」、「美術文」與「純文學」、「雜文

1 蔣伯潛，《文體論纂要》（台北：正中書局，一九七九年五月台二版），頁四六—六八。

2 同注1，頁四六—五〇。又龍伯純，《文字發凡》（桂林市：廣智書局，一九〇四年〔清光緒三〇〕）。

3 同注1，頁五五—五六。又蔡元培，〈國文之將來〉、〈論國文的趨勢及國文與外國語及科學的關係〉二文，收入中國蔡元培研究會編，《蔡元培全集》第三卷（浙江：浙江教育出版社，一九九七年一版）。

4 同注1，頁四六—五〇。又高語罕，《國文作法》（上海：亞東圖書館，一九二二年）。

5 同注1，頁五一，又頁五六。又武島又次郎，《作文修辭法》（東京：早稻田大學出版部，一九〇四年〔明治三十七〕），與保科孝一，《言語學》合刊。

學」四個類名，「似乎說文學是沒有『用』的，狹義的文章是不必『美』的；而『雜』和『純』，尤似有所軒輊於其間」，因此他就改用「狹義的文章」與「文學」兩個名詞[6]。但是，名詞雖換，其實義仍然是清末龍伯純以來的論述框架。

郭紹虞的《中國文學批評史》上冊於一九三四年由商務出版，一九四七年再出版下冊。一九五五年與一九七九年又作過二次修訂。然而，在論述到「孔門的文學觀」與六朝「文筆的區分」二小節，其所持的詮釋觀點卻前後無別。以一九七九年的修訂版為據，有關「孔門的文學觀」，他的觀點是：孔門的文學觀有著「尚文」與「尚用」兩種似乎矛盾的主張。本於他論「詩」的主張，當然會有「尚文」的結論。可是，他同時又是注重實際，著重實用的思想家，所以又注重「尚用」。尚文成為手段，尚用才是目的。這兩個觀念，尚文則宜超於實用，尚用則宜忽於文辭，好似有些衝突，但是他卻能折衷調劑恰到好處。後來人再加推闡，就不免偏於一端了。另外，關於六朝「文筆的區分」，他的觀點是：「文」是美感的文學、情感的文學，指詩賦，兼及箴銘、碑誄、哀弔諸體，屬於「純文學」一類的作品；「筆」是應用的文學、理智的文學，指章奏、論議、史傳諸體，屬於「雜文學」一類的作品[7]。

郭紹虞對孔門的文學觀以及六朝文筆之辨的詮釋，也顯然採取「文」與「用」、「情感」與「理智」、「美感」與「應用」、「純文學」與「雜文學」二分的論述框架。其中「純文學」與「雜文學」的二分，至一九八七年蔡鍾翔、黃保真、成復旺所合著《中國文學理論史》，仍然被沿用。此書的第三章標題為「雜文學理論的系統總結——劉勰《文心雕龍》」，第四章標題為「純文學性詩學的開端——鍾嶸《詩品》」[8]。「雜文學」與「純文學」對舉，其論述框架與前述無別。

徐復觀〈文心雕龍的文體論〉一文，發表於一九五九年的《東海學報》，對台灣地區的中國古代文體研究影響深遠。他認為在中國文學中，人生實用性的文學，占極重要的地位。《文心雕龍》所分的二十大類中，除了詩、樂府、賦、雜文、諧讔五類，距實用性較遠；而史傳及諸子兩類包羅太大，不應一語斷定外。其餘韻文的五大類、散文的八大類，皆係適應人生的實用目的而成立的。另外，他又提出「文體」有體裁、體要、體貌三方面的意義。其中，「體貌」之體，來自楚辭的系統，以感情為主，出於文學的藝術性；而「體要」之體，來自五經系統，以事義為主，出於文學的實用性[9]。

徐氏之說最大的誤謬就是切割「體貌」與「體要」，一歸於楚辭系統，一歸於五經系統；一為文學之藝術性，一為文學之實用性。我在〈論文心雕龍「辯證性的文體觀念架構」〉一文中已作辨析[10]，不贅。在此，主要指出其論述框架，仍然不脫以「藝術性」與「實用性」二分的概念去區判中國古代的文體。

---

6 同注1，頁六九—八〇。

7 郭紹虞，《中國文學批評史》頁五，又頁一三—一五，又頁六七—七六，原上海古籍出版社，本文引自台灣五南圖書公司，一九九四年八月一版。

8 蔡鍾翔、黃保真、成復旺合著，《中國文學理論史》（北京：北京出版社，一九八七年六月一版）。

9 徐復觀，〈文心雕龍的文體論〉，收入徐氏《中國文學論集》，（台中：民主評論社，一九六六年三月一版），頁一一八—一三七。

10 顏崑陽，〈論文心雕龍「辯證性的文體觀念架構」〉，收入《六朝文學觀念叢論》（台北：正中書局，一九九三年二月一版）。

錢倉水的《文體分類學》出版於一九九二年。他試圖建構一套「文體分類學」的理論體系，並進而運用所建構的理論對古今詩歌、小說、劇本、散文及應用文進行分類。他認為近代以來，受到外國文化的影響，才逐步區分出文學與非文學的界限。並且，引用陳獨秀在〈文學革命論〉一文中，將文章分為「文學之文」與「應用之文」。所謂「應用之文」指的是評論、文告、日記、信札等；而「文學之文」指的則是詩歌、戲曲、小說等。接著，他又引用劉半農〈應用文之教授〉及蔡元培〈國文之將來〉、葉聖陶、夏丏尊合著之《文心》，都同樣是「文學性」（或藝術性）文類與「實用性」（或應用性）文類二分之論述框架。錢氏明白接受了此一框架，認為「應用類文章」採取「對世界的科學性掌握方式」，相關材料的內涵，「一切都具有客觀的實在性」；而其形式，「語言貴在樸實明白」，至於功能則重在實用。另者，「文學類文章」採取「對世界的藝術的掌握方式」，與材料相關的內涵，「一切都具有客觀的情理性」（按「客觀」恐為「主觀」之誤植）；而其形式，「語言貴在文采飛動」，至於功能則重在審美。此一論述框架顯然與清末龍伯純以來所相沿的觀念無別。錢氏另又提出第三種文類，他認為在這兩類之間「存在著一個它們互相交叉和交融的地帶」，可稱為「邊緣性文類」。它「一方面具有應用類文章客觀的性質、真實的性質、實用的性質，另一方面又具有文學類文章主觀感情的性質、形象化的性質、審美的性質」。這一文類指的就是「論說文學」、「報告文學」或「史傳文學」[11]。

錢氏所試圖建構的「文體分類學」顯然沒有脫離前行研究者所已築就的框架。他所謂第三種「邊緣性文類」看似特別，卻非首倡，其實就是龍伯純在「實用文」、「美文」之外所另立的「實用的美文」，近乎「雜種」的文類。而他所謂「實用性」、「應用性」也明白地與「科學性」結合，成為等同的概念。這是龍伯純所謂「科學的記事文」、高語罕所謂「科學的描寫文」概念外延的擴大。

我們依據前文略具譜系性的概述，已然彰顯了從清末以至九〇年代，在由日本轉入的西方學術影響之下，現代學者所完成的「中國文體學」，顯然已相沿成統地構造了一種固定的知識型態。這一知識型態，很清楚地是以「藝術性」（或文學性、美術性，下文統一用「藝術性」一詞）與「實用性」（或應用性、科學性，下文統一用「實用性」一詞）二分，或「純文學」與「雜文學」二分的論述框架撐立起來。並且想當然地與六朝時代所形成的「文筆區分」套合，似乎二者是同一種文體分類的模式。

我們的問題就是從這一有關文體分類的論述框架所引生，而試圖去探討這樣的知識型態，是在什麼樣的歷史時期的社會文化語境，基於什麼樣的關鍵性假設、認識方法而被建構出來？在這一知識型態中，學者雖企圖將「藝術性」與「實用性」、「純文學」與「雜文學」二分的論述框架套合於古代一種擬似的論述框架——文筆區分，然而這二者果真等同嗎？「文筆區分」又是在什麼樣的歷史時期的社會文化語境中，基於什麼樣的關鍵性假設、認識方法而被建構出來？其所繫之知識型態與前述現代的知識型態是否相同？而現代此一知識型態所構造文體分類的論述框架，其內在邏輯的合理性，難道果真無可質疑嗎？而它所欲對應的問題，顯然不僅指向現代文學並且指向古代文學的「文體分類」。然而，這一知識型態所定義的文體類型概念，用之於詮釋古代諸種文體，究竟能有多少相應的詮釋效力？文學果真有「純」與「雜」之分嗎？文體果真有「藝術性」與「實用性」之分嗎？

11 錢倉水，《文體分類學》（南京：江蘇教育出版社，一九九二年七月一版），頁一六－一九。

這一論述框架所謂「藝術性」指涉的是文體自身內在具足的「美」的本質，既與「實用性」截然二分，也就意謂了這類文體不具涉外的社會性功能；而相對的所謂「實用性」指涉的是文體自身的工具性功能，被使用於社會互動關係中，以達到使用者的利害性目的。這利害性目的必非審美性亦即非藝術性的。從而此一工具性功能所達到的利害性目的，便被視為這類文體的本質。以這種「藝術性」與「實用性」二分的概念，依藉聚同別異的操作，對「文體」進行類型化的區判，遂使雜多的文體被統合在「二元本質論」或是「缺乏的對立」（Privative opposition）的框架中。不管就「二元本質論」或「缺乏的對立」，「藝術」與「社會」都被斷開為內外不相及的二元存有。而「文體」也被再現為「藝術」與「社會」之間不可逾越的「柏林圍牆」。而這果真就是中國古代諸文體的實存嗎？果真就是中國古代文學家的文體觀念嗎？

這一論述框架的關鍵性假設與認識方法，其內在邏輯的合理性顯然令人質疑。我們將嘗試對它進行解構。不過，在解構之後，我們對於文體之與社會、藝術的關係，有必要重新提問與解答。

我們論述的方法與步驟，首先將對「文體」這一基本概念進行分析、界定，以作為有利於操作的概念性工具。接著，對這一論述框架所建構的「藝術性文類」與「實用性文類」、「純文學」與「雜文學」進行概念分析與事實驗證。在事實驗證上：一方面考察這一框架所繫的知識型態，是一種什麼樣的社會文化語境，以逼顯其認識方法之與古代的社會文化語境不能相應；一方面將以古代社會文化語境中，相關文體創作、批評以及社會致用的實踐成果為準據，進行證謬。經過前一階段的解構之後，接著重新提問。我們的關鍵性假設是，詩賦、章表一切「類體」——體裁或體製，並無先於創作實踐而既成的恆定的本質。它只在文學歷史的傳統與社群的共識上，「原則」地提供了創作、批評與社會致用的公約性、中介性的語言形構。在未經創作實踐以產生成品之前，「類體」本身價值中立。我們不能直接給定「藝術性」與「實用性」這種充滿價值判斷義涵的概念作為「類體」既成而恆定的本質；意即「文體」所指假如是「類體」而非個別作品或作家的「體貌」，則「文體」並沒有「藝術性」或「實用性」之分。但它卻以公約性、中介性的言語形構，在創作實踐的動態過程中，提供「藝術審美的向度」與「社會實用的向度」。向度，是事物所徵示一種藉它實現主觀目的可能的方向，是在尚未表現完成之前的潛能，因此不是既成的、恆定的屬性。這也就是我們不選用「藝術性」或「社會性」二詞，而選擇用「藝術性向」或「社會性向」二詞的原故。我們所預設的詮釋觀點，這二種「性向」，在詩賦、表章等，任何一種類體中，都是共存的潛能，而形成動態性對立的辯證關係，在主體創作實踐過程，提供其實現個別作品之「藝術性」與「實用性」的可能。「藝術性」與「實用性」是作品實現後的價值判斷，而作品千千萬萬，根本無法在「窮盡原則」之下被分類；能分類的，就只有千萬作品共同遵循的範式——體裁，或眾多作品風格的共相——體式。

這一提問與假設的基本概念及論點，在認識方法上，我們仍然必須契入中國古代的社會文化語境中，依藉文本的分析詮釋以證成之。

二、「藝術性文類」與「實用性文類」二元對立的論述框架，其內在邏輯的二層困局。

「文體」一詞的涵義，經現代學術界所做「中國古代文體學」的研究，已大致釐清。徐復觀提出「文體」有「體裁」、「體要」、「體貌」三義。但是，我認為「體要」，其實指的是各種文體在創作實踐上的美學「要則」，是有關「法」的原則性抽象概念，而非徐氏所說源自五經而以「事義」為主的實在性之「體」。針對徐說之誤謬，我已提出修正，就「文體」的實在性而言，「體」有三義，即「體裁」（或稱體製）、「體貌」、「體式」（或稱體格）。「體裁」指某一文類之成規性的文字書寫形構，例如五言詩之每句皆為五個字，我們稱之為「類體」。「體貌」指一篇作品或一家作品的整體風格。一家之體貌，古人稱為「家數」，為求明切，我們稱之為「家體」。「體式」則指超越一篇、一家、一時代等個別作品之風格，歸約而成的「風格範型」，例如《文心雕龍．體性》中所歸約的「八體」[12]。另者，一家之體如被公認具有範型性，而足為後世所模習的對象，也可提升為「體式」，例如「陶體」、「謝靈運體」、「徐庾體」、「杜甫體」、「李白體」。古來能成一家之體者何止萬計，卻非皆能成為「體式」[13]。

大陸地區的學者，多將前述所謂「體貌」、「體式」稱為「風格」。例如錢倉水《文體分類學》[14]、詹鍈《文心雕龍的風格學》[15]，都是此一用法。另外，李士彪《魏晉南北朝文體學》，除了將體貌、體式也稱為「風格」之外，又提出「篇體」一詞，指一篇作品的形製，其概念與指一篇文章之類別的「體裁」不同[16]。

古人用詞其實並沒有普遍統一。現代學者在進行對「中國古代文體學」的重構時，為求概念之釐析與精確，會有自己的界義與用語，其名有別，然所指涉之實義相同，卻也無妨；只要在個人的論述脈絡中定義明確就行了，例如稱「體貌」、「體式」，或稱「風格」，名詞雖異，其實無二。本文就以「體裁」、「體貌」、「體式」、「家體」、「類體」的幾個術語進行討論。

前述現代學者「文體分類」（學者或常稱「文章分類」）所建構的「藝術性文類」指的是詩、賦或小說、戲曲等，而「實用性文類」指的是議論文、勸戒文、慶弔文或頌讚、序跋、箴銘等。這二個概念中，其實還存在著「文體」與「文類」的混淆。徐復觀批判了學者長期以來混淆了「文體」與「文類」二個概念，他進而釐清「章表奏議等是類、典雅等是體；章表奏議而能典雅，便是類與體相切合，否則便不相切合」[17]。然而，其說雖有糾謬之功，卻也未免矯枉過正。「體」當不僅指「典雅」

12 以上有關「文體」分解性諸概念，參見同注10。又〔南朝梁〕劉勰《文心雕龍．體性》：「若總其歸塗，則數窮八體：一曰典雅，二曰遠奧，三曰精約，四曰顯附，五曰繁縟，六曰壯麗，七曰新奇，八曰輕靡」，引文依周振甫，《文心雕龍注釋》（台北：里仁書局，一九八四年五月一版），頁五三五。

13 我們將「體式」一詞界定為超越個別作家作品歸納而成，具有普遍性的風格範型；另有一義是一家之體貌由於能完滿實現某一種風格而足為典型，以為後起作家模習之範式者，亦可稱為「體式」，例如「陶體」、「謝靈運體」等。參見同注10，頁一四七—一四八，又參見顏崑陽，〈六朝文學「體源批評」的取向與效用〉，收入台灣成功大學主辦與主編第四屆《魏晉南北朝文學與思想學術研討會論文集》（台北：文津出版社，二〇〇一年十月一版），頁四四二，又頁四六四—四六五。

14 同注11，頁二。

15 詹鍈，《文心雕龍的風格學》（台北：木鐸出版社，一九八四年十一月一版）。按詹氏在書中所論，大致將賦頌歌詩、箴銘碑誄等名稱認定為「文體」，而如典雅、遠奧等「體式」則換用「風格」一詞。

16 李士彪，《魏晉南北朝文體學》（上海：上海古籍出版社，二〇〇四年四月一版），頁一八六—一九六。

17 同注9，頁四—一八。按徐復觀之後，文類與文體概念之混淆依然存在，例如注16所引詹鍈《文心雕龍的風格學》，即將賦頌歌詩、箴銘碑誄等「文類」直接等於是「文體」。又例如褚斌杰，《中國古代文體學》（台北：台灣學生書局，一九九一年四月修訂增補版一刷），在〈自序〉中，即明指：「文類就是文體」。

的「體貌」或「體式」之義，否則他自己所稱的「體裁」便落空。「體裁」實為某一文類本身的成規性「形構」，是文字的組織結構而非作品的整體風格概念。因此「文類」與「文體」二個概念固然不能相混，卻也非截然為二而全無關係。確切地說，應該是「『文類』乃是依文章『體裁』的徵相為基準，進行聚同別異的判斷而建構完成的類型性文學作品群」，而「『文體』乃是以某一類型性的文學作品群為基域，由其內外形構所辨識的類同性徵相」。故古人「依體而分類」與「依類而辨體」是一種詮釋循環的過程。「類」與「體」在概念上有分，然而在文學作品的實存中，卻相互辯證依存，亦即離類無體，而離體無類。因此，詩、賦、章、表等單詞，究竟指文類或文體？必須在上下文脈絡中，或有性質限定的複合詞，例如詩體、賦類等，才能判定。

有關「文體」的基本概念以及幾個關鍵性術語界定清楚之後，我們就可以開始分析這一論述框架所謂「藝術性文類」、「實用性文類」所指涉的是什麼？然後，再從理論上以及古人所創作的各類文體成品，檢證這樣的分類是否能夠成立。

「分類」之為一種認識的方法，是針對雜多的事物個體，依循「聚同原則」與「別異原則」，相對而並行地一方面歸併一方面區分，使雜多的事物個體形成分類而聚的秩序。其確切的操作，便是首先界定「類」概念，以建立分類標準。也就是在概念上選擇用什麼內涵條件去定義「類」。內涵條件就是「聚同」成類的判斷標準，相對也就劃分出外延，以區別他類。在同一層級上的分類，其類概念與類標準要一致才行。假如是針對既存的實在事物或經驗現象分類，其內涵條件當由對事物或現象的外在形式或內在性質觀察所得，而非主觀規創的界說。外在形式可由感官經驗而致，比較客觀。而內在性質，除非科學實驗；否則，假如出於個人之理解，便不免主觀。然不管如何，認知性的分類當以描述為主，不宜預設個人主觀的價值立場而附加於所分類的對象上。類概念界定之後，即類標準建立之後，接著便以此為據，對雜多事物或現象，聚同為此類，別異為他類。

那麼，這一論述框架所針對的分類對象是什麼？其類概念與類標準又如何呢？從前引資料來看，各人所針對的分類對象其實有些差異，有些針對的是籠統的「文章」，例如龍伯純將「記事文」分為「科學的記事文」與「美術的記事文」，蔡元培將「實用文」分為「說明的實用文」與「記載的實用文」，高語罕將「描寫文」分為「科學的描寫文」與「藝術的描寫文」。所謂記事文、描寫文、說明的實用文、記載的實用文，都不是既定如詩、賦、章、表這類的文體。因此他們所針對的是一群大約是題材以事、物為主，而作法或功能以記載、描寫、說明為要的文章，對象頗為籠統。因此，這是「文章分類」，形成的是「單元性文類」。假如一類有一類特定的體裁，便是「單元性文體」。記事、描寫、說明各自都可以視為一種「體裁」，當然就是一種「單元性文體」。但是，另外龍伯純以「美文」包括詩歌、小說、戲曲；「實用的美文」包括議論文、勸戒文、慶弔文。蔡元培既已將「實用文」分為「說明的實用文」與「記載的實用文」二類文體，相對的又以美術文包括詩歌、小說、戲劇。郭紹虞以「純文學」包括詩賦、箴銘、碑誄、哀弔，而「雜文學」包括章奏、論議、史傳。他們所針對的是諸多既定的「類體」。從「美術」與「實用」之判、「純」與「雜」之別來說，是「文體分類」；從詩、賦、箴、銘等併成一類來說，則是「文體歸類」。所歸併之後的「大類」為「集合性文類」，假如一類有一類新的「體裁」，便是「集合性文體」。由此看來，這一論述框架，有些人在同一概念層級上，文章分類與文體歸類並行，對象參差、概念混淆、標準不一，頗不合邏輯。

綜合上述的分析來看，他們所作的「文章分類」或「文體分（歸）類」，其類概念及類標準，明顯是「體裁」而不是「風格」。記事文、說明文、描寫文、詩賦、小說、戲劇、箴銘、碑誄、章奏、論議、史傳等，指的都是依某種體裁而聚同別異的文類，可稱為「體類」；或依類而得以辨識的共同徵相——體裁，可稱為「類體」。在這一層級中，所謂描寫、記事、說明、論議等概念，都屬類體的功能或題材特徵的描述，未加上價值判斷。

然而，當學者接著將單元性類體歸併為集合性類體，並指稱此為「藝術性」、彼為「實用性」時；我們便必須質問這二個價值判斷的類概念與類標準究竟如何產生？它們分別是出於對單元性類體的客觀徵相之觀察呢？或出於學者主觀價值立場的給定呢？

從這一論述框架，常換用「藝術性」、「美術性」、「美」、「純」等幾個詞來看，顯然是以「美」去定義「藝術性」，這也符合西方近現代以來的美學或藝術理論。而且，「藝術性」既與「實用性」截然二分，此一論述框架便隱含了「藝術之『美』是無關『實用』的」這個判斷；這種「美」的概念，顯然取自康德（Kant，一七二四—一八〇四）、席勒（Schiller，一七五九—一八〇五）以至克羅齊（B. Croce，一八六六—一九五二）的美學——「美」是無關善惡利害的直覺表象或經驗[18]。而所謂「實用性」指涉的又是何義？在前述論述框架中，它有時換為「應用性」、「科學性」、「雜」等詞，而所謂「實用性文類」、「應用性文類」、「科學的描寫文」、「雜文學」，乃包括諸如記事文、說明文、議論文、勸戒文、慶弔文或章奏、序跋、頌讚等類體，則「實用性」、「應用性」、「科學性」、「雜」，分析而言之，應有二義：（一）文章只作為語言媒介工具，其功能可以被寫作者應用於現實社會的人際互動關係中，去達到某種功利性的目的，而無關乎審美，例如勸戒、慶弔、頌讚、表奏等；（二）文章只作為語言媒介工具，其功能可以被寫作者應用於對現實世界各種事物進行客觀的記載、描寫、說明、議論等，其目的僅在陳述事物的客觀知識，而無關乎審美。綜括上述二義，所謂「實用性」的界定必以文章的工具性功能與作者社會功利性目的或科學知識性之目的為內涵條件。與「藝術性」相對，這一「實用性文類」不管就文字書寫形式或創作動機而言，都是不以「文學自身之美」為目的，而「雜入」文學自身之外的功利性目的或知識性目的，故不具「美」的本質，故稱之為「雜文學」。如此，則這一論述框架，將無可避免地在理論上陷入二層的邏輯困局：

第一層是「文學本質論」的邏輯困局：這種「藝術性」與「實用性」對立的論述框架，假如在二者之上，沒有預設一元的超越性本質，則「文學」這一存有物，就如同人的生命存有被斷裂為身靈二元一樣，將截然二分為「藝術」與「實用」二種互不相干的「本質」。這二元化的「本質」分屬於二種類體；一種只具「藝術性」而不具「實用性」；一種只具「實用性」而不具「藝術性」。假如，學者們不承認這是「二元本質論」；那麼，誰能回答在「藝術性」與「實用性」之上，還有什麼更為超越的、普遍的本質，可以定義文學，並作為「文學」與「非文學」的判準？然而，假如學者提不出一個比二者更為超越、普遍的「本質」，就必須再回答推衍而來的另一個問題：學者們果真肯認有一種只具「實用性」而不具「藝術性」的文學類體嗎？

其實，就產生這一論述框架的知識型態的社會文化語境，我們可以理解到，在這一論述框架中，學者們都不言而喻地預設了「藝術性」為文學唯一而普遍的本質；並且這「藝術性」是以「無關功

18　參見朱光潛，《文藝心理學》（台北：台灣開明書店，一九六九年重一版），全書所取的美學觀點，主要就是康德以至克羅齊一系之說。

利、道德、知識之實用價值」的「美」去定義。關於這一點，我們在後文會加詳論。此處暫且假定這一「藝術性」的「本質」預設是成立的。如此，則「藝術性」與「實用性」在「文學」這同一存有物中不能相容，而形成「缺乏的對立」的關係，即「凡具實用性者必不美」，也就「缺乏藝術性」；相反的，「凡具藝術性者必不實用」，也就「缺乏實用性」。而「藝術性」又被規定為文學唯一普遍的本質。然則，所謂記事文、科學的描寫文、說明文或古代章表、奏議、箴銘、頌讚等「實用性文類」，既然「缺乏藝術性」，則根本就是「非文學」。它既被排除在文學界域之外，則又如何能列為一種文章體類，以與「藝術性文類」相對立呢？在這種論述框架的邏輯上，只應有「文學」與「非文學」之辨，何來「純文學」與「雜文學」之分？甚且，依照邏輯的排中律，在矛盾對立的二物中間不能有第三者，那麼所謂「實用的美文」、「邊緣性文類」，在概念上完全不能成立。

第二層是「文學創作論」上的邏輯困局：這一論述框架的「文體分類」，其分類既然是以聚同的「體裁」為基準，而不是以個別的文學創作成品為基準。我們就必須質問：文類體裁果真有所謂「藝術」與「實用」的既成而恆定的屬性嗎？假如答案是「有」；那麼，在邏輯上，我們就可以推論：「凡是以『詩賦、小說、戲劇』這類體裁去寫作的成品，必然具有『藝術性』而相對不具『實用性』；反之，凡是以『章表、奏議、箴銘』這類體裁去寫作的成品，必然具有『實用性』而不具『藝術性』」。然則，「藝術性」與「實用性」便是先於創作實踐，就已由「文類體裁」所給定。而「文類體裁」又是客觀既存之物。那麼，從理論而言，作者主體才情、氣力與學養，在創作過程中，豈不完全失去「能動性」的作用？另從文學史上的創作成果來驗證，舉例言之，《昭明文選》一向被公認標榜「事出於沉思，義歸乎翰藻」的「文學本位」觀，然而所選的三十九種文類體裁七百多篇作品，其中被認為「實用性」的文類體裁就有三十餘種，占三分之二。但不爭的事實是：李密〈陳情表〉、諸葛亮〈出師表〉、李斯〈上秦始皇書〉、李陵〈答蘇武書〉、司馬遷〈報任少卿書〉、曹丕〈與吳質書〉、丘遲〈與陳伯之書〉、孔稚珪〈北山移文〉、賈誼〈過秦論〉、李蕭遠〈運命論〉、班固〈封燕然山銘〉、賈誼〈弔屈原賦〉等，這些文學名篇，若依這一論述框架的「文體分類」，皆應當被歸入「實用性文類」；然而，誰能否認它們的藝術性？相對的，在所謂「藝術性文類」中，就以「詩」這一文類體裁言之，謝靈運〈述祖德詩〉、韋孟〈諷諫詩〉、曹植〈上責躬詩〉、〈應詔詩〉、〈公讌詩〉、應瑒〈侍五官中郎將建章台集〉、王粲〈贈蔡子篤〉、陸機〈贈從兄車騎〉、〈答張士然〉、劉琨〈答盧諶〉等，這些詩作若依此一論述框架的「文體分類」，皆被歸入「藝術性文類」；然而，就作品內容而言，皆在社會互動關係中，基於某種「實用性」目的而寫成者。假如依照這一論述框架對「藝術性文類」的定義，就只有二種邏輯上的推論：一是只要寫的是「詩」這一文類體裁，不論優劣，皆具「藝術性」；二是諸如上述具有「實用性」的作品，都不是「詩」。

綜合上述二端，這一論述框架內在的邏輯誤謬，於此可知。其本身就已隱含著自我解構的要素。其實，這一論述框架，在龍伯純、蔡元培、陳獨秀之後，胡適、劉半農、施畸、蔣伯潛都曾表示異議。胡適在〈什麼是文學〉一文中，不認為有「孤立的美」，更不承認有什麼「純文與雜文」之分，而只有「文學的」與「非文學的」兩項[19]。而劉半農在〈我之文學改良觀〉一文中，也明白反對

---

19 胡適，〈什麼是文學〉，收入《胡適文存》（台北：遠東圖書公司，一九六一年十月二版），第一集，頁二一五—二一七。

陳獨秀〈文學革命論〉中所謂「文學之文與應用之文」的區分，他認為「就論理學之理論言之，文學的既與應用的相對，則文學之文不能應用，應用之文不能視為文學」。在邏輯上，其說甚是；但他卻又主張「必須列入文學範圍者，惟詩歌戲曲、小說雜文、歷史傳記，三種而已」，至於「酬世之文」（如頌讚、壽序、祭文等），「此種文學廢物，必在自然淘汰之列」[20]。這種說法則又將創作實踐之成果或預期視域誤為文學類體的屬性。至於施畸在《中國文體論》中，認為文章的「藝術」，只在「如何表現」，也就是「藝術性」是由創作的表現成果來論斷，不是由文學類體先已決定，「此義為一般文章所同具，非只小說、戲曲、詩歌有之。故謂以小說、戲曲、詩歌三者為『純文學』，餘為『雜文學』者，乃是不知文章本原之論」[21]。另外，前文提到蔣伯潛在《文體論纂要》一書中，亦曾意識到這個問題，可惜他雖然換了不同名詞，卻仍然未能打破這種論述框架。

三、古今「文體分類」所對應之社會文化語境的差異

自清末以來，「藝術性文類」與「實用性文類」二分、「純文學」與「雜文學」對立，這一論述框架，其間雖有胡適、劉半農、施畸、蔣伯潛等之異議。但是，卻仍一直被沿用，甚至到一九八〇、九〇年代，還有學者如蔡鍾翔、黃保真、成復旺、錢倉水等，抱持這種不合邏輯的舊說。這就顯示一種知識型態被建構出來，其變革誠屬不易。我們進一層要追問的是，這一知識型態是在什麼樣的歷史時期的社會文化語境中，基於什麼樣的關鍵性假設、認識方法而被建構出來？

中國近百年社會文化的鉅大變局，學者的研究可謂汗牛充棟。有些論述，已為共識：大體在文化

上由反傳統而逐漸重構傳統、在知識上追求科學性、在美學上則一九四九年之前，以朱光潛為代表，接受康德、席勒、克羅齊一系的「形象直覺說」，明顯是主觀的、唯心的、感覺的、形象的、唯美的。其間，雖有蔡儀從客觀的、唯物的觀點加以批判；然而前者仍然處於主流地位。到一九五〇、六〇年代，由於美學界對朱光潛一九四九年之前唯心主義的美學展開批判，而引發美學大討論，對於美與藝術的本質、審美心理經驗、藝術與社會實踐等問題，眾聲喧譁，互相辯詰。舉凡西方的、中國的；唯心的、唯物的；主觀的、客觀的；感覺經驗的、意識形態的；事物典型性的、社會實踐的……。各種對立性的論見紛陳，使得中國當代美學研究呈現頗為複雜的局面[22]。相較於一九四九年之前，明顯的轉向是傳統中國美學被重新詮釋與建構，以調整早期一味西化的美學偏向。而唯物、意識形態與社會實踐的美學，也足與唯心、形象直覺的美學相拮抗，甚至迫使朱光潛修改了自己早期的美學取向[23]。然而在一九四九年之前，這一系形象直覺的唯心主義美學，對此一論述框架的影響早已定型。

這個歷史時期，就在此一知識型態的社會文化語境中，上述有關「文體分類」的論述框架被建構出來。我們不難洞曉其中某些關鍵性的基本假設：美學觀念最直接支配了對於「文學」的定義。「什

20 劉半農〈我之文學改良觀〉，刊載於《新青年》三卷三號，一九一七年五月。
21 施畸，《中國文體論》（北平：立達書局，一九三三年七月一版）。
22 參見趙士林，《當代中國美學研究概述》（天津：天津教育出版社，一九八八年三月一版）。
23 同上注，頁三一一二。

麼是文學？」這個問題，任何一個答案都必然假設了一個「文學之為文學」的本質性因素。從「藝術性」、「美」、「純」等概念，與「實用性」、「科學性」、「雜」等概念對立的這個架構來看，「美」就是「文學的本質」，這是一個很少有人質疑的關鍵性概念假設。然而，「美的本質」又是什麼？這卻是必須再進一步去釐析的問題。

從蔣伯潛對「新派文體分類」的評述觀之，清末以來，由龍伯純開始的「文體分類」，「藝術性」與「實用性」（或科學性）、「純文學」與「雜文學」的對舉，的確挪借日本學者如武島又次郎、加藤咄堂等有關「修辭學」的論述，而日本學者的文體分類「又係採自西洋」。在中國古代的文體分類中，從魏晉南北朝時代諸如《文章流別論》、《昭明文選》、《文心雕龍》、《文章緣起》等，到明清時代諸如徐師曾《文體明辨》、吳訥《文章辨體》、曾國藩《經史百家雜鈔》等，從未有將小說與戲曲列入，並視之為重要類體者。這種將小說、戲劇視為主要的類體，並且是所謂「藝術性文類」、「純文學」的代表，明顯是西方的文學傳統，而非中國的文學傳統。這一論述框架，是西方美學與文學觀念影響下的產物，相當明顯。

中國當代美學研究之多元複雜化是一九五〇、六〇年代以後的事。然而，這一論述框架大約在一九二〇年代「新文化運動」前後就已形成。龍伯純開始的「文體分類」或借自日本，而日本又源自西方，當時的套用，尚未在美學理論上有精審的自覺。到一九三〇年代，朱光潛有系統地介述西方自康德、席勒以至克羅齊一系，以及布洛（E. Bullough，一八八〇—一九三四）、立普司（T. Lipps，一八五一—一九一四）、谷魯司（K. Groos，一八六一—一九四六）、浮龍李（Vernon Lee，一八五六—一九三五）、閔斯特堡（H. Münsterberg，一八六三—一九一六）等心理學派的美學，卻若合符契地為這一論述框架建立了美學基礎。他的《文藝心理學》、《談美》、《詩論》以及譯著克羅齊的《美學原理》可以代表這一時期所接受的西方美學。他就同意克羅齊之說，以為「從美學觀點看，文學只有『詩與非詩』的分別。凡是純文學都應該屬於詩」。而他所謂「詩」，不在於有音律無音律之別，而在於有無形象直覺美感之辨[24]。

我們相信，朱光潛所介述的這般美學，並非他個人的偏好。它既是西方近現代美學的主流思潮，同時也是清末以至一九五〇年代一般文藝界在美學及文學、藝術理論上頗為普遍的意識。這一美學上的意識與「新文化運動」以來反儒家封建、禮教傳統的思潮，正好形成一正一反的應答，而為「文學」作出現代化的重新定義。

這一系的美學觀念，展示著當時一般新知識分子所持有的某些共識：（一）美是感性直覺作用於物象的情趣，依朱光潛的說法是「美在心與物的關係上……是心藉物的形相來表現情趣，……是情趣意象化或意象情趣化時心中所覺到的『恰好』的快感。」[25]其中，很關鍵性的概念是：（一）感性，亦即情趣；（二）意象，是物之形象經過心靈創造的產物。（二）藝術上的審美判斷與道德實踐上的善惡判斷、科學知識上的真假判斷都無關。朱光潛在《談美》、《文藝心理學》中多次強調這種概念。其中，很關鍵性的概念是「藝術之美」與事物或社會之實用價值的分判。道德與科學都是重在

24　參見朱光潛，《文藝心理學》頁一七〇，版本同注18。

25　同注18，頁一五八。

「實用」價值，而「美」卻非生活「實用」之所必需[26]。

這一美學觀並非只重形式而不重內容。但是，它所規定的內容卻比較限於感性的情趣，而排除與道德、科學之用有關的理智。因此，「藝術性文類」與「實用性文類」對立、「純文學」與「雜文學」對立這一論述框架，便又衍生了「情感」與「理智」的對立。除前引郭紹虞《中國文學批評史》之「文筆區分」作如是觀之外。有些學者對文體分類，採取的也是「感情」與「理智」對舉，例如劉永濟《文學論》的第二章，將文體分為二類，一為「屬於學識之文」，如史傳、碑誌、典制、書札、論辯等，大抵是古代「無韻之筆」；一為「屬於感化之文」，如記遊記事、或抒情述志之詩歌、辭賦、詞曲、頌讚、箴銘等，其中除小說、傳奇之外，多屬古代「有韻之文」[27]。施畸在《中國文體論》中，以為文章在於「表現心象」，而人之心象大體有「情念」與「理智」二端，故將文章分為三門：（一）論理；（二）記事；（三）抒情。前二門皆屬理智之文[28]。錢倉水《文體分類學》也認為「應用性類文章」採取「對世界的科學掌握方式」，是客觀邏輯思維的文體。而「文學類文章」則採取「對世界的藝術的掌握方式」，是主觀感情與想像的文體[29]。

新知識分子在追求近代化以至現代化的歷程中，對儒家封建禮教傳統的批判，雖至「新文化運動」才達到高峰，但其發軔則在晚清，尤其是甲午戰後的「維新運動」。張灝將晚清接受西學而反儒家封建禮教傳統的新思想分為二種類型，一種是以救亡圖存的「群體意識」為中心，一種是以「超越意識」為中心。這二種新思想都對儒家所代表的「綱常名教」思想展開強烈的挑戰，而至五四時期，此一「綱常名教」思想便全面崩潰[30]。這種反傳統的思潮對「文學」的衝擊，最顯著當然是以「白話」取代「文言」；而其間對「文體分類」也有很大的影響，是這一論述框架之建構，很具關鍵性的概念假設；而這一概念，並非出於客觀的文學理論，而是出於主觀立場的社會文化意識形態。陳獨秀在〈文學革命論〉中直指文言文背後的文化，凡貴族文學、古典文學、山林文學皆在排斥之列，這是根本的、全面的反抗，故稱之為「革命」。其中，「應用文」更是目標集中的箭靶，因為它最充分反映了傳統封建禮教的負面性。陳獨秀〈文學革命論〉對它作了嚴厲的批判，云：

> 文學之文，既不足觀。應用之文，益復怪誕。碑銘墓誌，極量稱揚，讀者決不見信，作者必照例為之。尋常啟事，首尾恆有種種諛詞。居喪者即華居美食，而哀啟必欺人曰「苫塊昏迷」。贈醫生以匾額，不曰「術邁岐黃」，即曰「著手成春」。窮鄉僻壤極小之豆腐店，其春聯恆作「生意興隆通四海，財源茂盛達三江。」此等國民應用之文學之醜陋，皆阿諛的虛偽的鋪張的貴族古典文學為之厲階耳。[31]

26 同注18，頁一五二——一五六。又參見朱光潛，《談美》第一篇〈我們對於一棵古松的三種態度——實用的、科學的、美感的〉，原由開明書局出版，本文參考台灣國文天地雜誌社，一九九〇年三月一版。

27 同注1，頁五六—五七。又劉永濟，《文學論》（台北：臺灣商務印書館，一九六七年台一版）。

28 同注21。

29 同注11。

30 張灝，〈晚清思想發展試論——幾個基本論點的提出與檢討〉，刊載於中央研究院《近代史研究所集刊》第七期。

31 陳獨秀〈文學革命論〉，刊載於《新青年》二卷六號，一九一七年二月。

他雖將「應用文」視為「國民應用之文學」，然其所以「醜陋」的病根卻是「貴族古典文學」。而「貴族古典文學」的病根則是那孔教、禮法。因此，應用文在他看來，應該已經是「非文學」，之所以還與「文學之文」對舉，恐怕是當時社會處境的限制，一時還難以將它逐出文學之域吧！故在當時，只能尋求改良之道，而無法徹底廢除。錢玄同就曾提出〈論應用之文亟宜改良〉之見[32]。劉半農也在〈應用文之教授〉一文中認為「應用文與文學文，性質全然不同」，並提出他教「應用文」時選材的幾個原則，其中就有「思想過於頑固，不合現代生活者」、「迷信鬼神，不脫神權時代之習氣者」、「卑鄙齷齪之應酬文干祿文」、「諛墓文」等九種「不選」的「應用文」[33]。這些「不選」的應用文，與傳統文化之負面性皆有密切關係。

綜上所述來看，所謂「實用文」（或「應用文」），有的建立在政治君臣互動關係上，如章表詔策；有的建立在人與鬼神的互動關係上，如誄碑祝盟；有的建立在一般社會之人與人的互動關係上，如慶弔書信；凡此大致是儒家封建禮教的產物。一方面在反傳統的思潮下，一方面在西方美學影響下，它雖一時還沒有被逐出文學之域，而暫與「藝術性文類」對立；然而，在這論述框架中，其不得稱「美」，卻已昭然若揭。

注重「科學」知識與「科技」應用，是晚清以來追求近代化以至現代化的新知識分子普遍的思潮。「文體分類」本就帶有邏輯性，在古典文學研究的知識中，最容易被要求科學化。科學知識，皆在「主客對立」的圖式中產生，即主體的情意不涉入認知客體，而只就客體的屬性、規律進行觀察、實驗與分析、綜合、歸納、演繹等操作，以建立系統性知識。晚清以來的新知識分子，多少都具有「科學」意識，儘管做得不一定成功。故在古代文體的分類上，明顯地有這種科學知識的假設。梁啟超、蔡元培、陳獨秀固然抱著很強的科學意識，而施畸《中國文體學》甚至直接表明自己採用科學方法進行文體分類。錢倉水在《文體分類學》中也明白宣示，對古代文學的重新分類、編組，「運用的是現代科學的原則與方法」[34]。

這種基本假設與認識方法，也就意謂古代諸多文章類體，只作為科學認知的對象，去客觀地進行分門別類。而事實上，許多古代的文章類體，尤其是「實用性文類」中，諸如章表、奏議、詔策、檄移等建立在專制政體倫理關係上的類體，民國肇建以來，便逐漸離開其社會性表意實踐的場域，而成為與分類者的文學實踐或社會實踐無關，僅供陳列於「文學博物館」，當作以科學方法去研究的知識客體。我們可以稱它為「離場性的文體分類」。這種認識方法，不但主客對立，並且體用為二。

綜合上述，這一歷史時期的知識型態，其形構之所依賴的社會文化條件，反傳統、追求科學、形象直覺美學三者之間存在著相互作用的關係。反傳統的辯證對立面就是追求近代化以至於現代化，而近代化、現代化主要的特徵，就是知識的科學化與生活的科技化，以及社會結構的專業分工，這就使得文學進入一種和傳統完全不同的「科技專業化的社會文化語境」。在這一語境中，文學已遠離一般

32 錢玄同〈論應用之文亟宜改良〉，原載一九一七年七月《新青年》三卷五號，收入《錢玄同文集》（北京：中國人民大學出版社，一九九九年四月一版），第一卷，頁二六—三二。

33 劉半農〈應用文之教授〉，引文見《半農雜文》（石家莊：河北教育出版社，一九九四年五月一版），頁五二、又五五—五六。

34 同注11，頁一一。

人的社會生活，而成為相對少數「文學社群」的特殊文字書寫形構。相對的，古來原本文學家職掌的所謂「實用性文類」，尤其是公部門的文書，已在社會專業分工及科學化要求之下，脫離文學家的職掌，而由專業官僚接手。幾次公文改革，更明白趨向科學化[35]。然則，文學之與社會或科學「實用」截然分割，而被純化為一種僅供美賞的藝術品，也就不難理解。這一論述框架，會在此種知識年代被建構出來，固有以也。

那麼，相對於近現代，古代是一種怎樣的知識型態？給予文學又是一種怎樣的社會文化語境？龔鵬程在《文化符號學》一書中，對中國先秦以至歷代的文人傳統與文字化的社會及其變遷，作了非常詳實的論述。他認為中國的文化是以形象性的「文字」書寫為中心，不同於西方文化之以聲音性的「語言」說話為中心。故至遲在春秋時代，即開始以「文」概括綜攝一切人文藝術活動，逐漸形成尚文的傳統。文學不只是文人的專利包辦，而是彌漫貫串於一切社會之中的存在與活動。文化，其實就是文學，就是文。而中國人的生活方式、人生態度，也都體現為一文學藝術的性質。在這「主文」的傳統裡，不但以文涵蓋一切藝術的創造、概括一切自然美的表現，更以文為一切歷史文化的內容，為存在之原理。而這一文化傳統，有其變遷之階段，先秦時代，在「作之者聖」的觀念下，能創造文化的「作者」，只有聖人。及至漢代，「作者」便世俗化了，而以文字去從事創作的「文人階層」於焉興起。王充《論衡．佚文篇》對「文人」之能事作出界說：「文人宜遵五經六藝為文、造論著說為文、上書奏記為文、文德之操為文。」而文人由於能「作」，故在王充的眼界中，其地位當然高於只知「傳述」經典的一般「儒生」；除非儒生能進而達到「精思著文，連結篇章」的「鴻儒」；鴻儒之所以高超，也在乎其能著作文章。及至劉劭《人物志》總結漢代以來知識階層與貴族階層的才能及事業而為「十二流業」，其中之一即是「文章家」。什麼是「文章家」？《人物志》云：「文章家，能屬文著述，司馬遷、班固是也。」大體漢代文人約有三種類型：（一）以孔子之「作」《春秋》自我期許者，如司馬遷；（二）延續戰國策士或諸子之流而著書持說者，如陸賈《新語》、賈誼《新書》、王充《論衡》等；（三）在新時代統治結構變遷之後，出現「文吏」與「專藝文人」。「文吏」是官府中職掌文書的僚吏；而「專藝文人」則以創作文章為能事，如枚乘、司馬相如者。這種「文人」逐漸為社會主流的發展趨勢，至清代未曾終止，其間至唐宋而達於高峰。隋唐之後，由於進士科舉的推助，使整個社會產生「文學崇拜」的意識形態，乃至社會生活文學化。在這個社會中，文學一方面是高居流俗之上的文人的專擅技藝；但另一方面卻又是上自天子下至庶民的社會生活必需品。在一切社會生活中，幾乎處處都得用到文學，家居廳堂器皿上，要寫著文學作品；個人生命中重要及有意義的事件，如婚壽、遠行、升官或貶謫，乃至於死亡，都得有文學來點明其意義；與世交遊，更須藉著文學來溝通，於是述志、送別、慶弔、贈答、書信等都是文學作品。當然在高層的政府部門中，一切君對臣民、臣民對君的倫序互動，所謂詔策章表等公文書，也莫不講求文學性。重要公文書，往往非一般刀筆文吏所能勝任，中央朝廷的公文書固然多出於文學名家之手，例如唐代張說、蘇頲即有「大手筆」之稱。即使地方幕府也多由情采斐然的文人掌理書記，例如杜牧、李商隱等。這種社會生活文學

35　現代公文的制立與修改，從一九一二年南京臨時政府制訂並頒布實施，其後一九一四、一九一六、一九二七，以至國民黨政府遷台之後，一九五二、一九七二、一九七三等，凡多次迭經修改，其修改趨勢大體朝向科學化與民主化。參見陳鵠，《應用文》（台北：三民書局，一九七九年十月修正三版），頁三三—三七。

化的現象，唐宋之後依然如是[36]。

經由上文所詮釋、描述的中國古代社會圖像來看，我們可以說，「文學」根本就已經滲透到各階層的社會生活中，成為普遍的意識形態與存在形質。因此，中國古代的「文學」，從不曾離開「社會」而有所謂「孤立之美」，即使魏晉南北朝逐漸興起而發展的「緣情詩」——個人抒情詩，亦是如此。故一切文學之「美」，只能在「宇宙情境」與「社會情境」中被體驗、被定義。而所謂「宇宙情境」與「社會情境」，兩者雖有層次之分，卻辯證統一。其基本概念就是「際」，天人之際、物際與人際。際，就是「關係」，就是「倫常」、就是「結構」、就是「秩序」，其完滿狀態就是「和」。但「和」的實現，其道雖出於「天」，其實踐動力卻出於「人」，故「際」的完滿實現，根本在主體「人格」的完滿。人格的完滿，儒道各以「善」與「真」去規定。「美」與「真」由人格而言，都必須依藉形神合一的表象去具現，故「善」或「真」都與「美」相即不離，統而言之則可謂之「和」。而「和」就是「美」，人格之和，是為「人格美」；天人之際、物際與人際之和，是為「秩序之美」[37]。在古代這一知識型態中，其美學之對於「美」的關鍵性假設，其一是「人格」的善與真，故「美」與「善」或「真」辯證為一；其二是天人之際、物際與人際的秩序和諧。總之，「美」不是個人心理感性形象直覺的經驗，那是西方某一個流派的美學理論。然而「美」本有實踐性，不能僅作理論上抽象概念的界說，它必然相對於不同民族文化的「歷史性存在經驗」而被作各殊的定義。這是詮釋歷史文化必須正視的原則。

中國古代這種知識型態，不管「文化」之「文」，或「文學」之「文」，或「文章」之文，都是體用相即不二。它同時是人之存在應然的本質與形式，又同時是一切社會活動的目的與手段。通過實踐而從價值理想之「應然」開展社會世界之「實然」。因此，一切之「知」不能與「行」截然為二，情感與理智也應該是彼此融合。其認識方式，主要是社會實踐的綜合體證，而不是科學邏輯的分析推斷。郭紹虞將「孔門文學觀」說成有「尚文」與「尚用」兩種似乎矛盾的主張，而「尚文」為手段，「尚用」才是目的。雖然他又認為孔子能折衷調劑恰到好處。然而，這種論見已是受之於西方科學思維而體用為二的分解性詮說，非知本之見。其他「藝術性」與「實用性」截然二分的認識方式，問題的癥結同樣在此。

中國自魏晉南北朝以降的「文體分類」，就是在這一知識型態中被建構出來。它所繫的語境，可以說是「文學普遍化的社會文化語境」，和現代的「科技專業化社會文化語境」完全不同。在這語境中，所有的「文章類體」都還存活在社會性表意實踐的場域中，也就是古人所作的並非「離場性的文體分類」而是「在場性的文體分類」。李士彪在《魏晉南北朝文體學》一書中認為：

> 魏晉南北朝的體裁分類原則是實用的、經驗的。它不是建立在科學的基礎上，進行邏輯判斷，

36 參見龔鵬程，《文化符號學》（台北：台灣學生書局，一九九二年八月一版）。上述全段文字乃概括或節錄其書之大意。

37 參見李澤厚、劉綱紀主編，《中國美學史》（台北：里仁書局，一九八六年十月一版），頁七八—一〇七。又參見顏崑陽，〈論先秦儒家美學的中心觀念與衍生意義〉，原刊台灣淡江大學中文系主辦並主編《文學與美學學術研討會論文集》（台北：文史哲出版社，一九九一年四月一版），第三集，頁二〇九—二五三。收入顏崑陽，《詮釋的多向視域》（台北：台灣學生書局，二〇一六），頁一五—四六。

而是以創作實踐和文化為背景，對作品進行類聚式的區分，以便揣摩、效仿。[38]

這個說法頗為恰切。我們還可以擴大來說，不僅魏晉南北朝如此，歷代莫不如此。而「文章體裁分類」也不僅便於創作上的揣摩、仿效，更是作為批評上的判準，故「文體批評」形成於魏晉六朝，與形成於漢代的「情志批評」並為中國古代兩種最主要的文學批評型態[39]。再進一層說，「體裁分類」也作為整個社會以「文字」書寫而進行人際互動的中介性、公約性形構，幾乎沒有一種文章類體與「社會致用」完全無關。連被現代學者認為「純文學」最典型的「詩」體，也多的是述志、慶弔、贈答、應制、諷諫等「社會致用」之作。因此，我們可以說，古人所作文章體裁分類，乃在社會性表意實踐的場域裡，為中介性、公約性的文字書寫形構建立共識，故其認識方法經常是主體涉入情境中的社會實踐性決斷，而非主客對立的科學性判斷。

綜合上述對古今兩種知識型態的說明，我們可以瞭解到，不管就其關鍵性的概念或立場假設與認識方法而言，皆不相同。現代學者的「文體分類」如果用之於當代的新文學，或有其相應處。然用之於對古代的文體分類，卻全不相應；主要原因是對古代文體分類所繫的社會文化語境缺乏同情的理解。其不相應，可以用他們試將「藝術性文類」與「實用性文類」這論述框架套合古代的「文筆區分」為例，進行檢證。

六朝之後，有關「文筆區分」的議題。乾嘉年間，阮福所編《文筆考》中的幾篇文章，固有為駢文辯護的立場偏執，姑且不論。及至清末，「文筆區分」又逐漸成為學術研究的熱門議題，劉師培《中古文學史》以下[40]，幾乎所有「中國文學史」、「中國文學批評史」，或魏晉南北朝學的斷代文學史、文學批評史以及文體學一類的著作，都會處理到這個議題，故本文不細為複述。綜括前人的研究，其中有一關鍵性概念沒有任何爭論，那就是「有韻者為文、無韻者為筆」。諸學者所依據的史料，主要為《文心雕龍．總術》，云：

> 今之常言，有文有筆，以為無韻者筆也，有韻者文也。夫文以足言，理兼詩書，別目兩名，自近代耳。[41]

劉勰這段話的重點在於「文筆區分」是「近代」以來的「常言」。「近代」指的大約是劉宋時代前後，「常言」指一般通說，尤其是范曄及顏延之最可為代表。而劉勰自己的意見更值得注意，他認為「文以足言，理兼詩書」，也就是不管有韻之文或無韻之筆，都不離「文以足言」之理，也就是都必須具有「文學性」。

38　同注16，頁二二一。

39　參見顏崑陽，〈文心雕龍「知音」觀念析論〉，版本同注10。

40　劉師培，《中古文學史》（台北：世界書局，一九七九年七月四版），頁一〇〇—一〇六。按〔清〕阮福《文筆考》係彙集阮元〈文言說〉、〈書梁昭明太子文選序後〉、〈與友人論古文書〉、〈文韻說〉以及阮福自己之〈學海堂文筆策問〉、劉天惠、梁國珍、侯康、劉光釗四人之〈文筆考〉而成冊。他們所秉持的是阮元為駢文辯護的基本立場。世界書局將上列二書合刊。

41　引文版本同注12，頁八〇一。

除《文心雕龍》之外，《文鏡秘府論》所引隋人的《文筆式》也是最直接而明切的史料，云：

> 制作之道，唯筆與文。文者，詩、賦、銘、頌、箴、贊、弔、誄是也；筆者，詔、策、移、檄、章、奏、書、啟是也。即而言之，韻者為文，非韻者為筆。[42]

這段話除了「有韻為文，無韻為筆」此一通說之外，值得注意的是，《文筆式》的作者，在「文」與「筆」兩種類型之下，羅列幾種代表性的單元性類體。這完全是描述性的話語，而不作任何「藝術性」（或文學性）與「實用性」（或應用性）的價值判斷。

有些學者，例如逯欽立的〈說文筆〉一文，引用蕭繹《金樓子．立言》之說：

> 至如不便為詩如閻纂，善為章奏如伯松，若此之流，泛謂之筆。吟詠風謠，流連哀思，謂之文。……筆退則非謂成篇，進則不云取義，神思巧惠，筆端而已。至如文者，惟須綺縠紛披，宮徵靡曼，唇吻遒會，情靈搖蕩。[43]

逯氏即據此以與顏延之、劉勰比較，認為顏、劉之文筆說為傳統派，僅以「有韻為文，無韻為筆」；而蕭繹則為革新派，認為「文」所應具備之條件，已不限於韻律，更需「綺縠紛披，宮徵靡曼，唇吻遒會，情靈搖蕩」[44]。的確，蕭繹這段話隱含的態度，似乎有重文輕筆之意；但一則這是他頗為個人偏愛的立場，並非當時的通說；另則他說「不便為詩如閻纂，善為章奏如伯松」，也只是描述之詞，並無明顯之貶意。對於「文」所應具備的條件，也只是規範性地提出修辭、音律、文氣與情感內容的寫作要則而已，並非相對於「筆」而形成一貶一褒的價值判斷。換言之，那只是規範性話語，而不是評價性話語。

綜合而言，古人之文筆區分，大體是以「韻律」這一形式特徵，作出描述性的區隔。雖蕭繹特別對「文」在形式與內容二方面作出更明確的寫作規範，但也未曾以「藝術性」、「實用性」這種價值判斷的話語，截然二分文筆的本質。所謂「綺穀紛披，宮徵靡曼」云云，並不等同判斷文學與非文學，或美文與非美文的「本質」——「藝術性」這一概念。在魏晉南北朝文人的觀念中，其通說應該是，文與筆的區分主要在於有韻與無韻的規範性體裁之別。它們是二種不同的體類，但都必然是「文以足言」，也就是都具「文學性」。「文學性」（或藝術性）是超越二者之上共具的本質。然由於二者在類體上有所區別，相對地也就各有「美學」上的不同要求，此即《文心雕龍》所謂的「體要」。故現代學者以「藝術性文類」與「實用性文類」套合「文筆區分」，根本是不相應之論述框架。明顯的事實是，在「文」的區域內，所有單元性類體，除「藝術性向」而外，也都有「實用性向」。其顯著者例如箴銘、頌讚、弔誄等；其不顯著者，例如詩賦，又何嘗沒有政教諷諭的社會實用性？而在「筆」的區域內，所有單元性類體，例如章表、書記、檄移等，除「實用性向」外，亦都有其「藝術

42 王利器，《文鏡秘府論校注》（北京：中國社會科學出版社，一九八三年七月一版），頁四七四。

43 〔南朝梁〕蕭繹，《金樓子》（台北：世界書局鈔《永樂大典》本，一九七五年七月再版），第四卷〈立言下〉。

44 逯欽立，《漢魏六朝文學論集》（陝西：陝西人民出版社，一九八四年十一月一版），第三編〈說文筆〉頁三六六。

性向」，此將於後文論述之。「藝術性」與「實用性」並非先於創作實踐，而完全由類體所客觀決定；必須在創作實踐之後，由作者的性情、學養、創作動機與目的以及語言表現技法的效果，才能判定。一般學者都將創作成果誤植為文類體裁的先驗性本質。

四、「文類體裁」的「藝術性向」與「社會性向」及其「雙向成體」的關係

經過前文從理論層面，對此一論述框架進行邏輯性分析，以及考察、詮釋其所繫知識型態的社會文化語境、關鍵性概念及立場假設之後，此一論述框架已被我們所解構。接著，我們將從對古代文類體裁的實際詮說層面，重新建構這一論述。其步驟有二：（一）首先釐析、設定幾個基本概念，以作為理論依據；（二）其次依此一論述框架，例示兩種二極對立的類體以進行比較，並分析其體裁所涵具的「藝術性向」與「社會性向」以及二者的關係。詩歌，為「藝術性文類」這一極的例示體裁；章表，為「實用性文類」這一極的例示體裁。下文即依此步驟論證。

首先，我們將「藝術性」、「實用性」二詞換成「藝術性向」與「社會性向」二詞，這就是假設：「文類體製」乃價值未決，其本身只是一種公約性、中介性的文字書寫形構。在作者展開創作實踐而完成作品之前，它只作為「工具」而存在。理論上，文字書寫的公約性形構，在未由作者賦予個殊內容之前，只是範型性的形式結構與所對應的功能而已，這才是它的客觀屬性。故所謂「藝術性」、「實用性」，都是創作實踐之後，由於各別作者種種不同條件的加入而形成的效果；這時，也才能作出價值判斷。在創作實踐之前，文類體裁只是由於其成規性的形構與功能，提供了作者操作工具

時，可以導之「藝術」或導之「實用」的「向度」而已；那只是一種潛在的可能性，不是既成、恆定的屬性。另外，這一論述框架，我們從其所處「科技專業化的社會文化語境」加以理解，「實用性」指的是不具審美價值，而只具功利、道德及知識的價值。功利、道德的價值都只在「社會關係」中發生與實現。而「知識」的價值，則是指「科學性之認知」的價值。中國古代的文類體裁，如有所謂「實用性價值」應是偏指「社會性功利與道德價值」而不是「科學性知識價值」。本文所要討論的是古代的文類體裁，為求明確，乃將「實用」一詞換為「社會」一詞。而且「藝術」與「社會」這一組概念，才更貼切於文學存在的本體論意義。

其次，我們必須理解，「文類體裁」的形成是由並時性文學社群與歷時性文學傳統的持續「模習」所產出諸多個別作品歸納而成[45]。它具有公約性或成規性，因此既是歷史事實的存在，也是觀念共識的存在。就歷史事實的存在而言，它是個殊而具體的；但就觀念共識的存在而言，它卻又是普遍而抽象的，這也就是所謂「範型性」。故「文類體裁」所指涉的不是一篇作品的形構「殊相」——即所謂「篇體」；而是諸多作品「聚同」而成「類」之後的形構「共相」，也就是某一文類公約性而成

---

45 文學「典範模習」，並時性產生「漣漪效用」，即當代作家群起模習，為橫向之擴散；歷時性則產生「鍊接效用」，即異代作家接續模習，為縱向性之傳衍。必經這兩種效用，才能形成穩定的文類體裁。參見顏崑陽〈論「典範模習」在文學史建構上的「漣漪效用」與「鍊接效用」〉，原刊《建構與反思——中國文學史的探索學術研討會論文集》（台北：台灣學生書局，二〇〇二年七月一版），下冊，頁七八七—八三三。收入本書，頁二七一—三一九。

規化的普遍形構與對應之功能——即所謂「類體」。有些雖無「必然如此」的「定體」，卻有「概然如此」的「大體」。它是一種尚未用以創作實踐之前的規範性話語，而非已創作完成的評價性話語。

這是「文類體裁」綜合性的概念。然其本身還可以再分析為下列三層義涵：

（一）格式性形構：此一體裁義，指的是文字書寫層面，已固定規格化的空間性靜態形構。它還可區分為「完全定型」與「局部定型」二種。前者以齊言體詩為範型，每句或四言或五言或七言，偶數句必押韻，而完全定型為四言體、五言體、七言體。聲律觀念影響之後，再加上平仄、句數、對仗的規格化，其極致便是五七言律絕。後者以雜言體詩為範型，整篇以一體為主型，而局部雜入它體，例如整篇以五言體為主型，局部雜入其他句型，「歌行體」往往如此。在韻文中，這種格式性體裁是基本型，總稱之為「詩」，故廣義的「詩」具有韻文「母體」的身分，其基本型往往為銘、箴、頌、讚等子文體所共用。子文體的分別，必須再加上其他條件。這其他條件多為下述第三種「倫序性形構」，亦即由社會互動所產生的關係形構及其對應的功能。

（二）程式性形構：這一體裁義，與前一種有所分別。「程式」指的是一種動態性時間歷程，卻又具有規則化的形構。因此，它與篇章的「敘述」有關。假如諸多個別篇章在文字敘述的動態歷程中，同樣形成某種規則化的形構，而一旦歸約成類，即是此一文類的程式性形構。所謂「規則化形構」，大多表現在篇章中局部性意義單元之間的轉換與連接，因此是由文意段落的「紐帶關係」規則化所造成的形構。其範型，可以「賦」為例，「賦」不像「詩」那樣定型化；但是，其形構仍有「概然」的「大體」，以構成「賦」之為「賦」的形式特徵。標準體裁當為漢代的大賦，其「程式性形構」是先以「序」敘明作賦之背景、動機，接著是中幅主文，以設問對答的程式進行；而各段落內容，則又多依上下、左右、前後、遠近等「空間次序」，或古今、季節、日月、朝夕等「時間次序」去鋪敘，故云「賦者，鋪也」。最終則以「亂」總結全篇之旨意，即其預期目的或效果。《文心雕龍．詮賦》對賦的「程式性形構」有簡要說明云：「既履端於倡序，亦歸餘於總亂。序以建言，首引情本，亂以理篇，迭至文契。」這種「程式性形構」雖不如前一種「格式性形構」那樣定型化，卻仍然有「大體」可循，像「七」、「連珠」等，也都如此。否則，便難以成體。

（三）倫序性形構：前二種體裁都屬文字書寫層明顯可見的形構，一般論體裁者多能辨識。這種「倫序性形構」則一般論者往往注意不到。因為它主要存在於文字書寫層外，是屬於社會互動關係的行為層形構。有些這類體裁，會局部地習用表徵書寫者與受讀者倫序關係的術語及趨向程式化的形構，如書札中的稱謂、敬辭、署名等，以及前文、正文、後文的程式性書寫。東漢蔡邕《獨斷》及西晉索靖《月儀》等書，即對此有詳實介述[46]。這種形構可由「通訊」的觀點與「倫序」的觀點去理解。比較顯著的是被認為「應用性」的文類，如章表、書札等，從「通訊」的觀點，都可分解出「發訊者」（即作者）與「受訊者」（即讀者，而且多數為特定的讀者），二者之間的互動關係，便造成這種話語的特有形構。然而，「通訊」觀點所解釋的是語言符號的傳送與接受過程、訊息形式及其義涵的編碼、解碼等，這是西方符號學及傳播學所關注的議題。中國古代對於文類體裁的社會行為層形構，其理解的觀點多屬「倫序性」的，也就是書寫者與受讀者彼此的社會倫序關係，其中隱含著功利或道德的價值意識。例如「檄移」這二種鄰近的類體，即建立在敵之與我或統治者之與被統治者的

46 詳說可參見李士彪，《魏晉南北朝文體學》，頁四四—四九，版本同注16。

「社會倫序關係」上，以作為「互動性」的文字書寫中介，因而有其特定形構。而「章表」這二種鄰近的類體，即建立在臣之與君的「社會倫序關係」上，以作為「互動性」的文字書寫中介，因而有其特定形構。此種「形構」，不是優先取決於文字書寫的格式或程式，而是優先取決於書寫者與受讀者的「社會倫序關係」。文字的形構反而由這一倫序形構所決定。這一關係內涵著倫理分位的道德實踐目的與規範，或功利立場的權力實踐目的與規範。其「美」的性質，不在於形象的感性直覺，而在於社會倫序的理性或知性實踐；當然其實踐乃依藉文字書寫去表現，故於社會倫序形構而言，「適分的完善」為「美」，於文字書寫形構而言，則「得體」為「美」，二者互為表裡。格式性與程式性的形構，於言內即為可見。倫序性形構，則須於言外去體察，故一般人往往忽視之。「筆」區之內，即一般人所謂「實用性」之文類如章表，其「倫序性形構」還比較易知。至於「文」區之內，即一般人所謂「藝術性文類」如詩賦，其「倫序性形構」，則更是很少有人能夠體察得到。

再次，我們要了解：理論上，有形構必有相對應的功能。「格式」與「程式」是文字書寫層的形構，文類體裁本身即由文字組成，則這種文字書寫層的形構所對應的功能，可稱之為「自體性功能」。自體性功能，其「用」在於實現一物之自己，從「體」說是「性」，從「用」說是「功能」，有體必有用而用必歸體，故體用不二；例如「賦」這一類體，其「鋪采摛文」的程式性形構所產生的功能，就是實現賦之為賦的「自體性功能」。相對的，「倫序」是社會行為層的形構，而社會行為必然是指向他人，而有其「原因動機」與「目的動機」的行為[47]；則這種社會行為層的形構所對應的效用，可以稱之為「涉外性效用」。涉外性效用，其「用」在於實現行為者的意圖或期待，例如班固在〈兩都賦序〉中云「或以抒下情而通諷諭；或以宣上德而盡忠孝」，即是賦體的「涉外性效用」。然而，「自體性功能」與「涉外性效用」在文類體裁中不是斷開為二，它們並具於任何一種類體中，只是有或隱或顯的差異。詩賦一類的體裁，以文字書寫層的形構所對應的「自體性功能」為顯，而以社會行為層形構所對應的「涉外性效用」為隱。然「詩賦」的文字書寫形構，必然要進入社會群體的場域，在倫序形構中，經過傳送與接受之相應，意義才能完成，故此一隱性功能必因作者的社會互動而顯現。相對的，章表一類的體裁，以社會行為層的形構所對應的「涉外性效用」為顯，而以文字書寫層形構所對應的「自體性功能」為隱。然而社會倫序形構的「涉外性效用」，從文學言之，必然要藉由文字書寫層的形構才有可能實現，故此一隱性功能必由作者文字書寫的技巧經營而顯現。尤其是在古代「文學普遍化的社會文化語境」中，這二種形構與功能或效用必然是相依而存，此即文類體裁的歷史事實性與普遍規範性的辯證合一。

理論上的基本概念與假設已釐析、界定清楚之後，我們試以「詩歌」與「章表」兩種二極對立的類體進行分析論證，其餘類體便可依此類推：

我們先論「詩歌」此一類體：詩歌在文字書寫層的格式性形構，其對應的「自體性功能」，本就內在涵具著實現文字本身「聲文」之美的「藝術性向」，此固不待言。任何文類體裁必然是文學社群

47「原因動機」（because motive），是指一個行為者由於過去的經驗，因而導致他之所以產生現在此一行為的動機；「目的動機」（in-order-to motive），是指一個行為者由於某種指向未來的目的，而導致他產生現在此一行為的動機。參見舒茲（A. Schutz，一八八九—一九五九），《舒茲論文集》（台北：久大與桂冠出版社聯合出版，盧嵐蘭譯，一九九二年五月一版），第一冊，頁九一—九四。

與傳統公約性的產物，它無法脫離其歷史時間中的社會文化情境而獨立。就此而言，中國古代詩歌的體裁，當然也就不只是以靜態的格式性形構抽象地存在。它被落實在不同的歷史時期，進行既有個人獨創又有文學社群與傳統公約性的表意實踐，此即是劉勰在《文心雕龍．通變》中所謂「設文之體有常」與「變文之術無方」的辯證。從詩體而言，在實踐過程中，除了由文學社群與傳統共同約定出幾種「格式性形構」的顯性體裁而外，更由於不同時代的社會文化意識形態的召喚，而大致認同了二種基本的隱性體裁，即「詩言志」與「詩緣情」二種社會文化意識形態所制約下的社會倫序性形構。「詩言志」，對於詩之為詩，乃建立在「上以風化下，下以風刺上」的「社會倫序性形構」，而使詩在本身的「自體性功能」基礎上進而達到社會互動的「涉外性效用」。此義已經諸多學者論述詳明，我在〈從〈詩大序〉論儒系詩學的「體用」觀〉一文中更作了完整的詮說[48]。此處，可不復贅述。我們將討論重點放在可能被認為不具社會互動「衍外性效用」的「緣情」（個人抒情）之詩。為了集中討論的焦點，我們將以鍾嶸的《詩品》為代表，分析在六朝發展完成的個人抒情詩，是否隱含著「倫序性形構」。鍾嶸〈詩品序〉云：

> 氣之動物，物之感人，故搖蕩性情，形諸舞詠。欲以照燭三才，暉麗萬有；靈祇待之以致饗，幽微藉之以昭告。動天地，感鬼神，莫近於詩。[49]

鍾嶸這段話對於以「五言體」為範型的詩歌，承繼《呂氏春秋》、《禮記．樂記》以來「感物起情」的觀念，解釋「詩」之所以發生的動力因，從而也規定了詩的本質就是「情」。然而，他仍然由詩的本質衍生出它的「效用」，即所謂「照燭三才，暉麗萬有；靈祇待之以致饗，幽微藉之以昭告。動天地，感鬼神」云云。這段話明顯承繼〈詩大序〉部分的傳統詩觀。楊祖聿《詩品校注》認為〈詩品序〉汰除〈詩大序〉所偏重「樂歌祭祀之效，及人君政教德化之功」，而只重「動天地，感鬼神」之能，因此是「純文學詩」[50]。這仍然是上述論述框架的觀點。鍾嶸這段話即使去除掉〈詩大序〉「經夫婦，成孝教，厚人倫，美教化，移風俗」的政教之功，仍然無法完全取消詩歌「靈祇待之以致饗，幽微藉之以昭告。動天地，感鬼神」這種宗教性義涵的「涉外性效用」。這一「涉外性效用」顯然建立在社會文化情境中，人之與神靈的「倫序性形構」上。這就是說，詩作為一種社會文化的產物，它在本質上就涵有「社會性向」。所謂「純文學詩」究竟能以什麼「不食人間煙火」的條件去定義呢？

鍾嶸〈詩品序〉接著又將詩更貼切於人的現實存在經驗，去詮釋它的創作動機，云：

> 若乃春風春鳥，秋月秋蟬，夏雲暑雨，冬月祁寒，斯四候之感諸詩者也。嘉會寄詩以親，離群

---

48 顏崑陽，〈從〈詩大序〉論儒系詩學的「體用觀」〉，原刊台灣政治大學主辦並主編第四屆《漢代文學與思想學術研討會論文集》（台北：新文豐出版公司，二〇〇三年四月一版），頁二八七—三二四。收入本書，頁一七九—二二一。

49 引文見曹旭，《詩品集注》（上海：上海古籍出版社，一九九四年十月一版），頁一。

50 同注49，曹旭集注本頁四，引楊祖聿《詩品校注》之說。

> 託詩以怨。至於楚臣去境，漢妾辭宮。或骨橫朔野，或魂逐飛蓬；或負戈外戍，殺氣雄邊；塞客衣單，孀閨淚盡；或士有解佩出朝，一去忘返；女有揚娥入寵，再盼傾國；凡斯種種，感蕩心靈，非陳詩何以展其義，非長歌何以騁其情？故曰：「詩可以群，可以怨。」使窮賤易安，幽居靡悶，莫尚於詩矣。[51]

這段文字，指出了詩的創作動機，是心有所「感」，故以抒「情」。而所感之「物」，不外「自然」與「社會」二境；這就給定了「情」的內容是「自然經驗」與「社會經驗」。然而，中國人文傳統中，「景不孤生，因情而生」，這是一種共同觀念。人是社會文化的存在，所有自然景物必經社會文化存在的主體性情去「觀」，才能入於詩而為意象。完全離絕社會文化經驗的「感性直覺」，理論上可能，事實上不可能。至於「嘉會寄詩以親，離群託詩以怨」，所謂「寄」、所謂「託」，明切地指出詩之抒情性，是在社會倫序脈絡中，由內而及於外，將「情意」傳向所「期待」能理解的確定性或不確定性讀者；「可以群，可以怨」就是此義。離開社會倫序性形構，詩不可能發生與存在。當然，我們可以說，「言志」這一系的詩，其社會的「涉外性效用」，是出自於作者依道德之善為目的的「意圖」，故比較顯性；而「緣情」這一系的詩，其社會的「涉外性效用」，則是出自作者依情感之溝通為目的的「期待」，故比較隱性。然而，其涵具「社會性向」而具有某種程度的實用性，則沒有差別。前一種「涉外性效用」，我曾在所建構「中國詩用學」的論文中，稱它為「集體意識詩用」；後一種「涉外性效用」，我稱它為「個體意識詩用」[52]。按諸文學史上，詩除了「集體意識」的政教諷諭功能之外，在「個體意識」下，各種贈答、慶弔、勸勉、迎送、干謁等作品，恐怕占去一半以上的數量。詩，在中國古代，從未曾完全脫離社會文化的倫序性形構而獨立過。它作為歷史事實的存在，其「體製」本身在「藝術性向」的相對面就涵具著「社會性向」，而必「雙向成體」乃能實現「詩」這一文類。由此言之，「文類體裁」何來「藝術性」與「實用性」、「純」與「雜」之分？其他被視為「藝術性」的類體，如賦、詞、戲曲、小說，可以此而類推。

其次，我們論「章表」這二種鄰近的類體：章表體裁之「倫序性形構」相當明顯，故涵具「社會性向」，此固不待贅論。我們將論述重點放在它的「藝術性向」，以分析它不同於詩歌的美學，也就是「章表」之體裁如何具有實現「美」的可能性。在古代「文學普遍化的社會文化語境」中，「章表」一直是在社會互動的場域中，作為一種表意實踐的類體。它是朝廷上，基於君臣倫序關係的一種公約性、中介性文字書寫形構。也就是依藉這一形構，表現身為人臣在處事行為中的「人格」，以及臣與君在倫序互動上的「適分」，其理想便是道德實踐上能合乎「完善」。而此種倫序上「適分」之「完善」，係依藉文字書寫層的形構去加以具現，因而形成倫序與文字書寫二者表裡一致的體裁，如此即是「得體」，也就是「美」，故具「藝術性向」。關於這類體裁的「藝術性向」，劉勰《文心雕龍．章表》論述最為精當，云：

51　同注49，頁四七。

52　參見顏崑陽，〈論唐代「集體意識詩用」的社會文化行為現象——建構「中國詩用學」初論〉，收入台灣成功大學中文系主辦並主編第四屆《唐代文化學術研討會論文集》（台南：成功大學印行，一九九九年一月一版），頁二七—六七。

原夫章表之為用也，所以對揚王庭，昭明心曲。既其身文，且亦國華。章以造闕，風矩應明；表以致策，骨采宜耀：循名課實，以文為本者也。是以章式炳賁，志在典謨，使要而非略，明而不淺；表體多包，情偽屢遷，必雅義以扇其風，清文以馳其麗。然懇惻者辭為心使，浮侈者情為文屈，必使繁約得正，華實相勝，脣吻不滯，則中律矣。子貢云「心以制之，言以結之」，蓋一辭意也。荀卿以為「觀人美辭，麗於黼黻文章」，亦可以喻於斯乎！[53]

章以謝恩，表以陳請，劉勰指出「章表」類體乃建立在「昭明心曲」的人格表現與「對揚王庭」的君臣倫序關係上。而「身文」與「國華」，顯示個人和國家，都共處在文學普遍化的社會文化語境中，因此不管章或表，其「本」都在乎「文」。這就明白指出此類體裁的「藝術性向」，它絕非只是「實用」而已。至於這種「文」，也就是其「藝術之美」實現的可能性，並非僅在華麗的修辭，而是必須「意」與「辭」內外相符，這才是「得體」；而「意」更具有優位性。因此，當辭意華實不能兼得時，寧可「辭為心使」，雖文辭樸實，卻能表現「懇惻」之情，諸葛亮〈出師表〉就是典範性的例子。這樣說來，「章表之美」乃取決於書寫者的「人格之善」。而「人格之善」表現在倫序上，則是「適分」，也就是能適當地表現合乎人臣分位及與國君相對待的言辭。故用以「謝恩」的「章」，其「風矩應明」；用以「陳請」的「表」，其「骨采宜耀」。依《文心雕龍．風骨》所云「結言端直，則文骨成焉」，所謂「端直」放在陳請之表的倫序上來看，當然是依道義而行，也就是「適分」，例如劉勰稱讚劉琨的〈勸進表〉與張駿「自序」（按：可能是〈請討石虎李期表〉），「文致耿介，並陳事之美表也」。綜合章表這類體裁，雖以「倫序性形構」而顯其「社會性向」；但這一社會行為層的形構，由於道德實踐的應然規範以及文學普遍化的社會語境，也就決定了文字書寫層的形構必須導向於表現書寫者情意懇惻與分位適宜的「人格美」及「秩序美」，更結合了以「文」為本的適當修辭，明於風矩、耀乎骨采，終而華實相勝，美善合一，此之謂「得體」。因此，這種類體其實現「藝術」的可能性，不是經由感性「形象直覺」的意象去表現，而是經由感性與理性辯證融合的人格修養與社會道德實踐而形乎辭去表現。中國古代人文傳統，以言行合一為理想。清末以至新文化運動所批判醜陋的「應用文」，是言行不一的劣作，非文類體製本身既成、恆定的屬性。

美，從人的存在事實去體現，它是相對的、多元的；而文學的「藝術性」也不能以「形象直覺」的美感為唯一而絕對的標準。尤其「文體」的審美標準，總要相對於不同類體而衡定；類體不同，則審美標準亦自有異。這就是劉勰在《文心雕龍》中反覆申說的「體要」概念。綜合而言，即以章表為例，其體裁也同時涵具著「社會性向」與「藝術性向」而形成「雙向成體」的關係。其他被一般學者視為「實用性」的類體，可以此而類推。

五、結語

晚清以來，近百年的「中國文體學」研究，於量而言，成果不可謂不豐；然於質而言，其中卻頗多值得省察、批判的問題，尤其是理論上，一些基本的關鍵性概念，尚有待辨析。較大者，徐復觀已

53 引文版本同注12，頁四二四—四二五。

指摘一般學者多混淆「文類」與「文體」二個概念，而誤將文類視為文體。然而，徐氏將文類與文體截然為二，也是未見二者辯證依存而矯枉過正之謬見。此外，近百年來，諸多學者所作「文體分類」，一直相沿著「藝術性文類」與「實用性文類」二分、「純文學」與「雜文學」二分、「情感的文學」與「理智的文學」二分，並套合古代的文筆之辨。這種形式邏輯二分法的論述框架，導致文學陷入二元本質論或缺乏的對立關係中。這一論述框架內在的邏輯困局，已隱含著自我解構的因素。由此也可見「中國文體學」的研究與建構，其理論基礎至今仍然非常薄弱。

考察生產這一論述框架，其歷史時期的總體知識型態，是由反儒家封建禮教傳統、追求科學知識及科技實用、形象直覺的唯心美學，三個關鍵性概念或立場的假設所共構而成。它所處的是一種「科技專業化的社會文化語境」。而中國古代對文體的分辨，則是在「文學普遍化的社會文化語境」中，依創作、批評與社會致用的實踐而進行。前者是體用為二的科學認知，亦即「離場性的文體分類」；後者是體用相即的實踐體證，亦即「在場性的文體分類」。因此，現代學者對古代文體的研究，看似客觀性，其實是不知不覺地局限於當代社會文化語境的主觀性，甚至陷入當代社會文化意識形態立場的批判，而對古代的社會文化語境缺乏同情的理解。

我們對此一論述框架進行邏輯性分析，以及考察其所繫知識型態的社會文化語境、關鍵性概念或立場假設之後，已將它徹底解構。這一論述框架實應在往後的「中國古代文體學」研究中被拆除、廢止。

然後，我們復由理論層面與實際層面，針對「文類體裁」與「藝術」、「社會」（實用）的關係，進行重新提問、解答與建構。經過分析論證，可得綜合判斷如下：

「文類體裁」所指涉的不是一篇作品的形構「殊相」，而是諸多作品「聚同」而成「類」之後的形構「共相」，也就是某一文類由文學社群與傳統逐漸地公約化、成規化的普遍性形構及其對應之功能。分解而言之，「文類體裁」又有「格式性形構」、「程式性形構」與「倫序性形構」三義。它雖然是由文學創作的歷史傳統與社群互動而具體地形成，但類型化之後，則又超越個殊而成為抽象、普遍的範型。因此，它是後起文學家在創作實踐之前的「規範性話語」，而不是創作實踐之後已完成的個別作品的「評價性話語」。換言之，它只是一種文學創作、批評與社會致用的公約性、中介性文字書寫形構；在個別創作實踐完成之前，其價值未決，故並無既成的、恆定的「藝術」與「實用」的價值性。其形構與功能，只以工具之體用，提供書寫者在創作實踐時，結合其社會文化處境與倫序，人格、才情與學養，創作動機與目的以及修辭原則與技巧，而導向於實現作品之「藝術」或「實用」的可能性。故「文類體裁」本身只涵具「藝術性向」與「社會性向」的潛能，並形成「雙向成體」卻隨使用者調節的動態關係。

附記：

本文原刊台灣《清華學報》，新三十五卷第二期，二〇〇五年十二月。

二〇一九年八月修訂。

內造建構

中國古典文學理論研究之詮釋視域迴向與典範重構

一、近二十幾年來，我對中國人文學術的現代化，所殷切關懷的問題以及對「五四知識型」所提出的反思批判。

（一）我對幾個「五四知識型」之偏謬議題所作的反思批判

近二十幾年來，我對中國人文學術，尤其古典文學理論的現代化，很殷切地關懷幾個問題；既反思、批判，同時也提出解決之道。從一九九〇年代開始，我對於「五四」所建構的「知識型」（Épistème）[1]，其中幾個被學界不斷舊調重彈的議題，產生強烈質疑，因而進行反思批判，如下：

1、反思批判「文學自覺」與「文學獨立」之說。這種說法完全是脫離中國古代文學的歷史語境，乃新知識分子反儒家傳統之文化意識形態的投射，與西方唯心主義美學、形式主義美學以及實驗心理學派美學的誤導之下，所產生的假議題。中國古代的文學歷史語境中，從不存在「文學自覺」與「文學獨立」的論述。古今中外對於「文學是什麼」的規創性定義，不下數十種，卻沒有一種是唯一正確。因此，在中國古代的文學歷史語境中，只是不同歷史時期、不同文學社群的文學家們，曾經多元地提出不同的文學本質論，而各從其道以實踐文學創作，無所謂「文學自覺」與「文學獨立」之說。其實，這一假議題中，「文學自覺」與「文學獨立」所預設的「文學本質」，根本就是挪借西方形式主義美學所謂「為藝術而藝術」的「純文學」。這不是魏晉士人所持的「文學」概念。因此，我在二〇一〇年間對這一假議題提出嚴格的批判，發表〈「文學自覺說」與「文學獨立說」批判芻議〉[2]。

2、反思批判「中國文學抒情傳統」之說。旅美學者陳世驤當初在比較文學會議提出中國文學

「抒情傳統」之論，以《詩經》、《離騷》為典律，持與西方古希臘荷馬史詩進行「平行比較」，突顯中國古代文學，有一種以荷馬「史詩」為代表之西方「敘事性」文學所沒有的「抒情」特質。他真正的用意是要提升中國人在文學方面的民族自信心，而後續的論者卻以偶有性的「抒情」特質覆蓋複雜多元體類的所有中國文學，誤認為「抒情」是普遍性本質。中國文學的豐富面目也就被嚴重簡化了。因此，我在二〇〇〇年間，開始提出強烈的反思批判，發表〈從反思中國文學「抒情傳統」之建構以論「詩美典」的多面向變遷與叢聚狀結構〉[3]。

3、反思批判「純粹審美」以及「為人生而藝術」與「為藝術而藝術」二分、「純文學」與「雜文學」二分、「實用性文類」與「藝術性文類」二分諸說。一九三〇年代以降，有一段時期，中國流行的美學被朱光潛所引入主觀唯心主義的克羅齊美學，以及布洛、李普斯、谷魯司、浮龍李等實驗心理學派的美學所籠罩。大陸學界，一九四九年之後，由於歷史唯物主義的輸入，中國美學產生大幅的發展變化；而台灣中文學界則一直停滯在朱光潛所引介的西方美學。一時之間，「美是無關利害的滿足」、「美是形象直覺的快感經驗」，以及「純粹審美」成為口頭禪[4]。同時，「為人生而藝術」與

1　參見本書頁五五注2。

2　參見本書頁七七注17。

3　參見本書頁七七注15。

4　大陸學界所流行的美學，一九四九年之前，以朱光潛所譯介的唯心主義、形式主義、實驗心理學的美學為主。其後，一九四〇年代，才有蔡儀以馬克斯唯物主義為基礎的《新美學》對唯心主義美學提出批判。一九五〇年

「為藝術而藝術」二分，也成為中文學界集體思維的迷咒。兩岸學界，一九六〇年代之前所完成的中國文學史或文學批評著作，大體是以這種美學作為基礎。然而，中國古代主流文學的美學基礎，主要以「和」為中心觀念的主體人格美與宇宙、社會秩序美，美與善、藝術與實用、文學與人生從非截然二分，而是辯證統合。因此，從一九九〇年代開始，我針對襲用這類美學觀念以詮釋中國古代詩歌的論述，提出嚴格的批判，從而創構「中國詩用學」的理論，發表了系列論文[5]；同時，也反思、批判「實用性文類」與「藝術性文類」、「純文學」與「雜文學」截然二分的詮釋框架，而在二〇〇五年提出〈論「文類體裁」的「藝術性向」與「社會性向」及其「雙向成體」的關係〉[6]。其實，中國古代文學，「實用性」與「藝術性」從不一刀兩斷，《文選》所錄，絕大部分體類的典律之作，都兼融「實用性」與「藝術性」，例如司馬相如〈子虛賦〉、〈上林賦〉、曹植〈公讌詩〉、阮籍〈詠懷詩〉、李密〈陳情表〉、諸葛亮〈出師表〉等。而文字產品只有「文學」與「非文學」之分，既是文學就是文學，只有不同定義的多元文學類型之別，例如「言志詩」與「緣情詩」、唐宋古文與明清小品，同是文學而特質殊異，無所謂「純」與「雜」之別。「純文學」觀念乃挪借自日本，而日本又挪借自西方[7]，與「純粹審美」、「為藝術而藝術」綁在一起，實不切中國古代文學的歷史語境，卻廣為「中國文學史」、「中國文學批評史」一類著作所沿用，誤導學界對中國古代文學的認知已近百年。

4、反思批判「比興」僅是詩歌創作的形象思維，或是二種修辭技法，而「比」是明喻，「興」是隱喻或象徵之說。其實，「比興」具有中國詩歌本體論的意義，非常複雜；從宇宙到作者，作者到作品，作品到讀者，讀者到宇宙，每個創作過程的階段都關乎「比興」。而在「詩用」的語境中，士人階層以「詩」作為「社會互動」的媒介形式，何以多使用「比興」，委婉其言？其中隱含「言語倫理」的功能與效用；故而「比興」不僅是詩歌創作的形象思維與修辭技巧，這是因為現代知識分子之間，已消失彼此以「詩」作為社會互動之符號形式的「詩用」情境及經驗，只知文學創作，因而將

代，李澤厚也以「歷史唯物論就是實踐論」的觀念為基礎，提出「歷史積澱說」的美學理論。因而於一九五〇、六〇年代引發中國美學大論戰，迫使朱光潛的美學理論從「唯心主義」向「心物關係說」修訂。參見趙士林，《當代中國美學研究概述》（天津市：天津教育出版社，一九八八）。相較於大陸學界，台灣始終停滯在朱光潛所引介的西方美學，沒有論戰，沒有發展，「純粹審美」一直是常被使用到詮釋古代詩歌的美學觀。

5 「純粹審美」以及「為人生而藝術」與「為藝術而藝術」二分之說，大體是受到「五四」新知識分子反儒家傳統的意識形態與朱光潛引進西方美學的影響，所形成流行一時的觀念，詳參顏崑陽，〈當代「中國古典詩學研究」的反思及其轉向〉，原刊《東海大學文學院學報》第五三期，二〇一二年六月，收入顏崑陽，《反思批判與轉向——中國古典文學研究之路》，又詳參顏崑陽「中國詩用學」系列論文，〈論詩歌文化中的「託喻」觀念〉，收入台灣成功大學中文系《第三屆魏晉南北朝文學與思想學術研討會論文集》（台北：文津出版社，一九九六年），又收入顏崑陽，《詩比興系論》（台北：聯經出版公司，二〇一七）、〈論唐代「集體意識詩用」的社會文化行為現象〉，《東華人文學報》第一期，一九九九年七月、〈論先秦「詩社會文化行為」所展現的「詮釋範型」意義〉，《東華人文學報》第八期，二〇〇六年一月、〈從〈詩大序〉論儒系詩學的「體用觀」〉，收入政治大學中文系《第四屆漢代文學與思想學術研討會論文集》（台北：新文豐出版公司，二〇〇三），又收入本書，頁一七九—二二一。、〈用詩，是一種社會文化行為模式——建構「中國詩用學」初論〉，《淡江中文學報》第十八期，二〇〇八年六月，收入顏崑陽，《反思批判與轉向——中國古典文學研究之路》。

6 參見本書頁一二七—一二九注3。又此文收入本書，頁四一九—四六五。

7 參見本書頁四二一。

「比興」之義嚴重窄化。我在提出反思批判之後，發表了系列論文：〈從「言意位差」論先秦至六朝「興」義的演變〉、〈《文心雕龍》二重「興」義及其在「興」觀念史的轉型位置〉、〈「詩比興」的「言語倫理」功能及其效用〉等，這系列論文已於二〇一七年集結為專書《詩比興系論》出版了[8]。

5、反思批判二〇年代以降，諸多「中國文學史」著作，挪借西方文學史觀的現象，主要有二種：其一，挪借史賓格勒（Oswald Spengler，一八八〇—一九三六）《西方的沒落》所使用春夏秋冬、生老病死之「有機循環論」的史觀[9]，例如劉大杰《中國文學發展史》對某些文體之興衰的解釋。其二，達爾文「生物進化論」，斯賓塞（Herbert Spencer，一八二〇—一九〇三）轉用於「社會進化論」，胡適等再轉用於中國文學史書寫的「文學進化論」。對這種文學進化史觀的挪借，提倡且運用最力者，就是胡適《白話文學史》[10]，其後沿用者甚眾，蔚為一時風氣[11]。而這種舶來品，用以書寫「中國文學史」，頗不貼切於中國古代文學起源、演變的歷史語境，而缺乏詮釋有效性，如今經由反思批判，其迷蔽已彰彰甚明。一九九〇年代，大陸學界雖然興起文學史理論熱潮；但學者所思還是拘執於如何乞靈更新潮的西方理論，而未能自覺回歸中國古代文學歷史經驗的本身，從中找尋可以系統性重構的文學史觀；僅有董乃斌、陳伯海、劉揚忠幾位教授所主編的《中國文學史學史》述及源流、正變、通變、代變等傳統中國文學史觀[12]；但是因屬通論之書，所述雜多，各項都只概說而已，還未能逐一專篇建構精密的系統性理論。不過，這卻是很確當的開端，值得學界接續發展。我從二〇一〇年間，在批判上述舶來品的文學史觀之後，開始進行「中國「『原生性』文學史觀重構」的工作，擬計處理源流、正變、通變、代變以及言志傳統、載道傳統、緣情傳統等，幾個主要的文學本質觀及文學史觀。二〇一一年已正式發表〈中國古代原生性「源流文學史觀」詮釋模型之重構初論〉[13]；同時在批判台灣學界所提出「抒情文學史」之餘，相對提出「完境文學史」的構想，而發表〈從混融、交涉、衍變到別用、分流、布體——「抒情文學史」的反思與「完境文學史」的構想〉[14]。

---

8 將「比興」脫離動態歷程之觀念史的脈絡，只是靜態化、片面化為詩歌創作心理層的形象思維、語言層的修辭技巧，這種論述是近現代以來，有關「比興」研究的常談，持此說者甚多，卻是「比興」之義嚴重的簡化。詳參顏崑陽，〈從「言意位差」論先秦至六朝「興」義的演變〉，原刊台灣《清華學報》新二十八卷第二期，一九九八年六月、〈《文心雕龍》二重「興」義及其在「興」觀念史的轉型位置〉，原刊台灣中山大學《文與哲》第二十七期，二〇一五年十二月、〈「詩比興」的「言語倫理」功能及其效用〉，原刊台灣《政大中文學報》第二十五期，二〇一六年六月。諸篇論文，都已收入顏崑陽，《詩比興系論》。

9 史賓格勒（Oswald Spengler，一八八〇——一九三六）著、陳曉林譯，《西方的沒落》（台北：桂冠圖書公司，一九七五）。

10 胡適，《白話文學史》（台北：胡適紀念館，一九七四）。

11 詳見王文仁，《啟蒙與迷魅——近現代視野下的中國文學進化史觀》（台北：博揚文化公司，二〇一一）。

12 董乃斌、陳伯海、劉揚忠主編，《中國文學史學史》（石家莊：河北人民出版社，二〇〇三），第一卷。

13 顏崑陽，〈中國古代原生性「源流文學史觀」詮釋模型之重構初論〉，《政大中文學報》第十五期，二〇一一年六月。

14 台、港幾位學界同道組織「中國文學批評工作坊」，其中主要成員蔡英俊、陳國球、鄭毓瑜、廖棟樑、曾守正等，都是「抒情傳統」論述的健將。二〇〇九年，在台灣大學中文系舉辦以「抒情的文學史」為主題的國際學術研討會。我一向對「抒情傳統」堅持批判的觀點，在會議中，發表論文，〈從混融、交涉、衍變到別用、分流、布體——「抒情文學史」的反思與「完境文學史」的構想〉，原刊台灣《清華中文學報》第三期，二〇〇九年十二月。收入顏崑陽，《反思批判與轉向——中國古典文學研究之路》。

文學歷史現象必然是多元的文學因素彼此混融、交涉、衍變，而別用、分流、布體所構成，這才是它的「完境」；絕不可能依靠單一因素——抒情，就能有效詮釋體類多元、篇章繁複的中國文學歷史，而建構所謂「抒情文學史」。

（二）我對「五四知識型」總體的迷蔽所作的反思批判

「五四」以降，這些反覆舊調重彈的議題，學者大部分順著講，很少進行反思批判之論。二十幾年來，我經由各個議題的反思批判，在上列的多篇論文中，已清楚指認每個議題的內容，都有其不切歷史語境的偏謬，缺乏相對客觀的詮釋有效性。然而，這類問題，個別「破」之，尚非直搗其致病的根本原因，還必須深一層進行這一「知識型」總體的反思批判，追問是什麼原因導致這種認知的偏誤？知其因而後能除其弊，二〇一七年一月，台灣淡江大學主辦「第十五屆文學與美學國際學術研討會」，我受邀作大會主題演講，講題是：〈中國人文學術如何「現代」？如何「當代」？〉，其中有一段落是對「五四知識型」總體的批判：

> 「五四」時期所建構知識型，我們站在二十一世紀的當代，經由反思、批判，可揭明其迷蔽有五：（一）現代化就必須遺棄傳統而追求西化的「文化意識形態」，導致新知識分子的「文化主體失位」；所謂「文化主體失位」就是新知識分子已喪失中華民族文化主體性所應站立的本位，不能自主地選擇民族文化的發展方向、詮釋它的意義、評定它的價值；而盲目移植西方文化，套

用西方理論，用以詮釋甚至批判中國古典人文學。因此，只是一味地消費西方理論，而不能回到中國文化的內部，經由現代詮釋，以「內造建構」而生產自家的理論，重建實踐中國人文學術「現代化」的「詮釋典範」。（二）一般學者多不明中國古代士人們常以辯證邏輯思維，將研究對象之事物置入「動態變化歷程」的「總體情境」中，感知其二元因素對立或多元因素並立卻又統合為一，體用相即不離的存在現象；相對的，學者們往往習於西學的形式邏輯思維，將研究對象之事物片面化、靜態化、單一因素化、抽象概念化地認知它局部的性質。這樣的思維方式難以理解古代經、史、子、集各種經典深層的涵義。陳世驤、高友工等所提出，而不少學者順承的「中國文學抒情傳統」之說可為代表。（三）盲信自然科學或社會科學之「實證主義」的知識「本質論」及其「方法論」，而不明人文研究之「詮釋學」的知識「本質論」及其「方法論」；將很多「意義詮釋」的問題誤置為「經驗實證」的問題，顧頡剛、錢玄同等《古史辨》的學者群，對先秦典籍某些「人」、「事」、「物」的懷疑、考辨可為代表。（四）一般學者既習於將研究對象從實存的總體情境切分出來，靜態而孤立地進行抽象概念的認知；因此詮釋古代經典幾乎都沒有「動態歷史語境」的觀念，以致未能對經典之所以創造出這樣的文本，作出心契「動態歷史語境」的同情理解。魯迅首倡而嗣響眾多的「文學自覺說」與「文學獨立說」可為代表。（五）偏執反傳統或不理解傳統的「文化意識形態」，直接投射到研究對象，逢古必反，反必輕貶；因而造成尚未獲致深切理解、確當詮釋之前，就預設價值立場而作出暴力性的批判。不少學者對先秦儒家的詩論或漢人箋釋詩騷提出負面評斷，例如《古史辨》的學者群，顧頡剛、錢玄同、鄭振鐸等對《詩序》強烈的斥責；又例如羅根澤以及王運熙與顧易生合著的《中國文學批評史》，動輒以功用、封建、詩歌為政治服務這類頗帶貶意的措詞，評論先秦兩漢儒士的詩論及對屈騷的箋釋。另外也有不少學者對漢代「擬騷」之作直斥為抄襲，例如胡雲翼、鄭振鐸、劉大杰等《中國文學史》著作。這些都可作為「文化意識形態」直接投射到研究對象的代表。[15]

乾嘉已去，五四不再，中國現代的人文學術，面對古代諸多傳統「典範」（paradigm）的消散[16]，而「五四」新知識分子所意圖建構的新典範尚未成熟的當代學術處境，我們如何經由理性的反思、批判，確切完成「典範」的遷移？這是二十一世紀的當代學者，無可規避的任務。那麼，「後五四」已近百年，我們這些站在二十世紀末，二十一世紀初的當代人文學者，還能不自覺地延續「五四」所建構的「知識型」，因循同樣的論述立場與觀點，複製缺乏創意的論題嗎？而針對上述「五四知識型」的迷蔽，我們能有什麼解蔽之方呢？

二、在反思批判「五四知識型」的迷蔽，「大破」諸多議題的偏謬之後，我做了些什麼「大立」的學術建設工程？

（一）「內造建構——詮釋視域的迴向與典範重構」是解決問題的基本原則

針對上述「五四知識型」的迷蔽，我們能有什麼解蔽之方呢？而在反思批判「五四知識型」的迷蔽，「大破」諸多議題的偏謬之後，我做了些什麼「大立」的學術建設工程？

解決這個問題，我提出的基本原則是「內造建構」，也就是詮釋視域迴向與典範重構。在這基本原則上，又可整合三個序位性步驟去進行。

近些年來，我對中國文學理論的研究，在知識本質論與方法論的建構上，提出以「內造建構」的進路取向為基本原則，並且已在我的幾篇論文中，付諸實踐[17]。我的用意就是針對「五四」以降，很多新知識分子將中國文化與社會的「現代化」視同「西化」，尤其是英、美式的西化。其迷蔽已顯而易見，即使也得到若干成果，卻只不過在「消費」西方理論，自家卻無法「生產」理論；始終未能建構獨立的文化主體性，幾近淪為西方人文學術的殖民地，因而提出轉向、回歸自身民族文化情境，尋求典範重構的途徑。

這是一種由文化自覺而產生的動力，是學術轉型的開端。二〇〇六年，台灣政治大學創辦「百年論學」，我應邀作開場的專題演講，提出〈從社群疏離到社群凝聚、從典範消散到典範建構〉的論題，指認近現代的中國古典人文學術所面臨的危機之一，是古代傳統的詮釋典範幾近消散，而對西方詮釋典範的挪借卻又生吞硬套，支離破碎。解決之道是「重構傳統典範」與「創構當代新典範」兩者

15　詳見顏崑陽，《中國人文學術如何「現代」？如何「當代」？》，收入本書頁五三—八五。

16　參見本書頁五五注1。

17　例如顏崑陽，〈從反思中國文學「抒情傳統」之建構以論「詩美典」的多面向變遷與叢聚狀結構〉，收入顏崑陽，《反思批判與轉向——中國古典文學研究之路》。又〈從應感、喻志、緣情、玄思、遊觀到興會〉，收入顏崑陽，《詩比興系論》。

並進[18]。什麼是「重構傳統典範」？什麼是「創構當代新典範」？後文再作說明。

稍後，二〇一〇年，香港教育學院舉辦「中國文學批評研究工作坊」的學術研討會，我延伸上述的觀念，提出的論題是：〈從「理論消費」到「理論生產」——中國文學批評的「自體完形結構」〉。當時所表述綱要性的觀點，二〇一一年台灣東海大學主辦「中國古典詩學學術研討會」，我應邀所作的大會主題演講〈當代「中國古典詩學研究」的反思及其轉向〉[19]，有了更為精細的闡說。其中，中國文學批評的「自體完形結構」是很重要的提法。所謂「自體完形結構」，是指一個民族文學知識的總體，必須形成實際批評、文學史、文學理論三個層位之知識，彼此支援、相互為用的完形體系。文學作品的「實際批評」，必然要以「文學史」、「文學理論」的知識作為基礎。相對而言，「文學史」知識的建構，也必然要以實際批評對各家作品之意義的詮釋及文學史理論作為基礎，進而探討其源流、正變的歷程。而「文學理論」不是沒有經驗內容的形式真理，絕非憑空想像而生；它是一個民族的文學作品及相關歷史經驗現象，經由意義詮釋而加以概念化、系統化的產物。因此，「實際批評」與「文學史」知識，乃是建構「文學理論」的基礎。相對而言，「實際批評」與「文學史」知識的建構，也不能僅作缺乏「理論」基礎的常識性表述。這三者之間本就涵具一個民族所共享文化社會存在經驗與價值觀的同體性關連，可以建立相互支援、彼此為用的「自體完形結構系統」[20]。這樣說來，我們今天所要研討有關中國文論研究的未來取向，也就必須從這「自體完形結構系統」，考量文學理論之與實際批評、文學史知識的關係。

我認為，近現代的中國人文學術，包括文學理論、文學史與文學實際批評的研究，一方面頗多學者迷蔽於盲目挪借西方理論，企圖達到革除傳統之陳腐，移用西學以求新變，而「外造建構」時尚的

「知識型」；然而中文學者對西方理論卻多一知半解，難謂精通，大多生說硬套、支離破碎，少見應用適當而有效之論。另一方面新世代的學者對於中國古典之學的涵養又日趨薄弱；傳統教養原是文、史、哲互通不分，但是二十世紀以來，受到專業分工之社會趨勢的影響，在學術人才的養成過程中，頗多新世代學者太早專業化、過度專業化。懂文學者不懂史、哲；懂史學者，不懂文、哲；懂哲學者，不懂文、史。而於文學領域，懂小說者，不懂詩詞；懂詩詞者，不懂古文。依此類推，則學者於傳統之學，輕視者有之，窄識者有之，淺識者有之，而博通深見之學者漸成稀有之士，這是當代中國人文學術教育的警訊。中國傳統人文經典蘊涵博大精深而具有「隱性系統」之文學理論意義，卻成煙海之龍珠，遮蔽在當代一般人文學者的視域之外，將如何揭而明之？這是我近幾年來窮思竭慮的問題。

二十一世紀的中國人文學者必須「自覺」，我們應該如何從挪借西方理論之「外造建構」的迷蔽中，展現「詮釋視域迴向」的動能，轉身契入中國博大精深的傳統文化經典中，提舉其內在涵具文學本體性、結構性、功能性、規律性，以及文學知識本質論、方法論的文本意義，經由「內造建構」，終而以現代化的學術話語，重構為可資應用之「顯性系統」的「詮釋典範」？只有「內造建構」自家

18 參見顏崑陽，〈從社群疏離到社群凝聚、從典範消散到典範建構〉，收入顏崑陽，《反思批判與轉向——中國古典文學研究之路》。

19 顏崑陽，〈當代「中國古典詩學研究」的反思及其轉向〉，原刊《東海大學文學院學報》第五三期，二〇一二年六月，收入顏崑陽，《反思批判與轉向——中國古典文學研究之路》。

20 同上注。

的文學詮釋典範，由消費西方理論走到生產自家理論，才有資格、能力站在全球化的文化交流平台上，與西方文學知識進行平等的「對話」。

其實，我並不反對、排斥西方理論，而且廣泛涉獵，雖非專業，卻也識其大體。我在〈當代「中國古典詩學研究」的反思及其轉向〉中，對於引藉西方理論，曾經從「方法學」的觀點，提出二個基礎條件以及四個操作原則。

二個基礎條件：1、明確、堅定的歷史性主體意識；也就是論述者必須很明確地覺知自己乃站在當代某個地區的文化傳統及社會情境中，從事「中國文學」的研究。這個「歷史性主體」能明確覺知，並挺立得住，才不會被西方理論帶走而迷失文化主體。2、在「理論」還未進駐到論述者的認知或詮釋視域之前，對所研究的原典文本必須涵泳反復、體悟精切而能獲致深層的意義，才能進而與西方理論「對話」而善用之；對原典文本直接的閱讀經驗永遠都優先於所引藉的理論。當代中國古典人文學術研究，學者引藉西方理論之所以失當，根本原因就是缺乏這二個基礎條件。

四個操作原則：**1、相應原則**：即所引藉的「理論」，必須與自己的論述對象、主題互相符應。人文知識是以人類所建構文化、社會世界可經驗的事物為基礎。因此必然有其歷史時期及社會區域的限定性，並非可以隨意套用到任何論述對象上。理論的引藉，首要原則就是選擇、衡度此一「理論」與自己的論述對象、主題，在形式或內容上，彼此是否互相符應。**2、調適原則**：所引藉的理論未必「完全」適用，因此不宜整體套借，必須對這一「理論」進行批判，以掌握它與論述對象、主題的切合程度，而找出彼此的「差異」處，並進行必要的修改、調適。**3、統整原則**：同一個論題中，如果引藉二種以上的理論，就必須考慮它們的「相容性」問題。完全不能相容者，便只宜擇其一而用之。

如果可以相容，則如何相容？就必須建立「統整原則」。二種理論的統整，以彼此「互濟」或「辯證」為原則。**4、可操作原則：**理論的引藉，必須考慮其可操作性，亦即能夠以文本為依據，而藉用分析、綜合、歸納、演繹、分類、比較等一般方法實際操作，以進行意義的詮釋及系統的建構，而獲致相對客觀有效性的論證；能這樣實際操作的理論，才值得引藉。否則，「理論」終必流於立場與觀點的假借而已[21]。

（二）「內造建構」可有三個序位的進行步驟

在「內造建構」的基本原則之下，還可整合三個序位性步驟去進行：一是展開「文化主體復位」之自覺運動。二是破除片面化、靜態化、單一因素化、抽象概念化的文學本體論，重構能夠相應而有效詮釋中國古代文學之歷史實存的本體論，其必曰「總體情境觀」與「動態歷程觀」。三是因應上述文學本體論，在文學知識的本質論與方法論也必須調適。如何從中國古典人文學所本具豐富、精深的「詮釋學」，重構其知識本質論及方法論的體系，以資應用於現代的人文學術研究？這是必須解決的基本問題。

學術的轉型，典範的遷移，都不是枝微末節的技術革新，而必須進行「務本」的改造工程；這一「務本」的改造工程，就是上述所提出的一個基本原則與三個序位性步驟。

---

21 以上引藉西方理論的二個基礎條件、四個操作原則，詳參顏崑陽，〈當代「中國古典詩學研究」的反思及其轉向〉，收入顏崑陽，《反思批判與轉向——中國古典文學研究之路》。

1、「文化主體復位」的自覺

在「現代化」就是「西化」的路途中，知識分子「文化主體失位」已近百年，中國人文學術（當然包括文論）應該如何走下去？「文化主體復位」是最根本的開端，這是當代人文學者面對二十一世紀，應有的「自覺」，反身建立自己具有回應時代人文學術問題之能力的「歷史性主體」。人文學者與他的著作乃是「歷史性」（historicality）之存在。「歷史性」指的是使得存在者之所是所為的「事實」能成為「歷史」存在的基礎性因素及條件。因此，「歷史性主體」不是形上學理論所陳述那種抽象概念之絕對、普遍的「先驗性主體」，而是在特定歷史時空的文化、社會情境中，具體實在之相對、個殊的「經驗性主體」。這個主體必須兼具「傳統文化意識」、「當代社會文化意識」與「學術社群意識」。這是「歷史性主體」切實的存在感。經由這種存在感，一個學者才能貞定自己的「歷史時間位置」，而明確覺知到「我」就站在二十世紀晚期到二十一世紀初期，這個「當代」的時間位置上從事學術研究。而置身「當代」的存在情境中，我能觀察、理解、體驗到，這個文化、社會涵蘊著什麼一般或特殊的因素及條件？這些因素、條件相應於「過去」傳統的歷史文化有何所「承」、又有何所「變」？它的「未來」相應於「現在」將可能有何所「承」、又有何所「變」？這是「傳統文化意識」。甚至面對當代無法避開「全球化」的潮流，還必須觀察、理解、體驗到，眼前這個社會已滲透了什麼樣的異域文化？湧進了什麼樣的他方學術？而我能作出什麼適當性的選擇及接受？這是「當代社會文化意識」。一個人文學者在當代的社會結構中，必然要經由身分的認同而歸屬於某一生產關係所形成的社群，明確地覺知到自己的「社群關係位置」。做研究、寫論文，一個論題的導出，都必須經過對前行或同儕之研究成果的反思、批判，而問明：除了我，還有誰在做同領域或鄰近領域的研究？他們已獲致哪些成果？我如何能與他們對話？如何適當地借用他們的成果，而又提出他們所沒有提過的問題，並相應給出他們所沒有給過的答案？這就是當代學者所必須具有的「學術社群意識」[22]。

「歷史性主體」的「自覺」與「建立」越是清楚、貞固的學者，就越能回答中國文論如何反思批判「過去」？如何站在適當的現代位置？如何走向未來？這幾個根本的問題。

2、重構研究對象的本體論

中國古代經典所展示理解、詮釋一種對象物，例如政教、文學、音樂等，其本體論的模型，從來都不將這一對象物抽離出實際存在的「總體情境」，而只是片面化、靜態化、單一因素化、抽象概念化的進行認知。這樣的認知方式，其實是「五四」以降，「西化」所致；而且這種「西化」明顯是英、美的知識型態，不是歐陸德、法古典人文學的知識型態；乃是形式邏輯的思維，不是辯證邏輯的思維，與中國古典人文學實不相應，用以詮釋古代經典也最缺乏有效性。因此，從古代經典內涵勝義中，重構有關研究對象的本體論，確實是「務本」之道。

二〇〇九年，我發表〈從混融、交涉、衍變到別用、分流、布體——「抒情文學史」的反思與

22 上述有關「歷史性主體」的論述，詳參顏崑陽，〈從社群疏離到社群凝聚、從典範消散到典範建構〉，收入顏崑陽，《反思批判與轉向——中國古典文學研究之路》。又詳參顏崑陽，〈當代「中國古典詩學研究」的反思及其轉向〉，收入顏崑陽前揭書。

「完境文學史」的構想〉，二〇一一年發表〈「文學自覺說」與「文學獨立說」批判芻議〉，就在批判「五四知識型」個人抒情的文學本體論之後，提出「總體情境觀」與「動態歷程觀」的文學本體論。接著，二〇一一年，我在武漢大學文學院所主辦的「百年龍學國際學術研討會」中，發表論文〈《文心雕龍》作為一種「知識型」對當代之文學研究所開啟知識本質論及方法論的意義〉，揭明《文心雕龍》因承而轉用了《周易》的宇宙觀，開顯一種文學理論的「知識型」；這一「知識型」所隱含的文學本體論是：「文學本體是一個多元因素交涉、混融而體用相即、通變演化的有機總體」。這一本體論的特徵有二：「總體情境」與「動態歷程」。文學存在於總體的文化情境中，由創作主體所感知自然景物變化以及政治、道德、經濟與乎各種社會互動關係、個人日常生活等種種經驗，所產生的情、事、物、理題材，多元因素交涉、混融而以語言形式表現為一有機性的結構體；這「結構體」並非靜止不變，而是在動態歷程中，變而能通，以維持普遍的本質；通而能變，以表現個殊修辭氣力的創造。「通」與「變」彼此辯證統合，在連續的時序中，分別因應士人階層各種不同的社會互動之「用」而分流、布體，推演為多元體類並存而隨會適變的文學歷史[23]。

這種「總體情境觀」與「動態歷程觀」的本體論，其實非僅止於展現在文學的論述及其實踐，更是中國古典文化中，除了名家之外，儒釋道等各家面對自然宇宙與文化社會之萬事萬物所共持的詮釋模型。我們在破除「五四知識型」的文學本體論之迷蔽之後，應該系統化地重構這種典範。這是我針對「五四知識型」所作「大破」之後的「大立」；但只是開端而已，必須更多已有自覺的學者接續論述，以形成具有學術社群共識性的詮釋典範。

3、重構人文知識的本質論與方法論

知識是人類基於生命存在經驗而感思其意義、價值的精神創造，並藉某種特定符號形式，象徵性地表達為文本產物。因此，隱含於象徵符號的深層，乃是相對主觀的「意義」，而非絕對客觀的「事實」，這才是人文知識的本質；「理解、詮釋」則是它原則性的方法。文本意義的詮釋，不能靠科學實證的方法去解決，《古史辨》的學者群所採取那種「史料主義」的路數，現在已少有人通行。他們所謂客觀「實證」往往流於主觀臆測，並不科學。

西方人文知識的詮釋學，近百年來，才好不容易脫離自然科學的覆蓋，爭取到知識版圖的獨立，而建構了人文學術自身的知識本質論與方法論。相對而言，中國古代的人文之學，從來就是「詮釋學」的學問。古代士人的文化存在情境中，一言一行莫非「詮釋」，閱讀、解說經典，當然也是「詮釋」，卻日用而不自知，並沒有後設地將「詮釋學」當作專門的學科去研究。近些年來，由於西方詮釋學思潮的影響，中國學界開始省察到民族自身的人文學問，其中所涵蘊豐富的「詮釋學」意義，因而開始後設地重構它的理論體系以及發展史，兩岸人文學界早已陸續出現這一類的著作。洪漢鼎教授在山東大學主持「中國詮釋學研究中心」，並與傅永軍主編《中國詮釋學》集刊[24]。而以「中國詮釋

23 詳參顏崑陽，〈《文心雕龍》作為一種「知識型」對當代之文學研究所開啟知識本質論及方法論的意義〉，收入顏崑陽，《反思批判與轉向》。

24 洪漢鼎、傅永軍主編，《中國詮釋學》（濟南：山東人民出版社）。集刊型，常態為一年出版一輯。

學」為主題的學術座談會、研討會，兩岸及港澳有些單位也經常舉辦[25]。從這個現象觀之，中國人文學界以西方詮釋學作為參照系，正時興著面對傳統經典，用心地為「中國詮釋學」進行現代化的創造性重構。不過，將重構完成的中國詮釋學，轉而應用於其他學術領域的研究，則似乎還未普遍開展。

中文學界對於方法學一向荒忽，因此論學往往流於個人主觀立場、觀點的宏觀、籠統意見的表述，甚至意識形態的直接投射，缺乏適當的方法學，以保證詮釋、評價的相對客觀有效性。因此，中國人文學假如要做到真正的現代化，則如何重構傳統詮釋學的典範，並適當地應用到現代的人文學術研究，這也是重要的「務本」之道。前文曾提到「重構傳統典範」與「創構當代新典範」，就在這裡作個比較詳細的闡述。

什麼是「重構傳統典範」？中國古代其實有很多精采的學術典範，例如戴震《孟子字義疏證》所展示一套詮釋經典的方法學，就是很好的典範。其詮釋過程及其最終目的是「由文字通於道」，也就是「由文字以通乎語言，由語言以通乎古聖賢之心志」，這個詮釋程序「不可以躐等」。他的操作程序，先通觀《孟子》全書，掌握最重要的關鍵詞：理、性、心、才、道、天道、仁義禮智、誠等，逐一進行疏證，建立系統性的整體理論框架；在詮釋每個關鍵詞之時，必契入原始儒家的思想語境，掌握切當的基本觀點，然後求之故訓，由文字六書之義以通乎涵有語境意義的「詞」，進行簡要的論證；而遇到典章名物，則考論其歷史發生、存在之義。在這「離詞、辨言」，訓解「言內意」的客觀基礎上，再體會「言外意」，與古聖賢主觀地「以心相接」，終而在「道」的存在情境中，古今主客遇合。如此，才能避免宋明理學「鑿空言理」之弊。這是「離詞—辨言—以心相接—聞道」依序通貫的經典詮釋方法，兼備西方詮釋學所謂語言詮釋、歷史詮釋與心理詮釋[26]。其他例如漢代的今、古文經學，以及詩騷箋注學，都可以重構成系統化的詮釋典範。只是，我們今天對於這些典範的研究，都還停留在第一序的歷史事實描述或文本意義詮釋而已；沒有從一般人文學方法之詮釋學的後設觀點，找出他們那套典範對於人文知識之本質、意義根源、詮釋方法的原理原則，有些什麼特殊的意義，而重構成體系完整的典範，以轉用到我們當代的學術研究。

什麼是「創構當代新典範」？現當代社會、文化或文學的研究，新視域、新議題，就必須要有新方法，因此更需要創構新典範。我常覺得奇怪，我們那麼多人才投入現當代社會、文化或文學的研究，歷經幾十年，為什麼到現在都還只能借用西方理論去解釋所面對本土當域的社會、文化或文學經驗現象？難道真的沒有學者能反過來從本土當域種種經驗現象自身隱含的特質、結構要素或發展規律，加以概念化、範疇化，並系統化而創構某些理論，形成可被眾人依循的詮釋典範嗎？我們必須生產源於本土當域的理論，創構當代新典範，中國的人文學術才有可能走上世界性「對話」的平台。這須要中文學者突破「文學本位」，跨界到社會學、文化人類學、文化理論、心理學等領域，不是生硬

25 例如一九九九年十一月，「中國經典詮釋學的特質」座談會，在台灣大學舉行，黃俊傑主持，劉述先、李明輝、葉國良引言。二〇〇〇年三月，「中國經典詮釋學的方法論問題」座談會，在台灣大學舉行，劉述先主持，陳啟雲、袁保新、張旺山引言。二〇〇七年十月，台北大學中文系主辦：「第三屆中國文哲之當代詮釋學術研討會」。二〇一一年十一月，台灣成功大學中文系主辦：「第八屆詮釋學與中國經典詮釋國際學術研討會」。二〇〇五年九月，澳門中國哲學會主辦、中國社會科學院哲學研究所與山東大學中國詮釋學研究中心協辦：「訓詁、詮釋與文化之重塑學術研討會」，等等。

26 戴震這套詮釋《孟子》的方法學，詳參周光慶，《中國古典解釋學導論》（北京：中華書局，二〇〇二）。

套用，而是從不同學科的問題意識、詮釋視域、基礎理論、方法學，作為參照系，而回觀文學經典，以開啟創新的詮釋視域與解決問題的方法。同時，中文學者也必須自覺地改變那種宏觀印象式的傳統思維方法，培養文本細讀，分析性詮釋、論證，以及綜合、歸納而建構系統的現代化思維方式，才有能力創構理論，建立當代新的詮釋典範。前文略有提到，我從一九九〇年代，受到西方「詮釋社會學」（interpretive sociology）的啟發，對於中國古代詩歌的詮釋，打開與「純粹審美」完全不同的視域，而創構「中國詩用學」，這可作為拋磚引玉的例子，後文再作比較詳細的說明。

假如我們要破除「五四知識型」的迷蔽，則上述典範的建構，以樹立具有相對客觀詮釋有效性的方法，才能避免那種政治或文化意識形態的投射，以及避免不知尊重經典文本的歷史他在性，缺乏契入「動態歷史語境」以作同情理解的偏差態度。這樣，才不至於產生單向的只從我們當代取自西方的文學觀念，曲解文本以符合己意的詮釋弊病，或理論先行，作為預設立場，對古人肆行「未理解、先批判」的論述暴力。

關於中國古典詮釋學的重構，這一「大立」的工程，我從一九八八年，在香港大學所舉辦「中國學術之傳承與創新國際研討會」，發表〈文心雕龍「知音」觀念析論〉[27]，就已展開，初步揭明中國古代文學批評的二大基本模式：一是由漢代詩騷箋注所形成的「情志批評」；一是以魏晉六朝文體學為理論基礎，運用到實際批評的「文體批評」。

所謂「情志批評」，簡要的涵義是以直觀感發，或「知人論世」配合「以意逆志」的方法，從文本的言內或言外，索解作者所表現或寄託的「情志」。一九九一年，我以清代各家對李商隱詩的箋注作為「情志批評」的範例，寫成《李商隱詩箋釋方法論》[28]，對這一批評型態所展示「中國古典詮釋學」，作出例說。一九九四年，發表〈漢代「楚辭學」在中國文學批評史上的意義〉[29]，再對「情志批評」進行更為精切的闡述，而中國古典詮釋學展現在經典箋注的模式就已重構完成，可以作為一種有效的詮釋方法，應用到現代學者對古代詩文的意義詮釋。而所謂「文體批評」，簡要的涵義是以「文體」知識為基準，詮釋某一篇、一家、一時代的詩文，表現哪種體貌或體式特徵，從而評價它是否完滿實現此一文類之體的理想美感形象。我在〈文心雕龍「知音」觀念析論〉一文中，經由文本精密的分析詮釋，已重構「文體批評」的目的、效用與原則性的方法。這是不同於「情志批評」的另一種批評模式，可以應用到我們對古代詩文的文體詮釋與評價。

4、上述三項基礎性的建設工程之外，我還做些什麼「大立」的工作？

關於我在反思批判「五四知識型」的迷蔽，「大破」諸多議題的偏謬之後，我做了些什麼「大

27 顏崑陽，〈文心雕龍「知音」觀念析論〉，大約一九八八年宣讀於香港大學主辦「中國學術之傳承與創新國際研討會」，其後收入台灣清華大學中文系主編，《中國文學批評》（台北：台灣學生書局，一九九二），第一集。最後收入顏崑陽，《六朝文學觀念叢論》（台北：台灣正中書局，一九九三）。

28 顏崑陽，《李商隱詩箋釋方法論》（台北：台灣學生書局，一九九一年三月，初版；台北：里仁書局，二〇〇五年十一月，修訂再版）。

29 顏崑陽，〈漢代「楚辭學」在中國文學批評史上的意義〉，台灣彰化師範大學國文系主辦、編印，《第二屆中國詩學會議論文集》，一九九四年。收入顏崑陽，《詮釋的多向視域——中國古典美學與文學批評系論》（台北：台灣學生書局，二〇一六）。

立」的學術建設工程？除了上述有關「歷史性主體」自覺的提倡、總體情境觀與動態歷程觀的文學本體論建構，以及從中國古典詮釋學建構人文知識的本質論與方法論，這三項基礎性的建設工程之外，還值得一說的是，三種專門性知識領域的建構：一是「中國詩用學」；二是「中國文體學」；三是「中國原生性文學史觀」。

(1)建構「中國詩用學」

「五四知識型」所展現對於中國古典文學的詮釋、批判，從「文學自覺」與「文學獨立」之說、「抒情傳統」之說、「純粹審美」之說，所建構以「個人抒情」、「純文學」的觀點，認知中國古代多元體類、多面向變遷的文學歷史現象，完全是一種「切片式」的簡化。而在這觀點主導下的「中國文學史」書寫，排除各種被視為只具「實用性」而不具「藝術性」的體類，例如章表奏議等；即使被採入文學史，也遭受不確當的貶值，例如班固所謂「或以抒下情而通諷諭，或以宣上德而盡忠孝」的漢賦，雖不得不寫入文學史，卻多著貶值之詞。

然而，假如我們不預設當代取自西方的文學、美學觀念，不投射文化意識形態的價值立場，虛心契入中國古代「詩文化」的歷史語境中，進行同情的理解，就會發現在中國古代，知識階層的社會活動場域中，「詩」無所不在。士人階層普遍地將它當作特殊的言語形式，「用」於各種社會「互動」行為。因此，「詩之用」是中國古代既普遍又特殊的社會文化現象。依此而言，在中國古代，「詩」不只是一種文學「類體」，而且更是一種不離社會生活的「文化」現象或產物，可稱為「詩文化」。用詩，乃是古代士人階層一種既特殊又普遍的社會文化行為模式。

一九九〇年間，在批判之餘，又受到西方韋伯（Max Weber，一八六四—一九二〇）所建構之「詮釋社會學」的啟發，我開始從詩美學的詮釋視域轉向社會行為動機、意義之理解的詮釋視域，進而建構「中國詩用學」，已完成多篇系列論文，形成詮釋中國古典詩歌的新典範。這一理論的基本假定：「用詩，是中國古代士人階層一種特殊的社會文化行為方式；而詩，就是這種行為方式的中介符號」。這顯然不是「美學」的詮釋視域，而是「社會學」有關個人在社會群體中彼此「互動」（interaction）的方式及意義詮釋（interpretation）的視域。一首詩的意義不再只是「純粹審美」視域下，有何審美經驗或藝術不藝術的問題，而是在士人階層的社會互動關係中，發言者如何依藉「詩式語言」明指或暗示其諷化、感通或期應等社會文化行為的「意向」，而受言者又如何能準確理解、詮釋對方「詩式語言」中的「意向性」意義[30]。而所謂「詩式語言」，其常見的符號特徵就是「比興」，因此在這士人階層社會互動關係的「詩用語境」中，「比興」之義就不能只是簡化為文學創作的形象思維與修辭技巧，而更重要的是它的「言語倫理」功能及效用[31]。

(2)重構確當的「中國文體學」

「文體學」是中國古代文學創作與批評的基礎性知識，魏晉六朝大致已形成規模。依體分類，以編纂文集；依類辨體，以規範創作。這已是魏晉六朝時期主流性的文學活動，而「文體批評」的模式

30 參見顏崑陽，〈用詩，是一種社會文化行為模式——建構「中國詩用學」初論〉，收入顏崑陽，《反思批判與轉向》。

31 參見顏崑陽，〈「詩比興」的「言語倫理」功能及其效用〉，收入顏崑陽，《詩比興系論》。

於焉形成。這一套知識，魏晉以降，下貫到清代，主導、規範著古代士人階層的文學創作與批評，而成為構成古代文學史與文學批評史的內在要素；那麼，現代學者假如從事「中國文學史」、「中國文學批評史」或所謂「中國文學觀念史」、「中國文學理論史」的書寫，卻不懂「文體學」，就很難讓人信服其專業。有關中國古代文體學的研究，雖有不少學者投入，而有看似豐實的成果；但是，卻存在若干概念不清，或觀點偏謬的問題：一、文體、文類、體貌、體要、體式、體格、體勢等關鍵詞的概念，一般文體學研究的論著，尚多混淆、模糊不清。二、一般學者對於文體與文類的關係，仍未能清楚、確當地認知。有些學者直指「文體就是文類」[32]，也有學者將《文心雕龍》上篇所列詩、樂府、賦、頌讚等，視為「文體」之名，而徐復觀所視為「文體」之名如「典雅」、「遠奧」等[33]，詹鍈卻另以「風格」一詞稱之[34]。其實，《文心雕龍》少見「風格」一詞，只出現二次；詹鍈所謂「風格」，其義就是體貌、體式或體格，根本是《文心雕龍》「文體學」的概念，何須另起「風格學」一詞。三、因受西方美學或文學理論影響，而以「實用性」、「藝術性」這樣帶著評價義的概念，切割二分的框架去區別中國古代的文章體類，形成誤謬的歷史認知。這在上文已舉例略述之。

針對上述問題，我從一九八八年，發表〈論文心雕龍「辯證性」的文體觀念架構〉開始，進行中國古代文體學的系統性建構，已完成多篇系列論文，解決上述問題。

第一個問題，文體、文類、體貌、體式、體格、體要這些名稱，我在發表的論文中，都已通過對古代文體學相關文本的語義與語境的分析，全面釐清這些關鍵詞的基本概念[35]，下文將作簡要說明。

第二個問題，「文體」與「文類」二個名稱的涵義及其關係，當然各有其不同的涵義及指涉對象，不能混同為一，卻彼此又有關係。我在〈論「文體」與「文類」的涵義及其關係〉一文，經由大量文獻精密的分析，已完全解決這一問題。「文體」一詞，唯名定義就是「文章之體」，問題在於「體」字涵義複雜，可分析為三義：或指文章之「自身」，即其本質與功能；或指文章之「形構」，即所謂「體裁」或「體製」，例如五言古體，每句五個字，偶數句押韻；或指文章之「樣態」，即所謂「體貌」、「體式」、「體格」，也就是美感形象，例如典雅、清麗等。個別篇章、家數或時代的文章美感形象稱為「體貌」；假如此一「體貌」能完滿表現此一文類的理想之體，而可為眾所模習的範式，即稱為「體式」或「體格」，例如離騷體、陶體、建安體。在個別文本中，文體這三義究何所指？必須視上下文脈而定。如果超越個別文本，將「文體」抽象地視為一個共類的範疇（gategories），則其普遍性的基本概念是：「諸多性質與功能類似的文章群，其自身所共具之有機結合『基模性形構』與『意象性形構』，並加以範型化的特徵。」指涉對象是「形構或樣態的範型化特徵」。至於「文類」，就是眾多文章聚同別異所產生的種類。假如我們不看所區分出來有哪些個別的種類，只將「文類」視為一個範疇，其普遍性的基本概念就是：「諸多具有某些『相似性』的文章作品群。」指涉對象是

32 例如褚斌杰，《中國古代文體學》（台北：台灣學生書局，一九九一）。他在〈自序〉中即明言「文類也就是文體」。

33 參見徐復觀，〈文心雕龍的文體論〉，收入徐復觀，《中國文學論集》（台中：民主評論社，一九六六）。

34 詹鍈，《文心雕龍的風格學》（台北：木鐸出版社，一九八四）。

35 參見顏崑陽，〈論文心雕龍「辯證性」的文體觀念架構〉，收入顏崑陽，《六朝文學觀念叢論》。又〈論「文體」與「文類」的涵義及其關係〉，台灣《清華中文學報》第一期，二〇〇七年九月。

「作品群」。這概念看似很簡單；但是，其中「相似性」的實質內涵是什麼？以及「文體」與「文類」之間有什麼關係？卻是非常複雜的問題，必須另有專文精詳地討論。據此，「文體」與「文類」各有不同概念與指涉，怎能混同為一，而說「文體就是文類」呢？

徐復觀在中國文體學上，有個貢獻就是明確指出一般學者混淆了「文體」與「文類」二個概念。不過，他卻留下一個問題，將「文體」與「文類」截然分開，那麼兩者彼此有何關係？從文學歷史現象來看，魏晉六朝以降，歷代文學家不斷在進行「依體分類」，以編纂文集；相對的「依類辨體」，以規範文學創作或批評。這兩者一直「雙向」進行。因此，從古代文學歷史情境觀之，在文章的實存狀態中，「文體」與「文類」乃相互依存，彼此限定，並非截然為二，了無關係。弄清這兩者的實際關係後，我們就可以了解，詩、賦、樂府、箴、銘等，這些名稱非專指「文體」也非專指「文類」，或指「文體」也或指「文類」，究是何義何指？不能孤立其詞而識之，必須置入上下文脈，才能確定其義。

第三個問題，因受西方美學或文學理論影響，以「實用性」、「藝術性」切割二分的框架去進行中國古代的文體分類，其不合邏輯與歷史認知之誤謬，我在〈論「文類體裁」的「藝術性向」與「社會性向」及其「雙向成體」的關係〉一文中，經由強力批判之後，更另提確當的論點。

前文已簡要述及，蔣伯潛在《文體學纂要》一書中，指出「實用」與「藝術」二分或「科學」與「藝術」二分，乃是清末以來「新派文體分類」常見的論述框架。蔣氏又指出蔡元培將文體分為「實用」與「美術」二大類，和日本一般的「文學概論」，例如武島又次郎《作文修辭法》、加藤咄堂《實用修辭學》，將詩歌、小說、戲劇視為「純文學」，而與其他普通散文的「雜文學」相對立，其框架相同。則清末以來的文體分類，顯然頗受日本影響。郭紹虞等學者的《中國文學批評史》很多沿用「純文學」與「雜文學」二分的框架，顯然是淵源於日本學界。

蔣伯潛在評述新舊派的文體分類之後，接著提出自己對文體分類的嘗試。他將文體分為「狹義的文章」與「文學」二大類。所謂「狹義的文章」，大抵包括了論說、頌讚、箴銘、序跋、注疏、考訂、贈序、書牘、契約、公文、哀祭、對聯、傳狀、碑誌、敘記、典志等種類，而「文學」則包括辭賦、詩歌、小說、戲劇等種類。他自承前人所謂「實用文」或「雜文學」，便是他所謂「狹義的文章」；而「美術文」或「純文學」，便是他所謂的「文學」。因此，從名稱所指涉的實在對象而言，他的分法與前人並無差別。只不過，他意識到前人使用「實用文」、「美術文」與「純文學」、「雜文學」四個類名，「似乎說文學是沒有『用』的，狹義的文章是不必『美』的；而『雜』和『純』，尤似有所軒輊於其間」，因此他就改用「狹義的文章」與「文學」兩個名詞；但是，名詞雖換，其實義仍然是清末龍伯純以來的論述框架。而且以「狹義的文章」與「文學」兩名對舉，分類概念更是界義不清。

文章的「藝術性」與「實用性」絕非由客觀的「體類」所決定。這些學者認為詩歌、小說、戲劇諸體類是「藝術性」的「純文學」，不具「實用性」；而論說、頌讚、箴銘諸體類是「實用性」的「雜文學」，不具「藝術性」。這就好比說，白種人的身體涵具「藝術性」，很有美感，卻不具「實用性」，不能勞動。而黃種人的身體涵具「實用性」，很能勞動，卻不具「藝術性」，沒有美感。常識言之，不同人種的身體各有其不同的美感與勞動力；而不同文章類體也有其差異的實用功能與審美標準，曹丕《典論．論文》所謂「奏議宜雅，書論宜理，銘誄尚實，詩賦欲麗」的「辨體」論述，已明白揭示不同體類各有其性質、功能與審美基準。中國古代文學體類多元，當然有其多元的審美基準，怎能以取自西方形式主義美學所謂「純粹審美」作為唯一的基準，以衡度所有不同體類的「藝術性」。而這個二分框架何等不合常識與歷史認知的謬論，卻自晚清歷經「五四」，普行近百年。學者之惰於思辨，只一味投射反傳統的文化意識形態，由此可知。略識文學創作與批評之理者，很容易明白，一篇文章藝術或不藝術、實用或不實用，只能就已實現的作品，個別評價，而非由所選用的類體就已決定。一首詩、一篇小說寫得其「劣」無比，當然不具有「藝術性」；一篇論說文、銘文，寫得其「優」超凡，當然具有「藝術性」。文章的「藝術性」取決於文學家的創造力及當篇表現的成敗，非由客觀存在的體類所決定。大凡宇宙間，各「種類」的事物，其客觀存在都是「價值中立」，只涵具可描述的形質特徵，而不具固定的價值意義。它的價值意義，都出於人類的「使用」及其主觀的判斷，而且不同使用者之動機、目的有別，價值判斷也各異。這是常識，非深奧之論。

我在那篇文章中提出另一種論點，揭顯「文類體裁」只涵具「藝術性向」與「社會性向」（實用）的潛質，並且在同一體類中，這二種性向並存。潛質、性向只是種類事物尚未個殊具體實現之前所潛存的可能性，這時所謂「藝術性向」與「實用性向」都只是描述義，而非評價義。因此其「藝術性」與「實用性」的價值實現，必須等待某一文學家選用某一類體而表現為個別作品之後，才能評斷。

「文體學」是中國古代文論的大宗，古代的文學創作、批評與文學史的建構都以它為知識基礎。現代學者如果從事古代文學實際批評、文學理論及文學史的研究，卻不能精通文體學，就很難說能做出專業的成果。然而，「五四知識型」所建構的古代文體學卻如此粗糙甚至誤謬，其典範性必須重構，才能轉用到古代文學、文學史的研究。

(3)重構「中國原生性文學史觀」

關於「中國原生性文學史觀」的重構，我在反思批判自西方舶來的有機循環論史觀、進化論史觀，甚至馬克斯唯物論的階級鬥爭史觀之後，「大破」必應之以「大立」，故提出重構「中國原生性文學史觀」這一論題，擬訂處理源流、正變、通變、代變等「原生性文學史觀」，二〇一一年已正式發表〈中國古代原生性「源流文學史觀」詮釋模型之重構初論〉。在這篇論文中，經由文本精細的分析與理論系統的綜合，提出以「源流」為基本概念的二個詮釋模型：一是「文體形質因變關係」的詮釋模型；二是「文體價值本末關係」的詮釋模型。

第一型，側重的是從不同文體的形質，詮釋它們在時間歷程中的發生、因變、終結的規律，以建構不同文體之間的「源流終始」關係。所謂「形」指外現的形構，乃文體之質料因與形式因結合而具現者。相對於「形」，所謂「質」指內在的性質，乃文體之實現所根源的目的因與動力因；明切言之，即是某一類體的功能，以及文學傳統及社群，在創作此一類體時所共識的目的性，例如詩之言志及抒情、賦之體物及寫志等。而文體之「形」與「質」實乃辯證依存，非截然為二。即任何一個類體既有其「形構」，則必有其相應的表現「功能」，也有創作者所期求的表現「目的」。這一詮釋模型，主要用在對不同類體之間，例如詩與賦，彼此形質之因變現象的詮釋，而建構其「源流終始」關係。從這種詮釋模型觀之，所謂「文學史」就是考察各種類體的「始自」之作，並詮釋其根源性原因或發生性條件，繼而詮釋其分流之次類體在形質上的因變，終而綜合「源」與「流」諸類體以詮釋其變動而連續不斷的歷程性現象。從「源」往「流」的變動規律，則是從一或少數母類體到多數子類體的分化；分化的軌則，有些被建構為從「源」及「流」而單一直線的演變，有些則被建構為源流相生互成而曲線轉進的發展。這種詮釋模型主要的效用，乃結合了「起源」與「流變」的論述，而對文學既存的經驗現象作出「源流終始」關係的描述及詮釋，通常比較不涵評價或規範之義。

第二型，乃從文體的源流，溯末以尋本，從而規定此一文體存在的價值性依據，再建構出創化、開展的實踐規範；這是對「未來」之文學歷史的導向與創造。「文學」不是自然的產物，而是人為的文化創造品，因此沒有什麼絕對、普遍的先驗性形上本質（metaphysical essence）。所謂「文學本質」都是某一個歷史時期的某一個文學家或文學群體對它所作的「規創性定義」。因此，即使同一個歷史時期的不同文學家或文學群體對文學本質所作的規創性定義，也會有其差異，例如同一歷史時期的劉勰與蕭綱、蕭繹對文學本質的定義就不一樣。古代文學家在進行「文學本質論」的建構時，大多以循流溯源的「起源」論述為其策略，讓「文學本質」不只停駐在理論性的抽象概念層次，而能落在歷史事實，以作出含有實質內容的規定。這種將「本質」與「起源」整合的論述，我們稱它為「母體歸源論」[36]，乃是古代很普遍的一種文學史論。這種論述的史觀，幾乎都不僅是在描述、詮釋「過去」已發生的文學事實；他主要的論述目的，都是不滿「現在」正「流變」中的文體，因而逆溯「起源」始端的作品，抽繹此一文體之所「本」的理想性價值，以規定「分流」末端作品應然的「本質」；然後，再以此應然的「本質」作為基準，指向「未來」的「創作實踐」，表現符合這種「本質」的作品，並且期待獲得響應，以成一代文風。

「文學史觀」是組成古代文學家意識形態的要素之一，主導著文學家存在的歷史意識、創作動力與取向，因此是構成「文學史」的部分要素，而且是深層要素。以源流、正變這一類「原生性」的「文學史觀」，詮釋中國古代文學的本質、功能、起源、分流、變遷、發展的歷程，絕對比那些由西方不同民族文化移植過來的文學史觀，更具詮釋效力。「中國文學史」的理論熱潮，學者不能只是翹首望向西方，而應該回首反觀自身，如何從自己民族文化的內在脈絡中，尋出「原生性」的文學史觀，系統化地重構為可資應用的詮釋典範。這樣，「中國文學史」這門學科才能從歷代文學概述的教科書，轉型為專業性的學術領域。我只是踏出第一步，期待更多已有「歷史性主體自覺」的當代學者一起投入，才能蔚為潮流，完成典範遷移。

三、我說這麼多自己做了些什麼，用意是期待更多已有自覺的學者一起來做些什麼。

學術是一種同道群體前後接力、共同完成的文化事業。我在二〇〇六年「百年論學」的演講文：〈從社群疏離到社群凝聚，從典範消散到典範建構〉中，因為有感於台灣人文學界的客觀處境，學者們焦慮著應付各種學術審查、評鑑；在這種學術受到集體控制的處境中，每個學者整天關在研究室中、電腦桌前，俯首量化地生產論文，而導致整個學術社群非常疏離，少有從容一起論學的機會；因而彼此都不知對方在做什麼研究，更遑論互相交流、啟發或合作。個人論文產量雖然增加；但是，學

36 參見顏崑陽，〈論宋代「以詩為詞」現象及其在中國文學史論上的意義〉，《東華人文學報》第三期，二〇〇〇年七月。收入顏崑陽，《詮釋的多向視域——中國古典美學與文學批評系論》。

術型態仍舊，「典範遷移」未見跡象。

「典範遷移」並非個人的力量所能完成；它是在多數學者的「傳統文化意識」、「當代社會文化意識」、「學術社群意識」交作的動力之下，整個時代轉變了「知識型」，才得以完成。因此，我在這篇論文中，說這麼多自己做了些什麼，真正的用意不在張揚自己的學術成果，而是期待更多已有自覺的學者一起來做些什麼。

學術轉型必須對前代的「知識型」，從根本處進行反思、批判，總體地重構研究對象的本體論、知識本質論與方法論；並以此為基礎，針對某些已複製幾十年而實則偏謬的個別論題，全面清理，因承其長而破除其短，以再創造相對確當的論見。如此宏觀與微觀，總體與個殊同時進行，而社群一起參與，匯為共識，始得奏功。

乾嘉已去，五四不再。我們以反思、批判的態度向「五四」諸君子致敬。他們所建構的「知識型」雖多迷蔽與偏謬，卻是當時的歷史視域所限，任何歷史世代中的人們莫不如此；他們在那個天翻地覆的時代，群體以元氣淋漓的魄力，將中國文化社會帶往現代化之路，縱有歧出，卻大致不離正途。我們站在二十世紀末，二十一世紀初，反思、批判這一「知識型」，就是以致敬的態度，尋求如何循著他們所開出的現代化之路，因承他們所建立的基礎，銜接他們已走完的途程，調整面向，繼續推進。那麼，走到二十一世紀的今天，從「現代化就是西化」的歧路修正羅盤，「內造建構——詮釋視域的迴向與典範重構」，就是當代中國人文學術轉型的實踐原則。中國文論未來的研究取向，必當如是。

附記：

本文原刊胡曉明主編《後五四時代中國學術之路——王元化教授逝世十周年紀念文集》華東師範大學出版社，二〇一八年四月。

二〇一九年八月修訂增補。

聯經評論

學術突圍：當代中國人文學術如何突破「五四知識型」的圍城

2020年4月初版　　定價：新臺幣580元

著者	顏崑陽
叢書主編	沙淑芬
校對	潘貞仁
封面設計	兒日

出版者	聯經出版事業股份有限公司
地址	新北市汐止區大同路一段369號1樓
叢書主編電話	(02)86925588轉5310
台北聯經書房	台北市新生南路三段94號
電話	(02)23620308
台中分公司	台中市北區崇德路一段198號
暨門市電話	(04)22312023
台中電子信箱	e-mail：linking2@ms42.hinet.net
郵政劃撥	帳戶第0100559-3號
郵撥電話	(02)23620308
印刷者	世和印製企業有限公司
總經銷	聯合發行股份有限公司
發行所	新北市新店區寶橋路235巷6弄6號2樓
電話	(02)29178022

副總編輯	陳逸華
總經理	陳芝宇
社長	羅國俊
發行人	林載爵

行政院新聞局出版事業登記證局版臺業字第0130號

本書如有缺頁，破損，倒裝請寄回台北聯經書房更換。　ISBN 978-957-08-5509-8 (平裝)
聯經網址：www.linkingbooks.com.tw
電子信箱：linking@udngroup.com

國家圖書館出版品預行編目資料

學術突圍：當代中國人文學術如何突破「五四知識型」的圍城/顏崑陽著．初版．新北市．聯經．2020年4月．
504面．14.8×21公分（聯經評論）
ISBN 978-957-08-5509-8（平裝）

1.人文學 2.文集 3.中國

119.07 109003679